国外国防科技年度发展报告（2021）

# 军用建模仿真领域科技发展报告

JUN YONG JIAN MO FANG ZHEN LING YU KE JI FA ZHAN BAO GAO

中国航天科工集团第二研究院二〇八所
北京仿真中心

国防工业出版社

·北京·

**图书在版编目（CIP）数据**

军用建模仿真领域科技发展报告/中国航天科工集团第二研究院二〇八所编著 . —北京：国防工业出版社，2023.7

（国外国防科技年度发展报告 . 2021）

ISBN 978–7–118–12946–5

Ⅰ.①军… Ⅱ.①中… Ⅲ.①军事技术–系统建模–科技发展–研究报告–世界–2021 ②军事技术–系统仿真–科技发展–研究报告–世界–2021 Ⅳ.①E9

中国国家版本馆 CIP 数据核字（2023）第 117832 号

## 军用建模仿真领域科技发展报告

| | |
|---|---|
| 编　　者 | 中国航天科工集团第二研究院二〇八所　北京仿真中心 |
| 责任编辑 | 汪淳 |
| 出版发行 | 国防工业出版社 |
| 地　　址 | 北京市海淀区紫竹院南路 23 号　100048 |
| 印　　刷 | 北京龙世杰印刷有限公司 |
| 开　　本 | 710×1000　1/16 |
| 印　　张 | 29½ |
| 字　　数 | 336 千字 |
| 版印次 | 2023 年 7 月第 1 版第 1 次印刷 |
| 定　　价 | 198.00 元 |

# 《国外国防科技年度发展报告》
# (2021)
# 编委会

主　　任　耿国桐

---

委　　员（按姓氏笔画排序）

王三勇　王家胜　艾中良　白晓颖
朱安娜　李杏军　杨春伟　吴　琼
吴　勤　谷满仓　张　珂　张建民
张信学　周　平　殷云浩　高　原
梁栋国

## 《军用建模仿真领域科技发展报告》编辑部

主　　编　吴　勤

副主编　李　莉　孙　磊

---

编　　辑（按姓氏笔画排序）

刘　焱　李亚雯　张　毅　谭立忠

# 《军用建模仿真领域科技发展报告》

审稿人员（按姓氏笔画排序）

丁刚毅　王积鹏　方　勇　孔文华
祁振强　杨　明　杨　凯　杨镜宇
吴　勤　邱彦强　陈　刚　陈　健
施　荣　卿杜政　董志明　熊新平

---

撰稿人员（按姓氏笔画排序）

丁刚毅　马　萍　王跃利　王清云
孔文华　冯琦琦　冯超群　朱　虹
刘　金　刘　晨　刘影梅　关　正
孙　磊　李　伟　李　莉　李　硕
李亚雯　杨　明　杨　凯　邱思航
邱晓刚　佘晓琼　张　冰　张　卿
张连怡　陈　彬　陈秋瑞　陈晓莹
苑桂萍　林廷宇　周军华　赵　頔

段　红　禹化龙　施国强　耿化品
夏　南　徐　筠　卿杜政　梅　铮
董志明　谢　旭　谢宝娣　蔡继红
熊新平　薛俊杰

# 编写说明

科学技术是军事发展中最活跃、最具革命性的因素，每一次重大科技进步和创新都会引起战争形态和作战方式的深刻变革。当前，以人工智能技术、网络信息技术、生物交叉技术、新材料技术等为代表的高新技术群迅猛发展，波及全球、涉及所有军事领域。智者，思于远虑。以美国为代表的西方军事强国着眼争夺未来战场的战略主动权，积极推进高投入、高风险、高回报的前沿科技创新，大力发展能够大幅提升军事能力优势的颠覆性技术。

为帮助广大读者全面、深入了解国外国防科技发展的最新动向，我们以开放、包容、协作、共享的理念，组织国内科技信息研究机构共同开展世界主要国家国防科技发展跟踪研究，并在此基础上共同编撰了《国外国防科技年度发展报告》（2021）。该系列报告旨在通过跟踪研究世界军事强国国防科技发展态势，理清发展方向和重点，形成一批具有参考使用价值的研究成果，希冀能为实现创新超越提供有力的科技信息支撑。

由于编写时间仓促，且受信息来源、研究经验和编写能力所限，疏漏和不当之处在所难免，敬请广大读者批评指正。

军事科学院军事科学信息研究中心

2022 年 4 月

# 前　言

《军用建模仿真领域科技发展报告》（2021）由北京仿真中心和中国航天科工集团第二研究院二〇八所联合优势力量，以"小核心、大外围"的组织方式牵头组织，集合仿真领域多家单位专家共同编撰完成。旨在持续跟踪2021年国外军用建模仿真领域的发展态势，深入分析重点、热点问题，供大家及时、准确、系统、全面地掌握国外军用建模仿真领域的发展动态。报告由综合动向分析、重要专题分析和附录三部分组成。综合动向分析部分共有4篇综述报告，系统梳理了2021年军用建模仿真技术领域、系统建模仿真理论与方法、仿真支撑环境及平台技术、军用仿真技术应用发展动向。重要专题分析共有21篇研究报告，对智能仿真、数字工程与仿真技术应用、仿真试验鉴定、军事训练与体系作战等领域进行综述；对2021年热点关注领域如仿真知识体系、敏捷仿真方法、元宇宙、数字主线、数字孪生、分布式仿真、颠覆性技术、网络空间作战、兵棋推演、作战仿真系统、美军持续网络训练环境（PCTE）项目、DARPA建模仿真项目等方向进行分析研究，分析了仿真技术在战争样式设计、新型武器装备发展、武器装备体系构建、试验鉴定、评估和训练等领域的应用情况。附录内容包含2021年军用建模仿真领域十大进展、科技发展大事记、重要战略政策、重大演习、重大科研项目、重大科研试验活动、兵棋推演仿真应用工具、美国国防部预算分析图表、武器试验鉴定应用仿真的图例。

本书在系统编撰思想的指导下，在北京仿真中心、中国航天科工集团第二研究院二〇八所通力协作下，集中了北京仿真中心及其航天系统仿真重点实验室、中国航天科工集团第二研究院第二总体设计部、北京机电工程研究所及其复杂系统控制与智能协同技术重点实验室、中国航天科工集团第三研究院三一〇所、中国电子科技集团第二十七研究所、中国电子科技集团第二十八研究所、中国电子科技集团发展战略研究中心、军事科学院战略评估咨询中心、哈尔滨工业大学控制与仿真中心、国防科技大学系统工程学院、陆军装甲兵学院及其演训中心、北京理工大学计算机学院等多家单位共同完成。在此特别感谢陈刚、陈健、邱彦强、丁刚毅、董志明、孔文华、祁振强、卿杜政、王积鹏、熊新平、杨镜宇、杨凯、杨明、卜先锦、方勇、吴勤、施荣等多位专家对本书编撰提出的宝贵意见和建议。尽管参与编撰的人员付出了辛苦努力，但由于受编写时间、公开信息来源和分析研究能力所限，书中错误和疏漏之处在所难免，敬请广大读者批评指正。

编者

2022 年 5 月

# 目　录

## 综合动向分析

2021年军用建模仿真领域科技发展综述 …………………………… 3
2021年系统建模仿真理论与方法发展综述 ………………………… 28
2021年仿真支撑环境与平台技术发展综述 ………………………… 42
2021年仿真应用技术发展综述 ……………………………………… 55

## 重要专题分析

### 仿真理论与方法

仿真知识体系发展动向 ……………………………………………… 67
军用仿真技术发展动向浅析 ………………………………………… 78
智能仿真技术发展研究 ……………………………………………… 88
敏捷仿真方法研究现状分析 ………………………………………… 101
元宇宙在军事领域的潜在应用 ……………………………………… 114
元宇宙及其对国家安全的影响 ……………………………………… 124

## 仿真支撑环境与平台技术

数字主线发展研究 …………………………………………………… 137

试验训练 LVC 仿真技术发展研究 ………………………………… 143

通过分布式仿真实现北约联合作战训练参考架构 ……………… 152

网络数字孪生技术助力美军联合全域指挥控制发展 …………… 167

美军持续网络训练环境最新进展及分析 ………………………… 175

## 仿真应用技术

外军数字工程与仿真技术应用发展研究 ………………………… 188

美军探索将兵棋推演应用于太空定向能作战 …………………… 198

基于模型的系统工程案例——水雷战系统分析 ………………… 205

新兴颠覆性技术军事影响评估框架的动态研究 ………………… 216

DARPA 建模仿真技术项目发展分析 ……………………………… 232

仿真试验鉴定技术应用研究 ……………………………………… 240

试验与训练使能体系结构发展及应用分析 ……………………… 255

军事训练与体系作战仿真技术发展研究 ………………………… 265

典型作战仿真系统最新进展及分析 ……………………………… 283

意大利空军大力发展仿真训练能力 ……………………………… 298

## 附录

2021 年军用建模仿真领域科技发展十大事件 …………………… 307

2021 年军用建模仿真领域科技发展大事记 ……………………… 316

2021 年军用建模仿真领域重要战略政策汇编 …………………… 405

2021年军用建模仿真领域重大演习 ………………………… 408
2021年军用建模仿真领域重大科研项目 ……………………… 419
2021年军用建模仿真领域重大科研试验活动 ………………… 426
2021年美军及联盟国家应用仿真工具进行兵棋推演简介 …… 433
2021年美国国防部仿真与训练领域预算分析图表 …………… 450
2021年建模仿真在武器试验中应用图例 ……………………… 453

# 综合动向分析

ZONG HE
DONG XIANG FEN XI

# 2021年军用建模仿真领域科技发展综述

2021年，世界各国在与疫情共存、国际政治经济形势日趋复杂背景，以及迫切的军事需求牵引下，建模仿真在理论与方法、支撑环境与平台、应用领域等方面不断演进发展，特别是结合了人工智能、5G、高性能/高效能计算、云、扩展现实、军事物联网、元宇宙等前沿技术，为军事力量建设与运用提供了有力支撑。

## 一、不断创新的建模仿真理论与方法，助推军事力量和能力建设

外军基于更加开放、包容、高效的仿真体系结构和不断演进的标准，在全面评估建模仿真现状基础上，建模仿真方法得到了持续创新，夯实了军事能力建设的理论基础与支撑方法手段。

### （一）开放、包容、高效的仿真体系结构和标准演进

面对日益广泛、复杂多变的应用需求，需要更加开放、包容、高效的建模仿真系统体系结构和关键标准。2021年，世界各国及国际组织进一步

强化仿真体系结构和标准研究，为不断演进的前沿领域建模仿真理论方法与实践提供支撑。

为适应复杂和多变的战场环境，并满足未来战争快速决策、自动决策和自主决策需求，仿真科学技术前沿研究领域（智能仿真、平行仿真、云仿真、复杂系统仿真、网络仿真、高性能仿真等）的理论方法与实践成为关注焦点；人工智能技术与建模仿真交互融合形成了智能仿真技术，智能建模仿真技术体系发展成为当前与未来的热点。这些都需要更加开放、包容、高效的建模仿真系统体系结构和关键标准支撑。2021年，英国《国防数据战略——构建数字主干，释放国防数据的力量》，强调以通用技术架构和标准为基础，加快应用程序的开发和交付速度；通过标准设计模式实现多领域集成，以获得可持续的军事优势。北约"联合仿真和集成、校核和认证服务标准"研究任务组计划用3年时间发展北约仿真互操作性标准AMSP-04"北约教育和训练网络联邦体系结构和联邦对象模型设计"、北约高层体系结构（HLA）认证流程、集成校核和认证工具（IVCT）。仿真互操作标准组织发布了《用于支持采办活动的建模仿真标准配置文件指南》《用于支持采办活动的建模仿真标准配置文件参考》两份支持采办的建模仿真标准，以支持国际采办界基于模型和仿真的应用与实践。美国空军为支持武器系统在虚拟和合成环境中协同训练，持续开展安全、开放的模拟器通用体系结构要求和标准（SCARS）项目，发布了该项目网络安全相关的标准；美国陆军为合成训练环境（STE）项目开发无线电接入网络（SE-RAN）标准，基于模块化开放式系统架构，将计算、存储、延迟、安全等方面的需求以及协议和微服务管理作为创新方法，提供高效、低延迟的网络和微服务管理。

美国国防部当前持续致力于解决仿真之间的互操作性以及模型和数据

的重用问题，形成了一系列敏捷建模仿真框架：先进仿真集成与建模框架（AFSIM）、系统工程可执行架构分布式建模框架（EASE DMF）、WarpIV Kernel 建模框架、基于建模的协调仿真（OSM）框架、计算机生成兵力系统（OneSAF）框架、美国海军"更全面的以模型为中心的工程方法"集成框架、美国陆军用于严格拦截器设计和评估的仿真工具包（STRIDE）的可执行仿真框架等。这些框架之间的交互融合应用是敏捷建模仿真未来的发展趋势。

**（二）先进建模仿真方法助推军事能力建设**

推演、演练、建模仿真（GEMS）工具和能力提供了一种低成本、高创新性的方法，以测试新的想定和作战概念、设计新系统、模拟军事行动、地缘政治分析和提供训练，从而提高作战人员的战备状态和效能。2021 年，美国国防科学委员会全面评估了国防部内建模仿真现状及其技术和能力的进步，提出相关建议并发布最终研究报告，以使国防部能够充分利用这种改变博弈规则的工具和使能技术更好地实现国家安全目标；美国海军综合战区作战研究模型（STORM），基于现有能力构建部队级作战分析能力，其量化评估能力为决策者提供关键信息，可确定维持海洋控制权和海上力量所需投资的项目；《数字军种愿景》阐述了美国太空军通过大数据、基于模型的系统工程等技术支持建模仿真框架，基于建模仿真基础设施建立数字孪生和先进的数字工程生态系统，使作战人员在实战虚拟训练场景中磨练作战技能；《美国国防部所必需的靶场能力：未来作战试验》评估报告强调数字技术正在重塑试验性质、实践和基础设施，数字孪生和高性能建模仿真技术正在促生新试验方法，虚拟试验已成为某些武器系统应用的唯一有效方法。美军未来军事试验靶场的概念图如图 1 所示。

美国陆军应用相干涡度保持的大涡仿真（CvP – LES）建模方法以更低的

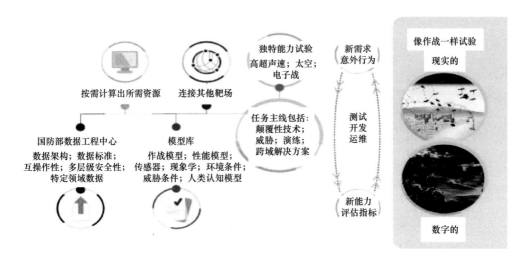

图 1　美军未来军事试验靶场的概念图

成本构建更准确的湍流仿真,对开发直升机、导弹和各种国防技术产生显著影响;应用 Azure 云进行极端天气建模,以改善气候建模和灾害后恢复的能力;应用人工智能和机器学习来改进飞行器发动机建模仿真方法。NASA 和航空界的未来路线图中"计算流体动力学全发动机仿真的发展"是重大挑战之一,将通过先进仿真能力在 2030 年彻底改变计算航空科学。

美国兰德公司三份马赛克战报告——《可快速分散、组合且异构兵力的建模:基于主体的模型对马赛克战的启示》《布洛托上校博弈对马赛克战的启示》《分布式杀伤链:免疫系统与海军对马赛克战的启示》,从基于主体的模型、布洛托上校博弈、免疫系统以及"海军一体化火控防空"等角度开展建模仿真研究,促使美军马赛克战研究进入新阶段;《影响敌国:平息完美风暴》报告运用实验性"红色思维"方法和基于不确定性敏感认知建模开展分析、兵棋推演和演习;《获得马赛克部队:问题、选择与权衡》报告基于美国国防部当前采办模型和以联合任务办公室为中心的采办模型,就马赛克部队单独要素和整体需求、实现体系级采购管理和要素级决策开展三场实现马赛克部队的政策推演,以确定可能阻止实现马赛克部队的政策杠杆与瓶颈。

**(三) 数字工程助推基于数据驱动的军用建模方法研究**

在数字工程实施过程中,数字主线、数字孪生技术和军用仿真建模技术融合形成了基于数据驱动的军用建模方法,该方法得到了持续创新应用,其研究与应用又进一步推进数字工程向前演进。2021年,外军持续应用基于数据驱动的建模方法,以实现武器装备及其体系的快速迭代。自美国国防部发布"数字工程战略"以来,各军种开展了上百个数字工程建设试点。美国空军E系列战斗机的设计与生产;36个月内就设计、生产出第一架eT-7A"红鹰"下一代教练机;首架T-7A教练机在不到30分钟内实现机身快速拼接,从而验证了基于模型的工程和3D设计优势。"虚拟宙斯盾"系统将舰载"宙斯盾"系统的升级部署周期缩短了至少18个月,有效地实现在虚拟空间进行武器装备的快速迭代、升级与验证。美国空军460亿美元合同推进了数字工程和基于模型的系统工程、敏捷流程、开放系统架构、武器和复杂组织体分析方面研究。美国陆军在基于模型的环境中使用数字工程开发其下一代地面战车。美国导弹防御局高超声速导弹轨迹生成建模应用程序,将人工智能应用在数字工程计划中(如实验设计、场景仿真和生成建模),并集成了基于人工智能数据驱动和物理驱动的验证方法,提供了高达100倍模型生成能力和速度提升,加速了美军建模仿真重要计划实施。英国军用喷气飞机开发商Aeralis公司从项目一开始就执行数字测试和评估,以实现模块化配置的快速开发迭代。

弹性架构验证环境(RAVE)/先进仿真集成与建模框架协作实现可重用的数字工程能力,为数字工程提供响应式决策支持。下一代数字任务工程解决方案 Moxie，在虚拟环境中运行和分析 SysML 行为模型，以缩短开发时间、提高生产力、加速创新。企业级的集成数字工程环境"用于卓越敏捷制造、集成和持续保障的先进集成数据环境"（ADAMS）架构，核心是实施基于模型的工程技术路线图，在美国海军"宙斯盾"项目、海军"ANTX-19"演习、洲际弹道导弹跨域数字模型、"民兵"-3型洲际弹道导弹飞行后分析、改进完善六自由度模型以及虚拟工厂专用制造执行系统等应用得到了成功验证。

## 二、仿真支撑环境与平台技术升级迭代，以构筑更庞大的、更复杂的数字生态系统

近年来，仿真支撑环境与平台正不断朝高性能、智能化、大规模分布式/并行/联合仿真等方向发展。2021 年，各国持续投资建设各类仿真基础设施、应用先进建模仿真技术并加速构建数字孪生生态系统，为部队、武器装备及其体系全生命周期活动带来了深刻变革，推进了数字工程仿真支撑平台的发展与演进，以支撑构筑更为庞大、线索交错的复杂数字生态系统。

### （一）新仿真基础设施支持部队变革和装备建设

2021 年，各国持续投资建设各类仿真基础设施和实验室，以支持部队变革和装备建设。美国太空作战分析中心计划通过兵棋推演和建模仿真探索作战概念；美国海军陆战队新兵棋推演与分析中心通过反复"虚拟演习"的方式，不断调整概念、战术和技术以加速部队变革和装备建设；美国空军研究实验室启用军械科学创新中心和应用计算工程与科学两组设施，将

以数字概念开发下一代武器装备、制造缩比原型机及全尺寸原型机、仿真分析改进设计方案;美国空军兵棋推演高级研究仿真实验室推进定向能局和航天器局的兵棋推演仿真与分析工作;美国陆军研究实验室新虚拟试验场设施,通过连接分布式实验平台网络,使全国范围内实验室及其合作者实现虚拟同步、多站点实验,缩短基础研究创新从学术环境到可与军事系统交互的陆军野战实验所需的时间,美国陆军还与海军研究实验室和北约合作展示了该设施的功能。

英国未来技术探索部门专门从事识别和加速国防与安全领域变革性技术、系统、概念和战略开发等工作,为英国军队提供改变游戏规则的能力;澳大利亚皇家空军未来虚拟作战室应用增强现实技术,基于 Azure 云、传感器、3D 地形图像和空域边界数据,以支持虚拟作战;诺斯罗普·格鲁曼公司导弹防御未来实验室,综合运用建模、仿真与可视化能力,开拓性提升开发、试验与部署一体化导弹防御系统的速度与精度;"视差"分布式系统集成与软件开发、集成、测试实验室基于云环境、完全沉浸式操作环境、分布式管理方式,提供模型化系统工程设计、模拟系统集成和自动生成测试结果。

**(二)仿真支撑平台的迭代升级支撑武器装备及其体系全生命周期的创新发展**

仿真支撑平台的迭代升级与应用持续支撑不断创新与发展演进的武器装备及其体系全生命周期活动,促进了数字工程全周期的无缝集成与贯通。新型建模仿真工具的应用也提升了武器装备及其体系全生命周期数字工程效率,实现可重复、广泛运用的数字能力;反过来,又促使建模仿真研发进一步加大投资力度。

2021 年,美国陆军太空与导弹防御司令部称已发布扩展防空仿真

(EADSIM)系统最新版（第20版），其新功能显著提升了在"实况－虚拟－构造"（LVC）仿真靶场内该系统运行效能；美国陆军空间与导弹防御卓越中心应用 EADSIM 为高能激光实兵对抗建模、在联合全域指挥控制效用评估中提供防空反导任务的作战影响。美国陆军定位导航与授时项目和美国政府问责局《国防导航能力技术评估》报告称"多域定量决策辅助"（MQDA）建模仿真软件发挥了重要作用。美国国防部在军用建模仿真领域的最终目标是创建统一的 LVC 仿真集成架构（LVC－IA，已升级到第四版），通过将不同地理位置、孤岛式特定任务模拟器和仿真工具组成综合系统，在统一、合成的训练环境中提供网络化、集成和互操作的实时交互式仿真训练能力。

美国海军"拦截后碎片仿真"（PIDS）新型建模仿真工具，在建模仿真环境中对反导碎片进行模拟，并在真实环境中进行试验前对其进行预测和作战评估；已使用系统级工具对高超声速武器弹道进行任务级建模和杀伤效能建模，确保新型武器具备预期作战效用；采用专用建模、仿真和地面测试设备评估高超声速武器的杀伤力，并利用系统级建模仿真综合工具箱开发拦截高超声速导弹的技术方案；基于"宙斯盾"生态系统的数字主线，利用人工智能技术、"开发、安全和运维一体化"（DevSecOps）的软件开发方式、基于模型的系统工程（MBSE）与虚拟化等手段来管理全生命周期的升级和网络安防，以推进了"宙斯盾"系统的数字化转型实践。

美国 BAE 系统公司体系级虚拟环境试验平台，为突破多域作战的关键技术提供快速、安全的试验环境。美国空军基于作战试验和研制仿真试验一体化的"深端试验"理论，构建了面向多域战"黑旗演习"的试验平台，发现装备在隐蔽和高度苛刻的条件下技术性能和作战能力。美国陆军一体化防空反导作战指挥系统在分布式硬件回路试验、实战环境仿真试验和拦截飞行试验三阶段开展初始作战试验鉴定,以测试系统作战有效性、适用性和生存能力。美国空军特种部队通过数字设计、虚拟现实建模和计算机辅助设计在数字试验场虚拟环境中测试两栖作战能力原型,为数字化仿真、测试以及使用先进制造技术进行快速原型制作和物理原型试验铺平道路。

美国开放架构的多域作战体系试验平台界面如图 2 所示。

图 2 美国开放式架构的多域作战体系试验平台界面

促使建模仿真研发进一步加大投资力度。2021 年,美国陆军与科学应用国际公司签署两份合计约 44 亿美元的建模仿真合同,提供 LVC 建模仿真、数据科学、系统体系建模仿真架构、系统工程、基于模型的系统工程、战场效能试验、导弹防御和多域作战系统体系;基于作战指挥建模仿真的演练、兵棋推演和训练;并提供支持半实物仿真和建模仿真开发的工程服务。美国陆军地面车辆系统中心 1.26 亿美元任务订单用以增强建模仿真研发能力,包括地面作战系统建模仿真、软件在环系统集成试验,以及基于全生命周期系统体系结构的性能评估。

### （三）数字孪生生态系统助推数字工程仿真支撑平台发展

数字工程使用模拟仿真、3D 模型和数字孪生等工具来实现对真实世界对象的数字表达；数字孪生是真实世界实体的虚拟表示形式，代表了数字工程学的未来，可为武器系统提供极大的灵活性和适应性。美军正将数字工程融入所有事务流程，主要通过基于模型贯穿于装备全生命周期与全价值链的数字主线技术，以及基于虚拟世界构建真实装备虚拟模型以达到扩展装备新能力的数字孪生技术，将全生命周期内的所有相关事务（如升级改造、维护保障等）都变得"事半功倍"。

2021 年，美国空军基于多个在研项目演示验证成果，如"武器一号"、"灰狼"协同蜂群武器系统、"金帐汗国"网络化协同武器项目和先锋计划等项目，计划构建一种全面数字化、敏捷开放的数字孪生武器生态系统，以交付武器系统 LVC 试验和演示能力。该武器生态系统基于被称为"罗马竞技场"的数字武器生态环境，应用 AFSIM 软件作为其建模仿真引擎，定期开展实装/虚拟武器装备数字孪生的新技术研发、快速集成和试验，可实现武器系统之间的灵活性、模块化、可重用和一致性，为武器协同提供技术基础和标准，为未来作战部队交付转型战略能力，并为开发易用、适应性强、高效精准契合目标需求的产品提供支撑平台。

数字孪生武器的全生命周期如图 3 所示。

CAE 公司国家合成环境（NSE）项目，作为互联数字孪生生态系统，成为政府和军方运作并获得成功的基础推动者，并协助国家政策和安全领域的决策。军方高层认为数字沉浸式生态系统支持指挥官跨越多域环境通过使用单一的通用作战图进行安全行动。网络数字孪生解决方案的领导者 SCALABLE 网络技术公司发布新版 EXata 7.3 及网络数字孪生生态系统。

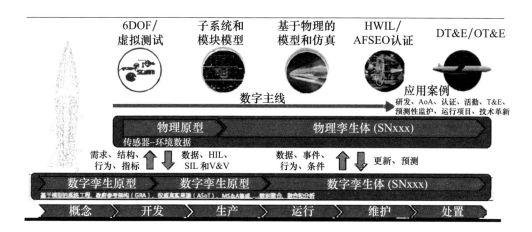

图 3　数字孪生武器的全生命周期示意图

Improbable 公司获得英国国防部下一代通信网络数字孪生产品合同，应用单一合成环境（SSE）平台实现国防数字部运营、规划、管理并优化其复杂的技术基础设施。美国空军拟成立工业界联盟"数字转型技术和流程"以推进数字工程和制造及数字战役。洛克希德·马丁公司以"星驱动"数字工程工具集、"北极星"数字工程和先进装配演示验证项目等数字工程探索实践项目为契机，建设全流程、融合供应商的集成数字环境；与美国空军集成数字环境、CloudOne、PlatformOne 等平台链接可构筑更为庞大、线索交错的复杂数字生态系统。

数字孪生时代的演进如图 4 所示。

**（四）前沿技术助推仿真支撑平台升级迭代**

**1. 仿真支撑平台进一步朝智能化方向发展**

近年来，面对着各类智能装备的发展，以及对作战能力要求的提高，仿真支撑平台需要进一步朝智能化方向发展，以满足智能装备试验、训练与评估的需求。2021 年，美国空军研究实验室与英国国防科学技术实验室

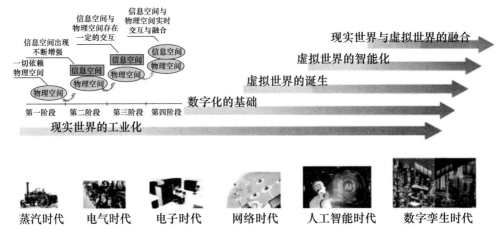

图 4　数字孪生时代的演进

在军事领域自主和人工智能方面开展合作，联合开发、选择、训练和部署的先进智能生态系统，仿真场景侧重于合作和共享人工智能能力；美国空军为空战规划提供人工智能和机器学习技术，最终实现在高级兵棋推演中匹敌并超越专家级人类推演方法。DARPA 空战演进项目实施空战演进项目用户系统协作的信任和可靠性（ACE–TRUST）实验方法建模，将数据收集、自主系统、语音识别和意图解释以及 TrustMATE 建模仿真技术应用于测试飞行员对空战自主的信任度；"自动化科学知识提取和建模"（ASKEM）项目，创建知识建模仿真生态系统，赋予敏捷创建、维持和增强复杂模型和模拟器所需的人工智能方法和工具，以支持专家在不同任务与科学领域的知识和数据决策。俄罗斯军事问题专家称，俄军应用人工智能解决方案的主要方向：在高精度弹药持续短缺的情况下改进机载自动指挥控制装置、计算机仿真战役以及使用人工智能优化后勤供应等。

**2. 5G 助力仿真平台互操作迈向新台阶**

各国都愈加重视 5G 技术在国防和军事建设的应用，未来应用 5G 的仿真应用场景主要包括基于5G的跨域LVC仿真、基于5G的虚拟现实/增强现实、基于5G的平行仿真等，其有望成为军用仿真转型发展新引擎。2021年，美国国防部"从5G到下一代计划"成功演示了专门在美国设计和建造的、用于后勤现代化的一套先进5G网络。美国军方启动5G增强现实试验台部署工作，以开展增强现实/虚拟现实训练测试；部分5G试验台站点推出5G驱动的增强现实/虚拟现实系统。北约通信/信息局对5G技术及其军事应用潜力进行了技术评估，确定了5种主要5G使能技术为军事用户提供增强通信和应用服务。诺斯罗普·格鲁曼公司通过新型多级安全数据交换机将数据传至基于云的5G网络测试平台，以演示情报、监视和侦察（ISR）仿真任务，首次实现了特定任务军事收发器、多级安全数据交换机、开放式广域网络架构的集成。四家仿真公司（RAVE公司Render-BEAST计算、Varjo公司XR-3头戴式显示器、Kratos公司沉浸式作战仿真内容、实时创新公司5G通信技术）合作演示5G实时协同虚拟作战仿真解决方案，支持所有操作人员在同一虚拟环境中共同参与仿真训练，为异地多人协作式训练树立了典范。

**3. 高性能/高效能计算助力数据密集型、大规模分布式/并行/联合仿真平台升级**

高性能/高效能计算技术和军用仿真技术的融合发展促使数据密集型、大规模分布式/并行/联合仿真平台不断升级，高效能并行仿真引擎成为前沿研究的热点和重点。随着人工智能/机器学习工具以及高性能图形处理单元（GPU）计算资源取得的进步，可在相对较短的时间内高逼真度地完成复杂的计算密集型全尺寸燃气涡轮发动机仿真；人工智能/机器学习工具可极大地促进高逼真度数字孪生发动机模型的实时性能仿真。未来，超级计算机的无数高逼真度仿真将有助于先进的发动机设计。2021年，美国国家安全局授出 20 亿美元高性能计算合同，以支持深度学习、人工智能和数据分析需求；美国海军依托"实时高性能计算机"构建大规模虚拟射频试验场；美国阿贡国家实验室高性能计算机 Polaris 超级计算机，可实现从高性能计算机到百亿亿级计算机的过渡，为试验超级计算机和大规模实验设施的整合提供平台，并定制建模、仿真和数据密集型工作流程；Improbable 公司在军事模拟中实现大规模用户并发，实现了旅级及以上级别的大规模虚拟训练，解决了多人对抗推演中的延迟、带宽和计算问题，创建大规模可交付的离散和智能实体及复杂环境模型；更强的分布式计算能力可构建大规模复杂系统的复杂性。

**4. 云计算全面提升仿真平台跨域信息共享能力**

2021 年云计算已在多方面开展应用，为仿真平台跨域信息协同共享提供了新的解决技术途径，推动了跨域、跨国仿真资源的共享重用和高效协同。美国空军应用 Kubernetes 等开源云工具来加速云技术应用和部署。截至 2021 年 1 月，美军已有 37 个团队在开源云工具上构建应用程序，形成以云技术为支撑的联合全域作战体系。美国国防部"统一平台"基于统一云基础设施连接联合网络作战架构内部不同的网络战能力，以实现全谱网络空间作战；取消联合企业国防基础设施云计算项目，开展新的多云计划联合作战云能力，为美军构建一个无交付期限且不限结构、数量的企业级云环境。美国空军先进作战管理系统通过云环境和新通信方法来构建军事物联网，实现国防部作战行动决策过程的现代化。北约通信/信息局 Firefly 新型战术防御云项目，是首个战区级可部署国防云，可使北约部队能够跨战区实时接收、分析和传输数据。泰勒斯集团公司为北约开发/部署了首个经认证的战术防御云系统，为澳大利亚国防军研发安全战术云计算平台 Nexium 防御边缘云。Varjo 公司虚拟远程传输现实云平台，实现将多人传送到同一物理现实的虚拟世界中的虚拟远程传输功能,为未来的元宇宙铺平道路,实时现实共享将开创一个全球协作的新时代。

**5. 元宇宙助力仿真平台跨越式发展**

元宇宙是通过集成多种最新数字技术而构建的以虚拟为主、虚实相融的新型社会形态。元宇宙作为多种需求的叠加产物、技术的集大成者、互联网的高级版本、创造者的能动乐园,九大要素的融合集成,需要多类型仿真支撑平台的集成与融合,将助力仿真支撑平台实现跨越式发展。元宇宙主要有六大技术:①对抗推演;②区块链;③网络及运算技术,边缘计算常被认为是元宇宙的关键基建,云计算强大的计算能力支撑超大规模用户并行在线运行;④交互技术,在虚拟世界实现自由交互,是元宇宙必经之路;⑤人工智能,构建虚拟世界的支撑技术,使元宇宙具备多元性与沉浸感;⑥物联网技术,以多元化方式接入元宇宙。

## 三、建模仿真技术的运用,助力构建虚实结合的平行战场

当前,建模仿真即服务、模型和数据的云访问以及人工智能为更敏捷的训练和任务演练方式提供了重要的机会。安全环境的不稳定性是由回归大国竞争和以相对较低成本获得巨大技术进步所驱动的。下一代训练必须让部队为复杂的战斗做好准备,许多系统都是高度机密的,必须在模拟环境中进行训练。为此,各国都在致力于构建基于开放架构和安全网络的合成训练环境,以实现全新的联合训练能力/能力转型。而数字工程和基于模型的系统工程作为更快、更具创新性的训练技术的下一前沿领域得到关注。随着将 LVC 元素混合到训练环境中的愿景正在成为现实,虚拟现实系统正在克服延迟、逼真度和触觉问题等技术瓶颈,LVC 训练环境成为各军种加

强现代化部队训练的有效方式。仿真和训练公司为国防和高风险训练部门持续投资，提供一系列新产品支持实现国家安全目标。

**（一）建模仿真应用支持决策能力建设**

兵棋推演作为指挥决策仿真的重要手段，借助兵棋推演演练战略/战役演变进程，可有效支持决策过程、创新作战方法。2021 年，美国空军与盟国完成了"北极交战"和"蓝色计划"兵棋推演，旨在大国竞争中研究竞争对手如何利用北极损害美国及盟国利益。与北极战略相关的兵棋推演包括"北极交战""蓝色计划""全球交战"和"未来推演"。此外，美军在模拟各种想定的兵棋推演中惨败后，美国参谋长联席会议开始重新思考美国的作战概念，探索"扩展机动"作战概念，在全面聚焦分布式作战和信息共享网络的基础上建立了此概念。北约建模仿真卓越中心兵棋推演交互场景数字叠加模型（WISDOM）决策和推演平台，支持从战术到战略层面的兵棋推演、规划和决策制定等活动，并支持从欧洲到美国的分布式兵棋推演。北约军事委员会指示系统分析与研究工作组和最高盟军指挥官转型司令部总部开展关于中级部队能力的概念开发和实验活动，以虚拟方式设计和执行中级部队能力兵棋推演，使通用框架平台能够设计、开发和执行中级部队能力的联合兵棋推演。

**（二）建模仿真应用支持训练能力转型**

军方领导层希望各军种的各种模拟训练环境能够协同工作，联合训练解决方案成为各军种应对未来挑战的必备工具。为此，将越来越依赖模拟仿真来支持现实、灵活、安全和具有成本效益的训练。通用合成训练环境已成为各国各军种应对威胁的重要工具。

**1. 美军构建联合通用的训练能力以实现能力转型**

2021 年，面对财政压力，美国陆军正在努力平衡新训练设备的采购和旧平台的维护，通过训练辅助设备、装置、仿真或模拟器（TADSS）的采办工具以在转型到革命性的新合成训练环境时保持其传统设备的维护。美国海军空战中心训练系统分部是 LVC 能力的重要开发机构，正从以平台为中心的作战转变为更加一体化、以任务为中心的训练方法并具备分布式任务训练的能力；在其 LVC 训练活动中实现将合成要素注入到实装，并展示了安全 LVC 先进训练环境（SLATE）系统与 F/A－18 和 EA－18G 链路到实装训练能力的成功集成。美国海军水面战中心创建通用的综合作战系统和模拟器，计划在整个系统开发、测试、评估、认证和维护过程中使用相同的模拟仿真，使海军水面作战系统支持使用单一模拟。

美国空军通用仿真训练环境（CSTE）项目通过探索增强训练平台之间互操作性的新方法，以实现能力快速更新；计划通过合成环境数据架构联盟来建立，并促进跨训练系统的数据共享；通用仿真训练环境和联合仿真环境平台将美国空军多个虚拟训练环境连接，以更高的逼真度训练飞行员。MVR 仿真公司将部分任务训练器与 Varjo 公司 XR－3 头戴式显示器集成，使飞行员完全沉浸在虚拟现实场景生成器高分辨率、特定地理地形和 3D 模型创建的实时 360°虚拟世界中，同时仍然能够与现实世界中的物理设备进行交互，最大限度地消除受训飞行员在联合网络环境中演练任务战术和协调时的不信任。

美国海军陆战队通过消减传统训练系统向新能力转型：可部署的虚拟训练系统数量从 676 套减少到 333 套，室内模拟射击训练器库存从 485 个系统减少到 206 个；正在执行的一项训练愿景重点是补充现场训练并改进已过时的靶场和系统以获得更好的训练能力，并确保各种训练仿真具有开放标准是其现代化训练战略的关键；LVC 训练环境已成为加强现代化部队训练的有效方式，将于 2024 年使用 LVC 训练环境框架。

**2. 英军构建全新的联合训练能力以实现能力转型**

2021年7月,英国陆军称将建立全新的联合训练能力,通过转变训练模式和转变训练体验(训练系统、连通性和数据开发应用),以应对更复杂的威胁。11月,英国国防部发布下一代作战训练项目,旨在创建一个联合的作战训练生态系统,最终目标是在2030年后形成有凝聚力的实时、综合和混合作战训练能力。

在英国国际军警防务展(DSEI)展会上,英国国防部长称将发布从天网卫星到单一合成环境的一系列竞赛和项目;总参谋长强调陆军通过原型战追求合成、仿真并结合尖端防御技术以实现快速孵化;海军大臣强调皇家海军需要应对数字时代,并在军种各个层面促进数字创新;战略司令官推崇在合成环境中进行演练、兵棋推演、试验、即插即用能力等;英国皇家空军提出"合成优先"和向更加自主系统发展的趋势,如台风未来合成训练系统项目、角斗士项目等。英军认为,改进数据的使用和新训练方式可能形成"仿真学习、实兵确认"理念。为此,在军事组织中的领导能力可能会具有更扁平、更灵活的层次结构以及形成360°全方位的报告。

**3. 印度国防部增加使用军事模拟器以探索新训练能力**

2021年10月,印度国防部颁布加强使用军事模拟器的新政策框架,推动印度军队在军事模拟器的生产、部署和维护方面实现更高水平的本土化。其总体愿景是在所有军事领域提供基于仿真的训练,从而实现更具成本效益、高效、安全、快节奏和智能的训练。

**4. 构建更逼真的沉浸式虚实平行战场训练环境**

合成训练环境(STE)项目:美国陆军实现部队现代化的最新训练进展,支持部队和领导者在世界任何地方进行逼真的多梯队和多域联合兵种演习和任务指挥实时、联合训练。2021年,科尔工程服务公司已获得该项目训练与仿真软件/训练管理工具合同，与波希米亚交互仿真公司主要产品（VBS4、VBS Blue IG 和 VBS World Server）合作提供下一代联合训练。立方公司获得该项目实兵训练系统原型开发合同，将提高陆军实兵对抗训练的真实性、士兵和编队的战备状态。美国陆军认为在数据受限地形（如偏远地区、前沿作战基地、低带宽环境等）中进行数千人规模训练是该项目必须实现的功能，开发了在数据受限地形下基于增强现实和虚拟现实训练的压缩并行体系结构（COMPACT），以支持在全球任意地方按需提供增强现实/虚拟现实训练能力。

合成训练环境架构如图 5 所示，合成训练环境能力发展路线如图 6 所示。

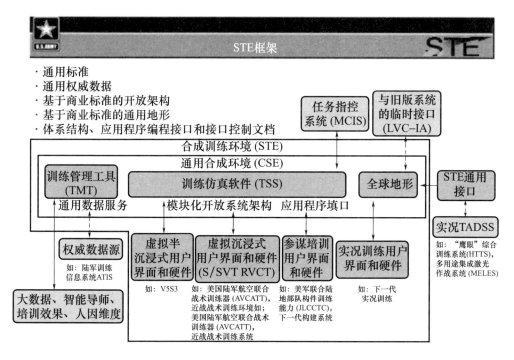

图 5　合成训练环境架构图

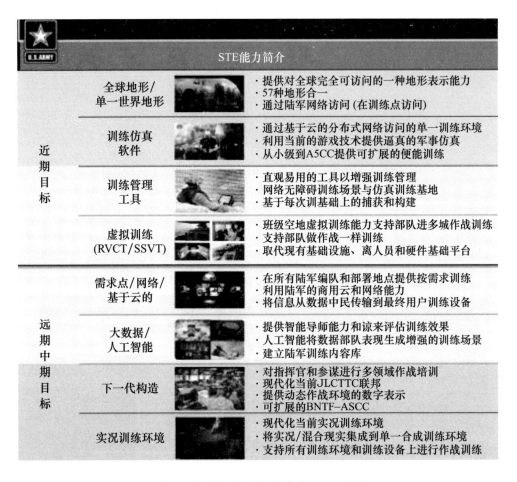

图6 合成训练环境能力发展路线图

持续网络训练环境（PCTE）：2021年，美国网络司令部持续网络训练环境平台完成第三版的部署，并计划于2022年1月部署第四版，全方位提升网络战的训练和战备水平。根据该司令部要求，5月开始，美国各军种院校须应用该平台来全面提升学员掌握网络作战/防御的能力，促使各军种院校的训练范围呈现多样性和复杂性，训练工作实现标准化、简约化和自动化，训练内容、经验教训、最佳实践实现统一。同时，美国网络司令部在其年度训练演习不断扩展该平台的应用。在"网络旗21-2"演习中应用该平台实现跨越 8 个时区 3 个国家/地区开展评估网络部队工作，编纂了网络部队防御的最佳实践并制定了网络战新策略。演习期间，该平台每天支持数千项任务活动，并同时支持英国"网络洋基"演习。PCTE 作战示意图如图 7 所示。

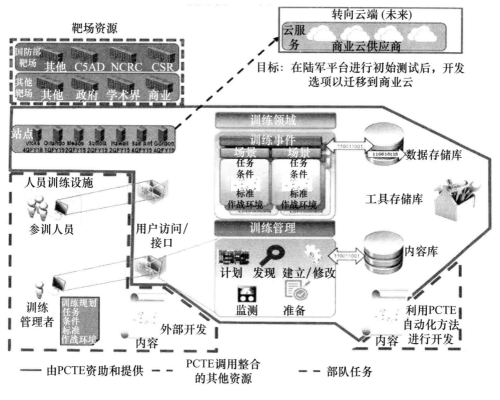

图 7　PCTE 作战示意图

全球决战训练环境（DATE World）：美国陆军训练与条令司令部情报局发布的网络版模拟训练环境。该环境基于全球 4 个地区（太平洋、欧洲、高加索和非洲）真实作战环境，模拟该地区完整的部队结构、可用的武器和装备，应用美国陆军近 10 年的经验成果为训练人员提供尽可能严格、真实的对抗训练环境。该司令部计划与澳大利亚、加拿大、英国和新西兰盟友国合作，开发和完善训练环境内容、数字工具和用户辅助工具（如整合地图和可视化），以支持 LVC 和对抗推演（LVC–G）训练。澳大利亚陆军 3 月开展的"钻石黎明"演习就混合使用了该训练环境的核心场景，其模拟仿真能力在排级、战斗群和编队级展现出有效性及巨大的潜力。

快速集成和开发环境（RIDE）：将商业游戏引擎和多种沉浸式技术（如单一世界地形数据和工具、机器学习、语音识别、自然语言处理、人工智能角色行为和场景事件开发等）集成，支持在通用平台上重用视觉艺术、3D 模型和其他仿真技术，减少了创建不同仿真原型所需工作量，以实现美国陆军随时随地提供技术生成现实的训练目标。该环境在开发单一世界地形和战术计算环境中发挥了重要作用。

此外，美国空军 T–38 教练机训练机上装备 Red 6 公司机载战术增强现实系统，将模拟的图像叠加在现实世界上以实现虚实交战。俄罗斯苏–57 战斗机飞行员头盔"增强现实"系统，可辅助飞行员操控和驾驶战斗机。英国陆军应用 4GD 训练仿真公司 SmartFacility 城市训练解决方案新功能：ECFECTUS（战术性能数据收集和分析系统）和 ACIES（将合成世界引入物理 SmartFacility 环境的集成现实系统），为用户提供沉浸式近距离作战训练和深度作战训练仿真，实现了在虚拟世界中采取的行动能对现实世界产生影响。

**5. 更容易、更快速地构建模拟内容以模拟现实世界**

仿真引擎集成使构建模拟内容变得更容易。2021 年跨军种/行业训练、仿真与教育会议会展上 30 多家参展商展示了由虚拟引擎驱动的仿真应用程序，主要应用于快节奏的内容创建和制作管道领域，该产业集群使用高逼真度、动态内容填充虚拟世界，以满足国防客户不断增长的、永不满足的需求，为训练和现实世界操作提供大量、越来越准确的地形。十几种不同的模拟器以虚拟引擎为核心，解决用例和训练挑战、提供无缝部署解决方案，以确保系统互操作性。Pitch 技术公司 Pitch 虚拟引擎连接器能与航空航天和国防仿真训练系统协同工作，提供更开放、分布式、高性能、可扩展和安全的解决方案，轻松构建基于开放标准的建模仿真生态系统。美军开展类似黑客马拉松的"阿门图姆挑战赛"，基于 Unity 引擎可快速制作模拟 3D 世界原型，以创新军事训练。

使用最新的地形数据快速更新模拟仿真和作战系统，对支持多域作战至关重要。Unity 仿真软件实现了自动处理地形数据以更快的速度模拟现实世界。快速集成和开发环境（RIDE）以其作为仿真核心，支持美国国防部仿真计划（包括单一世界地形项目），对各种想定和技术应用全自动地形数据管道概念和自动分类地形数据等工具实现快速原型化设计。美军已实现了用于任务准备的"现实捕捉"，概念示例是为美国海军陆战队开发的战术决策工具包。LuxCarta 公司 BrightEarth 平台可从亚米级图像中准确、高分辨率实时提取建筑物足迹和树木多边形功能，实现 93% 以上的捕获率，以实现下一代训练模拟器为其合成环境提供按需的地理空间输入。InVeris 公司基于增强现实的无约束武器训练模拟器 SRCE（查看、演练、集体体验，或称为"来源"），以一种完全逼真、无缝、可定制且经济的方式提供了最好的虚拟和现实世界，以生成即时射击场。

**（三）联合演习训练愈加依赖仿真技术支撑**

近年来，联合演习训练愈加依赖仿真技术支撑。美国陆军"战士 22 – 1"演习利用网络与仿真技术在堪萨斯州的莱利堡、佐治亚州的斯图尔特堡和德国的格拉芬沃尔进行同步仿真作战，在高压环境下测试了军事理论、知识和作战能力；"会聚工程 2021"作战实验通过七大场景验证挫败对手"反介入/区域拒止"能力、推动联合全域作战概念发展的新型作战技术，重点仿真在印度 – 太平洋地区第一岛链和第二岛链执行任务的场景。

美国空军"联合虚拟旗 22 – 1"虚拟空战演习，横跨 8 个时区，所有单位在同一时间和同一虚拟空间进行演训，演练在联合环境中如何有效作战以提高战斗力；使用了在全球 29 个地点实现互联的 7 个网络和 23 个不同系统，为 67 个部队实施超过 6461 次联合训练任务。美国空军研究实验室开展两次定向能效用概念实验（DEUCE）演习活动，均采用"红蓝"双方虚拟对抗的方式，通过虚拟界面应对威胁情况来评估定向能能力在未来战争中的效用。

美国海军在全球多个地区同时开展近 40 年来最大规模的"大规模演习 – 2021"活动。此次演习首次大规模运用 LVC 仿真训练技术，实现了实战训练和合成训练能力的融合。此次演习构设了跨军种、跨战区、跨舰队、虚实结合的全球综合实战训练环境，实装部分由 130 艘水面舰艇和 11 个训练靶场组成，虚拟部分由 70 多个飞机模拟器组成，构造部分由 14 个模拟站点、作战实验室和计算机生成兵力组成，是迄今为止对 LVC 训练环境的最大规模试验。

北约卓越协同网络防御中心开展规模最大、最复杂的国际实弹网络防御演习"锁定盾牌 2021"，应用尖端技术、复杂网络和多种攻击方式，约 5000 个虚拟化系统受到 4000 多次攻击。法国举行首次跨国太空军事演习，以提高法国太空军事力量及地位。演习中模拟了敌方袭击法国卫星、太空碎片威胁，以及盟军卫星通信遭受敌对干扰等 18 种类型的太空威胁场景，以评估未来太空作战需求。

## （四）为部队维修保障提供新模式

武器装备的可靠性直接关乎战斗力，关乎战争的胜败。为确保武器装备作战完备性，美国国防部年度国防预算 40%（约 2900 亿美元）投入在作战和维修上。当前基于状态的维修还存在不足之处，而基于物理的仿真模型则提供一种更好的维修模式，基于装备操作包络线，在不同程度上表征组件、系统和体系的行为,以此可对武器装备的部组件、系统和体系进行分析验证。再结合经过战场实时数据校准后的数字孪生,可对故障模式和根本原因做出高质量预测。因此,美军认为基于物理的仿真可提高部队的维保状态。

美国空军通过构建F-16战斗机的数字孪生来减少维修保障战斗机所需的时间和成本,并提高维修保障效率。数字孪生将使美国空军能够模拟飞机未来的磨损、维护和升级。美国海军为"宙斯盾"系统提供可视化的安装维修方案,以实现更精确、更高效的安装;通过微软Hololens设备的增强现实技术,配置"宙斯盾"系统的每一艘战舰模型可叠加到真实空间中,用于评估更改、维护、作战系统的快速配置;技术手册和维护文件的信息也可叠加在真实设备上,以同步开展维护工作;应用人工智能算法等先进技术预测部件的维护需求,从而在部件损坏之前部署维修工作。

## 四、结束语

纵观2021年军用建模仿真技术领域重要进展,以美国为代表的仿真技术优势国家以智能化仿真平台、定制化仿真应用、服务化仿真能力为基础布局军用仿真技术的发展并将其作为需求牵引,从战略研究与顶层架构设计、基础理论与方法研究、支撑环境与平台演进出发,积极探索军用仿真重大计划与工程谋划,加强军用仿真自主创新与协同共享,形成研用结合、迭代演进的军用仿真生态,其产生的影响和驱动力将加速推进建模仿真技术在军事各领域的发展与应用。

(北京仿真中心航天系统仿真重点实验室　熊新平　孙磊)
(中国航天科工集团第二研究院二〇八所　李莉)

# 2021 年系统建模仿真理论与方法发展综述

2021 年,世界各国继续积极加快系统建模仿真技术发展,理论上积极探索,方法上不断创新,不断挖掘建模仿真技术潜力。仿真计算能力进一步得到加速提升,人工智能技术与建模仿真进一步加快融合、共同发展,数字孪生理论与方法日臻成熟、应用日益普及。各国积极加快面向作战试验与鉴定的建模仿真能力和仿真基础设施建设,仿真体系结构不断得到优化提升,仿真体系标准进一步完善发展。主要动向如下:

## 一、仿真体系结构和标准更加灵活开放高效

面对日益广泛复杂多变的应用需求,建模仿真系统体系结构和关键标准必须更加开放、包容、有效,以跟上不断发展变化的军用仿真需求发展步伐。2021 年,各国以及有关国际组织进一步加大仿真体系结构和标准研究力度,取得多方面进展。

### (一)建模仿真即服务进一步迈向实用化

北约建模仿真小组"建模仿真即服务"(Modeling and Simulation as a

Service，MSaaS）任务组（MSG-168）4月举办建模仿真即服务系列讲座，围绕未来的国防和安全用户以一种更快速、更可扩展的方法满足构建未来作战环境建模仿真的需求，"建模仿真即服务"是满足这一需求支持未来生态系统开发的重要概念，该训练旨在帮助政府、军队、行业领导者和技术人员获得足够的信息和教育，使其从概念到生态系统全面了解建模仿真即服务及其优势。6月，北约建模仿真卓越中心在"联盟战士互操作性探索试验验证演习"（CWIX）中开展了"未来的核心服务和网络"测试活动，以继续支持建模仿真即服务对上述两方面核心能力进行验证。

（二）积极制定模拟器通用体系结构和标准

美国CAE公司收购L3Harris技术公司军事训练产品部门，这有助于继续发展"模拟器通用体系架构要求和标准"计划，对美国空军飞行训练模拟器进行改进，提升机组人员的技能训练效果。CAE团队将为美国空军训练模拟器的设计和操作制定一套通用标准，解决原有模拟器由多个供应商设计、界面、使用方式差异性大，训练和系统更新难度较大的难题。

（三）发布用于支持采办活动的建模仿真标准配置文件

仿真互操作标准组织（SISO）2月发布《用于支持采办活动的建模仿真标准配置文件指南》（SISO-GUIDE-005—2021）、《用于支持采办活动的建模仿真标准配置文件参考》（SISO-REF-066—2021）两份文件。该指南旨在为建模仿真标准的选择和使用提供指导。

（四）积极研讨应用商业技术提升军用仿真能力

北约建模仿真小组10月举办第17届"用于北约及其成员国的商业技术和推演技术"研讨会，希望确定具有最大潜力的近期技术。该研讨会分享仿真应用中人工智能、增强现实和混合现实、推演架构和引擎、建模仿真即服务、意志推演和网络效应仿真等新技术最新进展,并制定北约建模仿真小组商业技术和推演任务组未来技术发展路线图。

## 二、积极发展先进建模仿真方法

2021年,世界各国继续不断探索新的军用建模仿真方法,旨在更快速、更灵活、更可信地打造多样化仿真应用平台。

### (一)对美国军用建模仿真状况进行全面评估

美国国防科学委员会2月发布推演、演练、建模仿真(GEMS)评估报告,以充分发挥其在国防部企业范围内从行政管理到作战等各个方面的潜力。GEMS工具与能力提供了一种经济高效和创新的方法,用来测试新的想法和概念、新系统的设计和原型、仿真军事行动、进行地缘政治分析以及提供训练,从而提高作战人员的战备状态和能力。报告指出,在当今具有高度竞争性和充满活力的战略环境中,同时伴随着大国竞争愈演愈烈,该能力也将变得越来越重要。

### (二)运用先进建模仿真方法研究未来挑战

美国陆军训练与条令司令部情报局(G-2)2月发布仿真网络环境——全球决战训练环境。该环境是美国陆军近10年工作的成果,它的创建旨在帮助预测与训练军队应对当今和未来的挑战,确保部队尽可能保持杀伤力和弹性,以便在所有领域获得优势。

### (三)运用5G/虚拟现实等新兴技术提升军用仿真能力

美国国防部自2020年10月起在7个军事试验场进行世界上最大的军民两用5G全面测试,以实现使用增强现实与虚拟现实技术的实战仿真训练场景。2021年6月,美国国防部已向国家频谱联盟成员发出原型提案请求,以支持 5G 远程医疗和医疗训练研发。同月，美国国防部"从 5G 到下一代计划"（5GI）取得进展，成功演示了专门在美国设计和建造的、用于后勤现代化的一套先进 5G 网络，提供了 1.5 吉比特/秒的高速下载和低于 15 毫秒的延迟。在虚拟现实方面，Brunner 公司为瑞士国防部技术中心提供其首个基于通用动力 Stryker/Piranha 配置的 NOVASIM 虚拟现实全运动模拟器，提供将 LVC 训练系统与虚拟/增强现实功能的集成奠定了基础。

## 三、深化复杂系统建模仿真校验中不确定性量化等研究

不确定性因素是军用复杂系统建模仿真校验必须深入考虑的问题，会对仿真可信度评价和仿真结果的客观评估带来诸多影响，2021 年，军用仿真领域在该领域的相关研究进一步深入。

**（一）全面分析深度学习中的不确定性量化**

澳大利亚迪肯大学智能系统研究与创新研究所等研究表明，在优化和决策过程中，不确定性量化方法对于减少不确定性的影响起着关键的作用，已应用于解决科学和工程领域的各种现实问题。该方法在深度学习领域已取得最新进展，但仍面临基础研究挑战。

**（二）开发综合性建模仿真校验与不确定性量化工具**

英国伦敦布鲁内尔大学的科研人员开发了一种面向科研仿真的可扩展校核验证、不确定性量化工具包，可广泛应用于建模仿真校核与验证、灵敏度分析和不确定性量化流程。该工具包可从单机到超级计算机环境中的任何仿真平台中运行，其功能和性能已在 COVID-19 建模仿真等案例中得以充分展现。

## （三）专题研讨决策仿真的可信性问题

工程建模、分析和仿真界国际联合会 6 月举办"决策仿真可信性——校验和不确定性量化的重要性"线上专题研讨会，围绕该主题，与会学者专家就仿真质量管理中校核与验证、计算仿真校核概念中软件确保与代码审查、不确定性量化概念与方法、仿真成熟度的工业化实现的具体问题展开深入研究，有力推动有关研究进一步深入。

## （四）元模型和元宇宙技术推动建模仿真加速创新

巴西伊塔朱巴联邦大学研究人员撰文指出，过去几十年里，建模、仿真和优化工具因其表示和改进复杂系统的能力而受到关注。近年来，使用元建模技术进行仿真优化的研究人人增加，以支撑更鲁棒和敏捷的决策，在解决方案空间中确定最佳方案。该研究对基于元建模的仿真优化进行全面回顾与展望，以系统性推动相关工作的深入。2021 年被很多人称为"元宇宙元年"，韩国军事训练仿真器研发和供应商 OPTIMUS SYSTEM，基于元宇宙技术研制的 DEIMOS 军事训练系统已成功应用于韩国武装部队，可为包括精准射击训练、战术行为训练和观察训练等不同类型专业训练构建多样环境。以高精度射击训练为例，与传统的影像靶子相比，基于高精度定位和个性化精准调校技术的虚拟现实平台可以构建逼真的多样作战场景，实现技能可迁移的高效射击能力单兵训练和协同训练。

## 四、积极加快仿真基础设施建设

为进一步挖掘建模仿真技术潜力，并充分发挥作战能力"倍增器"的作用，2021 年各国进一步加大投资力度，支持各种类型军用仿真基础设施建设，从而进一步加快建模仿真技术研发应用的步伐。同时，世界各国加大量子计算等先进仿真计算技术研发力度，在规划和关键技术领域取得一系列突破。边缘计算等新技术不断被应用于提升仿真计算能力。

**（一）积极加大对仿真基础设施投资力度**

美国科学应用国际公司 4 月与美国陆军签署两份合计约 44 亿美元的建模仿真方向的合同。在一份为期 5 年价值 8 亿美元的建模仿真系统工程合同中，该公司将为美国陆军提供 LVC 建模仿真、数据科学、系统体系建模仿真架构、系统工程、基于模型的系统工程、战场效能试验、导弹防御和多域作战系统体系，以及基于作战指挥建模仿真的演练、兵棋推演和训练。在另一份为期 8 年价值 36 亿美元的合同中，该公司将为美国陆军提供半实物仿真开发。

**（二）积极应用网络战仿真基础设施开展全员训练**

美国空军学校 5 月开始在新课程中引入持续网络训练环境，全面提升学员对于网络作战/防御技术的掌握能力。根据美国网络司令部要求，各军种相关院校须应用该平台进行个人或团体训练/演练，以全面提升美军网络作战/防御能力。美国海军作为网络防御作战联合课程负责机构，美国陆军代表网络司令部管理该项目。

**（三）不断升级仿真基础设施关键模块**

美国洛克希德·马丁公司计划从 2021 年开始，通过软件升级，将美国空军基地和英国莱肯西斯皇家空军基地的 F–35 战斗机全任务模拟器连接起来，使美国和英国的飞行员可以跨越国界进行仿真训练。俄罗斯苏–34 多功能战斗机/轰炸机模拟器 1 月已交付给车里雅宾斯克的空军军事教育和科学中心，相关学员已开始在仿真平台上进行训练。该模拟器可构建连续/

融合式空中虚拟环景，使学员获得沉浸式模拟飞行训练效果。以色列航空航天工业公司10月在多国空军参与的"蓝旗2021"军事演习中首次推出Scorpius训练（Scorpius-T）仿真系统，可为机组人员与作战人员训练提供现代、信号密集、多威胁仿真场景，并测试电子战功能。该系统兼容第五代战斗机、任务飞机和战斗机，可在训练演习中仿真多种陆基威胁。该演习还采用了该公司的自主空中作战机动仪表系统仿真和先进作战协调与通信复杂场景仿真模块。

### （四）推动按需提供训练的新一代可扩展合成仿真发展

Grid Raster公司5月从美国空军小企业创新研究项目获得为飞行员与辅助人员提供大规模的超现实沉浸式仿真和训练合同。该公司提供基于云的开放体系结构与模块化设计的基础软件所需设施和功能，为高逼真度超大规模仿真与训练提供高性能、准确和可扩展的扩展现实解决方案。XR平台支持统一和共享的合成训练环境，其直观、灵活性可进行多种类型的任务演练，以实现训练效用。

### （五）大力提升军用仿真计算能力

在量子计算方面，美国国会研究服务中心5月发布的关于量子计算军事应用报告称，量子传感、量子计算机和量子通信三项应用最具国防部应用前景，量子传感器是量子技术最成熟的军事应用，目前正在"准备执行任务"。德国联邦经济事务和能源部向德国航宇中心投资7.4亿欧元，以支持德国航宇中心未来整合利用德国在量子技术方面的专业知识，并建立工业基地。未来4年，德国航宇中心将牵头建成多种体系结构的原型量子计算机，以应对未来科学、经济和安全挑战的中心任务需求。加拿大D-Wave系统公司和日本电子集团NEC的澳大利亚子公司4月被澳大利亚国防部选中，以演示混合量子计算技术。美国陆军研究实验室3月表示，其研究人员研发了一种机器学习方法，可矫正由光子构成的系统中量子信息，以提升在战场上部署量子传感与量子通信技术的可能性。马萨诸塞大学阿默斯特分校的研究人员在美国军方支持下，同月宣布其已开发出一种保护量子信息免受超导系统常见错误源影响的方法。

在仿真计算网络方面，美国威瑞森公司6月宣布获得国防部4.95亿美元合同，以建设一个将200家研究实验室与超级计算机所在地连接起来的网络。该公司将为国防研究与工程网络及其高性能计算现代化项目，提供网关、路由器、防火墙和"边缘计算"能力，使研究团队能够近实时地在一起开展大数据、人工智能、机器学习和仿真等方面的研发工作。国防研究与工程网络是一个高速光纤网络，支持研究人员利用超级计算机，协作开展研发、试验与鉴定工作。

在边缘计算方面，美国陆军提出"数字士兵"概念。"数字士兵"是与士兵共同巡视的小型传感器，支持在网络内部共享和处理本地数据，并为作战人员和编队提供快速信息以确保竞争优势与安全。

## 五、数字孪生仿真理论与方法日臻成熟，应用日益普及

2021年，在工业4.0战略等积极推动下，各国军方、各大制造企业和用户部门积极推进数字孪生、数字主线、数字工程等新一代建模仿真理论与方法的快速发展，取得多项重要进展。

### （一）英美评估数字工程战略实施进展

在推演、演练、建模仿真（GEMS）评估报告中指出，美国国防部正在努力推进数字工程，这具有极为重要的意义。军队内部一直在推动使用数字工程来思考新的系统概念，已采用数字工程的组织获得了相当可观的收

益，这为国防部充分利用 GEMS 工具并能够有规模地、有效地生成作战能力提供了必要的基础。数字工程依赖于在所有工程活动中按照严格规程使用已验证的工具以及具有权威来源的数据，这需要国防部必须有精通数字工程的方法、流程、工具和技术的工程师，同时对必要的信息基础设施进行投资，从而在一系列工程任务中实现更高程度的自动化。英国建模仿真中心 2 月表示，数字工程的最新进展已经为航空航天设计周期开辟了新的可持续方法，是实现绿色飞行的最快途径。

## （二）采用数字孪生技术全面评估顶级科技计划

美国空军研究实验室 5 月披露，为"金帐汗国"网络化协同武器计划实施罗马竞技场新项目的努力将有利于未来潜在技术之间的不断迭代，并影响美国空军如何更好地构建这些系统的采办。罗马竞技场项目将是一个数字生态系统，提供一个完全集成的仿真环境，具有武器数字孪生，或真实世界武器和虚拟的克隆，能够更快地试验、演示、改进和过渡到协同式自主网络技术。

## （三）积极应用数字主线工具平台支持美国国防部数字工程战略

美国雷声技术公司正积极运用"数字主线"方法缩短研制周期，以一种更快的方法来提供从导弹到雷达的各种产品。这需要将所做的一切整合到一个单一的数字平台中。这种能力可使开发时间缩短一半，已应用于低空和导弹防御传感器。美国特种作战司令部 5 月表示，将利用数字工程来设计其下一代干式战斗潜水器"DCS – Next"。通过数字工程可节省其设计和制造原型成本。美国特种作战司令部将考虑采用竞争性数字工程模型的设计，使其与海军合作的高逼真度设计结合来展示互操作性。该原型设计可能在 2024 年开始，前期数字建模仿真工作将在 2021—2022 年进行。美国空军装备司令部 6 月建立了一个新的数字转型办公室（DTO）来管理整个空军和太空军部队的数字转型活动。美国空军装备司令部于 2020 年正式启动了"数字战役"行动，目标是创建一个集成的数字生态系统，统一提供开发、试验、实战和维修复杂武器系统所需的数据，减少武器系统从概念转化到作战人员手中所需的时间，同时提供快速适应能力，以满足当今动态作战领域的要求。SAE 国际公司 1 月宣布推出了 SAE OnQue 数字化标准系统，该系统可将 SAE 国际公司庞大的工程标准库数字化集成到产品开发、产品性能设计和质量管理的工程工作流程中，支持基于模型的工程、系统工程、数字孪生以及其他需要系统集成的应用程序。

**（四）应用数字孪生技术优化产品和生产环境**

俄罗斯联合发动机公司 5 月宣布数字技术研制出首台 VK–1600V 直升机发动机演示机，这是俄罗斯历史上第一台无图纸化设计的发动机。该发动机演示机的所有制造工作都以数字格式进行，数字孪生模型提供了显著优势。美国海上系统司令部利用数字孪生技术优化 4 家国有造船厂的厂区配置方案，以改善工作流程并减少无效工时。珍珠港海军造船厂已于去年底完成数字孪生搭建，普吉特湾海军造船厂现已建立基准模型，朴茨茅斯海军造船厂于 4 月完成数据收集工作。

**（五）积极研发软件生成快速建模技术提升数字工程能力**

美国科学应用国际公司设计开发了"弹性架构验证环境"（RAVE）软件，使复杂模型和仿真更加实用、高效和可重用。该软件的未来计划是集成先进仿真集成与建模框架（AFSIM），以支撑从地下到太空的任务仿真。这两者的集成是一个重大升级，使 AFSIM 编码更加用户友好。目前应用案例包括用户创建和连接卫星星座、传感器和地面站的仿真，以使 RAVE 重用 AFSIM 代码脚本来实现可重用和易用性。

## 六、人工智能与建模仿真深度融合催生新能力

2021 年，各国人工智能技术方面的研发应用竞赛进一步加剧。人工智能与仿真技术在大数据、算法模型、算力平台等方面具有很多共同的基础，两者在研究应用方面加速融合、彼此促进，产生许多最新共享成果。

### （一）积极探索机器人自主仿真技术

DARPA 于 1 月发布"复杂环境中机器人自主性弹性仿真"项目征求书，探索通过算法、仿真元素技术开发和模拟器内容生成等领域研究适用于越野环境的自主技术，以缩减仿真与现实的差距，同时显著降低成本。法国泰勒斯集团和 Atos 公司 5 月合作成立 Athea 合资公司，拟打造成为欧洲人工智能/大数据研究前沿机构以支持欧洲国家提升未来军事作战关键支撑技术能力。

### （二）人工智能与仿真结合展现新能力

2020 年 12 月，美国空军 Artuμ 人工智能系统首次在洛克希德·马丁公司 U－2 侦察机上进行了飞行测试，测试过程中实现了对 U－2 侦察机上雷达和传感器系统的控制。Artuμ 系统基于 μZero 推演算法，已经历了超过 100 万次计的计算机仿真任务训练，有效地实现了对 U－2 侦察机机载传感器系统的智能化控制。Britannica 知识系统公司和 Aptima 公司 6 月共同发起一项新计划，旨在利用人工智能与模拟器来改善美国空军的训练结果，从而实现更高效和有效的训练计划。美国海军分析中心 5 月发布的最新研究报告称，俄罗斯军事技术水平远超美方想象，俄罗斯正加速人工智能技术开发，以在复杂作战环境中获取信息优势。

## (三)积极探索可用可信的人工智能仿真服务

PLEXSYS 澳大利亚有限公司先进仿真作战训练系统 5 月已被达隆蒙特技术公司选定,为下一代仿真系统 REALMS(ABMSIM)提供系统支持。ASCOT 7 系统是一个动态、直观的计算机生成兵力平台,可用于任何建模仿真环境,简化了复杂训练场景的开发。REALMS 以威廉镇的澳大利亚皇家空军基地为中心,并为 41 联队提供该联队所有站点的链接实现必要的协同训练能力。

## (四)积极探索基于建模仿真的人工智能算法评估技术

建模仿真与人工智能结合在 DARPA "空战演进"(Air Combat Evolution,ACE)项目中发挥了关键作用。ACE 项目正处于第一阶段,在视距和超视距多机场景下,使用更新的仿真武器进行了先进的虚拟人工智能空中格斗;第二阶段将用一架加装某些装备的喷气式飞机进行实际飞行,以测量飞行员的生理状况和对人工智能的信任;第三阶段搭载一名机载人工智能"飞行员"的首架全尺寸喷气教练机进行初期改型。英国皇家海军 6 月首次在海上应用人工智能,作为"强大盾牌"演习的一部分。该人工智能为皇家海军指挥官提供了快速危险评估,以选择最佳武器或反击和摧毁目标的措施。此次强大盾牌演习是欧洲迄今规模最大、最复杂的空中和导弹演习。

## 七、积极加快面向作战试验与鉴定的建模仿真能力建设

当前,军队装备试验鉴定正由性能试验向作战试验、在役考核全领域拓展。在装备试验鉴定体系全面重塑的历史背景下,为适应军队装备试验鉴定发展新变化探索装备试验鉴定新理论,推进装备试验鉴定自主创新发展,急需开展装备试验鉴定建模仿真技术研究。美军相对较早开展了装备

试验与鉴定建模仿真研究，现已形成较完善的能力体系和规范流程。

## （一）加速面向武器系统试验与鉴定建模仿真设施的应用

美国国防部作战试验鉴定局 1 月发布《作战试验鉴定局 2020 财年报告》称，在 2020 财年，包括作战试验鉴定局在内的美军展开了试验鉴定领域的变革，推进研制与作战试验鉴定的一体化，加速联合仿真环境设施应用。作战试验鉴定局与研制试验领域正着手落实研制和作战试验鉴定的一体化工作，从而改变过去垂直、线性的管理方法，可将主要武器系统从立项到部署的时间缩短 40%。

## （二）积极开展未来作战概念试验

英国 2021 年陆军作战试验（AWE21）探索使用了未来技术和概念，实现真实和虚拟集成训练环境之间的无缝链接，并增加"士兵为中心"实时数据采集和利用功能，以确定真实与合成训练环境的最佳组合，在动态环境中进行可靠性、对抗性、挑战性训练，使数据在训练系统中发挥最大作用，在缺少固定基础设施情况下完成安全、高质量的训练。

## （三）积极建造风洞等仿真测试环境

美国陆军和工业界研究人员共同组成的团队于 2020 年 12 月完成了一个倾转旋翼机气弹稳定性风洞试验台（TRAST）建设，用于陆军未来旋翼机设计工作。该试验台采用最先进的分析软件，为新型倾转旋翼机设计提供了支持。土耳其航空航天工业公司 6 月披露其正在建造欧洲第二大风洞实验室，以进行 TF－X "国家战斗机"（MMU）空气动力学性能测试。该风洞实验室设有大型、小型、开放三种测试场景，飞机模型的生产、集成和测试也将在风洞试验场内进行。法国 SMAC 公司 6 月宣布开发出可提升航空航天测试能力的新型振动台，包括 V8 和 V721 两种型号，可确保所有的测量数据都高度精确，以满足客户的严格标准。英国罗尔斯·罗伊斯公司 5 月宣布，经过与加拿大渥太华 MDS 航空支持公司近 3 年的合作设计和建设，位于德比的全球最大且最智能的室内航空发动机试验台 80 号试验台正式投入运营。该试验台总建设投资达 1.3 亿美元，是罗尔斯·罗伊斯公司又一里程碑式项目。

## 八、结束语

总的来看，当前全球建模仿真领域技术与应用创新正在加速，进入 21 世纪 20 年代，军用仿真作为一个技术创新密集性领域，在不断出现的新需求和底层技术创新的激励下，其创新广度深度将得到不断拓展。随着 5G、云和面向服务技术的全面普及，未来的建模仿真可以采用更通用的基于 Web 的服务平台作为通用体系结构，新仿真商业模式将崭露头角。人工智能、自动化、机器学习、大数据分析等新技术，将不可避免地对建模仿真产生深远影响。仿真训练数据获取和分析的进步可以进一步加深对训练结果的理解，并有助于实现针对个人量身定制化仿真训练。数字孪生日益覆盖系统全生命周期，扩展现实加速演进将使军用建模仿真方面尤其受益。

（哈尔滨工业大学控制与仿真中心　马萍　杨明　张冰　李伟）

# 2021年仿真支撑环境与平台技术发展综述

2021年，美国等西方发达国家，在装备数字化建设、试验鉴定、演习训练，以及新兴作战概念研究等军事需求的牵引下，结合云计算、大数据等信息领域先进技术，多维度开展仿真支撑环境与平台基础与应用技术研究，加大LVC仿真技术应用实践，尤其是美国海军于8月成功组织实施的"大规模演习2021"，取得了令人瞩目和印象深刻的成果。

## 一、新的军事作战概念验证和评估，牵引出新的仿真方法

### （一）新的作战概念牵引推演平台不断升级，从支持作战试验发展到支持采办决策

近年来，DARPA和各军兵种先后推出马赛克战、分布式杀伤链、决策中心战、全域作战等新兴作战概念。建模仿真和兵棋推演（MS&G）作为新型作战模式的试验手段，面临重大发展机遇，也面临应对马赛克战、全域联合作战推演所带来复杂性的挑战。为了实施建模仿真和兵棋推演的创新，美国组建了国防兵棋推演联盟组织，创立了兵棋推演资料库和兵棋推演激

励基金。美国海军信息战中心太平洋分部也组建了一个兵棋推演智能化研究团队，负责研究人工智能代理如何使用机器学习来找出战场获胜的行动方案，从而帮助指挥官做出更好的决策，掌握全域一体化作战、打赢战争的技能。该太平洋分部团队与澳大利亚、加拿大、新西兰、英国和美国"五眼盟国"在兵棋推演中进行机器学习方面的合作，共同开发和共享计算机游戏，使用机器学习来给人工智能代理编程，并为兵棋推演制定了不同的人工智能和机器学习策略。同时，美国兵棋推演专家正在研究下一代兵棋推演（NGW），将尝试利用人工智能进行"同步裁决"，以开展兵棋推演而无需传统的"回合"制，从而极大地提升推演的效率。

美军针对新型作战概念开展装备研制与技术实验同时，开展采办模型推演，研究在现有或备选管理模式与流程下，发展并部署马赛克部队的可行性。兰德公司提出以联合任务办公室为中心的采办模型，并基于美国国防部当前采办模型和以联合任务办公室为中心的采办模型开展了三场"获得马赛克部队"政策推演。得出结论是：美国国防部目前快速采办手段规模受限，难以满足建立马赛克部队的需求，而以联合任务办公室为中心的采办模型可集中采办权，解决问题的同时也带来了风险。

**（二）新作战空间牵引出新的仿真需求，网络空间作战仿真环境发展迅速**

在未来联合作战愿景中，网络空间不仅是独立的作战域，还是统筹和赋能联合全域作战的基础。网络空间作战应运而生，带来了战争形态、作战方式、武器装备等一系列变化，引发全新的军事变革。美国高度重视网络作战空间的训练与仿真。美国国防部于 2016 年指定由陆军主导建设持续网络训练环境（PCTE），是一个基于混合式云端服务的训练平台，为美军网络任务部队提供持续性的网络训练平台，支持"持续交战"作战概念，搭建高度仿真虚拟战斗环境，提升网络部队战备水平，自动挖掘汇总演习训练数据，提高网络作战训练效能，精确认证评估网络战备等级，掌控网络部队作战能力。在过去几年中，SCALABLE 公司利用其创新的网络数字孪生能力开发了 MissionCLONE，提供先进的训练和评估解决方案，以评估和提高联合全域指挥和控制任务的网络弹性。网络数字孪生是指通信网络及其运行环境和承载的应用流量的计算机仿真模型。它可用于在战区或实验室的低成本和零风险环境中研究其物理对应物的行为。为了有效地做到这一点，数字孪生必须具有足够的逼真度，以准确反映网络动态由于通信协议、设备配置、网络拓扑、应用流量、物理环境和网络攻击之间的相互作用。MissionCLONE 利用了来自 EXata 软件和联合网络模拟器（JNE）的一组丰富的网络和通信模型。其中：联合网络模拟器包括地面、水上、空中、水下和卫星通信网络的高逼真度、按比例模型；EXata 软件包括全球移动系统（GSM）、长期演进技术（LTE）、5G、Wi-Fi 和其他商业和两用无线技术的高逼真度模型，以帮助构建与任务相关的数字孪生。2021 年 3 月，网络数字孪生解决方案的领导者 SCALABLE 网络技术公司发布新版本 EXata 7.3，增强了 5G 网络建模、网络弹性分析和基于网络的实验设计方面的功能。

## 二、前沿创新技术不断发展，助推仿真平台升级换代

### （一）云计算全面提升仿真平台跨域信息共享能力

从 2019 年开始，美国空军正积极转向 Kubernetes 等开源云工具，加快空军云技术应用和部署的步伐。截至 2021 年 1 月，美军已有 37 个团队正在 Kubernetes 上构建应用程序，涵盖太空系统、核系统和战斗机等武器系统等

各个方面，正在形成以云技术为支撑的联合全域作战体系。2021 年 1 月，泰勒斯集团为北约开发/部署了首个经认证的战术防御云系统，为武装部队的数字化转型提供有效支撑。2 月，美国国防部提出继续发展"统一平台"，基于统一云基础设施连接联合网络作战架构（JCWA）内部不同的网络战能力，使作战人员能够访问、搜索和利用所有军种的数据，以实现全谱网络空间作战。5 月，美国空军中央司令部使用"凯塞尔航线全域作战套件"（KRADOS）生成空中任务指令。该套件是一个综合系统，它将 Jigsaw、Slapshot 等应用集成到一个基于云的系统中，用户可以像访问网站一样从任何地方对其进行访问。同月，北约通讯/信息局启动了北约 Firefly 新型战术防御云项目，这是首个战区级可部署国防云，可使北约部队能够跨战区实时接收、分析和传输数据。6 月，Parsons 公司向美国国防部交付了新的机载任务规划软件更新程序 C2 Core Air，它是基于云架构的网络客户端共享程序，可为作战行动提供云计算支撑，缩短任务规划时间，提升作战人员快速响应能力，实现美军联合全域指挥控制（JADC2）目标；Kessel Run 公司推出全域通用平台，采用基于云的即服务模式，旨在"提供高韧性指挥控制任务应用和数据"，以便美国空军在全球任何地方"建立、部署和监控任务应用"；美国国会研究服务处发布《先进作战管理系统》（ABMS）报告，先进作战管理系统作为联合全域指挥控制的空军解决方案，通过云环境和新通信方法，构建军事物联网，将每个传感器实时连接战场上的每个射手，其重点是实现国防部作战行动决策过程的现代化。8 月，美国空军在内利斯空军基地举行的先进作战管理系统演示中，首次实现 F–16 战斗机电子战系统在飞行过程中完成能力升级。美国空军下一步计划是将高速互联网集成到 F–16 战斗机中，使得 F–16 战斗机的飞行员能够从秘密云中获取数据。当前，美军正致力于通过为 F–35 战斗机装备 ODIN 系统以及人工智能算法等，构建便于快速部署的云原生系统，为 F-35 战斗机等五代机与无人机协同作战开辟新途径。7 月，美国国防部宣布正在取消联合企业国防基础设施云计算项目（JEDI），并启动新的多云计划——联合作战云能力（JWCC）。新计划必须提供在所有 3 个涉密等级（非密、机密和绝密）的相应能力和同等服务，一体化的跨域解决方案，全球可用性（包括在战术边缘），以及增强的网络安全控制措施。

2021 年云计算已在多方面开展应用，主要解决了以往限制互操作性的信息共享能力不足等问题，加速了交互信息的流通、汇集和处理，也为仿真平台跨域信息协同共享提供了新的解决技术途径，"仿真云"逐渐变成现实，推动跨域、跨国仿真资源的共享重用和高效协同。

**（二）大数据已成为竞争关键战略性仿真资源**

2021 年 2 月，美国雷声情报与航天公司正在与政府机构、民用公司合作，研发/部署新型多源情报传感技术，以实现高性能计算集成、大数据存储、复杂算法应用的功能。同月，美军"复仇者计划"加速飞行员培养过程，使用大数据和数据分析来支持训练，开启飞行训练转型。美国国防部向诺斯罗普·格鲁曼公司授予合同用于建立新的大数据系统，包括机器辅助分析快速数据库系统（MARS）以摄取和管理大量数据，从而为作战决策提供信息。3 月，Drone Sense 公司与美国得克萨斯州公共安全部签订合同，通过大数据集成提升各机构态势感知能力，以有效应对公共安全危机。5 月，美国海军通过研究智能地理空间数据分析技术，提升海上战术指挥控制系统的态势感知能力。同月，Athea 公司将利用"阿尔忒弥斯"项目中的工作成果，建立一个大数据处理系统，能够在全国范围内安全地处理敏感数据；英国 Adarga 公司与全球综合国防和安全公司奎奈蒂克建立合作伙伴关系，将采用大数据以实现防务目标。8 月，美国国家地理空间情报局授予马萨尔技术公司一份为期 5 年价值 6000 万美元的合同,以继续开发和运营机密大数据任务分析系统,为国防部和情报部门数千名用户提供情报分析。

大数据已成为信息时代重要的基础性资产,在多个维度驱动仿真环境与平台技术高质量发展。一方面,大数据智能发展迅速,"仿智能"技术日益成熟,促进博弈对抗仿真平台应用广泛;另一方面,大数据治理作为大数据重要技术分支,为海量仿真试验数据价值挖掘提供新的方法,从而全方位更深层次释放仿真价值。

**(三)5G 助力仿真平台互操作上台阶**

早在 2019 年,美国国防部 5G 战略报告就认为与 4G 技术相比,5G 技术能够使增强现实(AR)和虚拟现实(VR)、5G 智慧仓储、分布式指挥控制及动态频谱均可在军事上获得更广泛的应用。2020 年 10 月,美国国防部宣布了 6 亿美元的 5G 试验合同,用于在美国 5 个军事基地进行的项目,包括智能仓库、先进雷达、增强和虚拟现实能力。2021 年 3 月,智能和信息技术承包商博思艾伦汉密尔顿控股公司重点开展两方面研究工作:一是单兵 5G 增强现实/虚拟现实外场实时训练原型测试和优化工作;二是将研发使空军机载雷达系统与 5G 蜂窝网络服务动态共享频谱相关技术。7 月,美国的系统工程供应商 GBL 系统公司与三星电子美国公司已经开始为美国陆军军事基地部署新的 5G 测试平台,用于开展增强现实/虚拟现实训练测试。同月,美国国防部已开始在其部分 5G 试验台站点推出 5G 驱动的增强现实/虚拟现实系统。8 月,高通技术公司推出全球第一个支持 5G 和人工智能的无人机平台和参考设计,即高通飞行 RB5 5G 平台。借助 5G 和 Wi-Fi 6 的连接能力,该平台增强了超视距关键飞行能力,实现了更安全、更可靠飞行。高通技术公司目前正与 Verizon 公司合作,将利用 Verizon 公司 5G 网络完成"高通飞行 RB5 5G 平台"的网络测试。2021 年 2 月,德国亚琛的弗劳恩霍夫生产技术研究所联合机械工程、网络技术和机器人技术领域的合作伙伴，开发一种基于 5G 移动技术和时间敏感网络的端到端实时通信基础设施。3 月，北约通信和信息局对 5G 技术及其军事应用潜力进行了技术评估。根据 IMT2020 愿景，确定了 5 种主要 5G 使能技术，即频谱、5G 新空口、5G 核心网、邻近服务和非地面网络，它们可能为 5G 军事应用带来重大机遇，包括 5G 在不同军事应用领域的不同场景，以及使用不同 5G 利用概念（使用专用 5G 系统、军事用户使用公共 5G 网络、在专用/定制军事系统中使用精选的 5G 技术）中将为军事用户提供增强通信和应用服务方面的巨大潜力。

各国都愈加重视 5G 技术在国防和军事建设的应用，5G 技术也将极大地推动仿真技术的发展，未来应用 5G 的仿真应用场景主要包括基于 5G 的跨域 LVC 仿真、基于 5G 的虚拟现实和增强现实、基于 5G 的平行仿真等。5G 作为新一代信息通信技术领域的引领性技术，将全面构筑数字基础设施，打通信息流动"大动脉"，有望成为军用仿真转型发展新引擎。

### 三、装备数字工程落地和实施，仿真平台关键使能作用突出

美国国防部自 2018 年 7 月正式对外发布"国防部数字工程战略"以来，在各军种开展了上百个数字工程建设试点。如"虚拟宙斯盾"系统、"E 系列飞机"等，将舰载"宙斯盾"系统的升级部署周期缩短了至少 18 个月，F–22 战斗机风洞试验周期缩短 60%，F–35 战斗机进气道加工缺陷决策时间缩短 33%，有效地实现在虚拟空间进行武器装备的快速迭代、升级与验证，美军正在把数字工程融入所有事务流程，主要通过基于模型贯穿于装备全生命周期与全价值链的数字主线技术，以及基于虚拟世界构建

真实装备虚拟模型以达到扩展装备新能力的数字孪生技术,将全生命周期内的所有相关事务(如升级改造、维护保障等)都变得"事半功倍"且花费更少。

**(一)广泛充分推动数字工程在武器装备领域的创新发展与应用**

2021年1月,美国空军负责采办、技术和后勤的助理部长威廉·罗珀博士撰文阐述了数字工程计划的14项原则,并强调,e系列战斗机将成为美国空军"下一代空中优势"(NGAD)的主力机型。数字工程技术不仅能完成复杂系统的设计,而且能在高性能虚拟现实环境中完成系统的总装,甚至还能完成虚拟模型的物理性能测试。利用数字主线和数字孪生技术制作出来的虚拟工程模型可以取代真实工程模型,权威机构利用实体数据还能对工程模型进行虚拟测试。例如,美国空军利用数字工程技术在短短的36个月内就设计、生产出第一架eT-7A"红鹰"下一代教练机,下一代空中优势战斗机的设计与生产也采用数字工程技术,确保空军提前实现第六代原型战斗机首飞计划。同月,美国空军研究实验室弹药管理局在虚拟弹药模拟平台上进行了"武器一号"(WeaponONE)演示验证工作,基于一年来的研究成果,初步验证了数字工程的重要价值。美国空军研究实验室表示,数字孪生技术代表数字工程学的未来,可为武器系统提供极大的灵活性和适应性。"武器一号"具备多种功能,如武器系统开发的权威源、软件开发/部署仿真环境、机上飞行软件/云环境技术栈等。"武器一号"提供了一种全面数字化、敏捷开放的生态系统,通过基于模型的武器系统基本架构,实现武器系统之间的灵活性、模块化、可复用、一致性,为武器协同提供了技术基础和标准,为空军开发易用、适应性强、高效精准契合目标需求的产品提供有益支撑。"武器一号"演示首次将武器系统引入数字工程时代。作为美国空军三个示范性数字工程计划之一,"武器一号"计划将进一步实施数字孪生原型,与先进作战管理系统平台、硬件在环/系统集成实验室集成测试等工作,对"数据驱动作战决策"概念进行进一步测试、验证、评估,充分推动武器应用领域数字孪生技术的创新发展与应用。

**(二) 以仿真支撑环境促进数字工程全周期的无缝集成与贯通**

美军通过数字主线力图提供数字工程全生命周期各阶段数据的访问、综合及分析能力,使军方和工业部门能够基于高逼真度的系统模型,充分利用各类技术数据、信息和工程知识进行无缝交互与集成分析,量化并减少全生命周期中的各种不确定性,实现需求的自动跟踪、设计的快速迭代、生产的稳定控制和维护的实时管理。2021 年 7 月,美国空军发布通用仿真训练环境(CSTE)项目,用以探索增强其训练平台之间互操作性的新方法,解决无法访问所有模拟器和训练环境的问题,并建立合成环境数据联盟来促进跨训练系统的数据共享,数字工程和基于模型的系统工程作为更快、更具创新性的训练技术得到重要关注。5 月,美国太空军发布《美国太空数字军种愿景》,围绕数字军种建设,利用先进的数字工程生态系统,使用共享建模仿真基础设施,作战人员可在实战虚拟训练场景中磨练作战技能。8 月,BAE 公司推出支持多域战的体系试验平台,通过对数字工程构件、杀伤链性能和数据管理系统进行全面的基于模型的系统工程分析,该试验平台可识别技术和系统限制,通过可追溯性、直接映射和虚拟建模为用户推荐新兴技术,从而提高时间敏感性任务和联合目标任务完成率。9 月,美国空军授出 460 亿美元数字工程和敏捷流程开发合同,为埃格林空军基地及其任务合作伙伴提供数字工程和基于模型的系统工程、敏捷流程、开放系统架构、武器及复杂组织体分析方面的工作。

**(三) 敏捷开发方法与云计算等先进技术为数字工程赋能**

美军综合运用敏捷开发架构、先进仿真集成与建模框架、云计算等先进技术，提升数字工程效率，实现可重复、广泛运用的数字工程能力。美军发布的《数字采办的现实》中提出国防采办范式转变需要关键力量进行支撑，即"数字三位一体"，包括数字工程及管理、敏捷开发和开放式架构。SAIC 公司开发了弹性架构验证环境（RAVE）软件来解决这个效率和响应问题。该环境摄取空间模拟模型代码、进行更改、执行模拟并进行模拟后分析处理，为作战和其他任务模拟提供了可重用性，同时减少了编码要求。弹性架构验证环境将代码块输入用户的模拟模型，而不是让用户输入精确的文本行。先进仿真集成与建模框架（AFSIM）编码以具有陡峭的学习曲线而闻名，分析师通常需要数月才能熟悉。弹性架构验证环境与集成先进仿真集成与建模框架的集成，可以使 AFSIM 编码更加用户友好，简化建模仿真过程，并使不擅长编码的人员能够自信地使用该框架。没有技术编码背景的分析师可以创建图形用户界面，从而能够使用数字工程和其他技术来提供响应式决策支持。此外，Cloud One 也将数字工程作为一项服务，支持使用数字工程的不同任务系统的所有者共享计算资源和许可证。洛克希德·马丁公司正在以"星驱动"（StarDrive）数字工程工具集、"北极星"（Polaris）数字工程和先进装配演示验证项目等数字工程探索实践项目为契机，建设全流程、融合供应商的集成数字环境（IDE）；同时，可能会链接到空军的集成数字环境中，再与"Cloud One""Platform One"一起，构筑更为庞大、线索交错的复杂数字生态系统。

## 四、LVC 仿真技术走向成熟，试验训练领域应用广泛且深入

### （一）多军种日益重视 LVC 仿真系统的建设和应用

美国陆、海、空多军种持续重视 LVC 仿真的效益，将其视为能力生成

的关键使能技术。

陆军方面。将 LVC 和游戏环境融合到单一的合成训练环境（STE）中，提供一个单独的、拟真的数字化环境，使美国陆军能够在逼近真实的训练环境中反复进行多层级/多领域的战术和指挥训练，从而提升作战能力。"同一世界地形"（OWT）系统是合成训练环境的关键组成部分，作为基础地形数据库，存储了全球地形数据，包含虚拟仿真地形图和来自商业机构、学术机构和政府机构的测绘数据、卫星图像以及无人机拍摄数据，士兵只需要在虚拟地球上点击某个地方就可在对应的地形环境下开展训练。该系统计划在 2021 年底交付初始作战能力，并在 2023 年实现完全作战能力。陆军训练和条令司令部目前正在对 90 多万个训练辅助设备、4100 多个训练靶场和近 650 万英亩的训练区域进行升级。例如，计划于 2021 年第四季度完成的一体化视觉增强系统（IVAS）即是通过对微软公司的 HoloLens 增强现实头戴式设备进行改良以满足陆军独特的训练需求。一体化视觉增强系统能让士兵看到其周围的物理环境，同时也能在真实地形上叠映数字化的障碍物、平民甚至对手，将虚拟现实与真实世界相结合的方式使得部队能够在各种场景下进行训练。

海军方面。2021 年 2 月，美国海军航空训练系统和靶场计划办公室（PMA-205）在 F/A-18F"超级大黄蜂"上完成了下一代战术作战训练系统增量Ⅱ（TCTS-Ⅱ）首飞，该系统是首个经过认证的加密、多层次安全训练吊舱，支持与机载、地面设备的通信，具有 LVC 扩展能力，能够在第四代、第五代飞机和舰船平台上进行高度安全的空战训练，取代和推进现有的远程训练基础设施。5 月，该办公室获得了下一代战术作战训练系统增量Ⅱ限量生产的里程碑 C 批准，柯林斯航空航天公司随后获得价值 1768 万美元的合同，包括 30 个机载子系统吊舱、2 个远程测距装置、1 个通用地面系统、2个现场勘察设备和1个便携式支持设备子系统。该系统将由美国海军、美国海军陆战队和美国空军使用,预计2022年初在美国海军陆战队樱桃点空军基地具备初始作战能力。下一代战术作战训练系统增量Ⅱ在美国空军服役中被称为P6作战训练系统(P6CTS)。

空军方面。"金帐汗国"先锋计划作为空军重中之重的计划,专注于网络化协同作战。2021年3月在完成第二轮飞行演示之后,已转入"罗马竞技场"阶段,旨在建设一个永久性的实景和虚拟组合的测试环境,加速网络化自主协同武器系统相关技术的发展。4月,先进仿真技术公司(ASTi)升级了波音公司为美国空军设计的T-7A"红鹰"教练机的地面训练系统,解决了LVC环境中模拟无线电和实装无线电通信的问题。地面训练系统配备了高逼真度模拟器、教员台、动态座椅、8K投影仪,具备与实装T-7A飞机联合能力,支持LVC和嵌入式训练,显著缩短了培养合格战斗机和轰炸机飞行员的时间。

## (二)大型联合演习更加凸显LVC仿真技术的价值

联合演习方面。2021年8月3日至17日,美国海军组织实施了"大规模演习2021"。此次演习是由国防部统筹设计、强力推动,按照重点领域演练、主要军种大规模联合演习、多国"大规模全球演习"战略推演3个阶段展开,涉及了美国海军在全球17个时区内三个海军司令部和5个航母打击群,参演兵力含航空母舰、两栖舰、潜艇等36艘大型舰艇,另有约50艘舰艇通过虚拟网络参加,人员达2.5万人规模。演习首次大规模运用LVC仿真训练技术,构设了跨军种、跨战区、跨舰队、虚实结合的全球综合实战训练环境,"真实"部分由130艘水面舰艇和11个训练靶场组成,"虚拟"部分由70多个飞机模拟器组成,"构造"部分由14个模拟站点、作战实验室和计算机生成兵力组成,开展了中美南海军事对抗行动、俄罗斯突袭波罗的海地区北约盟友、中俄对美隐蔽实施大规模网络攻击等假想高端作战场景，综合检验了美军新的军事战略、新的作战概念、新的作战力量、新的作战战法和新的后勤保障能力等。

## 五、结束语

2021年，纵观国外仿真支撑环境与平台技术的发展，有三个特点值得重视：一是基于LVC仿真的重视程度越来越高，尤其是美国"大规模演习2021"的成功实施，将进一步促进LVC仿真支撑平台的研究和应用走向深入；二是建模仿真作为支撑数字工程、数字孪生等战略的核心使能技术，其作用日益凸显，也将牵引仿真支撑环境与平台技术的快速发展；三是充分利用人工智能、云计算、大数据等新兴技术，促进仿真支撑环境和平台能力跃上新台阶。总之，仿真支撑平台作为仿真应用的主要抓手，它的发展必将继续推动建模仿真技术在军事领域更深、更广和更好地应用。

(北京仿真中心航天系统仿真重点实验室
卿杜政 蔡继红 徐筠 李亚雯 谢宝娣 杨凯)

# 2021年仿真应用技术发展综述

2021年，新冠疫情持续给世界经济和政治局势带来重大改变，地缘政治、"民主自由同盟"等正在重塑新的国际格局和世界秩序，美国坚持把俄罗斯、中国作为竞争对手，世界安全格局在多因素的影响下正进行深刻调整。为适应国防战略调整和大国竞争需要，不断推进数字孪生、扩展现实、人工智能等新兴技术向作战能力演化，持续加强"跨域联合作战""智能化作战"等新型作战概念的演习验证，加快形成击败竞争对手的全面作战能力。军用仿真技术在新型装备研制、试验鉴定评估、作战训练、军事演习等领域的应用展现出不同特点和发展趋势。

## 一、"数字孪生"技术应用不断取得突破性成果，数字工程转型战略得到持续深化

### （一）"数字孪生"技术应用取得突破性成果

2021年1月，英国Element材料科技公司正式推出了Element数字工程业务，包括数字孪生、机器学习和数学优化，在有限元分析和工程关键评

估等领域的能力基础之上，专注于创新和数字化，为客户解决复杂的工业挑战，并确保其产品的安全性和法规遵从性。美国空军研究实验室弹药局在虚拟战争弹药模拟器上演示了埃格林武器数字组织体"武器一号"（WeaponONE）示范项目，揭示了"武器一号"的内涵、架构及关键技术，包括数字生态系统、基于模型的系统工程、数字孪生、权威真相源、政府参考架构等关键因素；2 月，Plataine 公司获得利用数字主线技术优化制造专利，利用基于云的人工智能技术实时创建工厂车间的数字孪生模型，实现对从原材料到最终产品的每个生产要素的跟踪，并创建全面可搜索的数字主线；3 月，美国空军"金帐汗国"先锋项目，利用多层数字武器生态系统——"罗马竞技场"的实时、虚拟测试和演示能力，实现协同自主组网技术的更快测试、演示、改进和移交，成功完成协同武器技术的第二次飞行测试。美国海上系统司令部利用数字孪生技术优化四家国有造船厂的厂区配置方案，提高生产效率。SCALABLE 公司发布新版本 EXata 并将实验设计器引入网络数字孪生生态系统，支持网络系统持续端到端分析的数字孪生解决方案。美国 Ansys 公司提出了基于物理的仿真和数字孪生技术提高系统的可靠性，降低生命周期成本，提高部队的战备状态。9 月，洛克希德·马丁公司公开了验证数字工程流程的"竞速者"项目，展示了如何使用全新的"星驱动"（Star Drive）数字工程工具集实现系统的快速原型开发和全周期支持。

**（二）美军"数字工程"战略得到了持续深化**

2021 年 1 月，美国空军发布数字工程指南，推出利用数字技术开发 e 系列战斗机项目必须满足的 14 项原则，强调 e 系列战斗机将成为美国空军"下一代空中优势"（NGAD）的主力机型，指出除 eT-7A "红鹰"教练机项目达到该标准之外，A-10 攻击机换翼项目、B-52 轰炸机换发项目和陆基战略威慑（GBSD）项目都已满足该原则。2 月，美国国防部发文推进数字工程战略,推出了在政策上支持基于模型的技术数据可用性、项目管理办公室应行使战略上获取技术数据权利,维护政府对基于模型的技术数据权利等措施。美国空军在其航空装备方案论证中,利用基于模型、数据驱动的"工程强韧系统""计算研究与工程采办工具和环境"等手段,开展"数字战役",推动"数字采办";SAE 国际公司宣布推出了 SAE OnQue 数字化标准系统,可数字化地提供 SAE 国际公司庞大的工程标准库,将更好的标准集成到产品开发、产品性能和质量管理的工程工作流程中。5 月,美国国防部签发《创新数据优势》备忘录,拟将国防部转型为以数据为中心的组织,重申数据是一项战略资产,提出了 5 条"国防部数据法令",以在《国防数据战略》所聚焦的联合全域作战行动、高级领导者决策支持、执行分析三个方面实现变革性效益和效率提升。美国空军装备司令部内常设一个办公室,专门负责推进空军和太空军的数字工程。6 月,英国国防部发布《国防数据战略——构建数字主干,释放国防数据力量》报告,详细阐述了英军未来数字能力建设计划,指出了建设数字主干的四项措施,包括制定国防部数字转型计划、建立统一的数据规范、嵌入数据控制和治理和提高数据开发能力等,明确了构建数字主干的三项核心技术,即超大规模云技术、允许无缝访问数据的下一代网络技术和用户端的服务程序。

## 二、一体化试验模式成为试验鉴定主旋律,面向联合作战、智能作战的试验鉴定是未来靶场建设的变革方向

### (一)仿真建模手段的深入融合一体化试验模式,发掘美军高端武器装备极限能力

2020 年 11 月,美国国防部发布首版 DoDI 5000.89《试验鉴定》指示,

为新的采办程序中的试验鉴定工作提供了指导性的政策、责任、程序，是对最新版 DoDD 5000.01 中有关一体化试验鉴定政策要求的具体落实，明确将一体化试验视为适应性采办框架下的普适试验鉴定模式。2021 年 3 月，美国空军借助大数据仓库的一体化试验管理策略，提出了基于作战试验和研制仿真试验一体化的"深端试验"理论，构建了面向多域战"黑旗演习"的试验平台，发现装备在隐蔽和高度苛刻的条件下技术性能和作战能力。5 月，美国空军研究实验室推出了变革性航空航天能力及多域作战行动的建模、仿真与分析开发计划。7 月，美国国防部调整作战试验鉴定局组织结构，将空战联合试验与鉴定部门与陆战和远征作战、海战、网络中心及太空系统试验鉴定部门合并为实弹试验与鉴定监督部，致力于创新试验鉴定方法和工具，推进一体化、现代化的试验鉴定复杂组织体的发展，确保获得必要的技能和知识，以便在新出现的威胁和技术以及适应性采办框架计划的背景下进行充分的作战试验鉴定和实弹射击试验鉴定。

**（二）发展数字试验基础设施，构建面向联合作战、人工智能的未来靶场试验能力**

2021 年 7 月，美国空军提出了希望在"未来一到两年内"逐步开发数字试验能力的"愿景"，开拓更广泛的数字采办路径，在开展关键验证或最终试验鉴定前，"通过虚拟手段识别哪些环节能够显著降低风险。"8 月，美国海军提出了依托高性能计算机构建大规模虚拟射频试验场的计划。9 月，美国国防部作战试验鉴定局对未来靶场作战试验鉴定能力进行了系统的评估，指出了未来作战需要联合全域作战环境的关联杀伤链、数字技术会极大地改变试验的性质/实践和基础设施、快速部署是衡量业务相关性的尺度等目标，提出了试验靶场建设的发展动向（①创建面向未来作战的新型联合试验训练靶场设施体系；②在武器系统研制和试验全寿期中强调建模仿真，构建新的靶场运营系统；③创建"TestDevOps"数字基础设施，用于未来的作战试验和完整的靶场体系互操作性；④构建面向人工智能试验鉴定和验证确认的全要素、全流程的生态体系；⑤建立符合联合全域作战环境的新型试验鉴定管理体系；⑤借助数字工程战略推动试验鉴定由实装向数字化转型）。

## 三、扩展现实/人工智能等新技术的深度融合，不断提升装备和作战模拟训练水平

### （一）新型装备训练模拟器成功研制应用，不断提升装备实战化能力

2021年1月，以色列 Steadicopter 和 Simlat 公司联合成功开发了"黑鹰"无人机仿真训练系统，可实现海上严苛条件下态势感知以及情报、监视、目标搜索与侦察等任务的模拟训练，提升其操作安全性。2月，意大利国防企业集团成功研制出意大利国防企业集团扩展现实（XR）驾驶舱模拟器，用于飞机初步设计阶段的快速原型设计。4月，西班牙纳瓦蒂亚造船公司成功研制了"Navantis"护卫舰模拟训练平台，其借助3D虚拟模型复制舰艇上所有设备、系统和工具，操作人员可以控制每位船员，并且可在舰艇中穿行，用于船员在护卫舰交付前舰艇操作、火灾警报等紧急情况处理和维修操作等任务训练。欧盟航空安全局颁发了首个采用虚拟现实飞行模拟训练装置（FSTD）证书，该装置由瑞士 VRMotion 有限公司开发生产，用于对新的垂直起降飞行器的训练，可为旋翼机飞行员提供在需要精确高度感知与宽视野的情况下的自动旋转、悬停以及斜坡着陆等危险操作训练。7月，西班牙英德拉公司开发了一种新型多用途、易部署、互操作性强的仿

真系统 SIMCUI，该模拟系统可模拟固定翼飞机、旋翼机、远程操控飞机平台环境，使军用和民用平台飞行员训练时间缩短一半。10 月，Inzpire 有限公司推出一种新型无人机情报、监视与侦察（ISR）训练模拟器，可仿真各型传感器和武器载荷，如光电红外传感器，雷达（合成孔径雷达、移动目标指示器、地面移动目标指示器、多普勒波束锐化、逆合成孔径雷达）、激光传感器（激光目标指示器/激光测距仪、激光探测测距技术/Lidar）、信号情报传感器等，为学员提供低成本的高效系统训练。

**（二）扩展现实/人工智能等新技术深度融合，促进作战模拟训练向多域联合训练发展**

2021 年 1 月，诺斯罗普·格鲁曼公司在"联合勇士"演习中部署联合威胁发射器，旨在协助英国皇家空军、英国皇家海军和美国海军陆战队的 F–35B 战斗机机组人员进行训练。联合威胁发射器是一种移动防空电子战威胁模拟器，可模拟战场环境，以帮助训练军事人员识别敌人导弹或炮兵威胁。2 月，澳大利亚皇家海军正在使用扩展现实技术作为一种在岸上和海上提供训练的手段，从最初的就业训练到复杂的多角色场景。澳大利亚皇家海军用于训练的扩展现实包括船舶模拟模型，支持水手在加入之前通过船舶导航，直到在全浸式模拟器中进行航空飞行训练。3 月，美国陆军宣布授予微软公司生产新的一体化视觉增强系统（IVAS）合同，该系统利用了现有的高分辨率夜间、热力和士兵携带传感器，集成到统一的头戴显示设备中，提供先进的态势感知、目标交战和必要的知情决策，用于作战、排练和训练，提高士兵的感知能力、决策能力、目标捕获能力、目标接触能力和态势感知能力。6 月，美国陆军宣布将 LVC 和游戏环境结合在一起，扩展合成训练环境（STE），波希米亚交互仿真澳大利亚公司分包了美国陆军合成训练环境项目，用于支持部队与领导者在世界任何地方进行逼真的多梯队和多域联合兵种演习及任务指挥实时、集体训练。ECS 公司在奥兰多开设首个触觉技术实验室，通过佩戴专门的触觉手套和虚拟现实头戴式显示器，可在沉浸式训练环境中提供逼真的触觉和自然交互，为战斗医务人员和医疗保健专业人员提供需要的工具，提高训练质量。7 月，澳大利亚皇家海军重新选择 Cubic 公司提供仿真规划和技术支持服务，为舰队单位提供分布式任务演习。8 月，美国海军高级建模仿真中心开发了 LVC 训练场景，包括船舰、模拟器和实验室组成的综合网络，在"大规模演习 2021"展示了三个海军分司令部和五个编号舰队在全球 17 个时区内使用精确、致命和压倒性军力的能力，演习融合了实战训练和综合训练能力。9 月，英国国防部授予 BAE 系统公司一份价值 2.2 亿英镑的合同，为"台风"战斗机飞行员提供"台风"未来合成训练（TFST）系统，包含 10 台高仿真、沉浸式训练模拟器，以及高安全性先进训练设施，能够为飞行员提供一种在高度仿真场景中进行复杂战术联合训练能力。美国陆军为建立一支擅长多域作战的部队的目标，计划将投资重点转向多域作战，并正在确定未来作战所需的训练和训练能力。

## 四、虚拟与实装在"演习环境"中充分融合，支撑新型作战与战术概念的"落地"

2021 年 3 月，美国空军在共享网络下演示了所有传感器和射手的链接，在互联网速度下规划和部署部队，验证"先进作战管理系统"的可行性。5 月，美国陆军将与海军陆战队、美军特种作战司令部和第 82 空降师合作，在犹他州达格韦试验场举行了"实验示范门户演习 21"，采用了美国陆军用以展示其在印度洋－太平洋司令部作战区域能力有效性的高逼真度建模，完成了远程精确火力打击能力、机群在针对高端对手的多领域作战中的有效性等的验证。6月，DARPA"远征城市场景原型弹性作战试验台"（PROTEUS）项目过渡到海军陆战队的作战实验室。该项目包括一套可视化软件训练和试验工具可使海军陆战队从班级到营级都能探索和开发新的多域作战概念。8月，美国海军举办了"大规模演习2021"，此次演习涉及大约36个实兵部队、50多个虚拟建设性部队，以及海军与海军陆战队组成5个司令部，采用LVC环境来验证新型作战概念，包括分布式海上作战、远征前进基地作战和冲突环境濒海作战等，通过演习熟悉以上尚未彻底完善的新型作战概念，并了解这些概念对舰队的影响。9月，SCALABLE网络技术公司开发联合全域指挥控制综合LVC作战网络环境，支持指挥官从无数传感器中搜集大量数据，利用人工智能算法处理数据以识别目标，推荐与目标进行交战的最优动能和非动能武器（如网络或电子武器），从而支持指挥官做出更好的决策。

## 五、结束语

纵观2021年国外军用仿真应用发展动向，在四个方面值得高度关注：一是在装备研制领域，与数字孪生相关的数字主线/数字编织等技术创新性发展、基于物理的仿真与数字孪生的融合应用、装备采办向数字工程的战略转型，极大地提升了装备的研发效率；二是在试验鉴定领域，基于研制仿真试验/实装试验的一体化试验鉴定模式已成为普适性试验鉴定模式，基于数字工程思想来实现靶场设施的数字化转型已逐渐成为共识，满足联合全域作战、智能作战需求的仿真条件建设为未来靶场建设的重要方向；三是在作战训练领域,发展融合扩展现实/人工智能的模拟训练环境,仍是提升模拟训练水平的最佳手段;四是在军事演习领域,虚实结合的 LVC 仿真已趋成熟,在重大演示中发挥重要作用,正在大力发展虚拟与实装融合构建"大规模演习"场景的技术。

(北京机电工程研究所 孔文华)

ZHONG YAO

ZHUANTI FEN XI

# 重要专题分析

# 仿真知识体系发展动向

仿真学科正在进入一个新的发展时代,必须加速完善自身研究。仿真学科知识体系的完善,对于仿真学科的发展、仿真学科专业人才培养以及仿真科技竞争能力的提高均显得十分迫切。

## 一、仿真知识体系

仿真学科知识是科技人员从事仿真研究形成的知识集合,也是人们进行仿真活动所需要的知识集合,是一个由仿真学科的概念、判断、推理组成的相互联系的逻辑体系,是对仿真学科知识内容的系统化组织,反映了仿真学科知识的结构。

仿真学科知识体系可为仿真学科提供全面、整体的认识,是凝聚仿真学科共同体的关键性元素,也是建模仿真成熟为一个专业的标志。仿真学科涉及的知识内容范围极广,除了仿真本学科本身的基本知识,还包括数学、系统工程、系统科学、控制科学与工程、计算机科学与工程、人工智能、管理科学、项目管理、质量管理等方面知识。通过系统整理的知识体系反映了人类智慧的结晶，学习具有系统化知识体系的学科，对人类文明的发展非常重要。而且掌握有组织知识体系，是一个接受过高等教育的人的重要特征。因此，仿真学科知识体系的构建对于仿真发展和应用具有重要的意义。

仿真学科知识经过长期的积累，已形成一个庞杂的体系，但离学科发展所需要的相对独立知识体系的要求还有较大差距，还需要不断地凝练、概括和总结。

## 二、仿真知识体系现状

以美国为代表的西方发达国家，仿真已经作为一门通识性学科，列入理工类院校的专业基础课教育，也按照不同的应用方向设置了不同的仿真专业教育。美国国会众议院于 2005 年成立了国会建模仿真专门小组，核心小组有大约 40 名成员。随后于 2007 年 6 月通过第 487 号决议，宣布"建模仿真"为"国家核心技术"，2018 年将"建模仿真"纳入新修订的"美国高等教育法"。

国外的相关研究成果主要是加拿大仿真学者 Tuncer I. Ören 将仿真知识体系区分为 11 类仿真学科的核心知识单元和仿真支持学科的 4 类知识单元，但没有详细分析各个知识单元包含的内容。美国国防部基于其人员训练和资质认证需求，提出了包含 28 个知识领域的建模仿真知识体系，该体系面向国防领域仿真训练而非仿真学科。美国的一些大学则提出了仿真课程体系。

2019 年，美国国家训练与仿真协会（NTSA）主办建模仿真与训练（MS&T）学术会议倡议要优先考虑建模仿真为一门学科，而不仅是应用，并建议将其研究分为其特有的研究领域、相关的研究领域、与其他领域合作的研究领域。并认为建模仿真学科应创建自己的知识体系，其知识体系应规范化。由于大学院系和认证机构的不同要求，仿真知识体系随着建模仿真与训练在美国多所大学的本科生和研究生课程的增长而拓展。近年来，美国国家训练与仿真协会在一些活动（如跨军种/行业训练、仿真与教育会议（I/ITSEC）和 MODSIM 世界大会）中，努力推动仿真团体共同发展建模仿真的知识体系。

目前，仿真学科知识主要有 5 种分类方式：一是按仿真活动生命期诸阶段可分为仿真准备阶段的仿真系统与仿真建模知识、仿真应用阶段的仿真实验和仿真结果分析知识；二是按仿真的应用领域可分为管理仿真知识、作战仿真知识、航天仿真知识等；三是按知识层次分类，根据知识形态的科学、技术、工程三元论构架，将仿真知识体系分为科学、技术和工程三个层面；四是按主次分类，分为仿真基本知识、领域仿真知识、相关学科知识领域；五是按知识工程的角度，针对仿真教学的需要，将仿真学科知识分为若干知识领域，其中的知识领域可分解为几个知识单元，而每个知识单元又可以分为若干个知识点。仿真学科相对成熟的共性基础知识领域有 22 个，如表 1 所列。

表 1　仿真学科基本知识领域

| 序号 | 知识领域 | 主要知识单元 |
| --- | --- | --- |
| 1 | 仿真基本概念与基础知识 | 仿真基本概念，仿真基础知识（历史、发展、产业、职业道德与规范等） |
| 2 | 相似理论 | 相似与相似域，相似规则，强相似，弱相似，相似性度量，实物模型相似理论，数学模型相似理论，一般系统相似理论，复杂系统相似理论 |

续表

| 序号 | 知识领域 | 主要知识单元 |
|---|---|---|
| 3 | 仿真方法论 | 仿真原理，仿真与理论、实验的关系，仿真方法体系，仿真研究范式 |
| 4 | DEVS | 经典 DEVS，并行 DEVS，DEVS 仿真器，DEVS 扩展 |
| 5 | 仿真模型理论 | 仿真建模基本要求，仿真建模方法论，模型分类，建模基本原理，模型可信性，系统抽象，模型简化，集总模型，模型灵敏度，模型分辨率，模型分解与组合，模型互操作，模型重用，模型范式，多态模型，模型同态同构 |
| 6 | 仿真建模方法 | 机理建模，概念建模，结构建模，辨识建模，Petri 网建模，概率统计法，定性推理法，模糊建模，神经网络建模，模糊神经网络建模，计算机辅助建模，一般动态系统建模，多范式建模，变结构建模，混合异构层次化建模，柔性仿真建模，综合性建模，面向对象仿真建模，智能体仿真建模，多分辨率建模，模型聚合分解，多视图建模，数据可视化建模，多媒体建模，面向组件的建模，面向服务的建模 |
| 7 | 连续系统仿真 | 数值积分法，离散相似法，病态系统仿真，分布参数系统仿真，并行仿真，仿真算法误差分析 |
| 8 | 离散事件仿真 | 随机数产生与检验，仿真策略，排队系统仿真，库存系统仿真，随机网络仿真，离散事件系统仿真输出分析 |
| 9 | 随机系统仿真 | 随机系统基础，随机系统模型，随机系统分布参数估计，蒙特卡洛仿真，随机系统仿真方法 |
| 10 | 定性仿真 | 定性建模原理，定性因果关系，模糊建模方法，基于归纳推理的定性仿真和 Kuipers 定性仿真方法，定性与定量仿真集成，定性仿真的应用 |
| 11 | 面向对象仿真 | 面向对象仿真分析，面向对象仿真设计，面向对象仿真实现，智能体仿真 |

续表

| 序号 | 知识领域 | 主要知识单元 |
|---|---|---|
| 12 | 系统动力学方法 | 概念与历史,系统动力学建模原理,一阶与二阶系统,模型构建与调试,系统动力学应用 |
| 13 | 并行与分布仿真 | 并行仿真技术,分布仿真技术,LVC仿真技术,并发分布交互仿真工程 |
| 14 | 实时与半实物仿真 | 实时数字仿真算法,半实物仿真技术,人在回路模拟器,嵌入式仿真 |
| 15 | VV&A及可信度评估 | 仿真过程及结果的质量评价,质量控制的概念和方法,VV&A原则与工作模式,VV&A操作实施规范,VV&A过程模型,仿真环境和真实环境的一致性分析,可信度评估方法包括层次分析法、模糊综合评判方法、模糊层次分析法、灰色综合评估法、相似度辨识评估法、基于逼真度评估法等 |
| 16 | 仿真系统 | 仿真系统一般理论,应用领域仿真系统理论,构建仿真系统的支撑技术 |
| 17 | 仿真软件 | 通用程序设计语言,仿真程序包及初级仿真语言,商品化仿真语言,一体化建模仿真环境,智能化建模仿真环境,支持分布交互仿真的综合仿真环境 |
| 18 | 仿真计算机 | 电子模拟计算机,混合模拟计算机,全数字仿真机,实时仿真工作站,高性能仿真计算机 |
| 19 | 仿真可视化 | 二、三维视景建模技术,可视化仿真技术,多媒体仿真,虚拟现实(VR),增强现实(AR),混合现实(MR) |
| 20 | 仿真实验设计 | 方差分析,实验设计,仿真与优化,回归分析,实验框架,公用随机数(CRN)法,对偶变量(AV)法,仿真克隆法,再生法,控制变量法 |

续表

| 序号 | 知识领域 | 主要知识单元 |
|---|---|---|
| 21 | 仿真结果分析 | 仿真结果采集与统计，仿真实验数据分析，瞬态行为分析，终态仿真的结果分析，稳态仿真的结果分析，智能化仿真分析技术，仿真大数据分析技术，单项评估，基于定量仿真的系统整体评估，基于定性仿真的系统整体评估，基于系统动力学仿真的系统整体评估，基于网络动力学的系统整体评估 |
| 22 | 领域仿真应用工程 | 仿真工程生命周期，仿真工程管理，仿真工程标准，仿真产业，仿真需求工程 |

## 三、仿真知识体系的发展

仿真学科与时俱进，具有很强的时代性。仿真学科以信息学科为基础，与信息技术同步发展。自电子计算机于 1946 年出现以来，仿真学科随着需求的牵引和信息技术的推动而发展，以网络为核心的信息技术推动了仿真技术进入网络仿真时代。最近的人工智能发展，使得智能仿真和仿真智能化逐步浮现。仿真科学技术活力的一个来源，是因为其不断融合来自计算机科学、软件工程、计算机网络、系统工程、自动控制、图形图像、多媒体、虚拟现实、人工智能、运筹学和工程管理等众多学科的新方法技术。

其未来发展，一方面基于现有的仿真基础知识领域的知识单元而不断拓展，如 2019 年 MODSIM 会议就强调了仿真建模方法中的多尺度仿真及人类行为建模、建模仿真校核与验证（V&V）新指南、分布仿真中 LVC 有效集成、仿真系统的自适应、仿真可视化中的体验现实、领域仿真应用工程中的快速需求开发等。特别是在领域仿真应用工程中的知识需求增长迅速，如2020年10月，科学应用国际公司（SAIC）协助美国空军建模仿真局（AFAMS）及其合作伙伴提供工程、运营、技术、咨询、网络安全和主题专业知识，以帮助开发、维护、维持和提升建模仿真训练能力。另一方面是将逐步形成智能仿真、平行仿真、云仿真、复杂系统仿真、网络仿真、高性能仿真等新的知识领域。

**（一）智能仿真**

随着人工智能技术的迅猛发展，智能仿真已成为仿真的一个前沿领域，包括建立智能仿真平台、设计智能仿真语言、智能体建模、构建智能仿真系统等。近年来，模糊算法、神经网络、遗传算法、深度学习等各种智能算法在仿真建模中的应用探索，形成了仿真新的研究热点。例如：DARPA"针对敌方战术的构造机器学习作战"项目，寻求利用人工智能算法开发敌军旅级部队的行为模型，在仿真环境中与美军部队开展模拟对抗，帮助美军快速推演行动方案并开展行动计划；DARPA"必杀绝技"项目利用人工智能技术开发全新作战模型构建一种超现实的全战区作战仿真器；兰德公司利用人工智能赋能的平台进行战术兵棋推演实验；欧洲防务局指导委员会开展的建模仿真即服务作为空中联合演习与仿真应用程序（MAJES）研究项目。

建模仿真与人工智能两个领域之间存在着大量的交叉，形成新的知识领域。未来智能仿真知识领域将包括智能化建模、智能仿真算法、智能仿真实验、智能仿真评估、智能仿真应用等。

**（二）平行仿真**

平行仿真（数字孪生）是通过构建平行系统进行仿真领域研究。平行系统是指某个实际系统和对应的人工系统所组成的共同系统。平行系统遵循"简单一致"的原则,即人工系统的宏观行为与实际系统之间在某种程度上趋于一致。为了使平行系统行为保持一致,通常需要获取实际系统的数据并注入人工系统,以调整人工系统模型。美国海军的"虚拟宙斯盾""数字林肯"等基于数字孪生和人工智能技术的项目均不断取得里程碑式进展。美国海军海上系统司令部下属的水下战中心研发和部署的基于虚拟孪生技术的虚拟潜艇作战控制系统加装了新的机器学习应用程序,并成功完成了首次实弹演示。2020年"国际训练技术展览和会议"以"数字孪生时代"为主题,从侧面反映数字孪生技术的实践转变。北约《2020—2040科技趋势》认为未来关键军事技术四大特征之一是数字化,包括数字孪生和增强现实技术。2021年,美国空军研究实验室演示了"武器一号"数字孪生技术。平行仿真涵盖数字孪生,有着广阔发展前景,其知识单元将极为丰富,将包括平行仿真基础理论、人工系统、计算实验、平行执行、平行度度量、动态数据驱动、数据同化、模型同化等。

**(三) 云仿真**

云仿真是指通过网络以按需、易扩展的方式获得所需的仿真服务,是仿真技术在"云计算"基础上的延伸和发展。云计算环境下的仿真主要用于解决高性能计算环境为复杂系统仿真提供资源的共享和支持问题,既可以采用各种虚拟化技术为仿真提供计算资源,也可以通过高性能计算机的任务管理为仿真提供计算服务。云仿真将提升仿真资源和仿真能力的共享:用户既能够共享模型、数据、软件、信息、知识等各种软仿真资源,也能够共享计算、存储设备等硬仿真资源,进而可共享建模、仿真运行、结果分析、评估与应用等各阶段建模仿真能力。美国国防部的"联合企业国防基础设施"合同(目前称为联合作战云能力)中仿真云是其重要内容之一。未来云仿真知识领域的知识单元是基于云仿真服务方面的理论方法与技术,如仿真资源虚拟化、云仿真资源动态分配、云仿真资源动态组合、云仿真资源服务等。

**（四）复杂系统仿真**

复杂系统仿真是在复杂军事系统、工程系统、社会系统、经济系统、生命系统等仿真研究基础上，正在逐步形成仿真前沿领域，有着极其广泛而旺盛的社会、经济、国防和科技需求。复杂系统往往具有自主性、演化性、进化性及复杂性（主要包括适应性、非线性及涌现性）等特性，很难进行理论分析；由于规模较大且难以精确重复，也难以通过实物实验进行研究，使用仿真方法研究复杂系统几乎已成为必需。例如，美国国防部"安全高级仿真与建模框架"项目将使军事指挥官能够从海底到太空进行全战区、多域、任务级的复杂建模仿真，并包括网络和电磁频谱能力。复杂系统仿真从理论、方法和技术等方面都有新的知识形成，特别是使复杂系统仿真模型和系统具备演化能力从而日益贴近实际。其未来将形成的主要知识单元将包括复杂系统仿真建模方法、复杂系统仿真可信度、智能化复杂系统建模仿真综合环境、复杂系统仿真全生命周期管理工程等。

**（五）网络仿真**

在通信网络、交通网络、互联网、物联网、卫星网、移动互联网、社会网络等应用领域仿真研究的基础上，正在逐步形成一些共性的网络仿真技术。网络仿真技术和网络仿真系统，可以用于研究网络本身的特性，优化并提高网络性能与效能，还常用于综合仿真系统中，如研究通信网络对指挥控制系统效能的影响，研究社交网络对舆情扩散与控制的影响等，这对网络仿真的适应性、可重用性提出了挑战。当前，美军不断推行联合全域指挥与控制（JADC2）概念，旨在推动传感器和射手的跨域连接，数据链性能开发愈加受到美国各军种重视，战场网络仿真得到深入的应用。近期，美国空军创新中心已授予阿里罗量子公司数份合同，以支撑量子网络的设计和运行，推进量子网络仿真与控制技术的发展。网络仿真以复杂网络为建模仿真的对象，未来将形成的主要知识单元包括网络仿真建模方法、网络仿真系统、网络仿真应用技术、各特定类型网络仿真方法等。

### （六）高性能仿真

高性能仿真融合高性能计算、建模仿真方法、被仿真对象领域知识、先进软件技术、数据挖掘、分析评估、虚拟现实等多学科交叉技术，其目的是为复杂系统研究提供高效而可信的模拟实验环境。高性能仿真是一个快速发展的多学科交叉领域，随着云计算、人工智能、大数据、物联网、移动通信、量子计算等技术的快速发展，高性能仿真正与它们深度融合，为复杂系统研究、辅助决策支持、大规模作战实验、态势分析预测等提供有效和个性化的支撑，成为国家战略竞争力的重要组成部分。麻省理工学院于 2020 年 11 月建立极端环境材料性能仿真中心，可实现对极端环境中材料性能和行为的百亿亿次级仿真计算。高性能仿真目前正在朝高效能仿真方向发展，其未来将形成的知识单元，主要是仿真环境的集成理论方法与技术，如联合仿真环境集成技术、仿真环境集成标准、动态自适应仿真环境、复杂 LVC 环境集成方法等。

仿真学科知识体系可为仿真学科提供全面、整体的认识，是凝聚仿真学科共同体的关键性元素，也是建模仿真成熟为一个专业的标志。仿真本身是一个开放的研究领域，相关学科的进步推动着仿真学科发展。同时，对各领域复杂性问题进行科学研究的广泛需求，迅速地推动着仿真学科各方面的发展。随着计算机技术的迅猛发展，社会和工程等领域遇到的众多挑战，给仿真的发展提供了更多的机遇和空间。因此，仿真知识体系不是一成不变的，它随着相关技术的发展而不断地动态变化和丰富，仿真知识体系的构建是一项需要不断完善的工作。

（国防科技大学系统工程学院　邱晓刚　段红　谢旭　陈彬　邱思航）

（中国人民解放军31002部队　邱晓刚）

# 军用仿真技术发展动向浅析

利用仿真手段对真实或假想的系统进行试验,根据试验结果做出决策,从而达到特定研究目的,是不可或缺的技术研究途径。云计算、高性能计算、人工智能、数字孪生等技术的发展和进步,逐步推动了仿真体系结构朝智能化、服务化方向发展。同时,为适应各类军事应用系统的发展趋势,建立新型仿真体系,实现建模仿真与军事应用的高效、有机整合,将成为未来军用仿真综合体系的主要发展方向。

## 一、云计算、高性能计算、量子计算和军用仿真框架的结合,逐渐形成全新的建模仿真服务框架

为适应未来武器装备及作战样式体系化、智能化发展趋势,军用仿真技术发展要充分吸纳新兴前沿技术优势,提升仿真建模智能水平。

### (一)高性能计算技术推动了高效能仿真平台的发展

对于军事应用的各个领域,计算机不失为一类重要的支撑工具。具有先进计算能力的高性能计算技术直接影响着军用仿真技术的发展和进步。

随着信息技术的发展，面向服务的架构（SOA）、网络化、智能化和虚拟化等概念，逐渐被引入到仿真平台技术框架中，以提高仿真系统的效能，促进仿真的可重用、互操作、可组合。近年来，美国高性能仿真支撑平台技术按照发展硬件、提出架构标准、实现支撑软件、创新应用模式的路径不断推进，在多核服务器、快速海量存储、高速网络等硬件技术以及分布式并行计算软件技术的支持下，不断推进仿真平台和工具体系化智能化发展。美国、日本和欧洲为代表的高性能计算及应用技术一直处于世界前列。2021 年 8 月，美国海军将依托高性能计算机构建大规模虚拟射频试验场，开发一种名为"实时高性能计算机"新型高性能计算机。该型计算机将平衡极低的延迟和足够的计算吞吐量，以创建一个大规模的虚拟射频试验场。如何能够有效发挥超算中心强大的计算能力，为各领域提供高效计算服务是当前世界各国关注的焦点。

**（二）量子计算将提升复杂仿真系统的能力强大处理能力**

未来作战面临战争规模增大、装备复杂、战场环境复杂、交互信息多样、作战时间变短等特点，要求装备乃至作战系统在充满不确定性的战场环境中具备快速反应能力和强大的突防对抗能力，从而缩短作战进程，提升体系整体作战效能。由于量子力学叠加性，量子计算效率大幅度提升，速度远超于传统的通用计算机。例如，使用"量子搜寻算法"对传统的无线网络加密方案进行破解，所需时间不到 4 分钟，与传统计算机相比具有指数级的提高。为此，量子计算技术的探索和量子计算机的研发成为各国关注的热点。运用量子计算强大的数据处理能力解决各类仿真问题逐渐成为可能。例如：量子计算与人工智能算法相结合，将有助于复杂装备智能建模、群体（蜂群、蚁群）行为建模与分析、复杂作战过程的细粒度仿真推演等仿真技术的突破；应用于目标自动识别和景象匹配，能够实现图像的快速处理，有效提高识别和匹配的精度；利用量子计算实现海量数据的存储、处理和模型解算分析，有助于实时提供多维、动态、高分辨率的战场环境信息。以量子计算机主体的"中心云服务＋云端应用"的研发及应用模式也将促进仿真应用的拓展和进步。

**（三）云计算和高性能计算的结合，使得计算资源更高效、服务能力更便捷**

2006 年，"云计算"概念被首次提出，逐渐成为计算机领域最令人关注的话题。建立在互联网基础上的云计算技术，通过共享架构、按需访问模式，根据用户需求快速配备计算资源，实现按需部署和资源共享，并且不受时间、空间的限制，具有较强的灵活性、可靠性、可扩展性。2011 年，思科公司提出了一种面向物联网的分布式计算基础设施——雾计算。与云计算相比，雾计算所采用的架构更呈现分布式，更接近网络边缘。2015 年以后，国际雾计算产学研联盟先后成立，到 2022 年，随着雾计算功能并入现有的硬件中，将不断推广到应用和服务中，也将极大地推动仿真支撑平台敏捷化、智能化和服务化发展。近年来，美国国防部通过基于云的工具和数据共享协作联合通用基础环境来加速人工智能与仿真的融合进度，实现人类飞行员与人工智能控制的飞机进行仿真对抗。云计算和高性能计算相结合，能够使各类用户更加充分地享用高效的计算资源和便捷的云服务能力，将更好地促进网络化建模仿真的快速发展，真正实现软件服务化、资源服务化、平台服务化，支撑日益复杂的仿真应用。

**二、人工智能技术与建模仿真方法的结合，不断推动复杂系统建模仿真技术的发展和应用**

随着美军战略的调整，传统的依赖于物理域描述的建模仿真技术逐渐难以满足其多样化军事任务的需求，建模仿真界的研究重心逐渐向基于智能体（Agent）的仿真、人在回路的"对抗式"推演、人工智能技术、系统动力学描述、一体化集成等方法和技术倾斜。

**（一）"智能+"战争时代将推动仿真技术的全面深入应用**

美军认为，人工智能与无人系统融合为无人自主系统，是改变战场规则的颠覆性技术。2020 年 2 月，美国战略与预算评估中心发布报告《马赛克战：利用人工智能和自主系统实施决策中心战》，分析了决策中心战的实施必要性及其基本内涵，并分析了实现以马赛克战为代表的决策中心战所需做出的兵力设计及指挥与控制流程改变。"马赛克战"旨在发展自主化、智能化的战场指挥控制技术，可推动不同作战域、不同功能的智能作战平台、智能集群体系化的设计、构建与作战运用，装备体系各要素的智能化，加上指挥控制的智能化，将真正推动作战体系智能化的发展。

为了维持作战优势，美军提出"算法战"概念，意在利用大数据和机器学习算法的融合，实现"智能+"战争。2017 年，美国空军宣布研发类脑超级计算机，拟通过类脑超算系统使数据处理和图像识别能力得到大幅提升，提高战场决策能力。《美国国防战略》报告中强调要通过维护美国在人工智能、机器人等技术领域的优势地位，确保其赢得未来战争。近年来，DARPA 推动人工智能决策、先进战略推演工具等研究；美国海军也在积极寻求利用大数据分析、人工智能和仿真技术相结合以辅助高级领导人做出决策的方法，推出的人工智能密切相关的研发项目有几百项。可以预见，人工智能技术未来将极大地解决跨平台联合作战规划、多兵种协调指挥、多域指挥控制、多武器系统精确控制、目标自适应识别跟踪等诸多难题，辅助人类在短时间内做出智能决策和快速合理的全局部署，实现跨域战场态势、决策部署、人员和武器等作战要素的最优调配。"算法战"概念和

"马赛克战"理念，最终推动智能化体系作战能力的有效生成，仿真技术将在其中得到全面深入的应用。

**（二）人工智能技术的深度应用，有望解决复杂性建模仿真难题**

复杂系统的建模往往具有规律不断变化引起模型结构不断改变、概念无法形式化因而难以描述、无法重复使得模型结果不能被模型结构确定等特点。未来武器装备逐步向一体化、智能化、协同化发展，在建模仿真过程中，当前的仿真试验方法、仿真系统架构、环境模拟生成等方面存在仿真场景预设、场景单一、信息维度少、以单武器平台为主等问题，难以实现可自适应重构的大样本仿真试验环境构建，无法实时响应智能化对抗态势的生成及不确定性战场事件，不能开展单弹、弹群、体系从感知到执行等全作战过程的仿真验证，将严重制约智能化武器系统的设计验证及性能评估。

2021年，DARPA发布的"自动化科学知识提取"（ASKE）研究项目，设计了从现有模型中自动提取知识和信息的方法以及通用表示和解释不同建模框架的人工智能方法，同时还开发了允许计算模型在新发现和信息可用时自动维护和/或更新的工具，实现了科学知识的发现、管理和应用过程自动化，加速了科学建模的过程。美国导弹防御局授出与 C3. AI 公司开展智能建模仿真技术攻关合同，能够在几分钟内创建数以万计人工智能生成的逼真轨迹，为导弹防御局提供高达100倍速的模型数据生成能力，以加速高超声速轨迹建模。

应用人工智能技术和算法，结合数据资源的积累和整合，将不断推动复杂智能系统的仿真建模理论与方法、非合作方建模、光电/雷达目标与场景智能建模、面向集群协同智能化作战系统的建模仿真、多源大数据智能分析运用等建模仿真技术的发展和应用。

## 三、数字孪生技术与军用仿真技术的结合,促进装备全生命周期数字化转型,推动新一轮信息化变革

数字化工程持续深入应用,促进装备全生命周期数字化转型,推动新一轮信息化变革。2020年12月,美国航空航天学会的数字孪生领域专家团队给出了数字孪生的最新完整定义:模拟单个物理资产或一组物理资产的结构、环境和行为的一组虚拟信息构造,并在全生命周期中使用来自物理孪生体数据进行动态更新,以提供决策所需信息,实现价值。数字孪生的价值来自将工作从物理环境转移到虚拟或数字环境,利用数字模型预测真实世界事物的未来状况,能够在物理条件不可达时利用数字模型进行分析,从而显著减少航空航天产品设计、生产和保障的资源需求。

**(一)数字孪生技术不断推广应用于装备采办、设计研发、生产制造、交付及保障全过程**

2018年,美军发布数字工程战略,旨在将美军采办流程由以文档为中心转变为以数字模型为中心,完成以模型和数据为核心谋事做事的范式转移。美军航空装备采办中,已经开始利用基于模型、数据驱动的手段和工具,在方案论证、研制生产、维修保障等阶段建立数字工程方法和流程,以支撑航空装备全生命周期数字工程转型。

在基于数字孪生的设计研发方面,2020年,美国空军和波音公司应用"数字孪生"技术推出了ET-7A"红鹰"教练机,用不到200人的设计、制造和测试团队,在虚拟的风洞中完成了"红鹰"教练机的数千小时飞行测试;同时,在没有进行任何实体制造情况下,进行了数百次飞机组装,

从而使系统设计成本、效能得到极大提高，仅 36 个月便实现验证首飞。

针对武器装备制造环节的流程越来越复杂，难免出现各种问题并影响到产出，有时很难迅速找出问题所在等。洛克希德·马丁公司从 2017 年开始进行数字孪生技术在生产线上的应用实践，每架 F-35 战斗机生产周期由 22 个月压缩到 17 个月，成本降低 10%。面对海军公共造船厂设备老化工作效率降低问题，美国海军 2017 年开展船厂基础设施优化计划（SIOP）。2020 年底完成了第一个数字孪生的珍珠港海军造船厂，并在 2021 年完成四个船厂数字孪生模型的安装和运行。

制造业利用数字孪生技术对不同的制造策略进行仿真和评估，不断提升和优化生产制造能力。2019 年，美国海军利用数字孪生技术为"林肯"号航空母舰开发了"全球海上指挥与控制系统"等 5 个系统，并通过虚拟化"宙斯盾"系统的核心硬件，构建了"虚拟宙斯盾"系统，可执行全部的作战系统功能，并可直接随舰部署参加演习，在不影响被测舰艇实际作战系统情况下从本舰获取实战数据，对作战软件进行现场测试和评估，大幅缩短"宙斯盾"系统新能力的升级和部署周期，降低总成本。2021 年，美国空军开始利用数字孪生技术搭建 F-16 战斗机全尺寸模型，以支持维护和现代化改造，为提升系统作战、保障、测试和升级能力，为压缩系统作战能力升级周期。

**（二）数字孪生技术与人工智能、虚拟现实等技术的深度结合，促进信息空间与物理空间的实时交互与融合**

数字孪生技术与敏捷开发、人工智能、虚拟现实等技术相结合，提高模拟精度，缩短研发周期。2019 年，美国空军成立先进飞机项目执行办公室，通过综合运用模块化开放系统架构、敏捷软件开发和数字工程的"三位一体"工具，对战斗机进行每四年一次的高频率升级，实现螺旋上升式研发；数字孪生正在与人工智能技术深度结合，促进信息空间与物理空间的实时交互与融合，以在信息化平台内进行更加真实的数字化模拟；数字孪生系统与机器学习框架学习结合，根据多重的反馈源数据进行自我学习，几乎实时地在数字世界里呈现物理实体的真实状况，并能够对即将发生的事件进行推测和预演；虚拟现实技术的使用解决了使用"数字孪生"获得的数据可视化问题，在设计阶段能够快速识别和纠正零件的几何错误，优化和检验数字孪生中使用的数学模型。

数字孪生的成功应用使美国国防部深刻认识到，数字化战争时代更加全面、系统、深入地运用建模与仿真、云计算、大数据、人工智能等关键赋能技术，对提升应对全球复杂安全挑战能力，保持绝对领先军事优势的重要意义。在长期探索的基础上，美国国防部于 2018 年 6 月公布了《数字工程战略》。美国国防部已连续十余年投入大量经费，持续迭代完善核心数字工程共用环境，并计划在未来 20 年内持续投资相关建设，形成国防部顶层主导的数字工程生态系统。

## 四、区块链、物联网及高速通信技术保障了仿真复杂军事系统仿真体系架构

为了确保军事技术优势，各国不断发展有人机/无人机协同作战、无人机蜂群作战等新的作战模式，充分发挥平台数量优势，在整合现有资源的基础上，构建新型作战力量。随着多飞行器协同作战、"蜂群"作战、马赛克战等作战概念不断被提出，随之带来了大规模通信交互的实时性、可靠性和安全性问题。

### （一）新互联网技术与新信息技术的快速发展将引发仿真手段和方法的变革

自 2017 年开始，区块链技术被视作继大型机、计算机、互联网、移动社交之后的第五次颠覆性的新计算范式。在区块链中，参与整个系统的每个节点之间的数据交换、系统的运作规则和系统内的所有数据内容都是完全公开透明的。随着万物互联时代的到来，物联网已经在人们的生活中随处可见；与此同时，5G 无线通信、万兆以太网等网络通信技术的发展也日趋成熟。2021 年 9 月，美国国防部授予 Viasat 公司两项合同，重点研究 5G 网络在作战域的部署和应用，支撑复杂对抗环境中的敏捷作战部署（ACE）作战概念的实现。

### （二）区块链与物联网、高速通信技术的有效结合，将建立优势互补的复杂军事系统仿真体系架构

俄罗斯国防部 2018 年宣布组建区块链研究实验室，探索开发以区块链技术为基础的智能系统，检测并抵抗对重要数据库的网络恶意攻击，来缓解赛博安全攻击和支持军事行动。区块链与物联网、高速通信技术进行有效结合，建立优势互补的复杂军事系统仿真体系架构，利用区块链技术搭建分布式物联网网络框架；利用高速通信技术解决区块链中传输时延高、扩展性差等问题；同时，利用区块链去中心化、自治性、不可篡改、可追溯等优势弥补大规模通信交互的实时性、可靠性和安全性问题。一方面可以实现复杂军用仿真系统信息传输和处理的网络化；另一方面利用作战仿真系统中每个节点获取的海量数据，使得对战场态势的感知更加及时、准确、完整，实现"决策－指挥－行动"作战过程的有效模拟。

## 五、结束语

随着美国等军事发达国家的"马赛克战""多域战"等新的作战概念不断提出,战术战法的不断推进,在装备论证研制、作战推演、试验鉴定、模拟训练等需求的推动下,机器学习、人工智能等新兴技术的广泛运用给新型作战模式、新型作战空间、新型作战规则下的建模问题提供了新的解决思路;量子计算、云仿真、区块链、物联网和高速通信等技术的发展将会进一步提升仿真支撑平台的智能化服务化水平与综合服务能力,持续提高仿真平台与应用需求的匹配度;此外,元宇宙概念的出现,整合了通信网络、高性能和小型化的半导体/微机电系统/电池、强大的云计算/边缘计算/图形处理器单元算力,辅以区块链、人工智能、物联网、空间计算、分布式存储等软件及技术支持,使得完全真实地还原现实世界中的在场体验成为可能。元宇宙或将成为数字化仿真的高级形态,引发全新的虚实平行战争模拟方式,并不断衍生出新的仿真方法和手段,促进以建模仿真的手段解决联合体系作战条件下武器装备/平台的作战适用性、体系适用性、战役适用性等科学化考核难题,在作战概念、作战理论、战术战法、方案计划推演和体系能力评估的不断生成和深化过程中发挥重要作用。

(北京机电工程研究所复杂系统控制与智能协同技术重点实验室

佟佳慧 刘金 张卿)

# 智能仿真技术发展研究

人工智能先后经历了计算智能、感知智能和认知智能三个阶段。近年来，随着以深度学习为代表的机器学习技术的快速发展，在图像识别、文本翻译、语音处理等感知智能方面取得了广泛应用。目前人工智能技术已呈现数据驱动、算法制胜、体系支撑、迭代演进等特征，引领了作战形态和武器装备从物理域、信息域向认知域、体系域变化，成为世界强国间战略博弈的新方向、新焦点、新战场。截至2020年底，全球共有32个国家和地区发布了人工智能国家战略文件，另有22个国家和地区正在制定相关文件。美国等西方国家在同盟化发展方面走在前列，并依托联盟优势集智攻关为人工智能产业研发了新模式。在国家层面，组建国家人工智能研究资源工作组，促进人工智能创新与经济繁荣；在产业层面，由科技公司、政府与顶尖高校共同成立联邦人工智能专委会，负责国家级的人工智能投资、规划和审核。总体来看，智能仿真技术已经成为当前新兴前沿技术研究的重点和热点，并逐步成为提升国防力量和军事能力的有效途径。

## 一、智能仿真技术总体架构

智能仿真技术是指现代建模仿真技术与新型人工智能科学技术、新一代信息通信技术以及各类应用领域专业技术进行深度融合，以各类大数据资源、高性能计算能力、智能模型/算法为基础，以提升新型人工智能系统建模、优化运行及结果分析/处理等整体智能化水平为目标的一类建模仿真技术。从宏观来看，智能建模仿真技术体系由智能仿真建模理论与方法、智能仿真支撑系统技术和智能仿真应用工程技术构成，如图1所示。

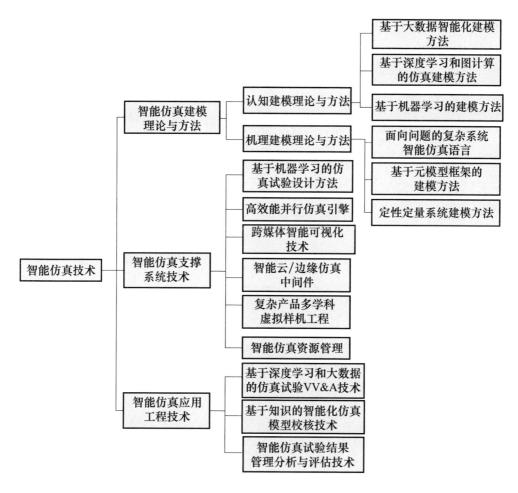

图1 智能建模仿真技术体系

智能建模理论与方法主要包括认知建模理论与方法和机理建模理论与方法。其中，认知建模理论与方法基于神经网络、模糊神经网络、智能代理、本体论等智能系统建模技术等衍生发展而来，主要包括基于大数据智能化建模方法、基于深度学习和图计算的仿真建模方法和基于机器学习的建模仿真方法。其中，由于新型人工智能系统机理的高度复杂性，往往难以通过机理（解析方式）建立其系统原理模型，需通过大量实验和应用数据对其内部机理进行模拟与仿真。基于大数据智能化建模方法是利用海量观测与应用数据实现对不明确机理的智能系统进行实体对齐、属性归一、冲突解决、知识补齐等仿真建模知识融合的一类方法，主要研究方向包括基于数据的模型匹配、基于数据的实体匹配、概率生成模型和基于数据聚类分析的建模等。基于深度学习和图计算的仿真建模方法基于深度学习的GCN、DeepPath（RL）、KBGAN等深度神经网络算法和关系挖掘、中心度分析、群体分析的图计算算法为面向新一代人工智能系统的知识推理建模仿真的发展与应用提供强有力的支撑。基于机器学习的建模仿真方法，机器学习方法已形成庞大的谱系，主要研究利用新型人工智能系统中的机器学习方法进行仿真建模，在建模智能搜索问答式查询、图谱查询、可视化分析等各阶段综合应用先进的机器学习方法，是一种知识赋能的仿真建模方法。机理建模理论与方法基于辨识建模技术、面向对象建模技术、面向组件/服务的建模技术、多视图建模技术、多模式建模技术、多分辨率建模技术、数据可视化建模技术和多媒体建模技术等，近年来其主要聚焦于面向问题的复杂系统智能仿真语言、基于元模型框架的建模方法以及定性定量混合系统建模方法。其中，面向问题的复杂系统智能仿真语言，是一种面向复杂系统建模仿真问题的高性能仿真软件系统，主要特点包括：①模型描述部分，由仿真语言的符号、语句、语法规则组成的模型描述形式与被研究系统模型的原始形式十分近似；②实验描述部分，由类似宏指令的实验操作语句和一些有序控制语句组成；③具有丰富的参数化、组件化的仿真运行算法库、函数库及模型库。它能使系统研究人员专注于复杂系统仿真问题本身，大大减少了建模仿真与高性能计算技术相关的软件编制和调试工作。基于元模型框架的建模方法，服务于仿真建模知识融合。基于元建模的复杂自适应系统建模方法，即研究复杂自适应系统中各种类型系统组分间感知、决策、交互的一体化仿真建模方法。定性定量混合系统建模方法，服务于仿真建模知识推理。定性定量混合建模包括：定性定量统一建模方法，即研究包括系统顶层描述和面向子领域描述的建模理论和方法；定量定性交互接口建模，即研究将定量定性交互数据转化为定性模型与定量模型所要求的结构和格式；定量定性时间推进机制，即研究定量定性模型的时间协调推进机制。

智能仿真支撑系统技术涉及基于机器学习的仿真试验设计方法、高效能并行仿真引擎、跨媒体智能可视化技术、智能云/边缘仿真、复杂产品多学科虚拟样机工程、智能仿真资源管理等。其中，基于机器学习的仿真试验设计方法，采用机器学习和数据挖掘等方法从已有的大数据中挖掘试验因子和指标间隐藏的关联关系，筛选出与指标关联性相对较大的试验因子，或者使用机器学习方法，如排序学习方法，以预测多个仿真参数设置的相对优劣为核心思想，对仿真任务的参数空间搜索进行优化，研究目标是大幅减少仿真的参数空间遍历任务数量，并提升参数空间搜索的准确性。高效能并行仿真引擎涉及支持复杂智能仿真工程全生命周期各类活动，大规模仿真问题的作业级并行方法、仿真系统内成员间的任务级并行方法、联邦成员内部的模型级并行方法和基于复杂模型解算的线程级并行仿真方法。跨媒体智能可视化技术主要包括基于图形处理单元（GPU）群组的并行可视化系统技术和虚实融合技术、计算机图形生成技术、多媒体技术、虚拟/增强/混合现实（VR/AR/MR）技术、人机交互技术等。智能云/边缘仿真中间件，如 CORBA/COM/DCOM/XML、分布交互式仿真/高层体系结构/试验与训练使能体系结构（HLA/DIS/TENA），以及新一代面向服务中间件技术等，典型的网络/通信技术如以 MPLS、IPv6 为重点的下一代 IP 网技术，以智能光网为核心的下一代光网络技术，采用 5G、6G 的下一代无线通信网技术等。智能仿真资源管理以数据库/模型库/知识库/内容管理技术，涉及关系/面向对象等数据库技术，分布式数据库、主动数据库、实时数据库、演绎数据库、并行数据库、多媒体数据库等建立与管理技术，数据/知识的挖掘技术，数据/知识仓库技术，实时/分布模型库技术、内容管理技术等。

  智能仿真应用工程技术涉及基于深度学习和大数据的仿真试验校核、验证与确认（VV&A）技术、基于知识的智能化仿真模型校核技术、智能仿真试验结果管理分析与评估技术等。其中，基于深度学习和大数据的仿真试验 VV&A 技术研究基于人工智能的仿真 VV&A 方法，主要包括全生命周期 VV&A、全系统 VV&A、层次化 VV&A、全员 VV&A 和管理全方位 VV&A 等技术。基于知识的智能化仿真模型校核技术基于关联测度的复杂模型认知方法，基于信息关联认知图、模式图以及关联规则挖掘等构建仿真模型校核知识库，建立基于知识的复杂模型校核验证指标体系，将耦合因素和耦合度纳入校核验证指标体系，更加真实和全面地进行复杂仿真系统模型校核验证。智能仿真试验结果管理分析与评估技术主要包括仿真试验数据采集技术、数据存储管理、仿真试验数据分析处理技术、仿真试验数据可视化技术等。

## 二、智能仿真技术发展热点

目前,基于建模仿真技术研究人类智能系统(大脑和神经组织)机理,以及各类基于知识的仿真系统已成为智能仿真技术的重要研究与应用领域。典型的如基于仿真的嵌入式智能系统(将仿真技术引入基于知识的系统,以描述与时间有关的知识或表达与时间有关的推理过程)。以面向智能体(Agent)的仿真为例,基于智能体的独立性和自主能力,通过智能体之间的异步信息传输,完成基于智能体对象的行为和反应的仿真。目前,应用智能体对复杂交战系统、复杂社会系统进行仿真是这一领域的研究热点。基于智能体的仿真技术中也存在着挑战,如怎样控制智能体的自主能力来保证其可信度。其中知识模型及其表示标准化的研究,尤其是对面向智能体的模型、面向本体的模型、面向分布式推理的网络模型、面向移动通信的推理模型、能演化的模型、自组织模型、容错模型、虚拟人等的研究将是智能系统建模进一步研究发展的重点。

与此同时,将人工智能技术引入仿真系统构成"智能仿真系统",它将有力促进系统建模仿真技术的发展,如将决策制定和规划能力(典型如专家系统、动态规划、定性推理、模糊推理、模拟退火、神经网络、深度学习等)引入仿真系统构成具有智能前端的仿真环境、基于知识的协同建模仿真环境、具有智能评估分析的仿真环境等。例如,在空战模拟仿真中,利用遗传算法解决对多个打击目标的选择和规避导弹规则的学习,将神经网络用于飞机的机动选择,以实现多架对多架的空战智能仿真等。

### (一) 智能建模仿真理论与方法

随着现代战争节奏不断加快、复杂性不断上升,军事装备和信息系统的智能滞后问题愈发凸显。为了满足未来战争快速决策、自动决策和自主决策需求，迫切需要智能技术提升人脑辅助决策能力，以适应高速、复杂和多变的战场环境。以深度学习和强化学习为代表的机器学习方法在问题求解中存在数据利用率低、环境反馈稀疏、状态空间探索与利用难等问题，导致解决方案难以收敛或训练时间过长，而在机器学习框架中引入军事领域的条令条例、战法战例和专家经验等知识，以及有经验的作战人员的历史博弈对抗决策轨迹、在线指导学习过程等方法，可大幅提升强化学习算法的探索能力。因此，智能仿真引入作战条例进而支持辅助决策，而具有代表性的是美军"深绿"计划。该计划核心是基于实时态势的动态仿真，帮助人类指挥员理解各种量变在不同时空上相互交叉产生作用后可能带来的质变，其目标是协助指挥员做出正确决策。辛辛那提大学于2016年开发了智能飞行员Alpha AI项目，采用遗传模糊搜索树方法，在空战模拟器中与人类飞行员对战并获得全胜；美军启动指挥官虚拟参谋项目，旨在将智能技术和信息系统整合，实现决策支持工具自动化，减轻指挥员的认知负担。DARPA于2019年启动了空战演进项目，主要涉及：①为局部（个人和团队战术）行为建立战斗自主性；②建立和校准对空战局部行为的信任；③将战斗自主性和信任扩展到全局（异构多机）行为；④建立全面的空战试验基础设施。在2020年8月的阶段性对抗试验"阿法狗斗"（Alpha Dog Flight）中，以端到端深度强化学习为核心的智能技术在试验中全面超越人类飞行员，预计在2024年将智能算法移植到飞机上以替代人类飞行员。美国空军研究实验室于2019年与DZYNE公司在杜格威试验场进行了机器飞行员（ROBOpilot）系统试验，采用摄像头采集飞机仪表盘数据，利用机械传动设备控制操纵杆、踏板和开关等，通过非侵入式手段进行无人化改装。此外，忠诚僚机、Skyborg、拒止环境中协同作战、体系集成技术与试验、小精灵、进攻性蜂群使能战术、"敏捷秃鹫"吊舱项目和"雷霆"隐身无人作战飞机等智能化空战项目均使用人工智能方法构建飞行器智能决策模型，通过自主/半自主决策来提高作战实体的快速决策能力。2020 年 12 月，XQ–58A 实现与 F–22、F–35A 和 F–35B 等有人战斗机协同半自主编队飞行；同月，美国空军的 ARTUμ 无人侦察机 U–2 项目也表明了无人系统的操作权首次超过人类飞行员，展现出自主化空中作战的趋势。智能博弈对抗是智能化指挥控制、训练模拟和自主集群无人化作战等军事领域智能化建设的核心技术基础。

**（二）智能仿真支撑技术**

近年来，仿真平台正不断朝高性能并行仿真、大规模分布式联合仿真两个方向发展，而面对着各类智能装备的发展以及对作战能力要求的提高，仿真支撑平台则需要进一步朝智能化方向发展以满足智能装备试验、训练与评估的需求，因此，如何为各类智能体提供一个通用的仿真平台与工具集成为当前研究的热点与难点。目前，国外已就这个问题进行了一定探索，相关结果已能够支持实战化的智能试验与训练。2021 年 1 月，Abaco 系统公司研发出一种图形、视觉、人工智能与图像处理计算机，名为 GVC1001，可满足地面车辆、航空、海军与工业平台发展过程中对低功率图形处理、人工智能与传感器计算等应用的诸多需求。7 月，美国空军研究实验室启动了"极光计划"（AURORA），进行"观察""定向"和"控制"三个人工智能平台的开发，旨在加快联合规划决策周期并扩大自动化技术平台的效用，使美国空军研究实验室形成共享数据生态系统。在 9 月 14 日至 30 日美国马里兰州帕克斯河海军航空站举办的一场 LVC 联合演练中，展示了安全实况–虚拟–构造先进训练环境（SLATE）与 F/A–18 和 EA–18G 战斗机链路到实装训练能力的成功集成，基于该环境可进行智能空战、地面对抗以及反电子战等各项任务。10 月，美国空军研究实验室与英国国防科学技术实验室首次公开了两国联合开发、选择、训练和部署的先进智能生态系统，成功演示了 15 个最先进的机器学习算法、12 个数据集、5 个用于根据任务需求对模型进行训练和再训练的自动化工作流程，仿真场景侧重于英国和美国如何合作和共享人工智能能力，以支持两国在邻近地区作战的"近距离"作战，并在任务执行过程中紧密共享数据、人工智能算法和能力。Improbable 公司与英国战略司令部已在过去两年中合作开发用单一合成环境（SSE）平台，能够为任何潜在作战环境提供一系列真实虚拟再现的能力，支持用户在真实虚拟世界中进行训练、规划、试验，甚至可能设计未来作战。

**（三）智能仿真在试验训练中的应用**

美国、俄罗斯和中国军队都在积极将智能仿真作为部队发展的要素，但在将智能仿真应用方面，三个国家给出的优先级不同。美国国防部首先考虑将人工智能应用于作战系统，而中俄则重点考虑人工智能在指挥控制、管理支持系统，以及情报、监视与侦察（ISR）方面的应用。2020 年 12 月，兰德公司的研究人员通过战争游戏试验，探索了融合人工智能和机器学习（AI/ML）能力的未来武器系统特性。试验中测试了基线游戏、人工智能和机器学习游戏。在这两个游戏场景中，双方的玩家讨论了远程操作和全自主系统的能力和局限性，以及使用这些系统参与战斗的意义，其讨论结果有助于改善系统适用性，优化指挥官系统策略。2021 年 1 月，美国空军研究实验室弹药管理局在虚拟弹药模拟平台上进行了"武器一号"（WeaponONE）演示验证工作。该演示基于一个名为"灰狼"的协同蜂群武器系统原型的 24 小时空中任务指令周期模型，集成了包括数字孪生实验室在内的"武器一号"产品组合的多个方面，该演示展示了如何从飞行中的武器收集数据，并与战场环境中的数据结合，然后通过先进作战管理系统（ABMS）发送回数字孪生模型。这些数字孪生模型在人工智能/机器学习技术辅助下的高性能计算系统上运行。在确定出最合适的行动方案后，这些信息会迅速返回战区内的物理武器，从而几乎实时地或最快地在下一个24小时空中任务指令周期内改善其性能。8月，英国RED6公司宣布，其已应用增强现实（AR）技术在增强现实作战训练系统的软件和硬件方面取得了新进展，美国空军已授予其一份7000万美元的小型企业创新研究合同，在未来5年里，进行人工智能驱动的机载战术增强现实系统（ATARS）的商业化工作。美国陆军在9月27日至10月6日开展了"战士22-1"演习，利用网络与仿真技术在堪萨斯州的莱利堡、佐治亚州的斯图尔特堡和德国的格拉芬沃尔进行同步仿真作战，高压环境下测试了军事理论、知识和作战能力。该演习为指挥官创建了一个清晰的智能作战图以辅助决策，且有助于完善和修改标准作战程序和策略，进行快速、诚实和准确的评估，使作战人员真正形成协同作战。俄罗斯军事问题专家帕维尔·卢津（Pavel Luzin）9月在俄政论网站Riddle发表文章，对人工智能在俄军中的应用现状及其前景进行了分析，俄罗斯军队应用人工智能解决方案的主要方向包括在高精度弹药持续短缺的情况下改进机载自动指挥控制装置、计算机仿真战役以及使用人工智能优化后勤供应等。

## 三、智能仿真技术发展启示

### （一）加强智能仿真发展思路与目标研判

基于人工智能的军用仿真技术发展思路是顶层统筹、边研边用、研用结合、迭代演进。通过统筹"人工智能+建模仿真"领域发展顶层设计，布局智能化建模、智能仿真平台等领域关键技术攻关，有序推进军事各业务领域智能仿真应用实践，在实践中进一步探索总结规律促进循环迭代发展。"人工智能＋"赋能建模仿真形成科学研究新范式将是领域发展的目标。建模仿真技术正成为继理论研究和实验研究之后第三种认识和改造世界的活动，"人工智能＋"赋能将使建模仿真技术再次迎来能力跃升，催生自下而上的军事领域复杂系统演化问题研究新方法新范式，解决军事迷雾中不确定性、自适应性、涌现性特征研究手段缺乏的问题。

### （二）加强智能仿真战略研究与顶层设计

急需加强仿真技术顶层战略研究，制定明确的技术领域战略发展目标，推动人工智能技术形成长期顶层战略布局，从机制建设、环境建设、理论建设全方位布局谋划、有序展开，稳步推进军用仿真技术顶层体系建设。超前布局谋划顶层设计，各军方管理归口谋划形成针对人工智能等新兴技术的重大工程，为牵引驱动军用仿真新技术方法深化研究和应用奠定基础。在政策、机制、标准等方面提前布局研究，探索政策机制改革，促进建模仿真贯穿新兴技术创新发展、武器装备全生命周期活动、作战需求生成与能力评价等全过程；加强标准建设，及时完善标准体系框架。

### （三）加强智能仿真基础理论与方法研究

理论方法体系的不完善、条件保障体系的不健全，是新兴技术在军用仿真应用中存在实现困难的主要问题，急需加强基础研究，通过强化理论方法研究、加强手段建设、创新产业链布局，为军用仿真技术的新发展夯实基础。加强国内外军民领域人工智能前沿技术与仿真技术融合发展现状跟踪，急需加强情报研究，关注美军新兴技术的发展趋势以及新兴技术与军用仿真的融合发展方向，在充分了解对手、汲取经验教训的基础上，推进仿真技术在新兴技术驱动下的快速发展。加强人工智能相关理论方法研究，关注人工智能等新兴技术的创新发展，并深入研究融入新兴技术的军用仿真的新理论与新方法。加强人工智能相关自主可控工具研制，强化在新兴技术驱动下的仿真平台技术研究，探索仿真平台的新计算架构、新应用模式、新体验方式，推动定制化、敏捷化、集成化仿真平台建设。加强人工智能相关应用网络构建，以智能化仿真平台、定制化仿真应用、服务化仿真能力为基础布局军用仿真技术的发展需求为牵引，促进网络基础环境的建设。

**（四）加强智能仿真自主创新与协同共享**

为快速推进新型技术与军用仿真技术的融合发展，急需加强自主创新，更加注重国内原创技术发展和技术创新，摆脱对国外基础理论方法、工具软件的依赖，形成真正自主可控的工业软件。急需建立协同共享机制，支持民用成果的高效共享，利用商用和军用创新、互相补充，推进军用仿真技术的快速发展。急需构建创新生态，统筹建立人工智能等新兴领域生态，形成军民领域中军地部门的技术成果互利的生态。需要建立新一代智能仿真领域研究和发展组织机制，鼓励和推动对外合作交流，支持科研机构成立人工智能创新及发展研究中心，进一步加强产学研用结合，逐步形成协同发展机制，加大资金投入，制定激励措施，推进新成果在国防军事领域的应用转化。

## 四、结束语

未来，对智能仿真技术将形成博弈攻防对抗条件下的交战策略智能衍生模型，可应用于军事智能新交战策略、新作战样式的涌现中。面对可能出现的各种挑战与机遇，应加强军用智能仿真发展思路与目标研判、加强军用智能仿真战略研究与顶层设计、夯实军用智能仿真基础理论与方法研究、积极探索军用智能仿真重大计划与工程谋划、加强军用智能仿真自主创新与协同共享，形成研用结合、迭代演进的智能军用仿真生态，促进智能技术与仿真技术的快速发展。

（北京仿真中心航天系统仿真重点实验室

卿杜政　张连怡　刘晨　林廷宇）

# 敏捷仿真方法研究现状分析

技术和威胁的变化给国防采办与建模仿真活动带来了新的挑战。当前建模仿真系统由多个社区分别出资和管理，烟囱式建设的现状严重阻碍了数据和模型的共享和重用。当前的建模仿真体系结构不具备敏捷性，在能力设计和开发过程中生产的模型与数据通常无法在测试、分析或训练阶段中使用。为此，美国国防部一直致力于解决仿真之间的互操作性以及模型和数据的重用问题。自美国国防部2018年实施数字工程战略以来，基于模型的系统工程为解决该问题带来了一个机遇，系统设计和开发中的数字产品应可供系统采办生命周期相关阶段使用。但是，由于目前没有通用的建模框架或基础设施来约束数据和模型，测试、分析、试验和训练各阶段应用程序中很难保持对系统更一致的表示。此外，美国国防部也缺乏基于新兴技术和威胁快速开发和交付新建模仿真能力的流程或基础设施。为解决上述问题，自2019年美国国防部基于模型的系统工程（MBSE）实施过程中，形成了一系列敏捷建模框架，可实现在作战环境仿真中对新系统的性能和行为进行建模，提升成本效益，并为跨系统全生命周期中敏捷可组合仿真提供基础设施，以促进一致性和可追溯性。

## 一、敏捷仿真需求分析

**(一) 现有仿真体系结构在数据交换方式等方面制约了敏捷仿真发展**

当前的仿真系统构建多基于每个社区的不同需求,各个社区仿真创建或采用的模型和数据,为他人提供共享服务能力非常有限。美国国防部缺乏一个连贯的流程和基础设施,无法快速开发和提供新系统的性能或行为建模,并基于新兴技术提供新的仿真能力。当前仿真支持训练的方法主要是通过多种联合仿真形成以网络为中心的互操作能力,工具和基础设施主要特点:①训练环境较为单一,多定制化开发,以满足特定的教练/学员目标;②根据不同的标准构建,需要大量的时间和专业人员配合,以整合到支持演习或训练活动的有效联邦中;③运营和维护成本高昂;④缺乏快速响应作战环境和紧急威胁变化的敏捷性;⑤技术上很复杂,限制了对作战环境的综合表示进行有效更改能力;⑥包含冗余功能;⑦采用离散时间推进方式,不支持连续的按需访问;⑧在满足日益增长的基础设施整合和网络安全合规要求方面面临越来越大的压力。

目前分布交互式仿真(DIS)和高层体系结构(HLA)只共享最少状态数据,仿真初始化、仿真状态、时间、地形和模型必须在联邦成员之间协调。协同仿真的初始化过程非常复杂,输入数据包含在仿真特定的数据文件中。考虑到任何有两个以上联邦成员的复杂场景,分析都非常有难度,而且易出错,对联邦的校核和确认也带来了巨大的挑战。由于云计算、并行处理、向建模仿真即服务的迁移等信息技术的变化,给建模仿真技术提供了新的机遇。鉴于仿真运行环境的复杂性、不可预测性和动态性,急需有针对性地开发一个更加敏捷和快速的建模仿真环境,以满足未来作战需求，并准确表示复杂、动态的环境和威胁。

**（二）以建模仿真即服务形式促进建模仿真能力的模块化定制和按需交付**

北约建模仿真小组指出，云计算技术和面向服务架构（SOA）的最新技术发展为更好地利用建模仿真能力以满足北约关键需求提供了机会。建模仿真即服务基于面向服务架构，并提供一种按需交付建模仿真应用程序、功能和相关数据的方法。建模仿真即服务旨在促进建模仿真服务的发现、可重用性和可组合性。建模仿真即服务的关键是使用模块化的仿真和工具，这些仿真和工具可以轻松地针对每个用例进行定制，而不是依赖于提供所有所需仿真功能或表示的几个单一仿真。这种方法使执行每个分布式仿真用例所需的资源和数据流更少。

**（三）以通用建模框架提升模型可组合性，促进模型的共享重用与协同工作**

美国国防部推进数字工程过程中，部分专家主张建立一个"稳健的、有理论基础的设计框架"，有效地提升模型的可组合性，使模型能重用以及按需协同工作，促进向数字工程的过渡。兰德公司将可组合性定义为以各种组合选择和组装组件从而有意义地满足特定用户需求的能力。分布交互式仿真、高层体系结构和聚合级仿真协议（ALSP）在可组合性方面存在两个重大缺陷：无法保证联邦中仿真之间的一致性，以及在没有重大源代码修改的情况下无法在其他联邦中提供组件重用。换句话说，虽然这些工具可以提供交换和维护实体状态，解决交互、时间管理和数据分发管理的方法，但它们只提供了确保联邦是有意义的仿真的最小工具。这种缺乏支持的情况通常会导致仿真无法满足需求，因为基础模型中的根本差异导致缺乏一致性。为此，1996年专家提出"如果组件要可组合，就需要提前设计"。实现可组合仿真的一种方法是从通用建模框架开始。

## 二、典型敏捷建模框架

新型建模框架的出现提供了很多机会，包括充分地可组合，更好地利用新技术和工具，以及通过合作和协调的研发工作更快地创建内部互操作能力。这些建模框架支持快速场景开发能力，即快速构建新系统的模型，然后在场景中使用它们。开源软件的推出有望实现集智开发，这将实现更高效的创新。

### （一）先进仿真集成与建模框架

先进仿真集成与建模（AFSIM）框架是一个政府批准的软件仿真框架，用于为作战分析领域构建交战级和任务级分析仿真。2011年，受限于当时政府所有的专用弹性建模仿真工具，美国空军实验室选择了波音公司网络使能系统分析（AFNES）框架作为其分析和技术优化建模与仿真工作的首选框架。2013年，波音公司将此框架无限期地转让给了美国空军实验室。随后，美国空军实验室将其更名为先进仿真集成与建模框架。2021年，美国空军批准信息科学技术公司对该框架进行深入研究。该框架应用程序的主要用途是评估新的和先进的系统概念，并确定这些系统所采用的概念。

该框架能够对参与者的能力进行建模，并控制参与者在空间和时间中的互动。这些仿真可以是构造/非交互式仿真（用户参与仿真，然后在没有进一步交互的情况下运行仿真）或交互式仿真（用户或其他仿真可以控制仿真的某些方面）、非实时仿真（更快或更慢取决于平台组件模型的逼真度）或实时仿真（受实时时钟的倍数限制）、事件步进仿真（仿真根据相关事件的处理进行推进）或时间步进仿真（仿真根据后续时间帧周期中发生的事件进行推进)。

该框架设计为"按原样"通用,因此框架不仅定义了顶层建模概念,还提供了许多具体实现。值得注意的是,许多模型提供了不同级别的细粒度或逼真度,以减少非精细化仿真对计算能力的需求。除了开发人员和用户社区提供的所有模型外,框架附带的标准模型示例包括运动模型、传感器系统、武器系统和毁伤效果、通信系统、信息处理系统(跟踪器等)、决策系统(指挥与控制、导弹制导等)、天线方向图模型、大气衰减模型、信号传播模型、杂波模型、电子战效果模型等。

该框架还具有可扩展性,支持方便地继承上述类型的模型,并提供全新的功能。由于先进仿真集成与建模框架是一个提供了仿真细节和服务的框架,从而使开发人员可以不用实现框架的抽象接口,而专注于添加所需的新功能。此外,该框架的基于组件的体系结构提供了将几乎所有新的建模功能清晰、通用地集成到框架中的能力。一旦合并,模型就和任何标准模型一样成为框架的一部分。该框架还可以选择不同逼真度级别的模型和数据,以优化性能平衡。

### (二) 系统工程可执行架构分布式建模框架

2013年,Snively等专家提出了系统工程可执行架构分布式建模框架(EASE – DMF),旨在降低利用建模仿真的人力和物力成本,并为在一组基于云计算资源的仿真实验执行过程中提供用户界面。该框架是基于离散事件仿真框架,旨在模拟基于组件的系统,它与面向服务的仿真非常匹配。该框架提供了一种构建联邦的不同方法。为了组合模型,开发人员必须首先将其从包含它们的仿真中分离出来,组装出感兴趣的系统所需的一组模型。每个组件都是系统功能的离散事件系统规范原子模型。计算是从现有的仿真模型中提取出来的纯状态转移函数,对仿真模型不产生影响。该框架还提供管理初始化属性、状态、调度和并行执行的能力。每个组件通过可扩展标记语言（XML）公开其初始化属性、状态和事件消息接口，以生成代码并支持识别可链接到系统体系结构属性或性能指标的参数。该框架指导模型的开发、通过事件消息的集成以及支持实验设计的执行，其参考实现使用 Akka actor 框架内 actor 计算模型。该框架与离散事件系统规范基于消息的天然特性有着一致性，它支持异步计算、跨网络的分布式模型和并行执行。其模型场景已将现有的目标截获、通信和地形模型集成到战场态势感知仿真中。该框架尚未进行大规模的仿真测试，因此需要进行试验来验证作战或战略级仿真应用的可扩展性。

### （三）WarpIV Kernel 建模框架

2017 年，WarpIV 公司的 WarpIV Kernel 建模框架提供了高性能并行离散事件和实时仿真能力。该框架促进了一种开源的基于组件的即插即用建模范式，以集成可重用模型。在并行和分布式集群计算环境中该框架能够处理离散事件仿真。该框架基于新一代面向对象的计算框架，将最先进的分布式事件处理与强大的建模框架和支撑应用相结合，以提供跨不同计算机和网络体系结构的可扩展性能，并同时简化了仿真开发人员构建模型的工作。该框架还支持异构网络应用程序，并在 Windows（XP 和 Vista）和 Linux/UNIX（PC、Mac、SGI、Sun、HP 等）平台上执行。

该框架的核心是其便携式高速通信基础设施，将共享内存与标准网络协议集成在一起，以促进高带宽和低延迟的消息传递服务。从单/多中央处理器的个人计算机到大规模并行计算集群，体系结构都可以无缝集成，以提供最大的灵活性和可移植性。其还支持在单个仿真执行中探索多个行为时间线。随着行为分支的发生，并行时间线之间的所有公共计算都将共享，从而形成一个非常有效的框架，用于探索大量的行为排列，而无须诉诸蛮力采用蒙特卡罗方法。

该框架的缺点是，通过框架中本地开发并在本地运行的所有模型来预测预期性能。这意味着，用户需要在 WarpIV Kernel 框架中构建所有所需的模型。对于分布式仿真来说这将会降低性能。

**（四）基于建模的协调仿真框架**

2014 年，美国海军水面作战中心达尔格伦分部发明并获得专利的基于建模的协调仿真（OSM）框架，通过"插入"政府、行业或学术界的模型，为系统行为和交互建模提供了框架和接口。该框架可定义与领域无关的建模仿真实用程序和接口框架，能够无缝地对想定进行建模并开发兵棋推演场景，并对重大军事演习、技术规划和兵棋推演产生积极的影响和评估支持。

"插件"是一个用于添加功能或新特性的软件扩展的术语。通过插件添加模型允许对每个项目进行软件定制，而无须对框架进行更改。基于该框架，社区可以智能地创建一个进化体系。每个社区成员只需要完全理解自己开发的作品。在进化体系中针对该框架的效率和可用性，讨论了其性能和可扩展性。此外，该框架还支持对系统交互进行任务级、快速运行的定性评估。该评估支持使用专用工具进行更集中的后续深度分析。该框架使用行为模型（插件），将系统表示为独立实体，并遵循定义的状态机，其中系统通过来自其他系统或环境的刺激从一个状态迁移到另一个状态。这种方法允许系统彼此交互或整个场景环境发生变化时观察紧急行为。该行为不是预先确定的或脚本化的。每个系统的行为对于每次运行都是唯一的，因为它依赖于与模型中其他实体的交互。

**（五）美军新一代计算机生成兵力系统框架**

虽然大多数人可能不认为美军新一代计算机生成兵力系统框架（One-

SAF）是与前面描述的相同背景下的建模框架，因为，它是一种计算机生成兵力仿真，提供实体级模型和行为，这些模型与行为是半自动化和全自动化应用程序，旨在满足广泛的仿真需求。该系统旨在提供最新的基于物理的建模、数据收集和报告功能。其模拟仿真平台、士兵、设备、后勤物资、通信系统和网络、新兴威胁和航空资产的真实世界表示，以达到特定应用或场景所需的逼真度。2004 年，Bartholet 提出将该系统作为仿真框架内的产品线方法以提供一个可组合性更好的框架。该框架提供了一个集成系统，用于规划、生成和管理由支持框架而构建的基于组件的仿真。该框架符合高层体系结构，因此，拥有高层体系结构规范附带的所有互操作性工具。此外，该框架还提供一系列工具，用于从一组行为、实体、单元和环境模型组成仿真，所有模型的架构也都基于该框架。该框架的优点是，用于构建仿真的一组模型都已设计在该框架内工作。因此，开发人员只在该框架内修改这些模型就能满足新的需求，而不必担心集成框架所用的现有代码。该框架最近发布了一个更模块化和增强的版本。

## 三、关键问题分析

### （一）持续性建模仿真过程中的数据重用问题

即使建模仿真界能够就组成仿真的通用建模框架的概念达成一致，也仍然存在许多需要解决的数据问题。每个使用模型和仿真的社区都会收集或生成自己所需的数据，然后花精力转换数据并输入至使用中的模型或仿真系统中。这意味着，相同的数据通常由不同的社区收集或生成多次，但不能被其他社区重用。

从不同的数据集生成仿真可用数据需要大量的时间和资金，并且对于建模仿真的成功执行至关重要。通常，数据不共享、不增强、不相关。而且，一旦数据被格式化和使用，无论是用于特定的试验、操作测试还是训练活动，都无法在社区中重用。目前，训练系统开发所需的数据花费了大量的精力来收集和格式化以供使用。非系统化的、高成本的可视化数据（如三维模型、传感器数据和地形数据库）是建模人员在系统生命周期中使用的一种昂贵但必要的数据类型。这些数据对于测试、概念开发和训练尤其重要。

目前缺乏统一的权威分类法涵盖所有类别的采集数据。某些类别的采集数据采用了基于实际应用的、基于共识的或强制性的分类法。这些数据主要包括产品/系统的物理特性数据（尽管存在多个分类，但并不总是相互一致）、制造过程数据以及作战和保障成本数据（可能之后会因系统类型而有所变化）。系统性能数据似乎是被接受的数据分层分类程度最低的类别。

由于专有问题、数据不成熟、对所需数据缺乏明确性以及行政延迟，政府从系统开发商收集数据时经常遇到挑战。通常契约问题、所有权限制等导致用于训练和分析的数据难以获得。数据在不同采购或服务项目之间也存在差异性，标准化数据结构难以实现，并导致了许多相互竞争的数据分类法和蓝军数据生成流程。此外，随着系统在整个生命周期中经历周期性更新，系统数据也会不断演变。

**（二）整个采办周期内系统数据的关联问题**

为避免在一个以上的系统数据付出多余精力，可提供一种在整个生命周期（包括对试验、测试和评估、分析和训练的支持）中保持系统表示一致性的机制，即收集、关联可追溯性。随着系统在生命周期的各个阶段逐渐成熟，系统数据也随之增加。美国国防部数字工程战略中提出，数据应在体系结构中加以组织，以保持对系统需求的可追溯性。为此，美国海军航空系统司令部开发了一个集成框架,称为"更全面的以模型为中心的工程方法"。这种方法的预期能力将使基于任务的分析和工程能够"将大规模飞行器系统的典型时间比目前所达到的时间至少减少25%"。这项工作研究了从系统设计和性能的需求向"完整的"以模型为中心的全生命周期过渡的技术可行性。这项以模型为中心的工程方法有三个关键技术项目:①跨域和多物理模型集成;②确保模型完整性(模型预测的可信度);③高性能计算,这是跨域和多物理模型集成与确保模型完整性的一个使能因素,但由于下一代系统的规模和复杂性,这一点至关重要。

### (三)基于模型的系统工程与建模仿真的结合问题

美国国防部长表示为应对当前和未来的挑战需采用新技术,以实现更高的性能和可承受能力。美国国防部数字工程战略概述了国防部数字工程计划的五项战略目标,这些目标促进了系统和组件的数字化表示的使用以及数字构件的使用。通过提高计算速度、存储容量和处理能力,数字工程实现了从传统设计-构建-测试方法到模型-分析-构建方法的范式转变。该范式预计在向作战人员交付决策和解决方案之前,使国防部项目能够在虚拟环境中对决策和解决方案进行原型化、试验和测试。

基于模型的系统工程正在许多企业应用中使用,以管理大型、复杂、长生命周期的系统,如弹道导弹防御系统。此外,建模仿真大量用于支持整个系统生命周期的性能评估,重点是利用建模仿真来帮助和降低开发、集成和测试过程中的成本。基于模型的系统工程通常在系统工程的早期应用,以支持需求衍生和架构定义。建模工具用于创建系统的行为(也称为功能)表示,利用系统建模语言(SysML)来识别和显示系统执行的任务序列。一个关键目标是将建模仿真和基于模型的系统工程结合起来,以便在传统的功能和行为需求基础上,加强性能需求的开发和评估;以支持综合全面的需求开发,而不是并行的、非连接的性能和功能需求;确保建模仿真实施过程中,支持需求开发的建模仿真工具与系统成熟度开发时使用的高逼真物理、工程级建模仿真工具兼容或可扩展。

美国陆军航空导弹研究开发与工程中心利用现有基于模型的系统工程工具(如IBM Rhapsody)中的系统功能定义、事件序列和转换数据,从组件数学、物理和行为模型库中动态构建行为仿真,有助于保持对系统行为基本需求的可追溯性,支持仿真评估需求对系统行为的影响,并评估这些需求相对于彼此和系统仿真性能的敏感性、适用性和一致性。基于模型的系统工程模型定义了一系列系统功能、状态或行为,以及它们的时序、转换和相互之间的关系。如果要启动时钟并为系统选择一些初始状态,则可以在仿真时间内按照该模型中定义的活动序列进行操作。美国陆军航空导弹研究开发与工程中心为此开发了一个可执行的仿真框架,称为用于严格拦截器设计和评估的仿真工具包(STRIDE)。该工具包获取基于模型的系统工程模型并集成各种算法,以提供系统的集成行为表示(图1)。生成的仿真可以独立于原始的基于模型的系统工程环境执行,从而为系统工程模型提供新的用例,如直接支持集成到离散事件仿真框架和大样本蒙特卡洛仿真场景。

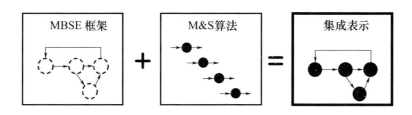

图1 基于模型的系统工程与建模仿真的关系

美国陆军航空导弹研究开发与工程中心可执行仿真框架将基于模型的系统工程环境与更广泛的建模仿真社区用于分析、试验、运行测试和评估以及训练的运行环境的构造仿真连接起来，可用于生成作战环境中系统构造仿真建模所需的系统性能和行为数据，以支持新型作战概念验证、总体任务效能评估等应用。为了实现重用和节约成本，需要一个形式化的基础设施和流程，用于从基于模型的系统工程的建模中获取性能和行为数据，以便纳入作战空间开展构造仿真。

## 四、未来计划

### （一）将可执行仿真框架 STRIDE 与 AFSIM 结合，提升任务效能快速评估的潜力

美国陆军航空导弹研究开发与工程中心用于严格拦截器设计和评估的仿真工具包的可执行仿真框架可以生成性能和行为数据，这些数据能够被纳入建模框架（如 AFSIM）的平台模型，并在代表该系统概念作战空间的场景中进行仿真。从用于严格拦截器设计和评估的仿真工具包中获得的性能和行为数据，并将其应用到先进仿真集成与建模框架的模型以实现快速合成仿真，可以评估典型作战场景的系统性能。先进仿真集成与建模框架目前已广泛应用于空军、海军和陆军的大量用户组织（在最近的该框架用户小组会议上宣称已用于 200 多个组织和机构），美国陆军航空导弹研究开发与工程中心正在为其相关场景开展相应建模工作，以展示在设计和开发期间对新系统进行更快速任务效能评估的潜力，以及促进与将新系统集成到整个部队结构中相关的战术、技术和程序的开发。

### （二）构建联邦成员级别以下的通用建模框架，为军事人员快速提供所需能力

除了促进从基于模型的系统工程过程中捕获系统数据外，快速开发敏

捷仿真能力的另一个关键是通过开发联邦成员级别以下的通用建模框架，集成和测试来自工业界、学术界和国防部实验室的新开发技术和工具，然后保留在持久化的建模环境中。这种新方法的优点是，基于这种新的合成环境将更快地提供所需的能力，然后由军事人员验证。这一新的建模框架还将实现资产与设备的共享重用。该方法还将为捕获与重用未来系统设计和开发期间生成的系统数据奠定基础。

**（三）促进 AFSIM 和 OneSAF 结合，融合其各自领域建模优势**

目前，每个建模框架都有重点研究的特定领域。例如，先进仿真集成与建模框架旨在实现对空中、陆地、海上、太空和网络领域的建模，但迄今为止，大多数建模都集中在空中作战任务上，很少进行地面机动。尽管陆军和海军已经开始使用该框架，但对地面设施的建模仍然相对较少。美军新一代计算机生成兵力系统（OneSAF）主要对与土地领域相关的设施进行建模。因此，美军计划下一步测试 AFSIM 和 OneSAF（均用 C++编写）之间的兼容性，以平衡各自的建模功能，更好地表示多域作战。部分测试将解决 AFSIM 是否可以直接使用 OneSAF 建模功能，或者是否需要在仿真场景中通过应用程序接口或分布交互式仿真接口将两者联合起来。这将有助于深入了解向国防部单一建模框架迁移的难度。

（北京仿真中心航天系统仿真重点实验室　李亚雯）

# 元宇宙在军事领域的潜在应用

2021年8月,脸书(Facebook)公司收购合成数据初创人工智能公司,该人工智能公司于2021年1月与美国空军签署9.5亿美元的服务合同,以开发元宇宙和先进人工智能指挥控制系统。加拿大军事训练模拟器开发商和供应商OPTIMUS SYSTEM于2021年部署和供应基于元宇宙的下一代军事训练系统军事训练模拟器增强精准射击训练、战术行为训练、观察训练能力。Epic Games公司严肃仿真行业专家Sébastien Lozé在2021年11月指出:"国防用户要求系统具备无限制、高逼真、动态填充等特征……元宇宙系统已具备相关能力"。目前Epic Games公司以元宇宙实例与美军合作军事训练和空间规划开发仿真业务。上述事实意味着与公众"虚拟人、区块链、游戏"的公众元宇宙观点不同,西方军事专家及从业人员早已看到元宇宙在军事智能上的巨大潜力。

## 一、基本概念及特点

### (一) 元宇宙概念

西方对元宇宙的关注由来已久,2008年,美国加速研究基金发布元宇宙路线图提及军事系统形态；2013 年，美国国家地理空间情报局研发北约地理任务元宇宙系统；2018 年，美国国防部采购微软公司一体化视觉增强系统及 HoloLens 眼镜，该眼镜被微软公司称为元宇宙关键设备；2019 年，韩国国防部开发的 OPTIMUS 系统被称为新代元宇宙军事训练系统；2021 年，英国国防公司 BAE 系统公司收购 BISim 公司，称两者的合并将达成极高质量的元宇宙开发。西班牙埃尔卡诺皇家研究院近期明确指出："元宇宙将成为东西方文明的新战场。"

探索元宇宙技术的特征、内涵、价值、局限性是必要的。在摈弃企业家利用"革命性变革"的空话炒作和牟利的企图，研究者应去思考元宇宙技术应用于军事领域将给世界带来的切实影响。从军事层面来看，元宇宙技术和电力、内燃机一样，在军事保障、演训、作战中是一种助力和途径。元宇宙技术对军事力量和国际冲突的影响，取决于军队和决策者对元宇宙技术的具体应用与部署。

元宇宙概念定义通常包括，空间概念、信息概念、行为概念和互动概念。从空间上，元宇宙是一个集体虚拟共享空间，由虚拟增强的物理现实和物理持久的虚拟空间融合而创造，包括所有虚拟世界、增强现实和互联网的总和。从信息上，元宇宙同时是当前存在世界的延伸，用于描述互联网未来迭代的概念。从行为上，元宇宙是用户通过互联网和兼容的硬件设备自由访问的世界，使用户在元宇宙形成的虚拟空间中进行个性化的行为。从互动性上，元宇宙是真实和虚拟之间的桥梁，可以扩展用户的视觉、声音和触觉，将数字物品融入物理世界，让用户随时进入完全沉浸式的 3D 环境。

元宇宙技术是创造虚拟内容、提升使用沉浸、维护虚拟世界价值的原理性技术，元宇宙是以元宇宙技术为基础，使内容创造者、使用者、平台管理者充分协商的具有社会形态的互联网应用。它基于多种扩展现实技术提供沉浸式体验，基于数字孪生技术生成现实世界的镜像，基于区块链技术搭建经济体系，将虚拟世界与现实世界在经济系统、社交系统、身份系统上密切融合，支持内容创造者进行内容生产和世界编辑，尊重应用使用者多样的参与形式、虚拟资产的价值、约束虚拟世界管理者的客观权力。元宇宙应用中三类必要参与者的活动如图1所示。

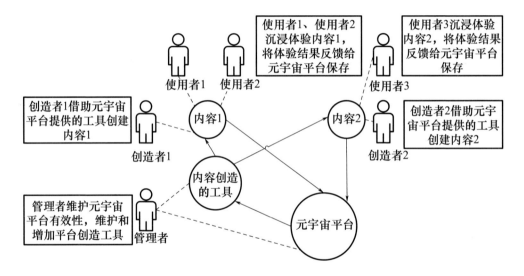

图1　元宇宙应用中三类必要参与者的活动

## （二）元宇宙特点

研究者普遍认为元宇宙是虚拟世界的进一步发展，在虚拟世界功能性、信息性、联通性、载体性的基础上，应进一步具有社会创造性、高度社会性、应用持久性、虚实互操性、市场经济性等典型特征。

社会创造性。每个用户都被允许进行内容生产和世界编辑，这种去中心化的结构催生了活跃生态，开发者、用户增长迅速，强社交属性显现。

高度社会性。元宇宙可以超越空间限制，与世界各地的人共享"物理"

环境。这将深刻改变人们相互沟通和互动的方式。元宇宙提供的世界是一个有呼吸、有生命的平行现实,可以持续且实时地为世界所有居民提供服务。它具有巨大的可扩展性,能够使得世界范围内数亿个虚拟角色同时共存。

应用持久性。元宇宙永远不会暂停或停止,而会无限期永存。在这个世界里,人们能够进行数年或数十年的进化发展,不必担心失去角色和成就。元宇宙不受硬件限制,从计算机到控制台再到手机,每个人可以用不同类型的设备在元宇宙中进行交互。

虚实互操性。元宇宙使用开源代码和加密协议,能够在每次体验中提供前所未有的数据、数字物品/资产、内容互操性。元宇宙可以让数字世界成为购物中心,每家商店都可以使用自己的货币,并配有专有的通用身份证。

市场经济性。元宇宙有可能会被视为合法的工作场所和投资工具,并将提供丰富的内容,成为充满活力的新兴社区。元宇宙将可供用户创建、投资、拥有、租赁、出售或购买服务,就像在现实世界中一样。

虚拟世界的描述通常包括功能性、信息性、连通性和载体性。

功能性。一个具有同步性,维持持续的人际网络,为每个个体分配独立的表示身份,通过联网计算机促成的虚拟空间。

信息性。虚拟世界内和每一个参与主体发生交互的信息本身、交互形式、交互过程的总集合。

连通性。多个虚拟世界之间相互流通,则单个虚拟世界或整个集合就构成一个元宇宙。

载体性。"游戏"是现阶段人们对于虚拟世界进行认知与交互的最直接载体。元宇宙的 5 个特征与其对应关系:社会创造性是元宇宙自我生长的动力，高度社会性是虚拟世界连通性的延伸，持久性是虚拟世界载体性的延伸，互操性是虚拟世界信息性的延伸，经济性是高度社会性的必然产物。

## （三）对军事目的而言，元宇宙是更好的助推器

从美国陆军地理空间研究实验室元宇宙案例角度看，如果全球范围的创造者、使用者、管理者能够共同维护元宇宙应用，那么依据内容创新的速度，元宇宙将拥有对经济和社会产生广泛影响的潜力。从军事领域研究元宇宙应关注以下三个元宇宙潜在应用领域诠释了为何各国军方会对此感兴趣。

第一，外军方研究机构认为元宇宙协同编辑技术是应对任务量庞大、任务难以快速处理等挑战的有效途径。美国陆军地理空间研究实验室在 2013 年提出构建 Geo Metaverse 概念，包括利用图像分析信息、地理空间数据、地理参考社交媒体辅助数据等，用于处理其发布的特种任务。Geo Metaverse 为一般授权人提供地理情报数据添加、分享、矫正能力，为授权人提供世界时空分析与制图（WSTAMP）等项目并构建实例，同时将围绕项目产品分享给如澳大利亚地理空间情报组织（AGO）、陆军地理空间情报中心的第三方情报机构。Geo Metaverse 已具有元宇宙的局部特征，其中：美国陆军地理空间研究实验室是管理者，提供平台和工具；一般授权人利用工具构建项目实例；第三方情报机构是使用者，获益项目实例。这意味着，有限度地利用公共能力能够帮助军方更准确快速地解析信息，从而更好地做出决策。

第二，国外军方研究机构认为装备革新和战争环境变化正在加快，装备模拟器、虚拟现实/增强现实及其他体感交互等元宇宙相关技术是适应这种变化的有效训练手段。诺克斯堡美国陆军装甲中心构建 SIMNET 项目，形成了 200 多个本地与广域网络坦克和飞机模拟器，其中使用的分布交互式仿

真/高层体系结构（DIS/HLA）技术被作为元宇宙互操作性的基础。英国陆军构建的单一合成环境（SSE），为 30 名战士提供基于虚拟现实/增强现实及其他体感交互设备的训练，从而应对决策者的现代战场需求。根据英国国防部 2020 年关于单一合成环境的说明文件中，"显示世界的数字孪生将被构建为具有同等复杂性，作为应对挑战、可视化隐藏和转变决策支持的媒介"，这被英国军事仿真与训练杂志认为是英国陆军持续参与元宇宙研究的典型案例。

第三，国外军方研究机构认为商业工具的军事化能够测试新的军事行动理念，元宇宙技术为军用和商用间限制/通道提供技术方法。DARPA GameBreaker 项目寻求基于人工智能视角下的"破碎状态"，从而获得意想不到的优势。诺斯罗普·格鲁曼公司基于《指挥：现代作战》（一款 Steam 平台发售的推演平台）平台参与 GameBreaker 项目。该平台是一款超现实的全战区战斗模拟器，旨在模拟冷战和当前冲突。该推演的人工智能脚本通过真人推演玩家的训练或 Lua 脚本的编写，这意味着利用商业推演玩家行为制作的工具未来存在训练作战人员的可能。DARPA 战略技术办公室 Game-breaker 项目经理指出："找到一种通用方法来评估和操纵商业推演中的平衡，应用人工智能方法在国防部模拟兵棋推演中创造不平衡，用于训练作战人员进行现实世界的战斗。"这种通用方法与元宇宙的特征极为相似。

## 二、军事应用前景

### （一）元宇宙技术是平衡私密网络和公共网络的新途径

Epic Games 公司作为严肃仿真行业公司，其虚拟引擎已成为推演制作领域的主要平台，平台上包括各方制作的超过 1.3 万个插件工具，这些插件内容计划维护在 Epic Cloudgine，用以为虚拟引擎提供面向元宇宙中海量实时交互式内容的云计算环境。作为推演内容的制作者，可以选择使用这些包括环境、材质、蓝图、音乐、效果的插件工具制作产品内容，同时这些插件和工具的使用并不会影响产品内容的独立性。Epic Games 公司以元宇宙实例与美军合作军事训练和空间规划开发仿真业务，这意味着利用元宇宙平台进行更广泛形式的授权，使其适应于军事内容创造具有极大可行性。

### （二）元宇宙技术的高度社会性是创作非装备内容的新途径

相对于军事训练模拟器的内容和科目的准确性特点，商业推演和工具具有内容丰富的特点，微软公司《模拟飞行 2020》中包含 2 万多个城市、15 亿座建筑、11700 万个湖泊、2 万亿棵树，甚至指出"地球上每增加一棵树都将加到推演中去"。微软公司凭借内容的丰富和混合显示设备的产品能力构建了由数字孪生、模拟环境和混合现实组成的元宇宙平台。借助 Azure 数字孪生，微软使用 Azure IoT 对虚拟资产或场所进行建模，并使数字孪生保持实时更新。Synapse 通过跟踪数字孪生的历史以预测未来状态，借助 Azure 构建不断学习和改进的自主系统；Power Platform 使领域专家能够使用低代码/无代码解决方案扩展数字孪生数据并与之交互，并利用 Mesh 和 Hololens 设备为环境带来实时协作。基于上述能力，2021 年 4 月，美国陆军宣布与微软公司签署 219 亿美元的增强现实技术合同。这意味着元宇宙技术为低成本、低风险地完成军事业务提供极大可行性。

### （三）元宇宙技术的互操作性是作训单位量化评估的新途径

Roblox 公司是一家构建元宇宙教育和训练平台的公司。目前 Roblox 公司训练内容以推演的方式进行教育创新、启发式教学、探索式教学、互动式教学，涉及计算机、科学、工程领域。Roblox 公司首席执行官表示，未来的元宇宙应该是由用户创造的，而该公司则是工具和技术的提供者。该公司构建的 Prosumer 社区，使每名用户都是内容创作者和体验者，改变了一直以来内容生产环节与消费环节相互割裂的状况，最终在经济系统中按较高比例回馈内容生产者，其正尝试将训练过程和效用量化计算。这意味着，利用元宇宙技术为军事训练单位量化评估具有极大可行性。

**（四）元宇宙技术的持久性是长时效决策推演的有力条件**

以北约地理元宇宙概念及地理任务元宇宙系统 GEOINT 为例，早在 2013 年美军探索利用元宇宙解决军事问题的可行性，美军在其会议上指出"……地理空间元宇宙是一个虚拟环境创造，用来管理整合智能……"，并探讨其功能是否可以包括：评估技术、工具、可支持开发地理空间的可行性，虚拟世界的创作和智能管理，基于网络协作环境的虚拟世界与地理空间数据相结合，提升用户体验开发，交付同行评审的多源情报和组织效率。该项目由美国国家地理空间情报局负责和实现，目前已服务于北约，围绕着作战地图交互、业务开发、协同编辑已运行 10 年，在业务决策和仿真推演上产生巨大效益。北约 GEOINT 的成功建立在多年内容编辑者、任务发布者、任务执行者、平台管理者对同一资源中心的维护、虚拟空间的完善、业务内容的积累。这意味着，由多角色参与者创作和维护长效虚拟环境过程具有极大可行性。

**（五）元宇宙技术为作战训练仿真提供新途径**

元宇宙在高沉浸人机互动、多维度认知提升、作战内容快速构建等方面具有先进性，同时元宇宙与虚拟孪生构建过程、数字孪生模型、高性能计算单元有极合适的结合点。美国 Intel 公司已利用可编程门阵列构建全连接元宇宙交互实例，可编程门阵列符合传感器开放系统架构（SOSA）技术标准，适用于通信、传感器处理、雷达和电子战。这意味着，利用元宇宙及其技术域的高沉浸、高智力、高效率特征进行建模、验模、试验具有极大可行性。

## 三、对策特点

### （一）与外军元宇宙技术相关能力的同步提升

国外军方研究机构在装备模拟器、虚拟现实/增强现实及其他体感交互技术等元宇宙技术上进行了深度积累，包括虚拟装置、框架协议、评估方法。例如，OPTIMUS 公司已为韩军部署了基于元宇宙技术的军事训练系统 DEIMOS。该技术包含一种基于空间同步技术的射击训练环境新概念，扩展现实难以完成的交互式战斗，提升单兵精确射击和精确命中识别。

### （二）保持对元宇宙技术价值计量单位的关注

元宇宙的价值体系与价值计量单位围绕着数字货币和区块链技术，如 Decentraland 公司利用 NFT 代币的数字货币形式维持虚拟拍卖行的运行和工资支付过程，采用数字货币增强创作者和使用者对虚拟平台的黏性，增加内容创作的积极性，增强虚拟资产价值的信心。元宇宙平台的运行和其价值计量单位相关。这意味着采用何种方式维持军事元宇宙平台的内容价值，保持受训者积极性是一个研究内容。

### （三）保持对元宇宙创作内容泛化使用的警惕

由于缺乏对内容制作的强制约束，各平台元宇宙内容质量良莠不齐，内容形式难以统一，创作者的立场差异较大，这使得基于互联网的元宇宙平台与各国及地区的法律冲突十分明显。解决好内容泛化问题，则可进一步利用工业元宇宙获取精密模型完成部分内容生成，达到转移建模复杂度的效果；利用社交元宇宙获取信息情报完成认知映射，达到降低局部不确定性的效果；利用游戏元宇宙获取游戏玩家的交互操作，完成实时交互。这意味着，元宇宙可能成为军方检验训练成效和推演系统完备性的有效方法。

**（四）保持对元宇宙作训成瘾性潜在问题的研究**

美国精神病学协会研究显示，沉浸式技术的出现导致个体对这些技术的心理依赖性增加，从而产生与物质成瘾相同的影响。因此，先行研究元宇宙成瘾问题，消除作训人员负面影响，利用防御性元宇宙相关系统使平民向民兵的快速转化、民兵向士兵的快速转化有效进行。这意味，解决成瘾问题并正确运用元宇宙技术可潜在提升军事实力。

（北京理工大学计算机学院　关正　丁刚毅）

# 元宇宙及其对国家安全的影响

当前，元宇宙迅速成为全球科技界热点，金融界爆点。2021年3月，美国游戏公司 Roblox 率先以元宇宙第一股身份上市，市值首日即超发行价 10 倍。7 月 23 日，美国脸书（Facebook）公司 CEO 宣布 5 年将其公司打造成元宇宙公司。世界互联网巨头微软、谷歌、苹果、腾讯等公司纷纷布局元宇宙，努力抢占先机。据估计，目前企业投资元宇宙金额高达数百万美元。在全球科技巨头领衔、资本推动、部分专家站台下，元宇宙被推向数字经济发展风口浪尖。元宇宙在带来发展机遇的同时，给国家安全带来全新风险挑战，需要科学评估，前瞻谋划，积极应对。

## 一、对元宇宙的基本认识

元宇宙最早起源于科幻作家史蒂文森 1992 年创作的科幻小说《雪崩》，原指人类创造的一个虚拟世界，在这个世界中，人类通过虚拟化身从事与现实世界一致的生活、工作、交流和娱乐等活动。

作家本意是想要警醒人们注意无管控约束的技术以及无底线逐利的资

本可能带来一个十分荒诞的世界。然而具有讽刺意味的是，30年后作家的警示却真的逐步成为现实。

目前关于元宇宙的解释各异，尚无统一定义。本文综合分析认为：元宇宙是通过集成多种最新数字技术而构建的以虚拟为主、虚实相融的新型社会形态。主要的运转方式是借助 VR/AR 等人机接口设备，进入立体逼真场景，通过多种交互方式，进行游戏、购物、社交、教育、生产等线上活动，在促进实际生产消费的同时，产生虚拟产品和虚拟货币，通过虚拟产品货币化、虚拟货币实际化、虚拟世界操控现实世界等方式，催生线上线下一体的新型社会生活和社会关系，构建形成虚拟与现实联动与融合的全新数字化社会。

由于元宇宙的复杂性、初创性、技术性等，这个定义仍然比较抽象，不易理解，本文再从元宇宙的外在表现、不同视角、内在规律三个方面进行更全面的阐释。

**（一）从外在表现看，元宇宙是由接口设备、应用场景、线上活动、基础条件等主要构件组成**

如何进入元宇宙、元宇宙外貌是什么、在元宇宙中能干什么、元宇宙需要什么样的基础条件是人们首先关注的问题。

一是通过 VR/AR 等接口设备开启元宇宙大门。普通人借助于 VR/AR 头盔、脑机接口、智能穿戴等设备可进入元宇宙的大门。因此，元宇宙最显著的物理化的标志就是 VR/AR 头盔。就像没有智能手机，就没有移动互联网一样，没有 VR/AR 头盔、脑机接口、智能穿戴等接口设备，同样进入不了元宇宙，就没有人们在元宇宙中的虚拟现实体验，就没有视觉、听觉、触觉的真实扩展。

二是通过高沉浸感应用场景展现元宇宙外貌。当人们以唯一的虚拟身份头戴 VR/AR 头盔，通过智能化对话交互进入元宇宙后，首先呈现在面前的是与现实世界几乎一致的立体场景，人们体验到身临其境的沉浸感。通过不同入口的选择，根据需要可分别进入各种游戏、智慧医疗、工业设计、智慧教育等应用场景，用户可自由穿梭于每个元宇宙场景之间。

三是通过参加各种线上活动体现元宇宙价值。在元宇宙的各种场景中，人们可从事游戏、文旅、社交、购物、运动、学术、生产、创造等活动。游戏作为元宇宙的初级形态，是元宇宙的第一大应用。元宇宙让远程社交变得更为自然顺畅，尤其在疫情肆虐的当下，人们的社交边界得到极大拓宽。元宇宙克服了线下教育的不足，促进教育资源的均衡分配。在元宇宙中可举行毕业典礼、明星演唱会。可从事生产数字产品或实际商品等数字经济活动，获得虚拟货币或现实货币，进行网上交易与支付。海量人员遨游云宇宙之中（最新数据显示，我国上网人数已经达到近 10 亿人），虚拟产品商品化以及虚拟货币实际化将使得元宇宙充满活力。

四是通过三个层级的基础建设支撑元宇宙运行。元宇宙的建设可分为国家基建、软件平台、用户创造三个层次，在国家基建层，需要投入巨量资金，建设电力、通信、网络等基础性长远性设施设备。在软件平台层，需要长期技术研发投入，以便搭建支撑虚拟用户活动的虚拟场地。在用户创造层，主要依托庞大的虚拟用户，充分利用平台提供的工具创造新的场景、新的应用、新的数字产品等，这些创造活动是元宇宙最为活跃、最为生动的万众创新。

**（二）从不同视角看，元宇宙是多种需求叠加产物、技术集大成者、互联网高级版本、创造者能动乐园，九大要素的融合集成**

由于元宇宙的复杂社会属性，每个人对其都有自己的认识和判断，为了更准确地全面了解元宇宙，下面选择几类典型视角，从不同侧面对其进行扫描。

一是从需求角度看,元宇宙是多重需要的叠加产物。元宇宙之所以引起多方共鸣,主要契合了多种需求:技术需要统合集成与开发新产品;资本需要寻找新投资新出口;用户需要寻求智能交互新模式代替传统触控模式;互联网需要打破发展瓶颈;人们需要通过虚拟满足补偿现实缺憾。

二是从技术角度看,元宇宙是最新科技的集大成者。元宇宙全面集成融合区块链、5G、大数据、人工智能、3D引擎等最新数字技术,以便形成数字创新平台、数字化资产、现实世界模型、数字交换市场、数字虚拟货币、数字消费等新型社会形态下的新经济模式和社会经济活动。

三是从网络发展角度看,元宇宙是高级版本的全真互联网。网络发展至今,已经历了PC互联网、移动互联网、元宇宙三个阶段。其中:PC互联网主要通过有线连接,用户上网工具为固定场所的台式机,信息交流主要以电子邮件、短信等为主;移动互联网主要基于国家网络通信大设施,通过无线连接将智能手机随时随地接入,信息交流主要是语音、视频和二维画面;元宇宙则是互联网的高级阶段,上网工具为AR/VR,交互形式为智能化的互动方式,信息交流更多体现三维场景,有人将其称为"移动互联网的继任者""具体化的互联网""全真互联网"等。

四是从用户角度看,元宇宙是游戏者的狂欢乐园、创造者的智慧乐土。元宇宙的吸引力在哪里?为何如此火爆?元宇宙本身就发端于游戏,其中的争排名、争胜负、打通关等天然形成吸引力;元宇宙提出的自由创造、自在设计等理念,契合了人类展现自我价值、彰显个性的内在需求,未来在元宇宙中,人人都有演示厅,人人都建图书馆,人人都开博物馆的局面从理论上并非是难以实现的幻想。

五是从社交平台角度看,元宇宙是九大要素的融合集成。"身份"是指在元宇宙中拥有与现实一一对应的身份，且可永久保存。"朋友"是指在元宇宙中通过社交网络系统结交的朋友。"沉浸感"是指利用 AR 和 VR 等技术获得的与身份匹配的良好代入感。"低延时"是指在元宇宙中的行为与现实世界同步，没有延迟。"多元内容"是指元宇宙可以提供丰富多彩、差异独特的内容。"泛在接入"是指不受时间空间限制，任何个人或群体都可随时随地接入元宇宙。"经济系统"是指元宇宙中用于调节用户的生产、分配、交换和消费的系统。"文明族群"是指人们通过不断交互交流，逐步建立秩序规则，演化形成各类族群部落。"虚实互通"是指数字资产、社交关系、物品等可在各个"虚拟空间"之间，以及与"真实世界"之间进行转换。

**（三）从内在规律看，元宇宙整体处于初始阶段、内在发展的根本动力是数字生产力**

从历史的纵深、系统的维度、战略的高度对元宇宙现象进行深层考量。

第一，元宇宙的发展整体处于初始阶段，具有多种演变可能。元宇宙概念尽管被热炒，但总体评估，元宇宙发展仍处于起步阶段。高德纳 2021 年技术成熟度曲线也反映出，元宇宙目前正处于技术萌芽期。

构成元宇宙的五大系统发展并不平衡。有些初成而不熟，有些仅露萌芽，有些只是愿景。一是开启元宇宙大门的接口设备系统 VR/AR 等代入感还不强；二是展现元宇宙外貌的高沉浸感应用场景系统尚与真实世界有差距；三是体现元宇宙价值的各种线上活动系统仅有典型示范应用；四是代表元宇宙重要社会属性的经济金融系统刚刚起步；五是构成元宇宙自由创造的族群文明系统尚属空白。

最能代表元宇宙的四大特征并不突出。一是虚拟身份基本信息、活动信息以及数字资产等永久保存特征不突出；二是虚拟世界拥有现实世界形态的完全映射特征不突出；三是数字资产在各个虚拟世界之间、虚拟与现实世界之间的顺滑流转特征不突出；四是虚拟世界可以被任何人进入、搭建的自由创造特征不突出。

元宇宙处于初始阶段的判断，决定人们在对待元宇宙现象时要保持战略定力。由于未来的发展方向和发展结果分叉很多，可能性也很多，需要人们冷静观察、仔细研判、求索规律，以便指导元宇宙健康发展。

第二，元宇宙的新型数字生产力，不断推动演化新型社会形态。马克思主义经济学观点认为，生产力决定生产关系，生产力的不断发展，生产力质的飞跃是导致以生产关系为主的社会形态发生重大变化的根本原因。数字化时代，孕育产生了传统生产力以外的新型数字生产力，这种新生产力中最活跃、最根本、最重要的是生产具有智能化因素的虚实共融产品的能力，并因此而产生了朴素的虚实融合社会形态萌芽。

从新型社会形态的构成实体方面看，新增了具有智能制造能力的AI机器人、与现实人同构智能的虚拟人、配载智能设备的现实人三类新型劳动者。这些新型劳动者可创造海量的数据资产，产生宏大的数字经济规模。也可能构设了无法预测的陷阱，如在自由思潮支配下，虚拟空间的社会关系被潜移默化影响和重塑，衍生出超越国家边界、脱离国家监管的非国家行为体等。从劳动工具、劳动对象、产品形态上也呈现一些重要的虚实融合新特征，如：以虚拟数字产品为生产对象的新型平台，可将生产链路从虚拟世界传导到现实世界中；加工的对象既有实际的物品，也有虚拟的物品，并且可通过加工虚拟物品快速转换为加工实际物品。

从新型社会形态的实体关系方面看，新的生产力要素的虚实交互甚至融合特征，改变了生产过程中人与人的关系，新增了现实人与虚拟人、虚拟人之间的单向作用、双向互动等新型关系，如指挥、协作、雇佣、组织等作用方式。在一系列实体之间相互作用、相互激荡、相互促进之下,孕育出了实实、实虚、虚虚、虚实等单向、双向的实体控制流、信息流、资源流渠道,最终达到了虚实边界相融、虚实互动、虚实共生的新型社会形态,从而极大地促进生产力提升,社会文化的丰富,现实与虚拟产品的快速高效流动。当然,以上仅仅是对未来数字化多彩世界的合理预测与推测。

元宇宙产生新型社会形态与生存空间的判断,决定了人们在对待元宇宙现象时,要保持开放精神,不封闭,不保守,做推动先进生产力发展的先锋力量。同时,也要警惕新型生产力和新型生产关系因素所造成的不可控风险。

## 二、元宇宙对国家安全的影响分析

作为新概念的元宇宙,对科技创新、经济发展的牵引推动作用显而易见,但其中蕴含的诸多风险挑战,对国家安全构成的诸多威胁也不容小觑,必须坚持料敌从宽,遵循底线思维,做到未雨绸缪。

### (一)利用元宇宙空间的虚实融合,实现跨界杀伤,威胁甚至突袭全纵深各种目标

元宇宙倡导虚拟世界与现实世界深度融合,催生作战新样式,形成威胁新链路。一是虚实双向跨界打击的新空间,构成非对称闪击新威胁。互联网技术在各国军事上的运用带来了网络作战域,而元宇宙创建了一个比互联网更广阔、会伴随现实世界持续演化的虚拟空间,形成了陆、海、空、天、网、电以外的虚实融合新型作战域,并逐步形成了虚拟与现实跨界双向攻击的新型军事威胁。也许在作战实验室中正在进行模拟攻击时,切换一个控制按钮,就能实现对现实世界目标的打击。2019年美国海军成功运

用虚拟空间的"宙斯盾"系统，控制现实空间的"阿利·伯克"级导弹驱逐舰"托马斯·哈德纳"号（DDG-116），发射导弹拦截目标，就是一个典型的虚拟向现实跨界打击的示例。二是恐怖袭击策划行动的新平台，构成隐蔽性暴乱新燃点。元宇宙给恐怖主义组织在虚拟空间实施类似"9·11"事件的恐怖袭击、开展恐怖主义宣传提供了新渠道，构建了新平台。2015年巴黎恐怖事件中，恐怖分子就是借助具有元宇宙特征的游戏平台，进行策划和实时交流的。同时，由于元宇宙容许任何性质的人群进入，会促使不同国别或是价值取向的人互相组团较量，不同元宇宙之间、元宇宙群之间的冲突在所难免，由于画面过于真实，极有可能使线上虚拟冲突演变成线下现实冲突，也不排除敌对势力隐蔽性组织和煽动网络暴民和线下暴民遥相呼应，并因线上线下渠道通畅快速而爆燃蔓延，形成难以控制的现实大规模骚乱。三是虚实结合自由创建的新模式，形成分布式窃密新途径。由于与现实世界紧密关联，敌对势力可能常态化部署和针对性经营虚拟世界，不断紧盯因游戏、社交、购物、旅游需要而构建的数字孪生体，从而搜集刺探敏感目标位置、结构、功能等高价值情报，严重时重点目标毫无秘密可言。

**（二）利用元宇宙发展的初创时期，夹带偏狭思想，渗透甚至抢占我主流意识形态阵地**

元宇宙本是一个科幻概念，但由于企业的逐利、资本的加持，特别是元宇宙初创时期认识的局限性，其内涵被刻意模糊，外延被无限扩展，易造成思想混乱，有的观点甚至对主流认识论、价值观提出根本性挑战。一是"MetaVerse"译文有明显误导性。将"MetaVerse"译成元宇宙，很容易被误解为"宇宙中的宇宙""真正的宇宙""宇宙的本源"等，似乎在客观宇宙之上又找到一个新宇宙，显然与马克思主义宇宙观完全背离。二是

"平行世界"提法值得警惕。元宇宙的核心理念认为,虚拟世界是与现实世界并行的"第二世界",两个世界可互联互通,元宇宙甚至高于现实世界,这显然与辩证唯物主义世界观相悖,虽然虚拟世界逐步逼真反映现实世界,但其性质仍然属于意识范畴的概念。三是"自主创造性"理念自由倾向突出。元宇宙提倡高度无约束自我创造,很容易滋生自由化思潮,纵容极端个人主义,刻意模糊国家界限与领土主权范围。四是"去中心化"错误泛用至社会领域。"去中心化"本是基础性技术架构,将其扩展应用至社会生活层面后,极力排斥国家、民族、政党概念,寻求自由发展、自我泄压、自我放飞价值追求。

**(三) 利用元宇宙金融的去中心化,造成金融监管困难,弱化甚至冲击金融经济命脉地位**

以金融为核心的元宇宙经济系统,主要用于调节虚拟用户的生产、分配、交换和消费,去中心化设计,绕开了银行等传统经济中心,易形成监管漏洞。一是加密货币自由流通的架构存在风险。元宇宙中被国家法律法规强监管的虚拟货币,可能被要求合法化,存在暗网上的黑金借道元宇宙经济系统而被洗白的可能。元宇宙中方便快捷的点对点交易支付方式,可能会弱化冲击国家经济命脉所系的传统金融体系的主导地位。元宇宙中虚拟货币相对于现实货币出现巨幅价值波动时,经济风险会从虚拟世界传导至现实世界。二是数字产业面临被外国同行淘汰风险。元宇宙将带来数字生态的产业更替,一些先进国家在数字创意上具有先发优势,科技积淀深厚,更适应元宇宙转型。三是元宇宙项目仍存在经营泡沫化风险。元宇宙是尚在探索阶段的互联网概念,产品形态仍以游戏为主,AI 技术仍处于弱人工智能阶段,脑机接口等硬件设备无突破性进展,VR 设备普及度不够,真正的元宇宙经济生态短时间内难以实现,企业盈利还需较长时间。

四是元宇宙概念存在短期爆炒波动风险。除了国外所谓的"元宇宙第一股"Roblox 上市市值疯长 10 倍外，国内证券市场也跟风炒作，部分游戏标的存在蹭热点、炒概念等情形，盲目跟风，热炒元宇宙概念股有害无益。

**（四）利用元宇宙场景的高沉浸性，包装数字毒品，诱导甚至助推未成年人沉溺网络**

元宇宙具有高沉浸性、兼容性、可创造性等显著特征，这些特征的畸形发展演变，必然对社会安全构成威胁。一是高沉浸性最易对未成年人造成深层伤害。元宇宙起源于游戏，因其具身交互、沉浸体验及其对现实的"补偿效应"而具备天然的"成瘾性"，常使玩家乐不思蜀、流连忘返。据知名游戏 Roblox 统计数据显示，2021 年 4 月单日活跃用户 4320 万，13 岁以下的玩家占比高达 54%。一半以上的未成年人长期沉溺虚拟世界，不断在数字空间中滑行，认知和行为与现实世界严重脱节，人生观价值观扭曲颓废，没有时间思考，认知浅薄，判断力下降，其危害与真正毒品无异。二是平台为逐利设计游戏规则诱导未成年人买单。一些网络游戏企业和游戏账号租售平台、游戏直播平台等"唯金钱""唯流量"倾向严重，单纯追求"氪金"，擅自变更游戏内容、违规运营游戏，为诱导未成年人沉迷游戏，进行各类规则和玩法的设计，使平台和未成年人之间的经济矛盾和纠纷不断，不利于社会稳定和游戏市场的健康发展。

**（五）利用元宇宙的复杂数字集成，攻击关键软肋，袭扰甚至瘫痪不同层级的网络空间**

数字世界的安全问题和安全隐患很难事前发现，而元宇宙由于集成了诸多数字技术，面临更加明显的安全问题，这些问题西方发达国家因有先发优势，不一定突出，甚至早有对策，而我们则面临较大威胁。一是网络攻击的风险。网络攻击始终是数字世界传统的主要的威胁，元宇宙更是如此。元宇宙带来的虚拟世界与现实世界的融合将令网络攻击变得更为危险，可能会从虚拟世界波及到现实世界。二是技术缺陷的风险。元宇宙所采取集成模式会蕴藏更多漏洞。一旦漏洞被攻破可造成系统瘫痪，对于元宇宙试图实现在线信息的永久保存构成毁灭性打击。三是关键设施的风险。元宇宙将产生新的关键基础设施，如元宇宙中的交易市场和信息存储系统一旦发生故障，将给元宇宙造成巨大的经济损失。四是篡改盗取的风险。虽然元宇宙采用区块链技术保障元宇宙中用户的信息安全，但区块链技术仍然十分脆弱。一旦元宇宙中用户的身份信息和虚拟资产被盗取，其用户价值将瞬间归零。

## 三、对策建议

在元宇宙的发展上，在承认积极意义、保护积极因素的同时，必须着眼长期、稳定、健康发展目标，立足国家发展和安全大局，采取针对性有效性举措，化解防范风险，促进守正创新。

**（一）坚持"冷静观察、分类处置、总结规律、自主自立"的基本原则**

对于元宇宙这类新生事物，在没有认清本质之前，既不贸然表态支持，也不鲁莽干涉打压。冷静观察，针对元宇宙尚处于初创阶段的客观事实，仔细研究元宇宙的主要内容、本质特征、发展阶段、未来趋势，理清有利和不利因素，以便逐步做到心中有数。分类处置，针对元宇宙发展中出现的具体问题，提出差异化应对措施。对于可促进新经济增长点的、新科技发展点的，大力支持、积极扶持。对于看不清的，继续跟踪观察。对于负面因素，要早预警、早干预、早处置。总结规律，在不断观察处置实践中，概括总结元宇宙发展规律，指导元宇宙长期健康发展。自主自立，融入国家科技自主自强发展大战略，确保元宇宙的发展始终遵循经济和科技发展战略要求，始终将发展的主动权牢牢掌握在自己手中。

**（二）清除元宇宙初创时期越界形成的错误思想**

利益驱动下的泛化使用、初创时期的认识模糊、西方国家的恶意引导造成了当前元宇宙概念的越界乱象。一是强力正本清源，扶正元宇宙科学内涵。对元宇宙的本质、内涵，以及"去中心化"等易造成混用、错用，甚至滥用的概念及时给出解释，防止被错误思想误导。二是打造治理硬盾牌，构造信息防护屏障。采取软硬结合治理手段，对重点方向进行重点监控，阻断错误消息来源渠道，消除蛊惑信息源头，抵制错误思想渗透。三是夺取话语主动权，塑造清新舆论空间。

**（三）防范虚实融合全新空间带来的军事安全威胁**

鉴于元宇宙可能发展为国家主权的新疆域，因此应防范传统军事威胁向元宇宙延伸。一是将敌虚拟世界的空间纳入重点监控范围，防止其发动突然袭击。建立虚拟空间威胁的态势感知与安全控制体系，综合判断敌方企图，密切跟踪虚拟到现实的信息流转，准确评估可能的威胁方式、等级、时间、路径等因素。及时消除敌跨界打击、恐怖袭击、情报泄露等现实和潜在的行动威胁。二是构建元宇宙综合防御体系，确保虚拟与现实实体的融合安全。将安全防护力量部署到元宇宙的国家基建、活动平台、用户创造三个层级上，确保核心数据不被窃取、重要军事活动不被干扰、关键行动流程不被影响，实现虚拟与现实实体同安全防护措施的深度结合、全面覆盖。三是着眼未来元宇宙发展愿景，前瞻研究新疆域制胜机理。元宇宙加速发展将对战争形态产生冲击甚至颠覆性影响，深刻改变战争制胜机理。

针对元宇宙可能催生的作战样式、威胁形式，探索战争制胜新途径。前瞻性研究新空间下的军事理论，开发适应元宇宙特征的作战概念，用以引领实践，牵引新质数字型战斗力的生成。

**（四）助推"红宇宙"建设，支持"蓝宇宙"发展，消灭"黑宇宙"萌芽**

针对元宇宙正处于初期发展阶段，应积极作为，引导其绿色健康文明发展。构建"红宇宙"，应加强元宇宙前瞻性研究支持"蓝宇宙"，元宇宙几乎囊括了当今最先进的数字技术，积极开展与其他国家在元宇宙技术方面的共享与沟通，探索国际合作的共赢机制，打造纯粹纯净的"蓝宇宙"，更好地为人类命运共同体的构建服务。打击"黑宇宙"，同国际社会一道，彻底铲除元宇宙中存在的邪教恐怖主义、极端个人主义、国家分裂主义、历史虚无主义等思想毒瘤，严厉打击网络攻击、网上贩毒、枪支买卖、黑钱洗白等网络犯罪行为，确保元宇宙风清气朗。

（军事科学院战略评估咨询中心　王跃利　陈晓莹　赵頔）

# 数字主线发展研究

数字主线（也称为数字线索、数字线程）的概念可以追溯到 2003 年，在美国空军和洛克希德·马丁公司合作的 F-35 联合攻击机项目里首次提及，特指 F-35 联合攻击机的三维数字化设计。随着新一代信息技术及建模仿真技术的发展应用，美国空军于 2013 年在《寰球视野》（*Global Horizons*）报告中提出构建美国空军"数字主线"以更好地支持装备采办，在该报告中数字主线被认为是改变未来装备采办的颠覆性技术。2018 年，美国国防部发布的数字工程战略将其作为重要实施内容，其内涵也进一步扩展，指覆盖装备全生命周期的，能够始终保持一致性与完整性的权威数字化数据流。它能够支持信息在物理空间与数字空间，以及全生命周期上下游双向流动，能够在装备整个生命周期中提供端到端的可靠信息流，确保在正确的时间将正确的信息传递到正确的环节，从而支撑对装备当前及未来的功能和性能进行动态、实时的评估。近年来，美国国防军工部门、工业软件巨头等开展了大量的数字主线研究与应用，形成了多种融合数字主线理念的工程软件环境，并在航空、航天等领域的多型装备采办过程中进行了应用，显著实现了武器装备研制的降本增效。

## 一、对数字主线的认识

### （一）数字主线是数字工程的重要支撑技术与实施内容

美国国防部数字工程战略中明确提出了建立装备"数字主线"的要求，即在装备系统全生命周期内可跨学科、跨领域连续传递模型和数据，支撑装备系统从概念开发到报废处置的所有活动，以数据传递为纽带，在装备建设全生命周期构建和应用数字模型，实现统一、权威装备数字模型等数据源的跨领域、跨业务的信息获取、分析、使用和传递。

### （二）数字主线支撑数字孪生更好地构建与运行

数字主线能够实现物理数字双向数据交互，确保装备全生命周期信息的连通性和一致性，结合装备不同阶段的模型，能够构建不同阶段、不同成熟度的装备数字孪生模型，并不断通过数据对其进行更新，从而表征不同阶段装备的最新状态。例如，在设计阶段用设计数据和要求更新模型，在测试和评估阶段用试验信息更新模型，在生产阶段用生产数据更新模型，在维护保障阶段用维护数据更新模型，在作战过程中用飞行数据更新模型。反之，不同阶段或维度的数字孪生模型能够将分析结果数据存入数字主线进行管理。数字主线为数字孪生提供访问、整合和转换能力，实现贯通复杂装备全生命周期业务过程的数字空间与物理空间信息的双向共享/交互和全面追溯。

### （三）强大的建模仿真技术能力是构建数字主线的基础

多年来，美国国防部、波音公司、洛克希德·马丁公司及美国空军和海军等开展了大量基于模型的系统工程（MBSE）与数字孪生计划的实践，并通过美国国防部高性能计算现代化项目（HPCMP）、计算研究与工程采办工具与环境（CREATE）、工程弹性系统（ERS）计划等，研发了覆盖飞行器、舰船、射频天线、地面车辆等领域的高性能多物理建模仿真软件工具，形成了构建装备数字主线所需的基础。数字主线本质上是新一代信息技术与建模仿真技术相融合，并在装备采办全生命周期中的应用。

## 二、数字主线的研究与应用

### （一）数字主线提升装备研制系统工程水平

美军及其武器装备研制部门将数字主线作为基于模型的系统工程实施的重要内容，通过数字主线的构建与应用为武器装备虚拟采办、数字孪生等应用构建了良好的数据支撑环境。美国空军通过数字主线首次具备了在早期需求生成阶段，分析评估体系、网络、架构等要素对飞行系统平台互用性和互依赖性影响的能力。雷声公司通过工具集成在型号需求、设计、试验等阶段建立了数据、模型之间的关联，构建了覆盖产品全生命周期的数字主线，具备了在武器装备整个生命周期不同阶段端到端信息流的获取能力。NASA、波音公司基于 OpenMBEE 与 OpenCAE 建立了基于模型的工程环境，实现了系统模型与多学科模型的数据集成、统一存储以及对模型数据版本、流程和权限的管理，并建立了模型数据交换的标准体系。

### （二）数字主线支撑装备全生命周期基于模型的工程分析

美国空军数字主线通过模型降阶方法和高性能计算，将高逼真度数值仿真分析模型转换为高精度降阶模型，能够利用应用程序接口在关键的决策点插入到数字主线中，通过与经验数据以及统计学相结合，构建装备数字孪生，能够表征装备系统并基于模型量化关键决策点的裕度和不确定性，利用模型的运行结果进行决策分析,实现基于模型的系统工程管理。此外,装备数字孪生支持跨域访问,每个利益相关方都能基于模型快速获取一致的系统性能。

### (三)数字主线大幅减少装备研制时间和成本

美国空军结合计算研究与工程采办工具环境计划(CREATE)开展数字主线的试点应用,为飞行器采办项目的工程人员开发和部署了一套支持多学科、基于物理的仿真软件,通过使用响应面方法和高性能计算生成能够准确表征与评估装备性能的高精度数字模型,通过该模型能够快速预测装备性能,并能够识别关键的试验参数,使试验参数空间聚焦于关键领域,从而大幅减少开发、测试、评估的时间和成本。另外,在波音公司和洛克希德·马丁公司,数字主线以权威数据源的形式存在于一个通用系统中,以唯一数据源的形式被全球供应链直接使用,极大地提高了产品设计、制造以及运维协同的效率和准确性。

### (四)数字主线重塑工业互联网及产品生命周期管理平台架构

各工业软件巨头纷纷推出基于数字主线概念的工具平台。通用电气公司推出全球第一个物联网平台 Predix,以数字主线为其核心理念和平台框架的重要组成,它支持把多个独立的系统中的数据和过程进行连接,实现系统性的整合提升,从而提高生产效率。PTC 公司、达索公司、西门子公司凭借在产品生命周期管理领域的优势,基于数字主线理念重构产品体系,结合物联网、增强现实、基于模型的系统工程等新兴技术与方法,相继推出新一代产品生命周期管理平台。通过在全生命周期提供连续准确的产品数据流,能够支撑企业高效开展多维度管理、跨业务域协作,快速应对客户需求变化。

## 三、数字主线技术展望

### （一）数字主线推进传统系统工程向基于模型的系统工程转变

数字主线能够打通系统顶层模型与专业设计/仿真工具之间的数据链路，支撑武器装备全生命周期单一数据源与全系统数字化模型（武器装备数字孪生）的构建，通过物理实体与数字模型的双向映射，不断从机理原理、实现方法等方面提升数字模型的可信度，使数字模型能够以高置信度模拟真实物理产品在功能/性能、加工/装配过程、使用维护要求等方面的实际特性，从而不断促进以文档为主的传统系统工程模式向基于模型的系统工程研制模式转变，提升复杂武器装备的综合设计和验证能力。

### （二）数字主线实现武器装备全生命周期数据贯通，提升研制效率和质量成本效益

通过数字主线能够对武器装备全生命周期各类数据、模型、知识进行统筹管理、关联集成、挖掘分析和有效重用，从而打通武器装备从设计到制造、装配和检验、交付使用、维护保障等过程的正向信息通道，以及将全生命周期后期阶段获取的物理数据反馈到虚拟空间中的逆向信息通道，对于促进信息系统互联互通、提升模型/数据等数字资源的整体集成和重用能力，解决武器装备全生命周期中信息系统数据孤岛问题具有实际工程意义。

### （三）数字主线的发展面临多方面挑战

当前，数字主线正处于起步发展阶段，在提升装备建设水平方面表现出巨大的潜力，但其进一步发展与应用仍面临着诸多挑战。网络安全方面，数字主线中承载的是高价值装备数据，需要完备的安全保障策略，从技术、

管理等方面制定安全保障要求，提升信息系统的安全性，降低安全风险。数据管理能力方面，装备全生命周期数据种类多、数据量大，呈现多源异构特征，需要建立装备大数据对其进行有效组织管理；此外，数字主线形成装备权威数据源，要求能够有效管理高频迭代研制模式下装备的技术状态，并始终确保装备数据的准确性和唯一性。在协同方面，由于装备研发是复杂系统工程，跨组织协同要求能够实现数据、模型的按需获取与利用，需要建立统一的数据标准、模型格式、框架或接口，开发模型能够跨组织协同的运行环境，并在效率、知识产权保护方面取得平衡。

## 四、结束语

数字主线能够促进装备数据在其全生命周期中的端到端双向流动，从而支持利益相关方在产品全生命周期中访问、转换、集成和分析来自各种不同系统的数据。将数字主线应用于复杂装备的建设和运用领域，能够支撑构建装备全生命周期多维度的数字孪生，有望大幅提升装备建设与运用水平，实现装备战斗力生成模式的变革。

（中国航天科工集团第二研究院第二总体设计部

薛俊杰　施国强　周军华　冯超群）

# 试验训练 LVC 仿真技术发展研究

试验、训练是两个不同的军事应用领域，虽然目的不一样，但是在手段工具和应用资源上具有共享共用的特点，尤其是在大规模、分布式体系对抗的背景下，更是趋于一体化发展。LVC 正是解决虚实结合试验训练一体化仿真的一种重要手段和支撑技术。近几年，国外在 LVC 仿真领域投资与日俱增，注重解决 LVC 互联互通互操作等关键问题，架构标准逐渐升级，部分产品趋于成熟稳定，应用领域广泛拓展，取得了一定成效。

## 一、LVC 体系架构持续升级

鉴于联合试验与训练的需要，美国国防部提出了"逻辑靶场"的概念，目标是通过使用公共的软件平台和通信网络，使分布在不同地域的靶场及试验设施能够互联互通互操作。靶场中分散着实装、模拟器、数学模型等不同类型的资源，LVC 试验训练的核心技术问题就是解决异构资源的互操作问题。因此，需要基于统一的体系架构来对异构资源进行标准化封装，并建立相同的语言机制，从而整合出一个具有统一时间、空间和战场环境的逻辑靶场。

20世纪90年代初，LVC仿真体系架构初步形成。模拟器网络计划（SIMNET）证明了地理上分散的仿真系统可以通过网络连接支持分布式训练。平台级分布交互式仿真（DIS）以广播的方式实现仿真实体间的互操作。聚合级仿真协议（ALSP）满足了陆军和空军联合军事演习仿真聚合试验训练环境的需求。高层体系结构（HLA）将分布交互式仿真和聚合级仿真协议的最佳特征结合到一个体系结构中，建立起一个LVC的综合试验环境，支持部队训练应用。试验与训练使能体系结构（TENA）提高了试验与训练领域资源的互操作性、重用性和可组合性，其中间件6.0.3版本可支持多种操作系统和多种编译器类型。通用训练设备体系结构（CTIA）为美国陆军实兵训练转型（LT2）产品线的研制提供试验上的保障，并支持美国陆军大规模演习靶场上的实时资源互联。

SIMNET、ALSP、DIS、HLA、TENA和CTIA这些体系结构目前都在使用，但它们的联合并不具有内在互操作性，这成为LVC仿真集成的重大阻碍。为此，美军特别制定了详细的LVC体系结构路线图（LVCAR），目标是系统、客观地规划LVC互操作的前进方向，重点关注技术架构、业务模型和标准发展三个方面，明确了下一步构建LVC联合试验环境需要采取的措施以及完成的任务。之后，美军逐渐完善建模仿真标准规范，不断升级LVC集成架构，促进仿真平台工具的共享、重用、互操作。近些年的主要成果有LVC仿真集成架构（LVC–IA）、LVC和推演架构（LVC–G）以及仿真器通用架构要求和标准（SCARS）。

LVC仿真集成架构是作战人员、硬件、软件、网络、数据库和用户界面等集成后的总和，通过协议、规范、标准和接口构建一个能在实兵、仿真兵力及虚拟战场三者之间进行互操作的集成环境，提高场景真实性，本质上是一种顶层体系。这种集成环境提供了一种实时的交互式体验，使得整个美国陆军的指挥官都可以通过高度逼真的系统向士兵提供模拟数据。该架构通过让学员与现实生活中的指挥官互动，提供了前所未有的真实感，大大增加了在模拟环境中可用的学习深度。2012 年，美军首次部署了 LVC－IA 系统，当前最新版本为第 4 版。十多年来美军一直在测试该工具的新能力，帮助士兵更有效地准备战斗，满足体系对抗高成本、高难度和高复杂度的要求。

LVC 和推演架构为陆军人员提供混合的训练环境，可以确保军队在尽可能了解敌方的情况下进行严格训练，帮助军队应对现在和未来的挑战，确保部队尽可能保持杀伤力和弹性，以便在所有领域获胜。2021 年 2 月，美国陆军训练与条令司令部情报局（G－2）创建并发布全球决战训练环境用于支撑美国陆军的该架构集成。全球决战训练环境的作战环境代表了该地区的现实情况，具有完整的部队结构以及可用的武器装备清单。G－2 还计划与澳大利亚、加拿大、英国、新西兰等盟友国合作，不断开发和完善全球决战训练环境内容、数字工具和用户辅助工具，用于该架构的训练。

美国空军仿真器通用体系架构要求和标准项目，提出将 40 多种不同的仿真器集成到一个通用体系结构中，以解决不同仿真系统集成和网络安全问题。2020 年 9 月，L3 哈里斯公司宣布将率先带领团队升级美国空军使用的飞机训练模拟器，这是该计划的一部分。2021 年，美国空军发布了该项目中与网络安全相关的工作标准，并正在准备核心和边缘基础设施，将全国各地的模拟器站点与奥兰多的"核心"安全运营中心连接起来。该项目的第一部分实际上是帮助建立一个混合边缘架构，以真正解决网络碎片问题。7 月，CAE 公司获得所有监管批准，以 10.5 亿美元收购 L3 哈里斯公司的军事训练业务，因此，CAE 公司成为该项目的主要承包商。

## 二、LVC 仿真系统不断成熟

在集成架构的基础上，美军为促使试验训练虚实结合达到更佳效果，陆续开发了战术作战训练系统增量Ⅱ（TCTS Ⅱ）、合成训练环境（STE）、安全 LVC 先进训练环境（SLATE）等仿真系统，并陆续投放使用。这些系统的支撑环境和仿真平台逐渐成熟，在很多实际任务中表现出色，对试验与训练的联合起到了重要桥梁作用。

### （一）战术作战训练系统增量Ⅱ

战术作战训练系统增量Ⅱ是美国海军下一代空战训练系统，通过将虚拟和构造实体输入真实环境，进行高度安全的飞机间空战训练，替代并推进现有场站的训练基础设施。它可以实现真人驾驶飞机（L）、虚拟有人驾驶模拟器（V）、计算机生成构造的实体（C）三个元素的集成，将模拟的威胁从地面模拟器输入到飞机的驾驶舱显示器中，生成与敌方真实飞机毫无差别的威胁，可以最大限度地提高训练输出。通过使用该系统，不仅赋予飞行员丰富严谨的训练，严格保护了敏感信息，还大大减少了真实飞机的参战数量，降低空战训练的成本。

2021 年 2 月，美国海军在马里兰州帕图森特河海军航空站用 F/A－18F 战斗机完成该系统的首次单机飞行测试，并用 2 架 F/A－18E 战斗机完成首次双机飞行测试。此外，美国空军也参加了海军战术作战训练系统增量Ⅱ项目，计划利用海军的投资更快地交付形成 LVC 初始作战能力，促进联合部队与盟军间的互操作性。8 月，莱昂纳多 DRS 公司宣布将向 Draken 欧洲公司提供先进的空战训练系统，以支持 Draken 公司计划，为英国皇家空军和皇家海军的作战准备训练作支撑。莱昂纳多 DRS 公司机载和情报系统业务与柯林斯航空航天公司合作,将该增量系统提供给 Draken 公司"台风"机队使用,以支持英国国防部战备训练。

## (二)合成训练环境

合成训练环境(STE)是美国陆军聚焦未来战场,运用前沿科技构建 LVC 和 LVC–G 的逼真环境,为部队提供全球地形、敌对威胁和多级建制的训练手段。合成训练环境建成后,将是一个高分辨率、足够逼真的虚拟世界,用于改善士兵和单位的战备状态,有助于快速建立全面的演习事后审查和智能导师能力,帮助美军未来全球作战做准备。

2021 年 7 月,Simthetiq 公司向欧洲国防原始设备制造商交付合成训练环境,用于传统和基于虚拟现实的模拟设备相互连接,创建联合训练解决方案,目前该环境已部署在装甲车模拟器中。8 月,波希米亚交互仿真公司为美国陆军交付了训练与仿真软件/训练管理工具,该软件在单一界面中融合 LVC 功能,支持部队在世界任何地方进行多梯队联合兵种演习、实时任务指挥和集体训练。9 月,美国立方体公司宣布获得了合成训练环境实兵训练系统(STE LTS)原型开发合同,旨在与当前的合成训练环境实时训练基础设施集成,促进地面训练解决方案组合的渐进式发展。

## (三)安全实况虚拟和构造先进训练环境

安全 LVC 先进训练环境(SLATE)是美国国防部和军兵种为了加快国防预研成果的转化应用而推出的项目,用来评估该环境对于空战训练技术的可行性、作战适应性和经济承受能力。该试验环境复制了为高端战备提供军队所需的威胁密度和能力,将真人驾驶飞机(L)、虚拟有人驾驶模拟器(V)和计算机生成的构造实体(C)在一个强大的试验训练环境中连接起来,为作战人员提供更多的日常训练服务,帮助他们塑造战斗力、提高竞争优势。

2021年9月14日至30日,立方公司与波音公司合作支持在马里兰州举办的海军LVC训练活动,对安全LVC先进训练环境进行了四次测试。飞行测试展示了该训练环境系统与F/A-18战斗机链路到实装(LITL)训练能力的成功集成,在链路到实装与安全LVC先进训练环境集成的环境中可以训练反空中、反地面和反电子战任务线程,目前已部署在各个海军航空站。10月,海军成功完成了F/A-18战斗机和EA-18G战斗机虚拟训练系统的技术演示,此次活动展示了合成注入LVC系统的技术成熟度,并验证了其与F/A-18战斗机和EA-18G战斗机链接的技术战备水平。该训练环境系统将真人驾驶飞机、虚拟有人驾驶模拟器和计算机生成的构造实体在一个强大的训练环境中连接起来,该环境复制了为高端战备提供军队所需的威胁密度和能力。

## 三、LVC仿真技术广泛应用

随着LVC仿真系统的不断成熟,一体化仿真技术越来越多地应用到联合试验与训练活动中。各国的应用范围不断拓展,具体体现在训练、军事演习、环境建设、作战试验、实验活动等方面。

### (一)达到最佳训练效果

将LVC元素融合到最佳训练效果一直是军队的主要关注点,各国军队在完善训练能力方面取得了重大进展。2021年1月,韩国航空航天工业公司将多路集成激光交战系统(MILES)集成到一架轻型攻击直升机原型机中,并成功使用激光进行了虚拟仿真作战训练。3月,韩国航空航天工业公司宣布利用其在飞机和模拟器制造方面的专业知识正式进军LVC集成训练系统市场。11月,意大利空军的T-346A高级喷气式教练机采用嵌入式战术训练系统,使飞机能够模拟机载传感器、武器和计算机生成兵力。通过 LVC/嵌入式战术训练系统训练,模拟器中的地面飞行员能够看到真实飞机上的飞行员,空中的飞行员同样也可以通过机载模拟程序看到虚拟飞机。

## (二) 节约演习资源成本

演习是军事训练的高级阶段,是与实战差距最小的一种军事活动。运用 LVC 仿真技术进行演习不仅能够节约支出成本,检验军队的通信与网络能力,而且能获得分布式作战的演练数据,扩大并提高演习的成果与效能。2021 年,美国海军成功开展了"大规模演习 2021"。是近 40 年来最大规模的演习,也是迄今为止对 LVC 训练环境的最大规模的检验。此次演习在大西洋、太平洋和印度洋等多个海域同步开展,横跨 17 个不同时区,参演人员共计 2.5 万人,参演装备包括 36 艘大型水面作战平台和潜艇,另有 50 多艘舰艇通过虚拟网络参演。"红旗 21 – 1"演习聚焦大国竞争,设计了 27 个不同的攻防场景,占用的空域面积是"红旗 20 – 1"演习的 2 倍;"红旗 21 – 2"开展模拟真实作战环境的空战训练,日本航空自卫队和韩国空军也受邀参加,进行战术、技术和操作规程的交流;受疫情影响,"红旗 21 – 3"没有邀请外军参加,但 F – 35 战斗机首次以专业假想敌部队的身份在高端训练期间执行任务。

## (三) 构建柔性集成环境

各国重视未来全域作战靶场的联合程度,构建更为融合的 LVC 环境进行试验与训练。美国空军测试中心于 2020 年 11 月在内利斯空军基地启动了第一个联合仿真环境设施的建设,并于 2021 年 2 月在加利福尼亚州爱德华兹空军基地启动了第二个联合仿真环境的建设工作。联合仿真环境是一种模块化、可扩展、开放式架构的 LVC 环境,不仅连接空军平台,还连接跨域联军系统,通过更强大的测试和训练能力来支持美国国防部的联合全域指挥与控制项目。9月，SCALABLE网络技术公司为联合全域指挥控制原型和试验创建了一个综合LVC作战网络环境（JADC2 CLONE），提供先进的建模仿真解决方案，以支持现有的能力分析和高级能力开发。该网络环境可以大幅增强联合全域指挥控制规划能力和洞察力，从而在低成本和零风险的环境中进行军事演习、作战分析和测试评估。

### （四）作战试验数据可靠

在演习这样逼真的战场环境中进行试验得到数据更为可靠和更加真实，因此军队非常重视联合试验与演习，借助LVC手段持续开展动态化、对抗化的活动，真实反映出实装系统的能力水平和作战效能。美军称"黑旗""橙旗"和"翠旗"军演为三大"试验旗复杂组织体"。"橙旗"演习于2017年启动，致力于与"蓝色补丁"试飞员在大型兵力场景下合作开展研制试验，侧重于确保武器系统符合军种规定的规范和要求。"翠旗"演习于2020年12月启动，它结合了研制试验和作战试验，针对多域作战。"黑旗"演习则提供了一体化试验环境，允许在单次演习中开展多项作战试验和战术开发活动，试验对象不仅有各型装备，也有非装备解决方案。名为"态勇士演习"的2021英国陆军作战试验旨在利用新技术开展试验研究，实现真实和虚拟训练环境之间的无缝链接，增加以"士兵为中心"的实时数据采集和应用功能。

### （五）试验活动促进转型

LVC仿真在试验活动中能够很好地集成和展示各种技术，完成数据搜集的任务，促进部队的转型发展。美国海军于2021财年启动了全频谱水下战项目，为海底、水下等领域开展的攻防作战开发新技术。该项目任务之一就是开展LVC试验，使用现有的海底子系统来定义海底体系的性能特点和技术选项，收集海上数据。9月，美国空军研究实验室宣布与国防部国防创新单元、约翰·霍普金斯大学应用物理实验室达成协议,将推动"金帐汗国"自主弹药蜂群项目进入新的竞争性发展阶段。该项目阶段将采用全新 LVC 组件,使竞标方能够在"罗马竞技场"多层级数字武器生态环境中展示各种技术,并进行角逐和比拼,旨在快速集成开发武器能力和空中平台技术,从而为未来作战部队交付转型战略能力。

## 四、结束语

为应对未来信息化作战的新要求,在试验中穿插训练,在训练中伴随试验,开展试验训练一体化仿真技术研究将成为提升装备体系对抗能力的必然选择。未来各国要在统一架构标准和联合仿真平台的支撑下,逐渐完善仿真环境的柔性集成,迭代升级软件系统的核心基础,促进靶场虚实资源的互操作,进一步推动 LVC 技术广泛应用和发展演进。

(陆军装甲兵学院  冯琦琦  董志明)

# 通过分布式仿真实现北约联合作战训练参考架构

军事任务的特点在不断变化,作战人员应该为复杂的多国环境中的作战任务做好准备,因此迫切需要进行联合任务训练。这要求作战人员具有灵活性,并通过分析、训练、支撑技术和工具了解复杂的战场环境。另外,由于可用资源较少、训练范围有限,以及要防止对手窥探第五代战术等,同时政治决策和部署之间的准备时间有限,进行实战训练和准备非常困难。仿真已成为满足训练需求的重要工具,各国正在逐步采用分布式仿真实现作战训练,来寻求实战演练和模拟训练的一个最佳平衡。通过分布式仿真实现作战训练可以让作战人员在尽可能符合作战实际的环境中进行复杂的任务训练,这是使军队为未来作战做好充分准备的主要因素。

## 一、北约基于分布式仿真的作战训练概念

北约及其盟国需要共同进行联合任务训练,以确保任务准备完善。然而,也存在重大挑战:目前和未来的行动是多国参与的,需要多个行动者

之间的协调,以实现共同目标;新型系统和平台变得越来越复杂,需要做更加充分的准备才能使用。与此同时,由于可用资源较少,政治决策和部署之间的准备时间有限,在多国环境下进行实战训练和任务准备的机会较少。受到成本和环境的限制,战场的复杂性不断提高,以及敌方越来越先进的(电子)监控能力的影响,在真实环境中使用实时系统进行联合训练通常是不可能的。

2013年10月,北约建模仿真小组MSG–128"北约基于分布式仿真的作战训练行动的增量实施"成立,其目标是建立永久性的北约分布式仿真网络,以实现联合作战训练,并通过多国(加拿大、德国、法国、荷兰、挪威等)演习来进行验证。基于分布式仿真的作战训练是指由实况仿真、虚拟仿真和构造仿真组成的共享性训练环境,受训者可以个体或团体方式进行各种层次的作战训练。

当前,仿真已成为满足军事训练需求的重要工具,利用分布式仿真开展任务训练已成为各国改革其军事训练体制过程中大力倡导的一种训练方式。近年来,北约建模仿真小组为制定北约基于分布式仿真的作战训练愿景和作战概念提供了宝贵的贡献,如MSG–106北约教育与训练网络(NETN)和MSG–128借助分布式仿真开展的任务训练。在这些工作的基础上,当前的北约建模仿真小组解决了联合作战通用基于分布式仿真的作战训练参考架构的开发问题。最近完成的基于分布式仿真的作战训练参考架构版本以构建块、互操作性标准和模式的形式定义了指南,用于实现和执行分布式仿真及单个应用领域(陆、海、空)支持的联合训练与演习。此外,MSG–164开发了一个技术参考架构,其中包含用于实现建模仿真即服务(MSaaS)能力的构建块。这些构建块可与基于分布式仿真的作战训练参考架构和即服务结合,作为联合训练和演习的指南。

北约基于分布式仿真的作战训练侧重在现有训练安排中未涵盖的领域，并在这些领域尽可能发挥最大作用。因此，它并非当前各国国内训练活动的复现，而是提供一些新的联合训练能力。北约基于分布式仿真的作战训练能力旨在将现有仿真资产集成到分布式联合任务训练环境中，在该环境中这些资产通过通用仿真基础设施进行连接。在先前成果的基础上，北约建模仿真小组正在为联合集体作战开发基于分布式仿真的作战训练参考架构，参考架构包含构建块、互操作性标准和模式，将相互独立的应用领域（陆地、空中、海上）通过分布式仿真连接起来，以实现联合任务训练和演习的要求。

## 二、基于分布式仿真的作战训练架构

架构可以在不同的抽象层次上进行设计，实现不同类型的架构。不同类型的架构具有不同的利益相关者和用户，需要应用各种方法从一个抽象级别细化到下一个抽象级别。抽象级别和此类方法的范围称为架构框架，基于分布式仿真的作战训练架构框架如图1所示。

### （一）企业架构

北约C3（咨询、指挥和控制）分类法提供了北约C3能力的分类（包括标准和要求），在概念层次结构中按照大类-子类的关系组织。该分类法由北约盟军转型司令部开发和维护，可通过企业管理维基网站查看和修改。C3分类法定义了适用基于分布式仿真的作战训练的几类功能，例如：联合训练和演习过程；教育、训练、演习与评估应用；技术服务，包括建模服务。这些是基于分布式仿真的作战训练参考架构中构建块的参考来源，为其提供了结构和需求。

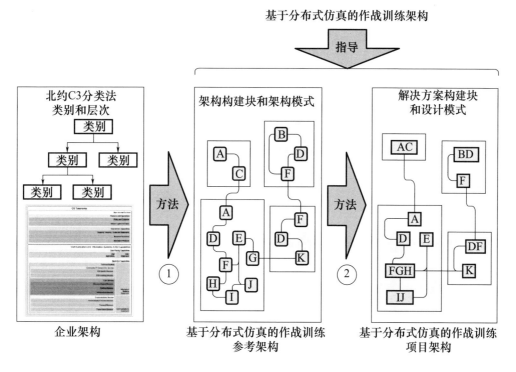

图 1　基于分布式仿真的作战训练的架构框架

注：①任务组活动；②工程流程，如分布式仿真工程与执行过程（DSEEP）等。

## （二）基于分布式仿真的作战训练参考架构

参考架构是基于分布式仿真的作战训练架构开发工作的重点。北约建模仿真小组通过任务组对参考架构进行开发和维护，并定义了实现联合任务训练环境应有的构建块和模式。构建块主要有流程构建块和技术构建块。流程构建块包括开发、规划和实施联合训练演习活动的参考流程；技术构建块包括支持该流程的联合训练演习和建模仿真应用程序，以及将训练系统连接到联合任务训练环境的联合训练演习和建模仿真服务。

## （三）基于分布式仿真的作战训练项目架构

特定联合任务训练活动的架构称为基于分布式仿真的作战训练项目架

构，如由美国驻欧洲空军战备中心组织的斯巴达勇士活动的训练环境架构，以及由瑞典军方组织的维京活动的训练环境架构。项目架构如图1所示，由解决方案构建块以及它们之间的关系来说明。由于参考架构为联合任务训练环境提供了解决方案构建块，因此项目架构中使用的解决方案构建块的许多需求原则上可以从参考架构中的构建块派生出来。然而，为了满足项目（训练活动）的要求，通常需要进行改进。这可能包括对参考架构中定义的参考训练流程进行裁剪，增加安全要求，选择具体中间件，以及选择网关和网桥组件、跨域解决方案、数据记录解决方案、环境数据产品和格式等。

因此，从同一参考架构可开发出不同的项目架构，项目架构可能是持续的训练环境，也可能仅为特定训练活动而临时搭建的训练环境。

（四）架构原则

架构原则管理开发、维护和使用基于分布式仿真的作战训练参考架构和项目架构的过程，是支撑北约和伙伴国完成使命任务的一般规则和指导方针。在图1中，用导向箭头说明了这一点。

架构原则由开放组架构框架（TOGAF）定义，MSG – 165 制定了参考架构的10项主要架构原则。以下是其中一项的示例：

名称：遵守北约的政策和标准。

声明：基于分布式仿真的作战训练应符合北约关于建模仿真互操作性和标准的政策和协议。

目的：这些政策和协议旨在促进建模仿真系统内部和相互之间的系统级互操作性，用于运营、训练和分析建模仿真系统。

含义：基本政策和协议应适用于基于分布式仿真的作战训练，例如，建模仿真标准概要，技术互操作性的建模仿真架构标准高层体系结构（HLA），北约教育和训练网络联邦架构和联邦对象模型设计，北约和多国计算机辅助分布式仿真演习建模仿真标准指南。

### （五）架构构建块和架构模式

架构构建块（ABB）和架构模式（AP）的概念用于描述参考架构中的构建块以及如何组合这些构建块。这些概念如图2和图3所示，其中图2还展示了解决方案构建块（SBB）概念的比较。

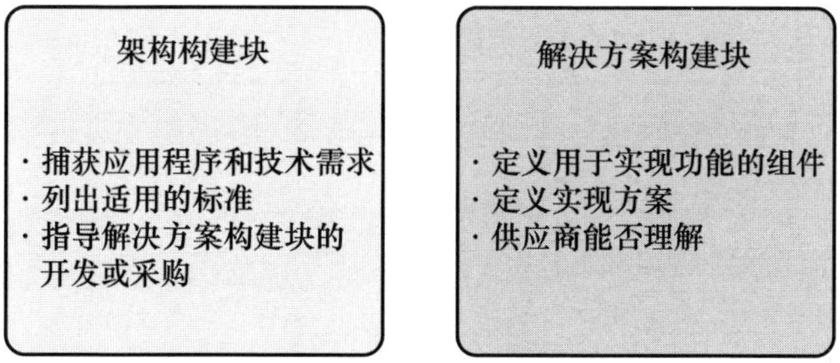

```
┌─────────────────────────┐   ┌─────────────────────────┐
│       架构构建块         │   │      解决方案构建块       │
│                         │   │                         │
│ ·捕获应用程序和技术需求  │   │ ·定义用于实现功能的组件  │
│ ·列出适用的标准          │   │ ·定义实现方案            │
│ ·指导解决方案构建块的    │   │ ·供应商能否理解          │
│  开发或采购              │   │                         │
└─────────────────────────┘   └─────────────────────────┘
```

图2　架构构建块与解决方案构建块

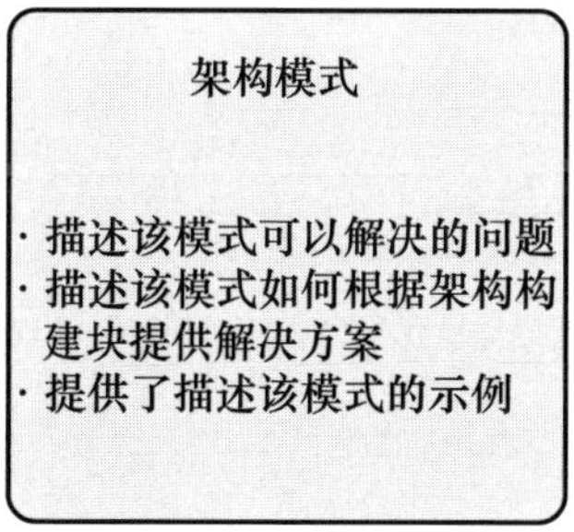

```
┌─────────────────────────┐
│        架构模式          │
│                         │
│ ·描述该模式可以解决的问题 │
│ ·描述该模式如何根据架构构 │
│  建块提供解决方案        │
│ ·提供了描述该模式的示例  │
└─────────────────────────┘
```

图3　架构模式

架构构建块具有定义其目的、功能、技术接口以及适用标准的属性。架构构建块不是特定解决方案的规范，而是为开发联合任务训练环境的架构（项目架构）提供要求、标准和指导。另外，解决方案构建块与可能采购或开发的特定解决方案（以及项目架构）相关。解决方案构建块规定了训练活动所需的功能、特定接口、实际性能和实施限制。架构构建块和解决方案构建块的概念源自开放组架构框架。

架构模式作为项目架构的参考，提供有关架构构建块组合的信息，这些架构构建块组合已被证明可为特定问题提供解决方案。模式属性包括问题描述、解决方案的描述以及描述该模式的示例。

架构模式示例如图 4 所示。这个简化的示例显示了两个有交互关系的架构构建块，它们采用相对应的接口要和标准交换数据对象。

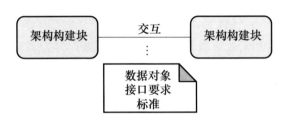

图 4　架构模式示例

## 三、参考架构层和构建块

图 5 为参考架构中各层的概述，遵循北约 C3 分类法的主要层次组织：①作战能力；②面向用户的能力；③后端能力；④服务管理和控制（SMC）与通信和信息系统（CIS）安全。

**（一）作战能力**

作战能力是指在流程、信息产品、角色和组织方面进行联合训练和演习的能力。在 C3 分类法中，位于作战能力＞业务流程＞使能＞教育、训练、演习和评估＞联合训练和演习。该层定义了执行联合任务训练时应遵循的一般流程步骤，以及在此流程中应开发的信息产品。另外，还包括设计、开发、实施和测试训练环境技术组件的工程过程。这包括分布式仿真工程和执行过程、环境数据和过程的重用和互操作以及校核与验证活动。

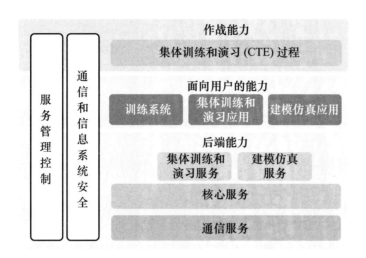

图 5 主要基于分布式仿真的作战训练架构构建块的层和集群

这些参考流程通常需要定制，以满足国家或多国训练需求和项目特定约束。影响定制的因素包括：训练环境的变化；风险；解决方案的成熟度、规模和复杂性；训练活动的时间安排；技术准备（新兴或现有技术）；预算系统和人员的可用性；校核和验证的要求；与安全相关的要求等。

（二）面向用户的能力

面向用户的能力是指支持联合训练和演习流程的能力以及用户使用的功能。在 C3 分类法中，相关的类别位于面向用户的功能＞用户应用程序＞教育、训练、演习和评估应用程序＞联合训练和演习应用程序下，以及面向用户的功能＞用户应用程序＞建模仿真应用程序下的相关建模仿真。

该层包含训练系统以及用于支持联合任务训练的建模仿真和联合训练和演习应用程序。这些是与用户进行交互的应用程序，因此称为"面向用户"。建模仿真和联合训练和演习应用程序包括但不限于想定开发应用程序（用于开发作战概念和可执行想定）、合成物理环境应用程序（用于开发环境数据产品）和演习控制应用程序（用于控制想定执行）。训练系统是国家资产，但被包含在该层中，因为从参考架构的角度来看，这些被视为面向用户的能力。训练系统的范围从相对简单的单元素系统到更复杂的多元素系统。重点并非在参考架构范围内讨论训练系统本身，而是讨论如何在联合训练环境中实现联合能力。

### （三）后端功能

该层为启用或支持面向用户功能的功能。C3 分类法中的相关类别位于后端功能＞技术服务＞COI 服务＞COI 特定服务＞教育、训练、演习和评估功能服务下，以及后端功能＞技术服务＞COI 服务＞COI 启用服务＞建模仿真服务下。此外，核心和通信服务还包括与在联合任务训练环境中管理和保护技术组件相关的几个类别。

该层中建模仿真与联合训练和演习服务定义了基于分布式仿真的作战训练特定的功能。训练系统和应用程序与这些后端功能进行交互，例如仿真门户服务，以及将训练系统连接到面向建模仿真消息的中间件服务。该层中的核心服务定义了许多通用功能，需要为任何联合任务训练环境提供这些功能。同样，通信服务是通用能力，这对于任何联合任务训练环境都是必不可少的。

该层的建模仿真和联合训练和演习服务包括：

**1. 仿真门户服务**

在许多联合训练环境中，将混合使用各种训练系统，每个系统支持不同（版本）仿真标准、战术数据链路和/或高层体系结构（HLA）联邦对象模型模块，如 DIS7.0、IEEE 1516.2000（HLA）、IEEE 1516.2010（HLA 升级版）、实时平台参考联邦对象模型（RPR FOM）、北约教育和训练网络联邦对象模型（NETN FOM）模块，或不同的战术数据链仿真标准。参考架构定义了仿真门户服务，以实现将使用非 HLA（如分布交互式仿真（DIS））或传统 HLA（如 HLA 1.3）的训练系统连接到面向建模仿真消息的中间件服务所需的最常见转换。

**2. 建模仿真面向消息的中间件服务**

这些服务实现了建模仿真与联合训练和演习应用程序和服务以及训练系统的互操作性。面向消息的中间件服务符合北约标准协议 STANAG 4603 和北约标准 AMSP–04。北约 STANAG 4603 要求使用 IEEE $1516^{TM}$–2010（HLA 升级版）分布式仿真环境 HLA 标准。AMSP–04（北约教育和训练网络）定义了一组（一致的）HLA 联邦对象模型模块，以及架构和设计指南，如图 6 所示。北约教育和训练网络联邦对象模型模块旨在最大限度地提高仿真组件之间的重用性和互操作性。

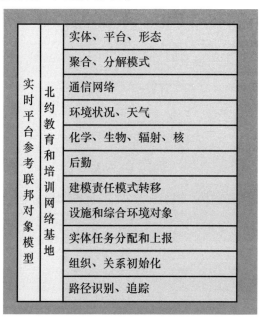

图 6　AMSP–04 版本 B 中的北约教育和训练网络联邦对象模型模块

**3. 想定分发服务**

这些服务为想定开发应用程序开发的仿真执行提供初始仿真想定（如作战指令（ORBAT）数据）。初始仿真想定包括有关单元、设备项及其关系的信息，以及有关初始建模责任的信息。

**4. 仿真服务**

这些服务生成地面真实数据和非地面真实数据，用空中、陆地或海上平台或综合信息（如敌机、导弹、诱饵、地面部队、空中交通和海上船只交通）为训练系统提供输入。

参考架构还包括架构模式，提供关于如何组合架构构建块的信息。下面说明了两种模式。图7展示了一个演习控制模式，其中仿真实体的任务来自演习控制应用。建模仿真面向消息的中间件服务在仿真服务和训练系统之间执行路由任务。

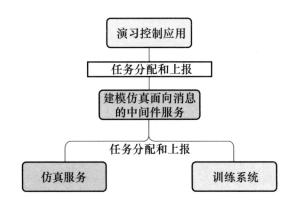

图7 仿真实体的任务分配和报告模式

图8提供了想定初始化的模式，其中初始仿真想定从演习控制应用程序提供给想定分发服务。想定分发服务使用建模仿真面向消息的中间件服务在运行时将想定分发到训练系统。

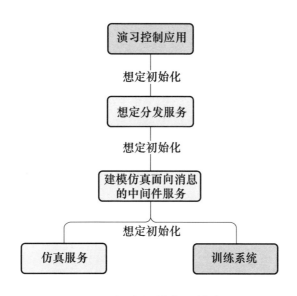

图 8　想定初始化的模式

**（四）通信和信息系统安全**

该层是一个交叉层，定义了与联合任务训练环境中不同安全域之间的数据交换、信息安全漏洞评估以及发布策略对训练目标影响评估相关的构建块和模式。认证过程也是这个交叉层的一部分。此外，其他层中的构建块还可能包括通信和信息系统安全要求。例如，建模仿真面向消息的中间件服务支持在联合任务训练环境中安全地在站点之间交换数据。此层中的构建块提供安全强制、管理和监视的功能。这些构建块提供了实施建模仿真内容分发服务（CDS）解决方案要求的指南和注意事项，并有助于为解决方案构建块选择合适的技术。构建模块包括：

（1）安全策略配置管理应用程序：提供配置此集合中其他构建块方法。

（2）建模仿真安全服务：提供将国家仿真安全域连接到北约基于分布式仿真的作战训练安全域的能力。

（3）建模仿真协同服务：提供协同训练系统或建模仿真面向消息的中

间件服务与建模仿真安全服务之间进行仿真数据交换的方法。

图 9 是一个简单的跨域信息交换模式。建模仿真中介服务以建模仿真安全服务可解释的格式转换数据。建模仿真中介服务和建模仿真安全服务之间的接口是特定于解决方案的，但通常涉及建模仿真安全服务要检查和筛选的 XML 或纯文本格式的消息。训练系统位于国家站点，在本例中为站点 X 和站点 Y，其中通信服务跨站点提供 IP 单播/组播网络服务。此外，加密设备也确保站点之间的加密数据通信。

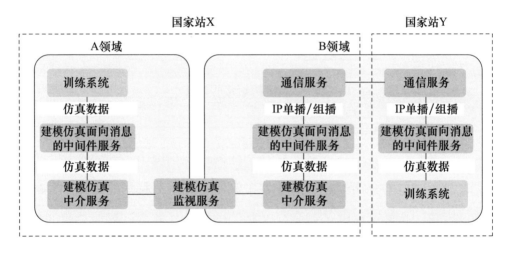

图 9 跨域信息交换的模式

### （五）服务管理和控制

服务管理和控制也是一个交叉层，因为它会影响其他所有层。该层定义了一组构建块，以便在联合任务训练环境中管理组件。这涉及到流程和技术。服务管理和控制能力提供了以下功能：

（1）在基于分布式仿真的作战训练技术框架中测试训练系统和测试应用程序及服务。

（2）初始化并启动基于分布式仿真的作战训练技术框架中的应用程序

和服务。

（3）监督基于分布式仿真的作战训练技术框架关于健康和运行状态中的应用和服务。

（4）监测训练系统的状态。

（5）终止基于分布式仿真的作战训练技术框架中的应用程序和服务。

图 10 展示了一种模式，其中平台监视服务监视建模仿真服务的活跃度和是否准备就绪。准备就绪表示服务已准备好参与仿真的运行。活跃度表示服务按计划执行的状态。平台监视服务可以向建模仿真服务发出活动性请求，以确定其状态，如通过 HTTP GET 探测。

图 10　监测建模仿真服务的模式

**（六）基于分布式仿真的作战训练技术框架**

为支持联合任务训练和演习而需要具备的通信和信息系统能力构成了"基于分布式仿真的作战训练技术框架"（图11）。它由前述技术构建块（不包括训练系统）组成，组合在一组连贯的技术能力中。

总之，基于分布式仿真的作战训练技术框架支持联合训练和演习过程中的活动，提供在不同地点训练系统之间安全、一致地交换信息的能力，提供收集、存储和处理训练和演习相关数据的能力，并提供利用建模仿真应用程序或建模仿真服务生成的信息输入训练系统的能力。技术框架中构建块和模式共同提供了在联合任务训练环境中集成训练系统的技术要求。

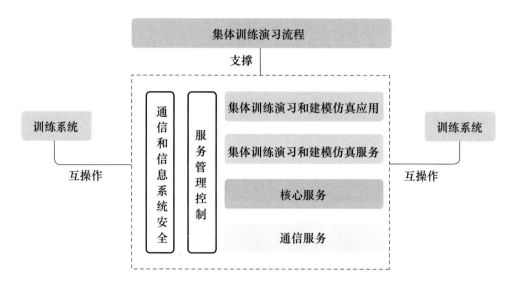

图 11　基于分布式仿真的作战训练技术框架的模式

## 四、结束语

基于分布式仿真的作战训练的最终目的是提供一个近似实战的联合训练环境。建模仿真是支持当前和未来作战的关键技术，采用分布式仿真来训练和演习的好处主要包括：成本低、损伤小、安全保密，可多次反复演练，而且方案可以多变，准备时间短，可以实现更大地区、更多人员以及更广领域的训练和演习。

因此，搭建持续性存在的网络以通过分布式仿真实现任务训练，对于北约及其盟国的作战准备至关重要。北约和同盟国应当明确参考架构对于实施联合任务训练的指导作用，并开展北约联合任务训练活动，以获得实践经验，发展技术能力并提供作战训练价值。

（北京仿真中心　刘影梅）

# 网络数字孪生技术助力美军联合全域指挥控制发展

未来战场形态日趋复杂,同时涉及陆、海、空、天、网络空间等多个领域,交战双方将在多个作战域展开多维、立体的高强度对抗。对于交战双方而言,及时的通信都是不可或缺的。然而,瞬息万变的战场空间必然会出现各种通信问题。如果这些通信问题未被精确建模,则会导致产生错误的作战演习结论。因此,平台须模拟出真实的网络和通信效果及网络攻击情况,以支持有效的战术、技术和规程的发展。高逼真度的网络数字孪生技术可快速识别和评估网络创新,充分考虑降级的网络运行和网络漏洞对任务整体结果的潜在影响。美军联合全域指挥控制(JADC2)的发展也有赖于此。为此,SCALABLE 网络技术公司创建了一个综合 LVC 作战网络环境(CLONE),为联合全域指挥控制原型和试验提供助力。

## 一、美军联合全域指挥控制发展有赖于快速识别和评估网络创新

美军联合全域指挥控制设想为联合部队提供类似云的环境,以共享情

报、监视与侦察（ISR）数据，跨多个通信网络进行传输，从而支持更加快速的决策，如图1所示。联合全域指挥控制支持指挥官从无数传感器中搜集大量数据，利用人工智能算法处理数据以识别目标，推荐与目标进行交战的最优动能和非动能武器，如网络或电子武器，全力支持指挥官做出更好的决策。

图1　联合全域指挥控制愿景图示

目前，在联合参谋部的指导下，美国各军种正通过各项工作向联合全域指挥控制的愿景迈进。空军被指定为联合全域指挥控制技术开发的执行代理，已经建立了先进作战管理系统（ABMS）计划，并通过自己的网络以及陆军和海军的系统进行了多次演示。陆军通过其会聚工程开展联合全域指挥控制试验，以演示使用联合和联盟网络访问和共享目标信息的能力。此外，海军也已经启动了超越计划，以开发与联合全域指挥控制概念匹配的新的舰队网络体系架构，从而支持分布式海上作战。

为了保障联合全域指挥控制的网络弹性，指挥官需要具备的能力：预测潜在网络攻击对特定任务的影响；基于任务背景分析备用缓解战略；训练作战人员在战争迷雾环境中有效地应对紧急情况。联合参谋部和各军兵种定义和开发联合全域指挥控制概念的工作都依赖于快速识别和评估网络创新,以便在最具挑战性的通信环境中且遭受强大对手持续攻击的情况下更好地遂行指挥控制（C2），从而为未来作战人员的连通性和增强决策确定最佳解决方案。

## 二、CLONE 为联合全域指挥控制原型和试验提供虚拟环境

网络数字孪生可摄取目标轨迹、部队位置、情报和环境因素，进而通过频谱管理和网络威胁进行细化。该技术可进行超实时仿真，将跟踪部队位置、发射范围和电子战或网络能力，受到真实或任务相关的潜在网络空间作战的影响。它将提供详细的可视化指标，如连接、延迟、数据包丢失，以及这些因素对任务的影响。根据频谱管理、网络性能、连通性和对网络攻击的敏感性，对多种行动路线进行比较和评估，帮助优化网络配置以及评估任务背景下的网络威胁缓解策略。

### （一）CLONE 以低成本、零风险的方式模拟作战

网络数字孪生技术提供设计和分析工具及网络训练系统，以开发、测试和部署大型复杂的有线和无线网络及通信设备。它可用于在低成本、零风险的环境中提高整个作战演习的逼真度，支持作战人员从作战演习中获得更多有用信息。此外，网络数字孪生分析还极易集成到机器学习和人工智能中，有助于将数据和上下文结合起来，支持场景设计师测试替代方案，且有可能提前发现场景存在的问题。

利用网络数字孪生技术创建的联合全域指挥控制 CLONE，可帮助联合参谋部与各军种通过以下三种主要方式实现各自的计划和项目目标以及联

盟联合目标：

（1）演习和作战分析。将高逼真度网络、通信和网络仿真能力整合到军事演习和概念开发活动中，从而投资和进一步开发最有前景的联合全域指挥控制解决方案。由于时间和资源的限制，很难部署实时的大规模作战演习场景或任务。CLONE 可重建整个或部分场景，有助于大规模测试针对未来冲突制定的新战术和战略。

（2）网络分析和测试。确定详细的性能特征，根据实际情况优化配置和部署。通过允许在模型上执行各种网络攻击，如漏洞利用、病毒/蠕虫传播或分布式拒绝服务（DDoS），CLONE 将更易于扩大网络弹性测试范围，而不会损害或危及真正的系统。

（3）网络韧性和可生存性。确保全面评估联合全域指挥控制网络能力，从而在竞争环境中且不断受到对手攻击的情况下提供连通性。

## （二）CLONE 提供了先进的建模仿真解决方案

SCALABLE 网络技术公司利用其创新的网络数字孪生能力开发了 CLONE，提供先进的建模仿真解决方案，以支持现有的能力分析和高级能力开发。网络数字孪生是指通信网络及其运行环境和所承载的应用流量的计算机仿真模型。它可用于低成本和零风险的环境中研究其物理对手的行为，无论是在战场还是在实验室。由于通信协议、设备配置、网络拓扑、应用程序流量、物理环境和相关的网络攻击/防御之间的相互作用，数字孪生必须有足够的保真度来准确地反映网络动态。例如，敌人发起的干扰或拒绝服务攻击的位置、强度和持续时间将决定其对通信的影响，而通信对任务至关重要。中断流媒体视频所需的干扰可能与中断实时位置、位置定位信息（PLI）所需的干扰截然不同。数字孪生必须具备足够的保真度来捕捉网络动态，从而区分哪些是普通的网络攻击，哪些可能破坏任务时间表。

CLONE 由以下三个主要组件组成（图 2）。

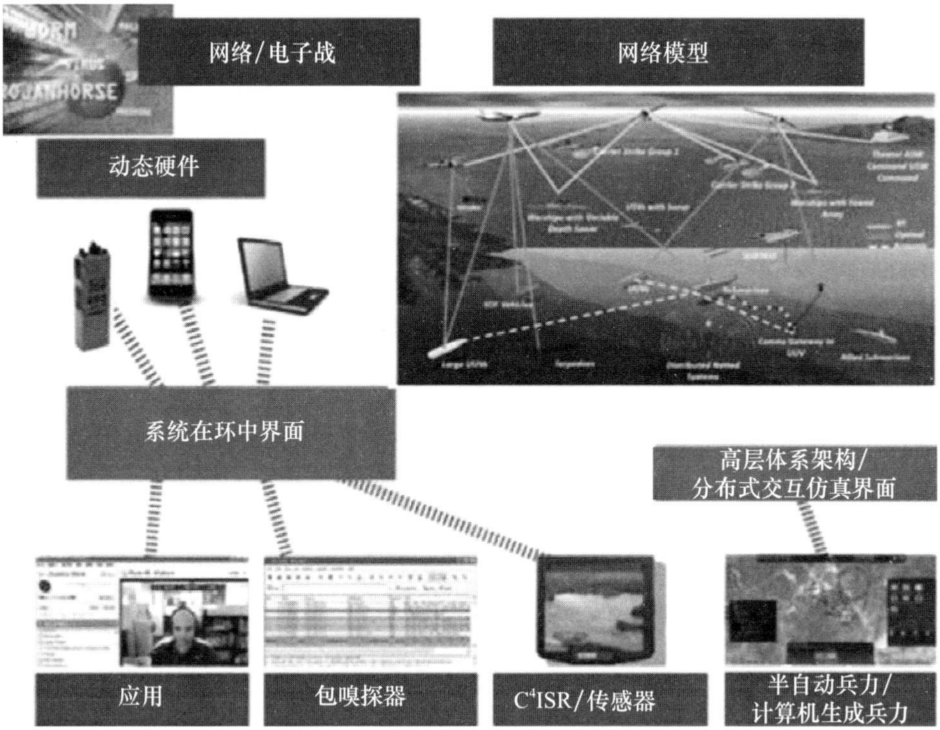

图 2 联合全域指挥控制 CLONE

（1）JADC2 网络模型：利用 SCALABLE 公司的网络模拟/仿真平台（EXata）和联合网络模拟器（JNE）构建的一套丰富的军事和商业网络和通信模型。

（2）实时接口：将 CLONE 连接至其他相关的实时或模拟组件，例如，战术无线电、传感器和应用程序，以及多功能信息分发系统（MIDS）、联合战术无线电系统（JTRS）和/或任务模拟器（如 OneSAF，先进仿真集成与建模框架（AFSIM）和下一代威胁仿真（NGTS））。

（3）网络/电子战模型：提供全面的有关网络和电子战攻防（如恶意软

件、中间件、干扰、跳频、下一代低探测/低截获概率（LPD/LPI 等）的实时或仿真模型库。

EXata 提供了一个广泛的网络和网络空间模型库（Cyber Model）以及一些半自动工具，用于创建高逼真度的网络数字孪生。此外，还提供了连接网络数字孪生与作战演习平台的能力。通过该接口（图 3），演习场景可在 EXata 和许多演习平台上以自主和交互模式共同运行。

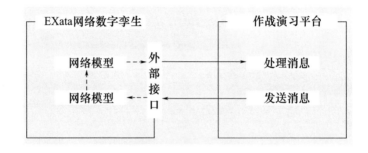

图 3　网络数字孪生与作战演习平台之间的接口

在自动或脚本模式下，所有平台的操作都是预置的，不需要人工输入，多个预置的场景可作为批处理自动运行。在交互模式中，参与人员可通过人在环中界面与场景交互。这种模式尤其适用于训练红蓝部队，受训人员可在场景中直接增加网络攻击事件，或者通过适当的行动来应对脚本化的网络攻击，以确保任务获得成功。

（三）CLONE 已应用于国防机构和各军兵种的多个项目

目前，SCALABLE 公司与国防机构和各军种部门共同开展多个项目，利用网络数字孪生技术为特定作战领域和项目开发任务 CLONE。具体实例包括：美国导弹防御局过顶持久企业架构（OPEA）实时传输服务（RTS）通信分析仪（ORCA）CLONE；为战术网络项目开发的陆军综合战术网络（ITN）CLONE；为红石测试中心开发的陆军作战航空旅（CAB）体系结构集成实验室（AIL）CLONE；为多功能信息分发系统（MIDS）项目和海军空战中心武器分部开发的海军机载网络 CLONE；为一体化作战系统（IWS）项目管理办公室开发的海军水下作战决策支持系统（USW DSS）CLONE；为美国海军陆战队系统司令部和海军陆战队战术系统支持活动（MCTSSA）开发的海军陆战队企业网络数字孪生；为兵棋推演能力（WGC）项目开发的海军陆战队作战演习 CLONE；为美国空军研究实验室开发的空军电子指挥与控制挫败（EC2D）CLONE。

每一个任务 CLONE 都可以组合和扩展，以开发一个可快速配置的总体 JADC2 CLONE，以模拟和测试计划的网络能力，支持联合部队共享情报、监视与侦察数据，通过许多通信网络进行传输，最终实现更快的决策。

## 三、结束语

网络数字孪生以数字化方式创建物理网络实体的虚拟孪生体，可与物理网络实体进行实时交互映射。将数字孪生技术应用于网络，创建物理网络设施的虚拟镜像，即可搭建与实体网络一致的数字孪生网络平台，针对可能发生的通信降级和网络攻击制定预案，降低实体网络的风险。通过与物理网络实时交互，网络数字孪生可实现降本增效，极大助力联合全域指挥控制网络实现迭代发展。

联合全域指挥控制从根本上依靠通信和网络来控制、提取和分发任务相关的时间敏感信息，以战胜敌方。未来的冲突中，对手势必试图破坏对联合全域指挥控制至关重要的信息系统。这就迫切需要进行军事演习、作战分析、测试和评估，整合现实世界的网络、通信和网络化效应，以支持有效作战概念、能力和计划的发展。联合全域指挥控制结合网络与动能战场的复杂性要求联合参谋和各军种充分考虑网络运行降级和/或利用网络漏洞对总体任务结果可能造成的影响。联合全域指挥控制 CLONE 可以大大增强从低成本与零风险环境中的军事演习、作战分析、测试评估事件中获得的规划能力和洞察力。

（中国电子科技集团第二十八研究所　朱虹）

# 美军持续网络训练环境最新进展及分析

美国陆军自2016年牵头联合各军种开发了持续网络训练环境（PCTE）项目，作为美军网络空间作战演训系统，旨在提供全天候、可定制的云端网络战训练平台，提升美军网络作战人员作战技能和团队作战能力，为美军获取网络空间作战优势奠定基础。根据美国国防部指令5000.02，该项目于2019年12月实现了里程碑B并进入了系统开发阶段。由于采用敏捷方法进行软件迭代开发，该平台进展迅速，成果丰硕。本文概述了PCTE最新进展并对其进行分析，以期提供有益的借鉴和参考。

## 一、项目概述及特点

### （一）项目概述

多年来，美军网络空间作战部队与陆、海、空作战域作战人员相比，其训练场所/工具较为匮乏。尽管美军面临的作战场景不断变化，但网络空间作战部队尚无适应性训练平台。这种情况随着2019年PCTE平台的推出，以及首批用户的应用，美军网络作战实现了变革。

持续网络训练环境是一个基于混合式云端服务的训练平台，旨在为美军网络任务部队打造统一网络训练环境。当前由美国陆军仿真、训练和装备项目执行办公室（PEO STRI）管理。该项目主要的建设目标是为网络任务部队提供一个可以从世界任何地方登录，以进行训练和演习任务的强大云端网络训练环境。PCTE在线平台使美军网络作战部队能在任意地区登录，按需进行个人/集体/联合训练和任务演练，其愿景如图1所示。

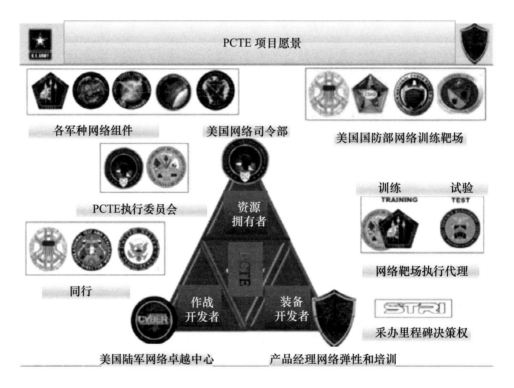

图1 持续网络训练环境项目愿景图

（二）项目特点

**1. PCTE平台特点**

网络空间的动态本质给美国网络司令部开展网络作战训练带来了挑战，美军将实时应对网络威胁作为网络作战训练目标之一。PCTE是美国国防部网络作战部队的首要训练工具，具有以下特点：

（1）高逼真度训练环境：提供现实场景来支持作战任务，使网络部队可以开展全频谱作战训练。

（2）网络安全性：确保只有经授权的人员才能访问训练环境。

（3）可扩展性：使用了开放式体系结构、商用现货工具以及DevOps软件开发方法，可不断扩展并迭代升级相关功能，在保持高质量、敏捷性、灵活性的同时，为个人、团队甚至整个军种提供及时、高效的训练服务。

（4）可访问性：提供一个强大云端网络训练环境，可以从世界任何地方登录并执行训练和演练任务。

**2. PCTE 项目特点**

PCTE项目自启动以来，美军高度重视并持续推动该项目的建设实施。当前，该项目已从原型开发阶段过渡到迭代部署阶段，已拥有9000多名注册用户并在美军各网络演习中发挥了重要作用。项目特点如下：

（1）立足支持网络司令部"持续交战"作战概念。2018年，美国网络司令部在《获取并维持网络空间优势——美国网络司令部的指挥愿景》中提出"持续交战"战略概念，旨在以日常状态对抗低于武装冲突级别的网络行为。这就需要对网络作战人员开展持续性、实战性训练，将网络战争转变为军事实践。

（2）搭建高度仿真虚拟作战环境，提升部队战备水平。美军网络作战部队通过PCTE平台可实现全天时从世界各地连接的功能，并在搭建的高度仿真虚拟作战环境里不断磨练和提升其网络技能，获得"像作战一样的训练"体验，从而全方位提升网络部队战备水平，保持网络空间竞争优势。网络空间作战制胜不再取决于子弹和炸弹，而是取决于技术和速度。

PCTE 项目在作战使用中有三个参与主体，分别是项目组、其他机构、任务部队。项目组提供训练平台、协调资源、提交训练环境，具体负责提供训练区域、远程计算存储设备、训练管理；其他机构主要涉及网络资源，包括国防部靶场资源和非国防部靶场资源；任务部队聚焦训练和作战战备，负责提供编组训练设备、制订训练计划、内容等。

（3）保持常态化系统增益更新，确保应对最新威胁。该项目通过四个方面确保系统增益持续更新：一是通过敏捷功能实现可扩展性，包括提供多样、动态和并存的任务以及产品交付成果；二是通过集成业界质量可靠的产品和创新，并开展网络实战演练验证改进系统原型，以获得高质量交付成果；三是通过持续集成各项所需功能并对其进行迭代升级，实现了系统持续优化；四是通过灵活多样的采办形式实现敏捷采办，系统可快速集成各项功能，并开展网络创新挑战快速开发系统原型，促使版本快速更新升级。

## 二、项目最新进展

自 2016 年项目启动以来，持续网络训练环境项目得到快速推进，并获得丰硕成果。其项目主要进展如图 2 所示。自 2019 年该项目确定进入系统开发阶段以来，已实现三个版本的交付及部署，成功支持了多项演习活动，并在各军种院校推广使用，使得 PCTE 平台应用范围不断拓展，系统功能呈现出多样性、复杂性。并且，使得联合作战部队训练获得更多的交叉/互操作体验，训练效果更为突出。同时，训练工作实现了标准化、简约化、自动化，训练周期大幅缩短，训练时间自由可控，训练成本显著降低，训练管理效率达到了内容、经验和实践的最佳统一。

重要专题分析

图 2　持续网络训练环境项目主要进展

**（一）多种手段加速平台全生命周期活动进程，以推进项目快速迭代演进**

持续网络训练环境项目采用敏捷采办、开放式体系结构、商用现成工具以及 DevOps 软件开发模式，通过大额研发经费保障、网络创新挑战赛及相关演习训练活动验证与改进，实现了项目的快速演进。

2019 年 3 月，美国陆军为 2020 财年持续网络训练环境项目提供 5200 万美元经费，并为该项目制定了"增量采办战略"，利用现有的网络合同工具和其他交易协议购买特定的能力以实现集成。

2019 年 12 月，美国国防部发布该项目新一阶段的研发合同，其研发经费达 10 亿美元。参与合同竞争的工业部门包括 ManTech 公司与通用动力公司组成的团队，以及雷声公司、洛克希德·马丁公司和诺斯罗普·格鲁曼公司。

2020 年 4 月，雷声情报与太空公司和红帽子公司、VMware 公司合作共同开发网络训练、战备、集成、交付和企业技术（Cyber TRIDENT），这是美国军方网络任务部队的一个关键训练平台，合同经费高达 9.57 亿美元，

179

合同获胜者将管理和开发 PCTE 平台。

根据美国陆军合同，承包商应开发和执行由政府领导的整体 DevOps 流程，以开发、集成、测试、部署和维护 PCTE 平台。PCTE 系统开发采用"DevOps Infinity"流程，形成"计划－编码－构建－测试－发布－部署－运营－监测"无限回环。该流程将创建一种文化，在 PCTE 平台全生命周期中强调项目承包商、运营、质量保证和网络安全团队间的协作。此流程促进了团队的共同努力和沟通协作，以优化项目供应商的生产力和运营可靠性，并改进交付的系统原型质量。

从网络创新挑战赛实施以来，产品管理网络弹性和训练办公室利用政府主导的敏捷采办策略，集成和发展多个供应商原型，同时持续试验验证原型设计，通过用户反馈协作 DevOps 进程，取得了一系列成果。PCTE 平台通过整合现有靶场、集成商用现货工具，实现了更高的自动化程度，并以此来支持多个同步训练活动。通过提高训练质量和吞吐量，为美军网络部队提供一个标准化的平台形式，具有"快速形成、执行和重用场景、生成多环境的生态系统"的能力。依托内容资料库、数据库、武器系统、典型环境、工具、自动评估，PCTE 平台能自动开展活动规划和设计。在训练团队登录后，PCTE 平台可以自动提供和执行训练任务，并在训练完成后收集数据进行评估、回顾和战备，同时存储可再利用的有效活动、工具和评估信息。其原型发布流程如图 3 所示，能为网络部队作战人员提供经过验证的能力。

（二）多版本快速迭代，实现平台能力持续增幅

目前，该项目已实现三个版本的交付及部署工作：2020 年 2 月交付 1.0 版；10 月交付 2.0 版；2021 年，美国网络司令部完成 3.0 版的部署工作，并计划于 2022 年 1 月部署 4.0 版。该训练平台是美国陆军代表网络司令部

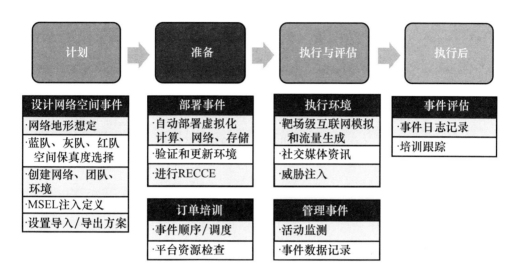

图 3 持续网络训练环境原型发布流程

及各军种开发的,采用"边建设、边使用、边部署、边改进"的策略滚动式发展。每个版本侧重点不同:1.0 版开发了核心门户,使用户能够计划、执行和评估网络训练活动。2.0 版开始支持更多的用户参与网络训练,计算能力也得到增强;增强了工作流程,可对训练内容进行编目并实现对往期训练活动的搜索;改进了事件调度和团队管理程序,集成了任务期间使用的操作工具,使平台和训练活动在线更改更加容易。3.0 版提供了额外的反馈渠道,为训练管理者提供网络运行状况的快照,在内容存储库中提供由训练或内容管理器构建的可重用的场景。

4.0 版将采用更友好的推荐程序引擎,能够快速将相关训练内容归类放入 Netflix 类型库,为训练团队提供更多可选训练要素/演练模块等,减少重复性训练,提升协调效率和个人/团队训练效果。4.0 版还在 3.0 版用户反馈模块的基础上,改进了教官/学员互动模块,使学员在完成院校的试验训练后能够迅速走向实战,真正实现学以致用。为提升知识储备和可迭代训练优化效果，4.0 版还为教官构建了网络健康快照，以及往期训练内容/训练场景内容库，极大促进训练成果的可重用。目前，PCTE 平台已有 9000 多名注册用户。除了大型训练活动外，平台每日活跃用户数量仍在增长，个人可随时定制训练模块和进度，或进行小规模团队训练活动。

### （三）多种演练方式验证平台能力，以高质量推进下一次迭代与演进

美军通过开展多次侧重点不同的网络演练活动以验证该平台不断新增或集成的功能，为高质量推进下一次迭代与演进提供坚实的基础。PCTE 平台在 2020 年首次用于全面演习，使美国国防部能够进行联合网络空间训练、演习、任务演练、实验和认证。它还支持美国和盟国实现跨越边界的评估和网络任务协作。

**1. 多种演练活动助推下一次迭代与演进**

2020 年 6 月，美国网络司令部与"五眼联盟"合作开展了"网络旗"演习，PCTE 平台成功完成了对演习全流程的支持。此次演习标志着该项目取得里程碑式进展，已从支持单一的一次性演练任务扩展到对大型一级（Tier-1）演习的支持。此次演习模拟欧洲空军基地遭到网络攻击，黑客使用恶意软件攻击工业控制系统，获得了敏感系统、控件和关键基础设施的访问权限。为应对黑客攻击，PCTE 虚拟环境实现了 25 个靶场的互连，与 3000 多台虚拟机构成一个高逼真度网络，通过 4000 多个存储和共享数据的静态网站来模拟和仿真开放的互联网流量。PCTE 创建的模拟空军基地网络已完全配置 Windows 动态目录域 100 多个节点，可运行 10 多种主要操作系统；配置了 35 个模拟用户控制工作站，可联网并利用微软办公产品进行访问、创建和传输文件。同时，为集成到更大型的、多个作战指挥类型的演习（如"全球闪电""网络闪电"演习）中实现网络效应的模拟仿真奠定了基础。

随后，美国网络司令部拓展该平台应用范围，在多项网络演习中应用 PCTE 平台支撑网络部队的任务演练。在 2021 年的"网络旗帜 21-2"演习中，其应用范围是 2020 年演习应用范围的 5 倍，也是美国网络司令部第一年使用该平台进行最大规模演习的一年。

"网络旗帜 21-2"演习发生在太平洋地区一个虚构的盟军后勤保障站。应用 PCTE 平台实现跨越 8 个时区 3 个国家/地区开展网络部队评估工作，编纂了网络部队防御的最佳实践并制定了网络战新策略。该平台能够每天支持数千项活动，甚至在支持美国"网络旗"演习的同时支持英国"网络洋基"演习（在新英格兰开展的以国民警卫队为重点的演习）。在演习过程中积累的经验教训都将应用到平台的下一次迭代和演进中，其演习示意图如图 4 所示。

图 4　持续网络训练环境演习示意图

另外，在 PCTE 平台实现 4.0 升级前，除了进行日常的小版本增量更新之外；伴随美军持续开展的网络创新挑战赛，PCTE 平台还能获得增量性能提升。美军开展的网络创新挑战项目以合同方式展开，参与厂商主要为小型国防企业。在 2020 年 8 月，美国陆军开展的 PCTE 工业日活动中，网络创新挑战赛 4（CIC4）获得特别关注，目的是实现创新和新型功能的快速集成。此次挑战赛重点关注网络部队评估和流量生成。要实现网络任务部队的评估功能，需要 PCTE 平台具备以下能力：制定评估规划和标准（与任务、目标、角色、资格、技能等相关）、自动测量、度量和数据收集以及对特定事件、个人和团队训练进行的总结报告、可视化、分析和集成；实现流量生成功能则需要 PCTE 平台具备定义、塑造、控制和记录真正的流量仿真功能，并将其作为自主服务功能贯穿整个网络空间作战训练活动的计划、准备、执行、评估周期。目前，最新的网络创新挑战项目合同于 2021 年 2 月授出，旨在改进 PCTE 平台的网络评估/网络流量生成等功能。该合同中，网络评估功能将重点强化网络空间作战部队战备状态报告；网络流量生成功能作为网络空间作战域重要的支撑功能，重点实现友方（蓝方）网络空间/中立（灰色）网络空间/敌方（红方）网络空间之间的交互，支撑网络空间作战部队在上述空间中的自主运作。目前，初步的网络流量生成功能已实现并已具备部署条件。网络评估和网络流量生成两项新功能更新计划在 5.0 版中实现。

**2. 各军校推广应用 PCTE 平台，实现真正的学以致用**

2021 年 5 月，根据美国网络司令部要求，各军种院校必须应用 PCTE 平台，全面提升学员对于网络作战/防御技术的掌握能力。美国网络司令部选定美国海军作为网络防御作战联合课程负责机构，美国陆军代表该司令部管理持续网络训练环境计划。

目前，美国空军第 39 信息作战中队已在与海军合作确定网络任务部队联合训练标准。此前，该作战中队还为美国武器系统防御人员提供了初始资格训练。各军种院校正处于 PCTE 平台迁移的初期阶段（从作战部队、实验室任务甚至演练靶场输入模块）。美国空军认为，网络作战人员的训练内容基本不会有大的改变，其训练使用的在线工具/靶场并未发生变化。但随着 PCTE 平台的引入，各军种院校的训练范围将呈现多样性、复杂性，这才是 PCTE 平台带来的真正变化。

（1）通过贯彻通用化训练目标，联合作战部队训练时能够体验更多的交叉性/互操作性任务，训练效果更为突出。

（2）在训练资源管理方面，训练工作充分实现了标准化、简约化、自动化，训练内容、经验教训、最佳实践三者实现了统一，训练时间自由可控，训练周期和成本显著降低，训练效率显著提升。

（3）对学员课程进行自动化评分，有效减轻教员的工作量。同时，教员能够集中精力开发典型网络威胁场景，促进 PCTE 平台性能进一步演进。

因此，对于美国各军种院校来说，引入并充分利用 PCTE 平台这一措施，最终实现了美国军方和院校的双赢结果。

**（四）多平台的集成与多盟国合作是其未来发展方向**

为将不同的网络空间作战系统和资源集成到一起，美军提出联合网络作战架构（JCWA）的总体网络能力愿景。联合网络作战架构旨在统一协调网络能力及系统的发展、相关采办项目等，将各军种正在开发的现有网络系统整合到一个集成系统，形成更具互操作性的通用系统，使网络部队通过一个平台来执行日常训练、指挥控制、决策实施等广泛军事任务。联合网络作战架构主要包括联合网络指挥控制、通用访问平台、传感器、网络工具、持续网络训练环境、统一平台等部分，如图 5 所示。

对于 PCTE 平台来说，与其他平台集成不仅能够减少多重系统重复登录的复杂性，而且能够使数据及时反馈到作战系统中，提升系统综合效用。

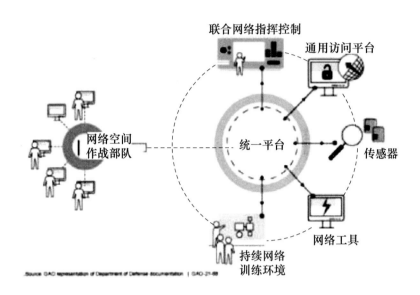

图 5　美军联合网络作战架构概念图

目前,美军正在进行联合网络指挥控制早期试点工作,在 IKE（网络空间地图绘制/战备评估/指挥控制的项目）中添加补充 PCTE 数据。即在 PCTE 平台开展演练形成的相关数据能够直接反馈到联合网络作战架构生态系统中,以支撑联合团队成员高效应用数据,形成及时的作战效能。

持续网络训练环境作为联合网络作战架构的重要组成部分,可实现与架构内其他要素（通用火力平台、统一平台、联合指挥控制机制、传感器）的连接、集成、互操作。网络任务部队在联合网络作战架构内即可应用多种作战工具和功能机制进行训练和演习,形成了信息和决策共享、用户反馈及时和定期协作的良性互动,为网络任务部队开展全频谱网络作战提供一个高精准、全面性、标准化的训练平台。

此外,美国网络演习和训练主管在 2021 年度跨军种/行业训练、仿真和教育会议上表示,"五眼联盟"国家对持续网络训练环境非常感兴趣。

此前,美国网络司令部于 2020 年 12 月就与澳大利亚国防军签订了首个网络训练平台建设合作协议。该协议为期6年，投入经费2.519亿美元，旨在开发适用于未来需求的网络训练工具平台，推动美国网络司令部将澳大利亚国防军的反馈纳入PCTE平台。此合作开发协议是美国和盟国之间形成的首个网络作战域合作案例。预计下一步，美国网络司令部将以此为契机，与"五眼联盟"国家持续开展网络训练平台建设协作。持续网络训练环境的应用领域将进一步拓展，其能力将得到进一步提升。

## 三、结束语

当今，网络空间作战和网络军备竞赛愈演愈烈，只有不断加强网络能力实战化演练，将演练实战化、常态化、制度化，才能强化自身网络攻防能力。未来，美国国防部对网络空间预算持续投入，强化网络空间联合作战能力，推动各级网络任务部队能力建设。而持续网络训练环境作为网络部队能力建设的重要训练平台，其实用效果及进展情况也将越加受到关注。

（中国航天科工集团第二研究院二〇八所　李莉）

# 外军数字工程与仿真技术应用发展研究

数字工程是一种综合的数字化方法，采用可信的数据源和模型作为装备系统跨学科之间的连接体，支撑装备从概念到报废的全生命周期活动。美军认为，传统的建模仿真、基于仿真的采办、基于模型的系统工程是第三次工业革命信息技术发展的产物，当今世界处于第四次工业革命，采用数字化连接的"端到端"复杂结构体将替代基于电子和IT的自动化，数字化登上舞台中央，数字工程的推进迎来了最佳时机。近年来，美军不断推进数字工程在武器采办和研发上的应用，国防部先后发布了《数字工程战略》和《数字现代化战略》，各军兵种也开展了相应探索实践。

本文重点阐述数字工程在外军（特别是美军）中的广泛应用，重点从装备设计研制、装备作战运用、装备试验鉴定三方面展开论述。

## 一、数字工程在装备研发中的作用

数字工程在装备研制过程中以"数字孪生"和"基于模型的系统工程"等概念与方法指导武器装备的论证、设计与研制工作，可大幅提升装备论证的精准度、缩减装备研制周期、规范化科研生产流程。美国空军研究实验室称,数字孪生技术代表数字工程学的未来,可为武器系统提供极大的灵活性和适应性。通过基于模型的武器系统基本架构,可实现武器系统之间的灵活性、模块化、可重用与一致性,为武器协同提供了技术基础和标准,为开发易用、适应性强、高效精准契合目标需求的产品提供有力支撑。

## (一) 数字工程加速在研武器装备研发

2021年,美国空军研究实验室弹药管理局在虚拟弹药模拟平台上进行了"武器一号"(WeaponONE)演示验证工作,初步验证了数字工程的重要价值。在演示过程中,项目团队演示了基于24小时空中任务指令的协同编队武器系统原型"灰狼"系统的效果,演示内容主要是基于数字孪生技术快速增强"灰狼"系统的功能。"武器一号"提供了一种全面数字化、敏捷开放的生态系统,演示中首次将武器系统引入数字工程时代。作为美国空军三个示范性数字工程计划之一,"武器一号"计划将进一步实施数字孪生原型,与先进作战管理系统(ABMS)平台、硬件在环/系统集成实验室集成测试等工作,对"数据驱动作战决策"概念进一步测试、验证、评估,充分推动武器应用领域数字孪生技术的创新发展与应用。

### 1. 美国空军利用数字工程开发新型洲际弹道导弹

美国空军利用先进的数字工程方法制造新一代可携载核弹头的洲际弹道导弹,以加快新武器系统的开发。美国空军已经与诺斯罗普·格鲁曼公司和波音公司签订两项开发协议。数字工程将简化武器的开发,并可能绕过传统采购过程中的一些耗时或繁琐的因素,在短时间内为部队带来强大的高科技新武器。与现有的武器库相比,新导弹在射程、耐久性、瞄准技术和总体杀伤力方面的评估都有所提高。新洲际弹道导弹称为"陆基战略威慑"(GBSD),可以一直服役到21世纪70年代。

**2. 俄联合发动机制造集团用数字孪生助力航空发动机生产**

俄罗斯联合发动机制造集团（UEC）和芬兰与俄罗斯合资的 Zyfra 集团表示，正在测试后者开发的 ZIIoT 工业物联网平台，用于雅克－130 高级教练机的 AI－222－25 涡扇发动机生产。通过该平台，能够监测发动机的制造过程，并可在虚拟环境中进行发动机测试，从而显著减少测试量，提升产品质量，大幅提速生产。

**3. 日本公布 F－X 战斗机数字化发展计划**

日本防卫省公布了将数字工程技术应用于下一代 F－X 战斗机项目的计划，旨在提升设计、开发、生产和维护飞机的质量与效率，可能对武器装备的研发、大规模生产和维护的每个阶段都产生重大影响。日本防卫省正在对应用开放系统架构（OSA）进行研究，利用其实现火控、导航、通信、电子战等系统的互操作和连接，以便未来能够低成本快速升级子系统，而无须进行重大翻新。

**（二）数字工程推进下一代武器装备论证**

**1. 美军"金帐汗国"项目用于论证与验证"协同小直径炸弹"**

"金帐汗国"项目最早出现于 2019 年 3 月的美国国防部合同公告中，旨在使现役武器按照预设规则实现网络化协同作战。在项目试验中，来自埃格林空军基地第 96 测试联队的两架 F－16 战斗机同时投送了 6 枚 CSDB I，之后 6 枚弹药间互相建立了通信。本次试验成功验证了 3 项目标：一是将无线电网络由第一次试验的 2 枚弹药、第二次试验的 4 枚弹药，拓展到本次试验的 6 枚弹药以及一个地面站；二是从地面站向飞行中的武器发送目标更新信息，以打击高优先级目标；三是其中 2 枚弹药对同一目标实现了同步目标到达时间打击，另 2 枚弹药对 2 个不同目标进行同步打击。

"金帐汗国"项目核心在于采用数字工程理念进行网络化、协同和自主

（NCA）武器与技术的开发演示。可以预见，美军对采用数字工程管理武器全生命周期、进行技术和作战概念虚拟验证十分重视，后续仍将继续投入，利用数字工程实现武器、技术和作战模式的颠覆性发展。"金帐汗国"项目后续将进入被称为"罗马竞技场"的新阶段，形成数字孪生武器生态系统。

**2. 美国太空军计划采用数字工程新方法开发未来卫星**

美国太空军军事采办方和承包商将在虚拟云网络中合作，每件设备都将以一个数字模型存在。设计完成后，数字信息将应用于整个研发生命周期。政府（而非承包商）将管理数字工程模型，美国太空军太空与导弹系统中心项目经理则将发挥系统集成作用。目前，太空与导弹系统中心已确定 3 个数字工程试点项目，包括两个下一代通信卫星项目和一个可适用多任务的模块化卫星平台。试点项目将帮助太空与导弹系统中心理解转向数字工程的技术、管理和财务影响。此外，美国空军高级采办主管已将数字工程列为未来项目的优先事项。

**3. 美国特种作战司令部着眼下一代干战潜水器的数字工程**

美国特种作战司令部利用数字工程来设计其下一代干战潜水器（DCS）概念，干战潜水器服务于美国海军特种作战，预计该装备在未来几年内将升级到 Block Ⅱ 型或 "DCS–下一代"。现阶段美军通过数字化工程及相关方法对该型装备进行研究论证，用以节省设计成本和制造原型。

**（三）提升、完善、升级武器装备研制模式**

**1. 波音–萨博公司利用数字工程研制 T–7A 高级教练机**

波音–萨博公司联合研制的 T–7A "红鹰" 高级教练机完全使用波音公司所开发的基于 3D 模型和数据管理系统，并采用数字工程技术进行设计，进而实现从最初的概念到首次飞行仅用了 36 个月。美国空军认为，若没有数字工程，就没有一种飞机能够在首飞前就模拟飞行数千小时，也不能在开工切割任何金属材料之前就虚拟建造和组装数百次。通过数字化方式，"红鹰"教练机基于先进的设计工具，利用数字技术实现了跨越地域限制的目标。

此外，美国空军部队与太空部队已开始使用数字工程设计和测试飞机、武器及卫星等，并将数字化装备名称前均添加字母"e"。波音公司的"红鹰"教练机是第一种获得"e"系列称号的飞机，即 eT-7A。

**2. 美国太空军计划采用数字工程方法开发未来卫星**

美国太空军计划采用数字工程方法开发未来卫星。军事采办方和承包商将在虚拟云网络中合作，每件设备都将以一个数字模型存在。设计完成后，数字信息将应用于整个研发生命周期。数字工程与军队传统流程差异巨大，美国太空军太空与导弹系统中心可能需将所有项目数据移至云环境并确保数据受到保护，同时还需要私营部门的帮助才能实现数字工程。政府将管理数字工程模型，该中心项目经理则将发挥系统集成作用。

**3. 西门子开发数字主线工具以支持美国国防部数字工程战略**

西门子数字工业软件公司正在通过其 Xcelerator 产品组合提供"国防数字主线"，以实现整个航空航天和国防工业的下一代设计、制造和持续创新，包括国防部、原始设备制造商、供应基地和航空航天以及国防初创公司。"国防数字主线"利用行业最全面、最开放的数字产品组合，加速国防部及其整个供应链创新能力的开发和交付。西门子全面的数字孪生支持从基于模型的系统工程到维护的数字主线。该基础平台可为国防部及其行业合作伙伴的项目提供无缝的生命周期管理。

## 二、数字工程在作战中的应用

### (一) 美国海军数字工程作战中的应用

作为美国海军数字工程转型中的重要里程碑,美国海军完成首个体系数字孪生模型"数字林肯"的开发,该项目使用了基于模型的系统工程方法及其相应的集成字典、模式和需求框架,开发了安装在"亚伯拉罕·林肯"号航空母舰上的5个互联系统的端到端数字表示。该工作将在复杂系统交付前通过虚拟环境对解决方案进行测试和评估,在实地部署前解决发现的问题;此外,还提高系统的可靠性和网络安全性,同时降低作战人员风险。作为美国海军继续进行数字化转型的目标,将在所有平台上创建所有系统的数字模型,以提高网络安全性,增强系统性能,提高技术交付速度并减少安装时间和成本。

### (二) 美国太空军数字化建设中的应用

美国太空军2021年5月6日发布了其最新愿景文件,阐述了其希望成为世界上第一个全数字化军种的愿望,并将发布一份"转型路线图"详细说明如何实现其愿景。发布《太空作战规划指南》将"创建数字太空军以加速创新"作为优先事项。

在系统建设方面,作为数字工程工作线的一部分,美国太空军正在建立一个新的基于云的数字工程生态系统。在该环境中美国政府可以与工业界合作、评审项目、共享虚拟塑造过程或技术的数字孪生。构建统一数据仓库收集并整合来自多个来源的空间态势感知数据,存储数字工程生态系统云所需的数据。其他数字服务实现包括使用人工智能处理应聘申请,以及使用数据分析来推动决策。美国太空军还在创建数字化员工计划,为太空军人员提供在线学习平台，并跟踪他们在提升数字化能力方面的进度。

在作战运用方面，美国太空军加快设计数字军种的未来作战设计。初步的典型作战流程设计包括运用数字生态环境进行快速威胁评估、作战计划拟定、仿真推演测试、作战反制行动等。首先由太空情报分析人员和建模仿真专家快速开发威胁模型，基于数字工程生态，专家直接在云环境里用基础设施即代码的方式快速启动基于容器的卫星工具包之类的任务仿真软件，通过虚拟桌面访问不同密级的数据和模型等，以明确新威胁会带来哪些作战能力影响。运用数字工程生态环境，无缝赋能实时的数据交换和可视化界面给相关人员，用于可靠高效地支援需要团队协作的决策，支撑在数据空间中开虚拟会议，参会者在数据空间中进行实时的交互。在可靠的联合兵棋推演仿真和综合数字孪生虚拟作战中心里，对作战人员训练、计划、测试、兵棋推演，并在一系列高保真模拟器上测试成功后赋能太空军守护者采取集体行动。预期在一个月之内，完成从最初的威胁识别到短期的临时解决方案和更可靠的长期反制措施。

**（三）美国空军数字工程作战中的应用**

自美国防部 2018 年 7 月正式发布《国防部数字工程战略》以来，美军各军种正在通过各种方式开展数字工程建设。从目前来看，美国空军可能是建设数字工程最积极的军种。在空军装备司令部下设立永久性办公室，专门负责为空军和太空军提供数字工程相关的指导和服务，提出在采办和研发业务领域全面应用数字工程技术。

美国空军保障部门训练维修美国空军"墓地"中的两架 F－16 战斗机并将它们拆解，使用数字工程创建机身及其许多主要子系统的精确数字复制品。数字孪生将使该军种能够模拟飞机未来的磨损、维护和升级，并为该军种寻找新的 F－16 战斗机零件制造来源提供途径。

### (四) 美国陆军数字工程作战中的应用

美国国防部信息分析中心授予科学应用国际公司一份价值 1.26 亿美元的单项任务订单，用于为位于密歇根州沃伦的美国陆军作战能力发展司令部地面车辆系统中心建模仿真增强的研究和开发提供支持。根据五年的任务订单，该公司将在广泛的建模、仿真和软件密集型领域提供研究和开发，包括地面作战系统建模仿真、软件在环系统集成实验室和实验室基于生命周期系统架构的性能评估。科学应用国际公司将通过将领先的基于模型的系统工程和敏捷数字工程框架与经过验证的研发专业知识，以及在建模、仿真和软件技术应用方面的丰富经验相结合，来增强指挥部的工程生命周期。

## 三、数字工程在试验鉴定中的应用

### (一) 加快推进数字化进程引领试验鉴定发展新方向

美国国防部《数字工程战略》计划将采办流程从线性的以文档为中心转变为动态的以数字模型为中心，建立数字工程生态系统，也使试验鉴定加快数字化进程。以试验鉴定主计划数字化为牵引，提高试验鉴定效率。将纸质文档变为数字化文档，以数字化思维来策划制定主计划。以模型为中心，实现需求的自动跟踪与量化。使用数字化手段获取重点靶场与试验设施基地的能力、性能图和时间表，明确为满足试验要求所需的投资规模，规划最优的试验活动。提升试验鉴定作为国防部数字工程权威数据源的关键作用，强调建立权威的可置信的数据源，作为武器系统开展各阶段、各类型建模仿真的基础，强调试验鉴定应扩展数据应用范围，提升试验鉴定作为权威数字来源渠道的关键作用，减少对昂贵实物模型、不成熟的设计定型和实物试验的需求。

### (二) 数字工程战略融入一体化试验鉴定

美军利用数字工程的理论和实践来转型试验鉴定理念,将基于模型的工程、不确定性量化方法等新概念引入一体化试验鉴定中,使装备试验鉴定从提供数据或确认模型的传统角色转变为构建知识,用于支持国防采办项目关键里程碑的更好决策。数字工程战略思想融入试验鉴定程序,助力一体化试验鉴定的落实。新颁布的 DoDI 5000.89 文件首次将数字工程战略思想融入其中,该文件第三章试验鉴定程序中规定,作为数字工程战略的一部分,应利用模型和数据来数字化表达在任务背景下开展一体化试验与鉴定活动的系统。项目应在最大可能范围内使用可访问的数字生态系统,如高带宽网络、计算体系结构、多重密级环境、复杂组织体资源、工具和先进技术。

### (三) 构建体系试验床系统测试数字工程工件

BAE 系统公司承担构建体系试验床,该系统是一个开放式架构系统,用于在部署到多域操作环境之前对现场系统、新技术和高级数据管理流程进行建模、仿真和评估。它是一种集成和工程工具,可将正式架构规范、数字架构建模、高逼真度建模仿真以及高级指挥控制支持技术联系起来。该测试平台对数字工程工件、杀伤链性能和数据管理系统执行基于模型的系统工程分析,以确定技术和系统限制。

## 四、启示与建议

数字工程融合了建模仿真、数字孪生、人工智能、高性能计算、物联网、大数据等前沿技术与先进手段,可以实现对产品的精确定义和仿真,以及对设计与研制过程的精准预测和控制，目前已成为外军武器装备发展转型的首要聚焦领域，且正逐步成为大国复杂系统工程竞争高地。

从认识层面，应加紧策划并大力发展基于数字工程解决方案，建立良性、科学的研究环境与产业生态。

从应用层面，大力推广并发展数字工程理论方法并在工作中进行推广应用，打通装备需求分析、装备设计研发、装备试验鉴定、装备作战运用、装备维护保障大闭环，推进数字工程成体系化建设与发展。

从实施层面，在装备全生命周期推动建立基于模型、数据驱动的分析与控制方法，充分利用好现有的科研生产中产生的数字资源、数字模式与数字样机，在此基础上构建全体系数字元素，形成全数字体系。

从方法层面，数字工程与仿真技术、建模技术紧密相关，应充分发挥仿真技术在武器装备建设与作战能力生成中的积极推动作用，切实形成基于模型的体系设计方法理念与应用系统。

（北京仿真中心　王清云）

# 美军探索将兵棋推演应用于太空定向能作战

2021年9月,美国空军研究实验室表示开始建造兵棋推演高级研究仿真(WARS)实验室,用于探索将兵棋推演应用于太空定向能作战。该实验室可将高能激光器和高功率电磁装置植入战斗空间,将虚拟靶场变为现实愿景,以测试如何使用定向能辅助已有的武器系统作战,为美军太空定向能作战仿真与分析提供支持。

## 一、军事背景

在美军具备大量太空资产和一些初步作战装备的前提下,如何更好地发挥这些装备的作战效能,更好地保护太空资产,在未来太空作战中获取绝对优势,成为美军当前的考量。美国近几十年来一直积极研发激光武器,已开发的舰载高能激光器能对低轨道的光学侦察卫星实施致盲攻击。2021年6月,美国太空作战部长雷蒙德在国会听证会上首次公开表示,美国正在开发定向能武器,充分开发定向能投资组合,使其成为保护太空优势的有效能力。定向能武器作为新概念武器,与传统武器有很大不同,被称为具备颠覆性作战能力的武器,但目前已经开展和取得的定向能武器性能试验数据还不足说明其效能和影响,定向能武器尚未在战场上真正应用,其作战过程及模式对未来战争走向也有很大的不确定性。

在未来的军事环境中,定向能武器被引入武器库后将产生一个难以清晰界定的复杂的问题集,兵棋推演是解决这些问题的有效手段。由具有不同背景的专家组成兵棋推演团队通过兵棋推演可以产生启发性知识,通过红蓝交互对抗能够为动态发展过程中出现的问题提供有价值的参考答案。兵棋推演可用于实时分析复杂的数据系统,以增强指挥官和作战人员的决策能力,可有效提升参与人员的军事素养。此外,还可以将人工智能、数字技术等最新技术纳入推演过程,开展广泛、深入的参数分析,研究军事行动如何随着攻防变量的调整而变化,协助作战人员管理复杂的战场。

## 二、研究基础

### (一) 美军大力推动太空实验室建设

近两年来,美军投入巨资建造多个太空实验室,其中包括可展开结构实验室、天波技术实验室、太空作战行动研究和开发实验室、交汇与接近(REPR)卫星作战中心及兵棋推演高级研究仿真实验室等。

可展开结构实验室从 2019 年 12 月开始建设,2020 年 10 月正式启动,投资 400 万美元,主要推进"航天器部件技术卓越中心"航天器结构材料开发工作。如建造可在轨收集太阳能并通过微波向前方作战基地传输能量的航天器,为空军研究实验室的"空间太阳能增量演示与研究"计划提供支持。

2021 年 3 月,美国空军研究实验室投资 350 万美元计划在 2021 年内建立占地约 325 米² 的天波技术实验室，用于开展太空环境及其对军事系统影响研究。重点研制和试验新仪器，为全球实地实验做准备，收集和处理数据以支持电离层和射频研究。

2021 年 5 月，美国空军研究实验室投资 1280 万美元建设占地近 2500 米² 的太空作战行动研究和开发实验室，用于跟踪在轨道目标，促进卫星网络安全和发展自主能力，以帮助太空飞行器避免彼此碰撞和空间碎片。

2021 年 7 月，美国太空军投资 1700 万美元开设 550 米² 的交会与接近卫星作战中心，旨在提升太空作战能力，推动卫星样机和有效载荷的在轨实验和演示。该中心将使作战人员能够同时指挥多个任务，显著提高太空军的任务能力，开发创新作战概念，并为美国太空军及其任务合作伙伴展示改变游戏规则的技术。

2021 年 9 月，美国空军研究实验室投资 600 万美元在科特兰空军基地建造占地近 1000 米² 专门用于仿真和分析的兵棋推演高级研究仿真实验室。该实验室将推进美国空军研究实验室为阻止冲突而采取的创新、速度和伙伴关系三项战略，将使用数字工程测试新技术并评估其作战情况。该实验室预计于 2023 年春季开放。

这些太空实验室涵盖太空定向能武器能量供给、太空兵棋推演、环境模拟、太空飞行器在轨机动飞行、有效载荷在轨实验、作战指挥模拟、创新作战概念开发等。随着这些太空实验室的建成及投入使用，必将对美军的太空作战能力起到巨大推动作用。

**（二）太空及定向能兵棋推演活动开展情况**

作为军事强国，美军早已将太空演习及兵棋推演作为训练军官和研究战争的重要工具。美军的太空演习主要基于战略与战术层面，致力于进一步完善其在太空作战领域的战略战术、转型建设、装备研发、作战运用等方面的战略与政策等。

"施里弗"演习：以预测未来太空战场景为主线，着重于探索未来作战概念与规则、指挥控制以及武器发展等需求，并于 2020 年演习中首次与盟国共享高度机密的太空信息，构建太空作战联盟。

"全球哨兵"演习：近年来更加注重基于现实世界的高逼真建模仿真演示训练，以进一步提升美军与其盟友国的联合太空态势感知能力。

"太空旗帜"演习：注重于从战略层面推演延伸到战役、战术层面，并在持续拓展各兵种联合以及与盟国的多域联合作战能力，以进一步推动太空实战化进程。

在定向能兵棋推演方面：2011 年，美国空军科学研究办公室使用"现代空中力量"模拟系统探索高性能武器，如高能微波和高能激光，改变未来战争的潜力研究，加深了对未来武器及其对未来空军条令影响的理解。2019 年 8 月，美国空军通过激光与微波武器模拟和兵棋推演，使士兵调整和适应使用这些新武器作战或对抗使用这种武器的对手。2021 年 1 月，美国空军研究实验室在柯特兰空军基地举行了"定向能效用概念实验"（DEUCE）兵棋推演，开展最新的战法、建模仿真试验。6 月，美国空军研究实验室在嘉德兰空军基地举行了 2021 年第二次定向能武器兵棋推演、建模仿真活动，将作战人员置于具有基于物理的红方和蓝方系统模型的虚拟环境中，帮助作战人员通过模拟界面应对威胁。

美国空军进行的太空演习及开展的定向能兵棋推演活动获取的数据和经验，为兵棋推演高级研究仿真实验室的建立及下一步兵棋推演提供了宝贵的经验并奠定了良好的技术基础。

**（三）定向能武器仿真及数字化对太空作战的推动**

2014 年，恒星科学集团开始利用其科学、计算机辅助建模和三维形状重建、射频操作和激光物理学专业知识为美国空军开发定向能武器的计算机模拟和虚拟测试。2016年12月，美国空军授予恒星科学集团一份为期5年价值700万美元的高级激光建模仿真合同，为其激光武器计划增加计算机模拟和虚拟测试，以加快激光武器发展并准备在2020年初装备战斗机及太空其他平台的实施计划。2021年7月，雷声公司和波音公司开始为美国太空军太空与导弹系统中心研制中地球轨道（MEO）导弹跟踪卫星，预计将在2022年末分别形成"高仿真数字模型"。该项目是美国太空军太空与导弹系统中心通过创新的数字设计及数字工程技术加速美国太空作战能力形成的旗舰级项目。

恒星科学集团项目、"数字太空军"愿景及"高仿真数字模型"等项目的顺利实施及完成，将提高太空军的武器系统仿真及数字化能力，将有利于美国太空军使用数字设计及数字工程技术，从而加速其太空作战能力的形成。

## 三、几点认识

**（一）建造兵棋推演高级研究仿真实验室是美国太空军落实《国防太空战略》和加速数字化建设的重大举措**

美国太空军自2019年成立以来不断加大数字领域的研究和开发，运用"数字工程"设计，在虚拟环境中设计、开发和测试卫星防护及反卫星技术，培养经过数字化训练、技术熟练的部队，借此维持太空霸权。

美国空军建造的兵棋推演高级研究仿真实验室，以期快速捕获和吸收最新技术成果，在数字环境中进行协作，将高能激光器和高功率微波装置等新型武器插入战斗空间，将虚拟靶场变为现实愿景，确定如何使用定向能补充已经拥有的作战武器系统,将为定向能武器和航天器作战仿真与分析提供支持,更高效、更快速实现新技术军事赋能,将进一步推动全域合作,加强与国防部各机构及空天作战人员就定向能武器使用进行合作,进一步增强作战人员能力,是落实美国国防部《国防太空战略》和建设数字太空军的重大举措。

**(二)开展定向能太空作战兵棋推演将加速太空定向能装备的研制和部署,大幅提升美国太空作战能力**

兵棋推演已经成为现代战争的关键环节。美军新的作战概念不断发展,联合全域指挥与控制、马赛克作战、多域作战、系统战、远征前沿基地作战等概念先后抛出,或向深度发展,兵棋推演作为重要的平台与工具,发挥了作战概念评估与论证的支撑作用。

美军建造兵棋推演高级研究仿真实验室,为美军进行太空作战兵棋推演提供了条件,将有助于降低定向能武器研制和采购成本、缩短研制周期、提高先进技术转化度,有助于进一步发掘太空作战对定向能装备的需求、验证定向能武器在太空作战中的效能、运用新兴装备探索新型太空作战概念,将会加速太空定向能武器的研制和部署,支撑太空作战概念的实现,大幅提升美国太空作战能力。

**(三)开展定向能太空作战兵棋推演将在辅助决策、制定和检验作战方案和培养军事人才等多方面发挥重要作用**

定向能武器可灵活运用发射功率,塑造作战空间,实现电磁频谱控制,将在未来的太空军事冲突的各阶段发挥可扩展性和灵活性作用。定向能武器不同的发射功率水平可对在轨卫星产生不同的影响,包括加热、致盲、降级和破坏等,为未来可能发生的太空军事冲突的不同阶段和烈度使用提供了灵活性。

定向能武器的杀伤效果还会受目标材料、结构、大气环境、作用时间等影响，操作激光武器也是一项复杂的工作。定向能太空作战兵棋推演将在定向能武器辅助决策、制定和检验作战方案、培养和锻炼军事人才、提高决策能力等多方面发挥重要作用。

## 四、结束语

依据美国防部发布的《美国国防太空战略》，美国太空军致力于打造太空综合军事优势，全力打造具有数字思维的太空部队。这支军队的目标不仅仅是从太空打击地面目标以及从太空拦截敌方导弹，其野心是要控制整个外太空，建立美国在外太空的绝对霸权，从外太空实现对其他大国的征服。

定向能武器作为太空军事赋能的重要利器，其价值在未来太空作战中的潜力不可估量。美军建造太空定向能作战仿真实验室，通过实验室兵棋推演探索定向能太空作战应用，对加快推动美军定向能武器的研发、部署和运用具有现实指导意义。一旦未来定向能武器走向成熟和实战化部署，必定对外太空的和平产生深远的影响。

（中国电子科技集团第二十七研究所　禹化龙）
（中国电子科技集团发展战略研究中心　李硕）

# 基于模型的系统工程案例——水雷战系统分析

## 一、基于模型的系统工程

基于模型的系统工程（MBSE）是建模方法的形式化应用，用于支持复杂系统开发相关的需求、设计、分析、校核与验证等，贯穿从概念设计到系统设计开发，以及装备系统全生命周期各阶段。国际系统工程学会（INCOSE）提出应用基于模型的系统工程的五个预期好处是：改进通信；提高管理系统复杂性的能力；提高产品质量；增强知识获取和信息重用；提高教授和学习系统工程基本原理的能力。

系统建模语言（SysML）是实现基于模型的系统工程关键要素之一，是一种支持复杂系统分析、规范、设计、校核与验证的通用图形化建模语言，如活动图、顺序图、用例图、状态机图、块定义图及内部图等。每个SysML图代表一种模型元素，一般由"框头"和"内容"两部分组成的图框表示（图1）。"框头"可为图类型的缩写（如需求图：req）、模型元素的类型/名称、图的名称等；"内容"通常是图的描述和图的内容，各类SysML图根据自身特点在实际应用中会有所不同。

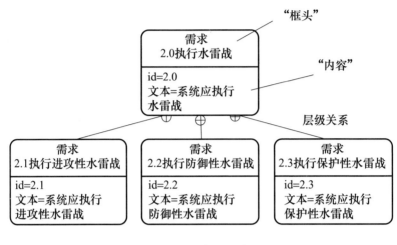

图1 需求图示例

## 二、基于模型的系统工程方法的应用

为及早识别支持任务工程的理想系统特性，美国海军研究生院系统工程系 Paul Beery 和 Eugene Paulo 两位专家提出了一种在系统寿命周期早期应用基于模型的系统工程方法，并为基于模型的系统工程技术应用设计了一个框架。

### （一）基于模型的系统工程支持分析

利用基于模型的系统工程基本原理，支持开发和分析作战仿真和系统综合模型，通过对模型和仿真的分析，使大型系统的开发成为可能。工程人员可基于物理、一阶工程或综合模型，理解和确定可行系统设计的物理约束。通过建立作战需求和物理系统配置之间的正式联系，并将其作为基于模型的系统工程分析方法的基础。图2显示了基于模型的系统工程分析的两个并行流程，即系统的作战设计和系统的物理设计。

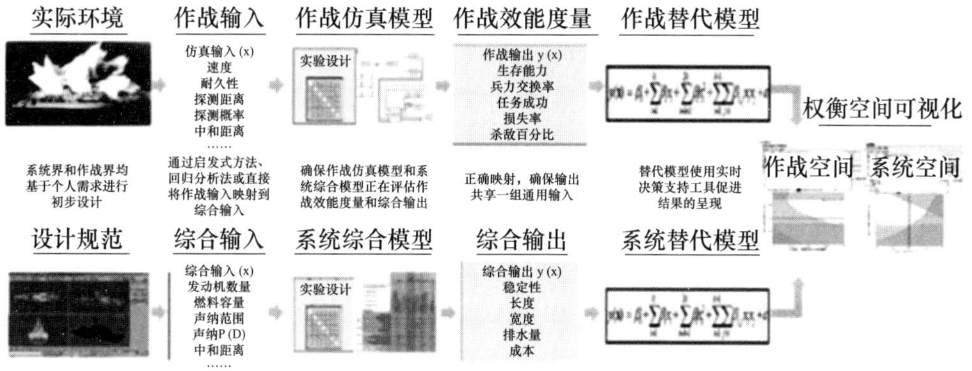

**图2　分析方法：系统的作战设计（上）和系统的物理设计（下）**

系统的作战设计，首先要确定系统运行的实际环境和开发相关系统特征的作战输入。以某型水雷对抗舰艇为例，在作战仿真模型中对作战输入（如速度、耐久性、探测距离、探测概率等）进行评估，通过作战仿真模型建立作战输入和作战输出（如作战的效能度量）之间的联系，再利用作战替代模型（数学模型）表示输入与输出的关系，通过分析和可视化形成作战空间的最优结果；在开发和分析作战仿真模型时，分析方法论规定了系统综合模型的开发和分析过程，其建模方法几乎等同于作战仿真模型，系统综合模型建立综合输入（发动机效率、燃料容量、声纳范围、声纳P（D）等）和综合输出（稳定性、长度、宽度、排水量、成本等）的联系，再转化成系统的数学模型，形成分析结论。

值得注意的是，研究从作战设计过程或物理设计过程逐步分解而开始，但通常分析方法提倡考虑性能标准来开始设计过程，而不是装备系统的外形尺寸、武器数量等来定义所需的系统。这要权衡作战分析与系统设计的耦合和排序，以确保侧重功能的系统开发。如果分析方法和试验设计得当，则建模结果的链接可同时显示作战仿真模型和系统综合模型的结果，并对两者同时进行动态评估。

### （二）基于模型的系统工程支持任务工程

对作战和系统功能的关注导致任务工程的体系结构开发策略，该策略与现有的系统建模语言（SysML）产品一致，即利用 SysML 的规定关系和数据标准，拓展图 2 中提出的基于模型的系统工程重点分析方法，指导体系结构产品的开发，以支持系统在任务工程中的应用。其分析流程：需求定义—作战建模/系统建模—（作战替代模型/系统替代模型（数学模型、计算）—权衡空间（作战空间/系统空间））分析与可视化，即将该流程转化为系统建模语言。

## 三、美国海军水雷作战系统早期设计的分析

### （一）需求定义

基于真实作战环境或系统设计规范，通过生成（能执行作战需求的系统）需求图启动。全面的需求图传达了明确定义的问题系统边界、系统目标和初始系统功能。这些需求从预期的能力、预期的功能和量化的性能条件等方面反映了系统的作战环境和设计规格。如图 3 所示的"执行水雷作战"的需求层次结构，逐层分解需求，每个需求框上半部分显示作战任务需求，下半部分显示能执行上述作战需求的系统，每个需求的量化性能条件都包含在 CORE 文件中（此图未显示）。此处使用的是 VitechCORE 系统开发软件（同类软件如 MagicTraw、InnoSlate）。

### （二）作战建模

基于作战输入—作战仿真模型—作战输出，开发任务功能体系结构产

## 重要专题分析

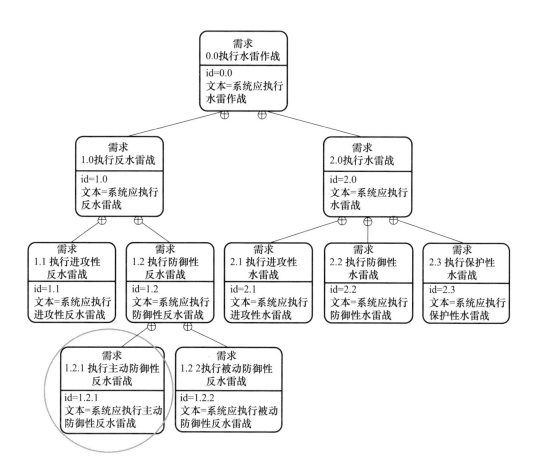

图 3 水雷战系统的需求层次结构图示例

品的活动图。该活动图可形象展现各活动之间的关系、顺序和进展，图表具有可追溯性和一致性，同时可使用序列图、用例图和状态图提供有关任务特性的补充信息。图 4 显示了主动防御性反水雷战的活动序列，其具有三个并行过程：①一系列猎雷、灭雷和扫雷，其中，在猎雷活动结束后此处重点关注"灭雷"行动，而把扫雷隐去；②主动防御性反水雷（MCM）后勤；③控制主动防御性反水雷行动。每个活动还将提供必要的外部信息，如水雷的位置信息和主动防御性反水雷的控制与作战信息。

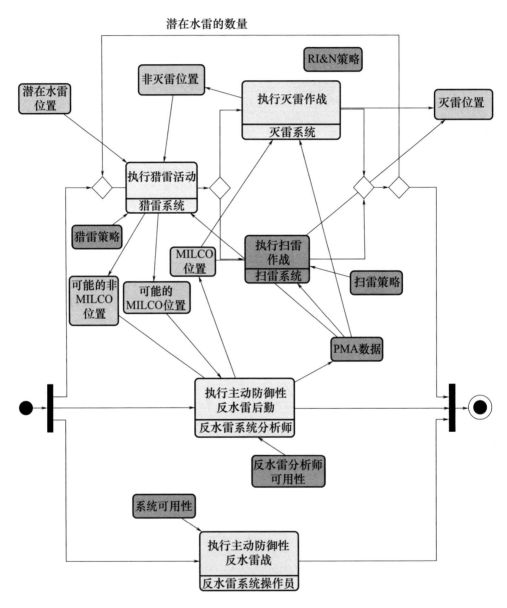

图 4　主动防御性反水雷战的活动序列图

MILCO—水雷位置；PMA—任务后分析；RI&N—侦雷与灭雷。

## (三)系统建模

为更全面地描述任务,创建系统建模透视图(块定义图和内部框图)。该透视图包括在活动图、序列图、用例图和状态图中执行功能的物理实体,并用块定义图将物理实体分解为更详细的组件。如在概念性水雷战系统中,创建与每个设计备选方案相关联的物理元素时,在内部框图建立块定义图和活动图之间的联系,即指定块定义图中所示的元素如何执行活动图中所示的活动来实现预定的系统功能。

## (四)分析和可视化

### 1. 任务模型描述

虽然以上各图已从多角度描述一个作战任务,但无法基于这类图对任务的执行情况进行详细分析,故在适当的试验设计下,需基于 SysML 构建外部任务模型,并对其进行定义与分析。例如,利用 Extendsim 软件构建离散事件仿真,包括进出雷区、猎雷和灭雷三个作战阶段的模拟。若采用近正交平衡(NOB)设计来检验物理体系结构中确定的 34 个设计参数,当任务执行组合为 512 个,且每个组合被复制 30 次时,总共有 15360 个设计参数组合。

### 2. 任务模型分析与确认

利用基于模型的系统工程基本原理支持任务工程的目的是确定理想的系统配置,使任务得以执行。例如,对每个系统配置的性能进行评估的四个效能度量分别是探测 90% 目标的可能性、持续的区域覆盖率(ACRS)、作战成本和水雷清除百分比。当采用回归分析法时,表明 8 个设计参数(变量)对系统的运行效率或成本有显著的影响;当采用权衡空间分析方法时,对探测 90% 目标的可能性、持续的区域覆盖率、作战成本、水雷清除百分比进行阈值设定,分别为 90%、0.22、1700 万美元、40%;若在 8 个设计参数中选择"水面搜索速度（$X$ 轴）"和"水面雷区通行的数量（$Y$ 轴）"两个参数为可视化的横纵坐标，其分析可视化结果如图 5 所示，十字

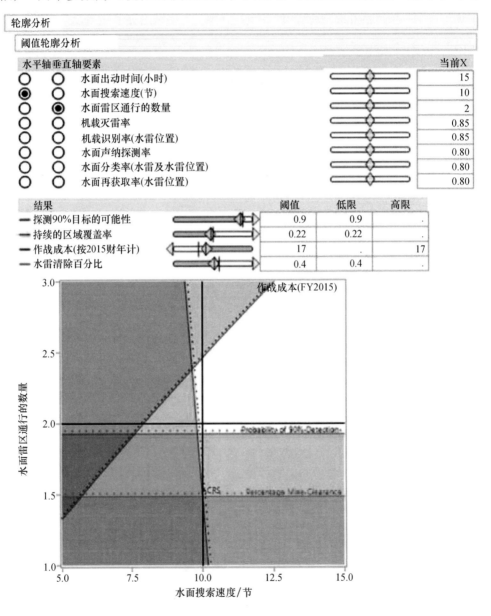

图 5　任务作战权衡空间的可视化

线表示一个潜在的设计点,如果进行 2 次雷场通行,系统的搜索速度至少为 10 节,因为低速设计点将无法满足持续的区域覆盖率的限制。如图 6 所示,当把水面声纳探测概率从 80% 下调到 75% 时,其可视化分析结果也会改变,可见系统设计不可行。同时,权衡空间方法还利于提出多种潜在的解决方案,如当任务通行从 2 次改为 3 次,将声纳探测概率降低到 0.75 时,使不可行的系统再次成为可能,如图 7 所示。

## 四、结束语

基于模型的系统工程是支持任务工程提升用于执行任务的系统开发与设计的重要途径,这种方法不仅利于美国海军识别替代舰艇和开展舰队设计,也适用于其他领域研究。水雷战案例是结合 SysML,利用基于模型的系统工程方法支持任务工程中的应用,为识别新系统需求提供了研究思路,即先将"系统需求"映射到"功能与物理系统体系结构",再映射到"作战与综合模型",利用权衡空间分析得出结论,告知下一代系统需求。未来,随着任务工程的推进,基于模型的系统工程方法将以任务为牵引在作战与系统仿真建模领域广泛应用。

(中国航天科工集团第三研究院三一〇所 苑桂萍)

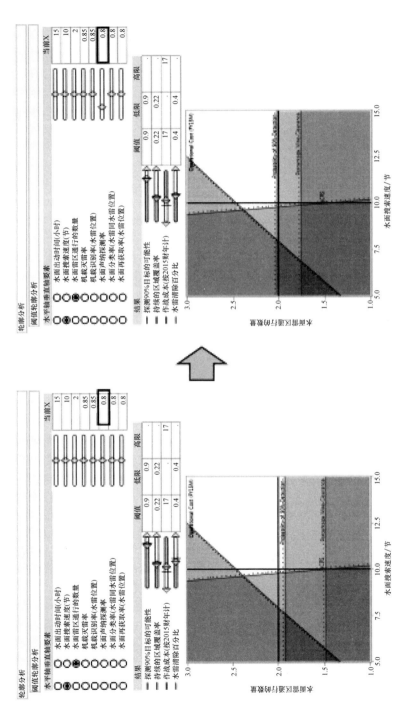

图 6　任务作战的权衡空间分析：受系统配置变化的影响

重要专题分析

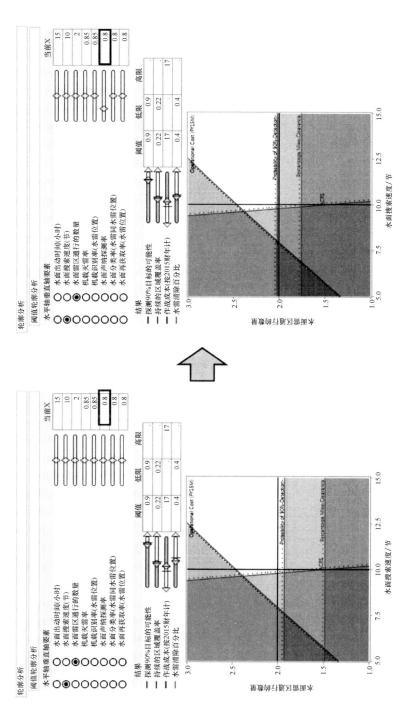

图 7 任务作战的权衡空间分析:确定新的可行任务执行方案

# 新兴颠覆性技术军事影响评估框架的动态研究

颠覆性技术在2014年成为美国"第三次抵消战略"的重点发展对象之后,一直备受瞩目。颠覆性技术集聚有效威慑和实战制胜双重优点,在世界新军事革命中的战略地位不容小觑,将会是各国战略威慑体系中的重要支撑。颠覆性技术及其创新概念的发展与经济和科技的发展密切相关,迫切需要形成较为科学、规范的认识理论。通过对技术成熟、军事用途、技术催化、军事创新和应用过程等阶段的分析研究,可以构建评估新兴技术和颠覆性技术军事影响的一些关键框架。

## 一、新兴颠覆性技术概念

2020年3月,北约科技组织发布《2020—2040科技发展趋势:探索科技前沿》,阐明了北约重视的八大新兴颠覆性技术,包括数据科学、人工智能、自主性、量子技术、太空技术、高超声速技术、生物科技与人类增强技术以及新型材料与制造技术,并指出未来20年的科技发展趋势将呈现出智能化、互联化、分布式和数字化四大特点(图1)。

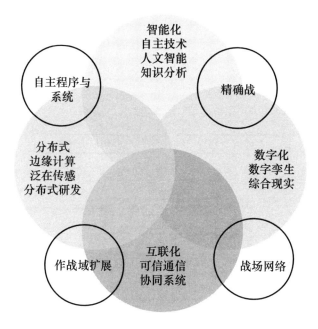

图 1　新兴颠覆性技术（智能化 – 互联化 – 分布式 – 数字化）发展趋势

2020 年 10 月 5 日至 6 日，北约盟军最高司令部和北约科技组织共同主办了第 14 届北约军事运筹研究与分析会议，其主题是"新兴颠覆性技术"。该会议是北约军事运筹研究与分析社区持续发展的一个重要部分，它汇集了来自众多组织的专业人士，包括北约司令部和机关、国防分析和研究组织、学术界和工业界。该社区对各种技术的军事用途进行评估，以提升战略和战术优势，也成为各利益相关者的关注重点。

颠覆性技术从产生到发展直至应用大致要经历一个平衡不断被打破并不断重建的过程：当新技术产生且具有强大优势和生命力时，现有格局被打破，产生新的组织结构和管理模式，新的商业、技术、竞争格局也就随之形成，直到下一个技术到来，如此往复循环（图 2）。在这一过程形成的每一个阶段，都会有不同的要素加入进来，如研发机构或政府的介入、社会影响因素的诱导以及应用领域的拓展等等。通过这种方式，新兴颠覆性技术将在几十年内继续更新，但同时也需要与现有系统集成并一起运行。整个成熟过程以及每个阶段的相关过程不是线性和顺序的，而是会经历许多迭代和重组。

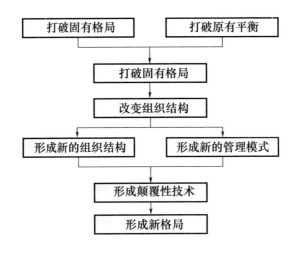

图 2　新兴颠覆性技术形成过程

这是一个非常复杂的过程，因此如果不采用国防组织中技术成熟的框架，就很难成功。该社区通过将新兴颠覆性技术置于一个通用框架中，使之成为科研领域与用户之间的桥梁。

## 二、军事影响因素

根据北约科技组织发布的《2020—2040 科技发展趋势：探索科技前沿》，全面评估新兴颠覆性技术的军事影响需要考虑以下几个方面：

（1）军事潜在影响力。

（2）对某一特定技术或科学领域的关注程度。

(3) 技术成熟度。

(4) 与作战能力的相关性。

(5) 支撑研究的相关科技领域。

## （一）潜在影响

评估新兴颠覆性技术的潜在影响是一个复杂的过程，需要考虑当前和未来的威胁环境、法律和政策约束、政治因素、投资决策因素等。新兴颠覆性技术潜在军事影响如表1所列。

表1 新兴颠覆性技术潜在军事影响

| 程度 | 性能提升（速度、射程、精度、杀伤力、生存能力、可承受性、可用性、可靠性或其他能力特征） |
|---|---|
| 中等 | 10% ~ 50% |
| 高 | 50% ~ 100% |
| 革命性 | 超过100%，或当前被认为是不切实际或不可能实现的 |

## （二）关注程度

技术发展在许多层面上都具有明显的周期性。其中最著名的是 Gartner 技术成熟度曲线（图3），它描述了创新的典型发展过程。成熟度曲线的横轴为"时间"，表示一项技术将随时间发展经历各个阶段；曲线的纵轴是"预期"。

技术触发期：技术刚刚诞生，还只是一个概念，不具有可用性，无法评估商业潜力。媒体有所报道，引起了外界的兴趣。

期望膨胀期：技术逐步成型，一些激进的公司开始跟进。媒体开始大肆报道，产品的知名度达到高峰。

幻灭谷底期：技术的局限和缺点逐步暴露，对它的兴趣开始减弱。大

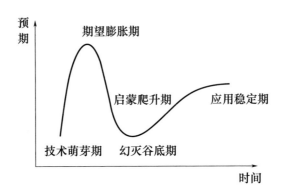

图 3　Gartner 技术成熟度曲线

部分被市场淘汰或者失败，只有那些找到早期用户的公司艰难存活。媒体报道逐步冷却。

启蒙爬升期：优缺点越来越明显，细节逐渐清晰，越来越多的人开始理解它。基于它的第二代和第三代产品出现，更多的企业开始尝试，可复制的成功使用模式出现。

应用稳定期：经过不断发展，技术标准得到了清晰定义，使用起来越发方便，市场占有率越来越高，进入稳定应用阶段。业界有了公认的一致的评价。

技术成熟度曲线的高峰和低谷迫使人们在不知道潜在价值的情况下采用高风险技术，同时也掩盖了利用不被关注却非常重要的技术的机会。了解和使用技术成熟度曲线的人员的主要任务是"修平"高峰和低谷来建立更为符合实际的预期。军事运筹研究与分析社区基于 Gartner 技术成熟度曲线，在各个阶段中描述了技术关注和认知的状态。这些阶段如下：

（1）触发：新技术或科学发现。

（2）期望：增加宣传和讨论。

（3）幻灭：探索局限。

(4) 启示：理解效用。

(5) 生产：成熟的应用。

### (三) 技术成熟度

技术成熟度是指技术相对于某个具体系统或项目而言所处的发展状态，反映了技术对于项目预期目标的满足程度。一般来说，成功的科技进步遵循技术成熟度等级（表2）的发展路径前进。

表2 技术成熟度等级

| 技术成熟度等级 | 描述 |
| --- | --- |
| 9 | 运行与评估 |
| 8 | 定型试验 |
| 7 | 真实环境下的系统演示 |
| 6 | 模拟环境下的系统演示 |
| 5 | 完整的实验室样机，组件或实验板在相关环境中验证 |
| 4 | 实验室原理样机组件或实验板在实验环境中验证 |
| 3 | 应用分析与实验室研究，关键功能实验室验证阶段 |
| 2 | 形成技术概念或应用方案阶段 |
| 1 | 基本原理的发现和阐述 |

由于多种因素，技术或基础科学可能无法产生新的作战能力；然而，不成功的开发对于科技部门来说也是至关重要的，因为它能提供一些有用的信息，来指导新方法和技术从基本原理转变为作战能力。

军事运筹研究与分析社区主要通过观察活动、预测相关前景和参考几种技术成熟度计算器来评估当前技术成熟度等级。应该注意的是，新兴技术通常在1~5级的范围内。

### (四) 作战能力

对于北约来说，新兴颠覆性技术的主要价值是其对当前和未来总的国防能力的影响。为了更好地将新兴颠覆性技术与其军事影响联系起来,将评估每个新兴颠覆性技术对北约作战能力的潜在影响。北约的作战能力分类法提供能力和子能力的结构化列表,针对作战分类的第一级进行评估:备战、项目、战时、$C_3$(咨询、指挥与控制)、维护、安全和通知。评估采用三点量表,描述对相关作战能力性能的低、中或高影响(表3)。这种主观性的评估方法提供了对潜在颠覆性影响的初步评估手段。

表3 新兴颠覆性技术对北约作战能力的影响

| 低 | 有限或不重要 |
|---|---|
| 中 | 总体适中,或仅与某些子能力有显著相关性 |
| 高 | 重大的或革命性的影响 |

**(五)相关技术领域**

国防科学大致分为三大领域,包括人类(包括生物)领域、信息领域和物理科技领域。将新兴颠覆性技术与这三个主要领域联系起来,有助于从整体把握新兴颠覆性技术的研究、开发和运作。评估采用了一个三点量表,通过低、中或高来描述北约在新兴颠覆性技术开发过程中与这些研究领域的相关性(表4)。

表4 新兴颠覆性技术与科技领域的相关性

| 低 | 有限或不重要 |
|---|---|
| 中 | 总体适中,或仅与某些子能力有显著相关性 |
| 高 | 极其相关 |

## 三、国外新兴颠覆性技术评估现状

军事运筹研究与分析社区对新兴颠覆性技术的军事效用进行评估,并研究如何使这些技术在军事领域发挥最大的作用；能够强化平台、武器或有效载荷等关键作战特征的技术能力是最重要的，如射程、速度、机动性和生存能力等。此外，随着新兴颠覆性技术的地位越来越重要，不同系统之间的交互以及信息和数据共享也越来越多。这体现了一种重大的范式转变：从提升性能转变为设计部署可集成可重组的网络，从系统方法转向体系方法。

### （一）科学的方法论

现有诸多方法来解释军事行动以及系统和功能之间的联系。较为简化的结构，如约翰·博伊德的OODA（观察－调整－决策－行动）环或FFF（发现－匹配－完成），用于从概念上简化军事系统极其复杂的维度、相互依赖性和相互作用，以提供有效的作战结果。随着这些概念模型的发展和扩展以增加必要的逼真度和理解水平，两种变体已成为杀伤链或效应链的标准参考模型：一种是美国空军主要使用，称为F2T2EA（发现－匹配－跟踪－决策－行动－评估）；另一种主要由美国海军使用，由搜索－检测跟踪－分类/识别－交战－评估－防御组成。以现代军事系统和技术，这些概念框架中的每一步都可以由一个或多个系统完成，有些系统可以完成多个步骤，或者单独完成整个杀伤链，返回到最之前的结构，但其有效性和杀伤力要高出许多数量级（图4）。

在现代军事系统的设计和采购中，系统工程已成为首选的分析工具。然而，使用系统工程方法的主要分析层通常集中在系统或组件级（图5）。为了实现特定的军事任务结果，进一步聚合成系统级系统，称为任务工程。任务工程分析能够对多种组合与链接进行查询和分析。最近，任务工程已正式纳入美国国防采办流程，并编入国防部5000的总体框架，并为如何在10步流程（图6）中实施任务工程方法提供指导。

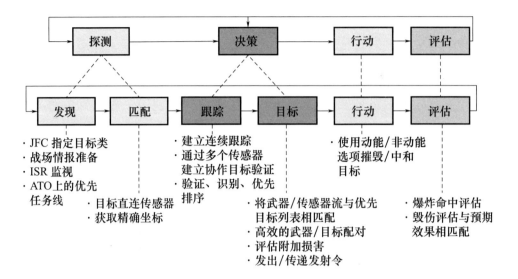

图 4 杀伤链的演变：历史（上层）和当前概念框架（下层）

使用火力的关键支柱（协调火力支援、武器—目标配对、附加损害分析、

动能/非动能目标整合、自动交战命令和多维冲突解决）

虽然现代已经引入了许多新技术和系统，但基本本质仍然是了解更多、

更快，以便有效地与对手交战。

任务工程发生在传统系统工程之外的一个层次上，是一个相对新兴的分析系统体系特征、行为和结果的框架。然而，使用这些任务工程方法的重要性将继续增加，并在军事运筹研究与分析社区中变得更加重要。

（二）仿真技术的支撑

新兴军事能力的发展对军队提出了新的问题，即这些能力能否以及如何改变冲突升级的可能性和降低战略稳定。这些问题和其他许多与军事能力有关的问题一样，缺乏必要的观测数据来检验它们。仿真手段是评估新兴颠覆性技术影响的重要工具，在军事和战略研究方面有着不可替代的地位。

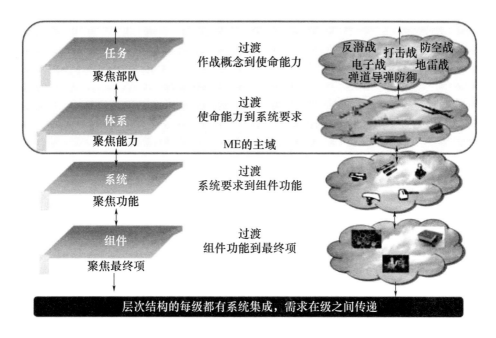

图 5　任务工程流程的分层结构

瑞士阿玛斯科技公司应用多种兵棋推演相关方法的经验，用以识别颠覆性技术的发展趋势，评估其军事影响，并向瑞士军方通报可能的机会和威胁。在开发过程中，该公司直接让瑞士武装部队（军事理论和未来规划团队）参与场景的设置以及未来技术的选择。该公司认为，考察新技术的加入对产品的影响，需要在使用的层次来模拟，这意味着从战略层面转移到战术层面，在这一层面上必须为每个系统定义防护性、杀伤能力、机动性等参数的值。评估这些系统所能提供的潜在影响，则要灵活地改变这些值，以确定哪种组合将产生更大的影响。这促成了"新技术战争"战术桌面兵棋推演的开发（图7），该游戏在当前瑞士的作战规则和条例的约束下，通过细化游戏的参数，从而清楚地看到新技术的作用效果，即对哪些参数有影响，而对哪些参数没有。

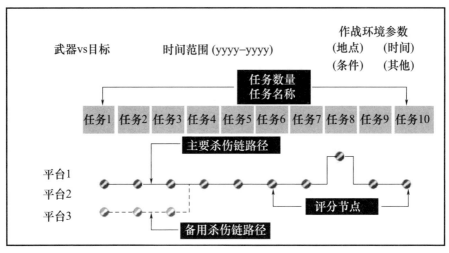

(a) 通用效果链

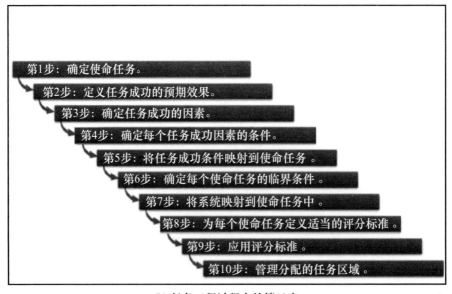

(b) 任务工程过程中的第10步

图 6　应用任务工程流程

为了考察在给定的场景中使用新系统的所有可能的方法，需要采用数字化的手段，如多智能体仿真。多智能体仿真是真实世界系统的数字孪生。

为了建立多智能体仿真，首先生成一个组合系统，包括人的行为以及技术环境；其次利用仿真技术，根据行为规则和环境约束对组合系统进行处理；然后对仿真进行校准，以研究各种变量带来的输出结果（图8）。这种经过验证的仿真不仅有助于探索游戏结果的特性，而且有助于诊断和预测。

图7 桌面兵棋推演"新技术战争"的界面（重点是新技术和新系统，"用明天的系统挑战今天的战术"）

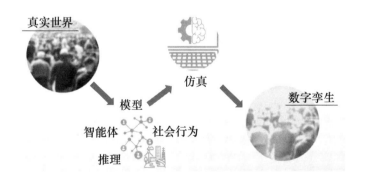

图8 多智能体仿真模拟兵棋推演

"新技术战争"提出了一种基于人工智能的网络战术学习方法。一旦它在游戏规则中达到令人满意的性能，游戏的结构可能会被扩展，以更准确地捕捉战争真实的一面，如增加新型武器、加入额外弹药等。阿玛斯科技公司的团队目前在 PyTorch 开源人工智能框架中实现了一个测试版人工智能。人工智能体可以通过一个 Web 界面与人类对抗，如图 9 所示。

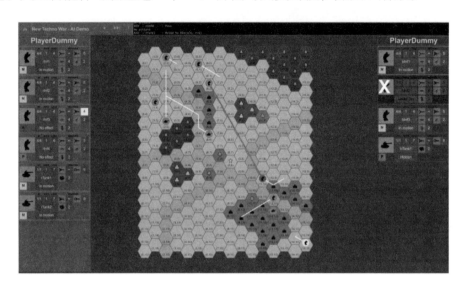

图 9　数字化新技术战争兵棋推演的界面
（支持人类玩家挑战为该游戏训练的人工智能）

此外，美国 Andrew Reddie 等采用实验性兵棋推演来研究新兴颠覆性技术带来的军事影响。实验性兵棋推演是一种作战仿真方法，采用实验设计方法，为探索人类行为的基本研究问题（如理解冲突升级）提供客观基础，是一种可与现有作战仿真方法结合使用的工具。实验性兵棋推演系统通过改变推演元素并跟踪玩家行为，从而对玩家行为、人口统计特征和推演结果进行定量分析。该项目中描述了实验性兵棋推演方法的优势，探索一系列涉及军事联盟的场景，探索兵棋推演环境中的合作与协同模式，采用数字仿真方法以模拟所有可能的结果，并将人工智能技术运用其中，以探索增强作战战术战法的手段，为战场指挥官的科学决策提供帮助。

美国战略和预算评估中心针对当前联合作战的分布式趋势,研究了多域作战、分布式海上作战和拼图战等新型国防作战概念。这些概念突出了一个关键假设,即战争创新和效能的进步更有可能通过更好更快的决策来实现,而这些决策也通过定制、专门构建的人工智能来增强,这些人工智能在各个指挥中心都得到了应用。美国战略和预算评估中心与国防部和军事服务部通过回顾过去几年中执行的几个关键项目,构建了技术发展与制度政策影响评估模型,并以仿真手段做出了验证,期望解决单个北约国家内部以及整个联盟的作战研究和分析界面临的共同挑战与实施考虑,以获得并保持未来作战和威慑的决定性优势。

澳大利亚国防科技组织联合作战分析部研究了新兴技术如何指引军队开展业务。澳大利亚陆军需要合理的新兴技术影响信息,以便为整个陆军的战略规划和未来发展提供指导。其重点研究了以陆军为中心的30年内,新兴技术对陆军通用功能可能产生的影响。采用了一种成熟的定性技术,即威胁、机遇、弱点和优势(TOWS),确定新兴技术对澳大利亚陆军可能产生的影响,该技术旨在从这些要素的组合中推断结果和战略。该过程包括访问实时数据库、提供分析数据的最新快照、提供可审计的新兴技术输入以及对仿真和作战推演的可能影响,问题和分析过程的演变,跟踪趋势和技术变化,将通用陆军职能映射到其他陆军职能分类,并制定分析方案。该过程的输出主要集中于为陆军提供战略和未来规划的指导,它们涵盖了外部威胁和机遇的广度,以及内部弱点和优势,这些弱点和优势可能会对陆军功能产生合理的技术影响,以及可能存在的风险或机遇。

## 四、展望

谁掌握了颠覆性技术，谁就会抢占未来战争的制衡权。需要将人员、技术和机构结合起来，以创建和维护基础设施，从而对新兴事物进行充分利用。各国应该继续合作发展成熟新兴颠覆性技术。纵览世界主要军事大国所聚焦的前沿技术，颠覆性技术领域发展态势主要分为三类：

一是改变未来战争形态和作战样式的颠覆性技术。例如：脑科学技术（脑机接口、类脑芯片）、自主系统技术（自主武器），使"意识作战"和"无人战争形态"成为可能；能源革命（替代能源）改变对矿物能源的依赖，用新型能源（核能、页岩气）和可再生能源（太阳能）等替代。

二是促进武器装备或民用产品性能跨越提升的颠覆性技术。例如，超材料技术、石墨烯储能技术、原子陀螺惯性导航系统、量子科学、核热火箭动力、太赫兹武器、激光武器、高超声速武器等，作战装备体积小、性能强，"轻装上阵"。

三是变革武器装备或民用产品研制生产流程的颠覆性技术。例如，大数据、纳米制造、微细制造等微系统技术和三维、四维打印集成制造技术，有望改变传统产品研制生产流程，使后勤得到保障。还有一些具有潜在颠覆性影响的科学技术，如新型材料技术、新一代信息技术、太空技术、网络空间技术、无人自主系统技术、高超声速技术、定向能技术、生物技术、先进制造技术等，都是开辟未来技术发展新格局的"金钥匙"。

当新兴技术相互关联，或者当人、信息或物理域有交叉时，这种技术发展是最具颠覆性的。在技术应用和技术创新中，重要的是新的和改进的技术在多大程度上融入有效和智能的作战概念中，重要的不是技术的先进性，而是更大的框架。因此，为了将新兴颠覆性技术的组合最大程度发挥其效用、充分发展为新的作战能力，必须充分认识到各种因素的影响，以便将这些影响因素同技术一起不断发展，这是军事运筹人员、指挥官、军事规划人员和系统开发人员等都在关注的重点。

（北京仿真中心　刘影梅）

# DARPA 建模仿真技术项目发展分析

近年来,DARPA 围绕建模仿真技术,在作战支持、智能应用、复杂问题及基础技术等方面,灵活运用并行或串行方式布局多个项目。相关动向反映出美军建模仿真技术向规模化、智能化、复杂化、基础化发展。

## 一、作战支持方面

DARPA 关注复杂动态战场环境的建模仿真,推动演习训练、概念开发等能力发展,重点布局"远征城市场景弹性作战原型试验台"(PROTEUS)、"安全先进建模仿真框架"(SAFE – SiM)、"数字射频战场仿真器"(DRBE)等项目。

### (一)"远征城市场景弹性作战原型试验台"项目

2017 年 2 月,DARPA 启动"远征城市场景弹性作战原型试验台"项目,旨在创建并演示验证工具,支持开发和测试基于动态可组合兵力配置的敏捷远征城市作战概念。该项目拟开发兵力设计与实验工具的三个核心组件:一是虚拟试验环境(名为 ULTRA),作为战术多域作战军事沙箱,用于跨层级实验与分析,旨在挖掘并激发美国海军陆战队的创造力和判断力;二是动态组合引擎(名为 COMPOSER),包括电磁频谱作战和后勤向导,可实现装备自动化装载和计划实时开发;三是参数数据服务(PDS)。保证虚拟试验环境和动态组合引擎的模型、地图和其他要素是可信的。该项目的承研单位包括立方公司、密特隆公司、科尔工程服务公司、数据机械公司、警卫队公司、米特公司等。2021 年 6 月,DARPA 称该项目已经在位于列尊营的美国海军陆战队成功完成最终演示验证,将转移给位于匡蒂科的海军陆战队作战实验室。

### (二)"安全先进建模仿真框架"项目

2020 年 1 月,DARPA 启动"安全先进建模仿真框架"项目,旨在发展安全可控的超实时建模仿真能力,以开展全战区任务级建模仿真,为作战概念开发、兵力结构组合、资源调配等高层决策提供快速分析结果。该项目包含四个技术领域:一是建模仿真能力,数十万个实体的超实时构造仿真;二是图形用户界面能力,直观界面;三是分析能力,创新数据储存、处理、分析工具与技术;四是多级安全能力,解决多级安全的策略与方法。DARPA 已经选择光辉科技公司、科尔工程公司、L3 哈里斯技术公司等承担该项目研发工作。

### (三)"数字射频战场仿真器"项目

2019 年 2 月,DARPA 启动"数字射频战场仿真器"项目,旨在创建能够有效平衡计算吞吐量与极低延迟的新型实时高性能计算机,构建世界首个大规模虚拟射频试验场。该项目开发的系统,将计算大带宽射频波形与物理环境仿真物体的相互作用,能够仿真众多射频系统在全闭环射频环境中的相互作用。该项目包含三个技术领域:一是系统集成器,系统集成支持工具与硬件;二是实施高性能计算机与加速器,设计高性能计算器架构与硬件加速器；三是通用数字射频仿真器，设计并建造代表对手系统的仿真器。目前，加州大学洛杉矶分校、佐治亚理工学院研究公司正承担该项目研究工作。

## 二、智能应用方面

DARPA 关注将人工智能引入建模仿真，提升智能助理、自动驾驶、海底探测水平，布局"感知赋能任务指导"（PTG）、"复杂环境机器弹性自动驾驶仿真"（RACER–SiM）、"海底仿真分析"等项目。

### （一）"感知赋能任务指导"项目

2021 年 3 月，DARPA 启动"感知赋能任务指导"项目，旨在开发人工智能技术，以协助用户执行复杂物理任务。用户将佩戴头戴式摄像头与麦克风等传感器，以及增强现实头盔，能够使该项目开发的人工智能助理感知环境，并向用户提供视频和音频反馈。该项目拟解决四个关键问题：一是知识转移，助理自动从训练手册、视频等资料中获取任务知识；二是感知基础，助理识别的对象、设置、行动、声音等应与用于任务描述和建模的术语一致；三是感知集中，助理应集中关注与当前任务相关的感知，并忽略其他刺激；四是用户建模，需要获得用户的知识模型、物理模型以及情绪模型等，以使助理决定向用户展示的信息与时机。目前，DARPA 已经授予凯特韦尔公司、诺斯罗普·格鲁曼公司研发合同。

### （二）"复杂环境机器弹性自动驾驶仿真"项目

2020 年 11 月，DARPA 启动"复杂环境机器弹性自动驾驶仿真"项目，旨在发展系列与越野自动驾驶相关的仿真技术，显著降低越野自动驾驶的开发成本，弥合仿真与现实世界的差距，提升军用越野自动驾驶算法与仿真能力。该项目关注三个技术领域：一是基于仿真的越野自动驾驶算法开发，借助仿真开发自动驾驶堆栈与算法；二是仿真技术，解决当前仿真环境的特定局限；三是仿真内容生成，运用新技术生成仿真中使用的内容。

### （三）"海底仿真分析"项目

2020年4月，DARPA启动"海底仿真分析"小企业创新研究项目，旨在开发并演示验证海底仿真分析系统，从原始水下传感器源（如中频声纳、高频声纳、光电、结构光等）生成海底环境的精确三维连续仿真模型。该项目将快速创建无需人为修饰或分析增强的逼真仿真环境，支持任务规划、重建或训练。该项目关注的重点技术领域包括：传感器处理、融合与可视化流程，将传感器数据与地理环境相匹配的自适应算法，将大型内容库转换为连续网格仿真模型的系统。目前，DARPA已经授予马凯海洋工程公司项目合同。

## 三、复杂问题方面

DARPA关注运用建模仿真解决社交行为分析、地缘政治预测等复杂性问题，重点启动"在线社交行为的计算机仿真"（Social Sim）、"理由真相"（GT）、"世界建模器"等项目。

### （一）"在线社交行为的计算机仿真"项目

2017年2月，DARPA启动"在线社交行为的计算机仿真"项目，寻求开发创新技术，实现在线社交行为的高保证计算仿真。该项目关注三个技术领域：一是开发能够精确仿真目标群体（数千人至数千万人）在线信息传播与演变的技术；二是开发能够高效可靠提供数据的方法，以支持仿真开发、试验与测量；三是开发严苛的方法与参数，用于定量评估在线信息传播与演变仿真的准确度和可扩展性。该项目承研单位包括伊利诺伊大学、弗吉尼亚理工学院暨州立大学、中佛罗里达大学等。2021 年 5 月，DARPA 称中佛罗里达大学研究团队开发的深度学习模型，能够准确分类文本通信中的讽刺内容，解决在线情绪分析的障碍。

**（二）"理由真相"项目**

2017 年 4 月，DARPA 启动"理由真相"项目，寻求运用具备内置"理由真相"因果规则试验台的仿真社交系统，以验证各种社交科学建模方法的准确度。该项目关注两个技术领域：一是仿真，利用并推进复杂社交仿真能力，为各种社交科学建模方法提供最小可行试验台；二是方法，开发创新性社交科学建模方法。该项目的承研单位为雷声 BBN 技术公司和约翰·霍普金斯大学应用物理实验室。

**（三）"世界建模器"项目**

2017 年 3 月，DARPA 启动"世界建模器"项目，寻求开发相关技术，以支持分析人员快速建立模型，来分析未来 1~5 年世界安全问题，包括粮食问题、移民问题、冲突或战乱问题等。该项目开发的技术，将针对具体问题获得全面性、针对性、因果性、定量性、概率性和及时性的分析，进而提出避免危机的具体行动。该项目关注五个技术领域：一是基于线上资源建立定性模型，机器辅助构建分析图；二是用于集成定量模型的工作流编译器，定性与定量分析的机器辅助融合；三是确定模型参数，机器辅助搜寻数据并转化为目标参数代理；四是从场景到行动，开发人类规定场景的接口，机器辅助提出建议以及测试干预措施；五是不确定性报告，机器辅助确定不确定性来源，并尝试降低不确定性。

## 四、基础技术方面

DARPA 关注解决语义模型、半导体与电磁耦合建模仿真等基础性技术问题，重点启动"语义模型、注释与归因技术"（SMART）、"侧信道攻击试验台仿真器"（SCATE）、"电磁耦合快速时域建模"等项目。

### （一）"语义模型、注释与归因技术"项目

2021 年 3 月，DARPA 启动"语义模型、注释与归因技术"项目，旨在定义、开发并演示验证用于注释、修改并翻译仿真模型语义的方法，能够半自动组成仿真模型来满足用户分析需求，支持战区级多域快于实时的仿真辅助任务分析。该项目关注开发方法、流程和样机，能够运用必要语义对模型进行半自动注释，以描述模型的行为；能够选择并修改需要组合的模型组件，以生成分析问题的解决空间。

### （二）"侧信道攻击试验台仿真器"项目

2019 年 6 月，DARPA 启动"侧信道攻击试验台仿真器"小企业创新研究项目，旨在开发侧信道攻击试验台仿真器，能够对半导体元器件的抗侧信道攻击与抗故障注入性能进行准确、快速的硅前评估。侧信道攻击通过非有意设计的物理通信信道从数字集成电路中提取信息，故障注入攻击通过以额定状态工作的电路施加电磁干扰来实现设计中未预期的状态。该项目有望显著提升半导体元器件抗侧信道攻击性能评估能力。

### （三）"电磁耦合快速时域建模"项目

2021 年 8 月，DARPA 启动"电磁耦合快速时域建模"项目，旨在开发基于物理的计算工具，对敏捷射频电磁波耦合进复杂外壳进行快速仿真，

并预测内部电场的时空分布。该项目分为三个阶段：第一阶段将开发建模能力的初始实现，以充分评估方法的可行性；第二阶段将开发、演示并验证建模能力的完整实现；第三阶段将运用计算工具，快速仿真并预测现有电子系统对电磁干扰的敏感性。

## 五、启示与建议

### （一）DARPA 灵活运用并行或串行项目布局方式，推动建模仿真技术发展

针对同类问题，DARPA 可能以并行或串行方式布局建模仿真技术项目。以复杂社交问题为例，DARPA 近乎同时并行启动"在线社交行为的计算机仿真"项目和"理由真相"项目，破解在线社交行为和仿真社交系统等问题；以复杂作战问题为例，DARPA 间隔 3 年串行启动"远征城市场景弹性作战原型试验台"项目和"安全先进建模仿真框架"项目，支持城市作战和全战区作战等场景仿真。DARPA 灵活运用项目布局方法，能够全面考虑同类问题的不同方面，快速迭代将成果转向实际应用。

### （二）美军建模仿真技术向规模化、智能化、复杂化、基础化发展

总体上看，美军建模仿真技术向规模化、智能化、复杂化、基础化发展，重点解决实兵试验或实际试验的成本高昂、代表性差、潜在伤亡等问题。其具体体现：一是规模扩展到战区级，如"安全先进建模仿真框架"项目寻求开展全战区任务级建模仿真，对数十万个实体进行超实时构造仿真；二是应用引入人工智能，如"感知赋能任务指导"项目寻求借助人工智能大幅提升人类用户处理复杂任务的效能；三是问题复杂性剧增，如"世界建模器"项目寻求准确预测未来粮食问题、移民问题、冲突或战乱问

题等复杂地缘问题的走向;四是支撑基础技术,如"电磁耦合快速时域建模"项目寻求对敏捷射频电磁波耦合进复杂外壳进行有效仿真,支持定向能武器发展。

(中国航天科工集团第二研究院二〇八所 佘晓琼)

# 仿真试验鉴定技术应用研究

2021年，以美国为首的西方国家，通过在人工智能、自主、5G、量子网络、边缘计算和电磁频谱等方面持续提升已有建模仿真能力，为装备全寿命周期构建好用的仿真环境；通过数字试验技术创新发展应用和一体化试验鉴定持续深化，加速装备的战斗力生成；通过推进人工智能和自主系统的试验技术创新发展与应用，加速新技术的转化；通过持续推进网络安全评估技术应用，提升复杂电磁环境下信息装备的生存能力；通过推进数据计算与分析能力，推动数据在试验鉴定中的高效利用，提高决策能力。

## 一、多种手段提升建模仿真能力，为装备全生命周期提供高效的试验环境

### （一）加速完善高超声速、多域仿真和网络靶场等建模仿真试验设施建设

2021年2月，美国导弹防御局已发布一份原型制造征询建议书草案，旨在降低拦截器关键技术与集成风险，在存在极高不确定性的领域开展建

模仿真，并将拦截器技术成熟度提高至 5 级（达到原型可在模拟环境中开展合理测试的阶段），目的是更好地了解此类区域性高超声速防御系统的技术效用，从而为后续的战术拦截和火力控制提供方法途径；11 月，美国空军研究实验室授予科学应用国际公司一份总金额 9900 万美元的不定期交付不确定数量合同，发展"用于高级研究的武器交战仿真技术"，目的是开发多光谱和多模态现象学建模能力，用于美国空军弹药的研究、发展和转化。

未来的作战需要联合全域作战环境的关联杀伤链。当前，美国防部为测试单作战域、单武器系统而优化的采办流程、组织架构、试验方法和靶场基础设施，已经无法胜任未来的集成武器系统在全作战域环境的测试需求。2021 年 2 月，美国空军研究实验室与 Invictus 国际咨询公司签订了一份 9800 万美元的合同，用于对网络技术进行建模、仿真和测试，以支持美国国防部和国防；4 月，美国陆军授予科学应用国际公司一份价值约 8 亿美元的单项合同，主要提供 LVC 建模仿真、数据科学、体系建模仿真架构、系统工程、基于模型的系统工程、战场效能试验、导弹防御和多域作战体系，以及基于作战指挥建模仿真的演练兵棋推演和训练；5 月，美国空军研究实验室授予信息科学技术公司两份共享上限为 2.4305 亿美元的不定期交付/不确定数量的"航空航天系统技术研究与评估"合同，一份合同研究、开发和演示变革性的航空航天能力，另一份合同侧重于多域作战行动建模、仿真与分析工具开发和多域作战行动分析；7 月，美国空军研究实验室授予光辉技术公司总额最高 4800 万美元的不定期交付/不确定数量合同，用于完成"重定义基本分析与仿真环境"研发，主要涉及先进的仿真、集成和建模框架的研究、开发和扩展，是一个模块化、面向对象的多域作战作战建模、仿真和分析框架。2 月，DARPA 资助的"用于异构电子系统的体系技术集成工具链"（STITCHES），在不需要升级硬件或破坏现有系统软件的情况下，能够自动生成"翻译器",高效转换不同类型的数据,进而可快速集成跨任何领域的异构系统。

美欧等建设网络靶场平台,旨在构建精确复制真实场景的虚拟网络环境,为军方网络作战训练和网络安全测试提供支持。一方面使网络战士可以使用与战场上相同的工具进行网络攻防训练,提高作战技能,更好地为网络威胁做好准备;另一方面对作战系统和武器进行测试,及时发现软/硬件网络安全问题,提高网络安全防御能力。持续网络训练环境(PCTE)首个版本于 2 月交付美国网络司令部,并于 6 月首次在美军年度大型网络演习"网络旗帜"中启用。在演习中,该虚拟环境包括由超过 3000 台虚拟机构成的 25 个互连靶场。这是一个高逼真度网络,它使用 4000 多个存储和共享数据的静态网站来模拟和仿真开放的互联网流量。该平台正在为网络司令部提供一种全新的方式来训练网络部队,能够提高网络司令部开展演习的频率和复杂性。

**(二)人工智能技术提升建模仿真能力与应用,促进新技术的部署与落地**

2021 年,DARPA 已发布的"自动化科学知识提取"研究项目,设计了从现有模型中自动提取知识和信息的方法,以及通用表示和解释不同建模框架的人工智能方法,同时还开发了允许计算模型在新发现和信息可用时自动维护和/或更新的工具,实现了科学知识的发现、管理和应用过程自动化,加速了科学建模的过程,比如使用该项目成果,可在不同领域创建新计算模型的速度最少要快 8 倍。7 月,普拉特·惠特尼公司、美国海军、马里兰大学和辛辛那提大学正式签署合作研究与开发协议,将使用人工智能和机器学习来改进飞行器发动机建模仿真方法,并开发更好的设计和应对解决方案,提升性能;9 月,美国导弹防御局授予 C3 AI 公司建模仿真合同,其生成的建模应用程序使导弹防御局能够在几分钟内创建数以万计人工智能生成的逼真轨迹,这些轨迹可以在多个基于物理约束的条件下进行评估,且具有快速生成导弹轨迹数据集的能力(当只给出一小组训练数据和物理规则时),并为导弹防御局提供高达100倍速的模型数据生成能力,以加速高超声速轨迹建模。DARPA发布了"针对敌方战术的构造机器学习作战"(COMBAT)广泛机构公告,希望通过开发人工智能算法,以生成在模拟试验中对抗友军的敌军作战旅行为模型,旨在模拟敌方根据友军的行动和反应不断调整战术,理念是迅速制定若干可行的敌方行动方案,确定最佳解决方案,并提供支持建议的推理。联合人工智能中心授予德勤咨询公司一份潜在价值1.06亿美元的合同,建立"联合通用基础",为国防部任何组织使用提供一个人工智能开发环境,以便具备大规模测试、验证和部署人工智能的能力。

美国陆军作战能力发展司令部地面车辆系统中心针对自主地面系统当前的开发面临在复杂、未知的环境中自主机动难题,正在开发相应的建模仿真工具来提升陆军在复杂和高度竞争环境中的机动性,为指挥官的作战决策和采办人员的采办决策提供重要支持。目前与北约研究任务小组合作开发了下一代北约机动性参考模型(NG-NRMM)及其工具,具备多种建模仿真能力,通过将地理信息系统软件和多体、基于物理学的车辆动力学建模仿真软件融合,预测地面和两栖车辆的机动性,提升人-机组队能力。

**(三) 探索5G、量子网络和边缘计算等新兴技术在云边仿真的应用**

2021年,美国国防部授予Viasat公司两项合同,重点研究5G网络在作战域的部署和应用,支撑复杂对抗环境中的敏捷作战部署作战概念的实现;此外,需构建一个5G数字孪生模型,支持快速网络配置和修改测试,并利用5G毫米波和自由空间光链路实现高带宽传输应用需求。美国AT&T公司与美国海军研究生院签订了合作研发协议，探索基于 5G 和边缘计算驱动的海洋应用的发展。

Aliro Quantum 公司获得美国空军 AFwerX 创新中心授予的数份合同，旨在推进量子网络模拟/控制技术的发展，对于高安全性网络和未来的量子互联网具有重要的支撑作用。美国陆军资助的路易斯安那州立大学研究团队展示了一种机器学习方法，可校正光量子系统中的信息畸变，提高了在战场上部署量子传感和量子通信技术的可能性。

边缘计算是一种分布式计算模式，通过将计算数据存储和连接资源靠近收集位置，来提高响应时间和节省带宽。亚马逊网络服务公司参加了第四次"On-ramp"技术演习，测试美国空军先进作战管理系统的边缘计算能力，将相关信息及时转化为可操作的决策。

**（四）持续推进电磁频谱建模仿真技术研发与应用，检验装备在复杂的电磁环境中作战能力**

2021 年，美国国防部与国家频谱联盟签订 25 亿美元的"其他交易协议"，旨在加快新技术的开发和最终战场部署，提高频谱利用效率，实现受保护和韧性的网络。美国国防部公布了实施《电磁频谱优势战略》的最新计划，建立新的联合电磁频谱作战中心，投资/部署相关技术，全力推进落实电磁频谱实战化策略；美国海军修订与佐治亚理工研究公司的合同，研制高性能计算机（具有极低的延迟和足够的计算图度量）构建大规模虚拟射频试验场；DARPA 电磁耦合快速时域建模项目，以快速仿真频率、幅度和脉宽调制的电磁波形与复杂外壳的耦合，并预测内部电场的时空分布。该项目分为三个阶段：第一阶段是对开发拟议建模能力的初步实施，并评估该方法的可行性；第二阶段是对开发、演示和验证第一阶段启动的建模能力的全面实施；第三阶段为两用阶段，该项目的商用和国防部/军用电子系统须具备在复杂的电磁环境中作战能力。除了电磁干扰特性外，计算工具还可用于评估美国和敌方电子系统对射频定向能攻击的脆弱性。

罗德与施瓦茨推出了 R&S VSESIM – VSS，将欧洲防务局仿真与硬件测试相结合，旨在通过使用真实信号进行仿真和测试来简化从射频设计到实施的过程并提高准确性，支持所有主要标准如5G、最新 Wi – Fi 演进等。美国陆军使用电子战规划和管理工具来"可视化"电磁战场，可让用户"可视化电子战在现场的潜在影响并制定行动路线图，以防止能力受到干扰"，意味着用一种方式就可以看到电磁战的无形威胁，并能对敌人产生"非动能"效果。

## 二、持续推进仿真试验鉴定各项技术的深化与应用，加速装备的战斗力生成

### （一）深化一体化试验鉴定和虚拟试验技术应用，加速作战能力转化

2018年，美国空军第53联队试验管理组指挥官登普西上校针对"多域战"提出一种实施一体化试验鉴定的 Deep – End 理论。该理论强调三点：一是交付能力的综合方法；二是按照希望的最终状态度量性能，而非规范符合性；三是借助大数据仓库的一体化试验管理策略。按照此理论重新定义试验方法——一体化/混合试验方法，此理念是显示系统"不能做什么"，与传统试验模式的证明系统"能做什么"恰好相反。美军通过强化试验边界条件的探索，推进作战试验与研制试验的一体化，加强各类试验的相互融合等方式，将"试不能"的理念贯彻到试验鉴定的设计、实施和评估等各个环节中。随着这一创新理念在美军装备试验鉴定领域运用的逐步深化，正在为美军武器装备试验鉴定工作带来新的变化。美军"黑旗"演习以模拟

高威胁环境并进行大规模兵力运用、开展作战试验和战术开发为核心，为美军战术和能力创新提供"Deep – End"试验平台，落实美军武器和战术会议的战术改进提案，是美国空军贯彻这一新理念的最新的体现。2021年3月开展的"橙旗"－"黑旗"大型部队联合试验行动，使"改进集成，组合资源和参与者，以提供更好的测试数据和更强大的作战环境"成为可能。

2021年，BAE系统公司推出了虚拟体系试验平台，采用一种开放式架构系统集成和工程工具，将正式架构规范、数字架构建模、高逼真度建模仿真以及先进指挥控制支持技术联系起来，根据成本、能力和资源为决策者确定和推荐最佳解决方案，为增强型联合多域作战所需的突破性技术提供快速、安全的实验。该平台可在部署到多域作战环境之前对现场和新技术以及先进数据管理流程进行建模、仿真和评估，通过对数字工程工件、杀伤链性能和数据管理系统进行全面的基于模型的系统工程分析，该试验平台功能可识别技术和系统限制，并通过极高的可追溯性、直接映射和虚拟建模能力，得出新兴技术（如人工智能、机器学习和自动化）的应用建议，使联合部队决策者能够更好地了解在何处部署资源，以确保对迫在眉睫的威胁开展可扩展、及时和有效的指挥控制。

美国国防部授予约翰·霍普金斯大学应用物理实验室一份不定期交付/不确定数量合同，其总金额最高为8.73亿美元，目的是提供稳健的端到端系统工程、跨杀伤链各个方面的组件体系架构作战分析、技术概念探索，以及在跨区域和战区行动时在多种战争域范围内进行分析和性能评估。这些战争域包括空、陆、海、天和网络空间。

**（二）推进人工智能和自主系统的试验技术创新发展与应用，加速新技术的成果转化**

试验鉴定面临最大的软件挑战可能是人工智能软件和基于人工智能的

自主系统领域。美军无人自主、人工智能试验鉴定的模式将不同于传统瀑布型，武器系统属于软件密集型，挑战是多方面：由于人工智能和自主系统是学习系统，它们在整个试验过程中不可避免地会发生变化和演变，这使得很难重复地描述它们的性能；若是简单地为这些系统设定性能目标，则很难将系统的特定性能参数与作战或任务试验的结果联系起来；确定如何检测和评估突发行为——系统采取的行动尚未编入程序，而是由于系统各个部分之间复杂的相互作用或机器学习而出现的等。

面对人工智能与自主系统本身存在的主要问题，如自主行为难以预测、人机交互的信任理解程度低、群体智能涌现社会行为等，美军从2008年开始陆续重点资助军地相关单位开展针对性研究，突破解决挑战性关键技术，实现自主系统试验技术的创新发展，如国防部试验鉴定科学技术计划中认知自主体系试验项目和遗传认知算法评估项目，约翰·霍普金斯大学开展的复杂交互环境下自主系统安全性试验项目，以及波音公司机器人集群实验室的无人自主系统集群试验床项目等。

由于人工智能和自主系统是学习系统，在评估人工智能驱动的系统时如何判断特定性能什么是"通过"，并没有标准答案。比如，正确评估先进作战管理系统需在复杂的环境中进行测试，在这些环境中没有单一的"正确"操作，而是一系列选项，每个选项都有自己的优点和缺点，因此"最佳"选择是一种判断。鉴于人工智能系统有自己的"思考"，而不是简单地按照已编程的方式行事，人工智能系统很可能会提出与其评估者不同的，并且它相信是最佳解决方案，甚至它会提出一个评估者从未想过的解决方案。在这些情况下，即使不是不可能，也很难准确判断系统的性能。美国国防部2020年启动自主系统的开发和运行（ADAS）项目，使数据、开发安全运维、软件和基础设施资源可用于协作设置，以支持自主系统和人工智能项目，2021年继续监测与支持自主系统的开发和运行项目，并优先完善通用标准、测量方法和作战场景，以评估其人工智能和自主系统的性能，同时认识到人工智能和自主系统之间的试验方法可能有所不同。

美国海军研究生院利用地图感知非统一自动机（MANA）仿真平台开展了多项与无人机有关的作战效能评估研究，利用概率方法从集群视角出发，对无人机集群作战过程中的状态转移进行建模，构建了包含多种作战参数的连续时间马尔可夫链（CTMC）模型，用于无人机集群涌现行为的机理研究。DARPA选定SoarTech公司开展人类对人工智能信任度测试工作。SoarTech公司的TrustMATE技术在空战演进项目中主要用于数据收集、自主系统、语音识别和意图解释，并开展建模仿真；在技术领域2，空战演进项目用户系统协作中的信任和可靠性（ACE–TRUST）实施了一种实验方法，用于建模和测试飞行员对空中格斗的自主性的信任度，并测试了一种新型人机界面与人工智能交互的可信度，目标是建立飞行员对空中格斗的自主信任，探索如何通过可视或音频的人机界面向人类传达人工智能状态和意图。

### （三）数字工程战略思想融入试验鉴定程序，助力一体化试验鉴定实施

美军正在利用数字工程的理论和实践来转型试验鉴定理念，将基于模型的工程、不确定性量化方法等新概念引入一体化试验鉴定中，使装备试验鉴定从提供数据或确认模型的传统角色转变为构建知识，用于支持国防采办项目关键里程碑的更好决策。

美军新颁布的DoDI 5000.89文件首次将数字工程战略思想融入其中。该文件第三章试验鉴定程序中规定，作为数字工程战略的一部分，应利用模型和数据来数字化表达在任务背景下开展一体化试验与鉴定活动的系统。项目应在最大可能范围内使用可访问的数字生态系统，如高带宽网络、计算体系结构、多重密级环境、复杂组织体资源、工具和先进技术。此环境

必须提供权威来源的模型、数据和试验产品（如试验用例、计划、缺陷和结果），并提供自动化、可重用的数字技术，可自动生成试验产品，使一体化试验资源获得更高的准确性、精度和效率。

2021年，美国空军研究实验室弹药管理局在虚拟弹药模拟平台上进行了"武器一号"（WeaponONE）演示验证工作，数字孪生系统在人工智能/机器学习等新兴技术辅助下的高性能计算系统上运行，完成软件升级效果评估，确定最优作战方案后，决策信息将迅速传递给战区物理武器系统，实时或在下一个24小时空中任务指令周期实现武器系统的性能改善。洛克希德·马丁公司正与美国海军合作，通过"开发、安全和运维一体化"（DevSecOps）的软件开发方式、基于模型的系统工程（MBSE）和虚拟化以及第三方合作伙伴等手段推进"宙斯盾"系统的数字化转型实践，从设计、算法和软件开发到自动化测试，数字化转型的生态系统覆盖了整个作战系统，包括作战系统交付后的支持工作。B-21的软件工厂开发模式采用DevOps的端到端软件派生方法DevStar，将建模仿真应用于所有功能，使其能够更有效地创新和交付，提高执行速度。洛克希德·马丁公司采用敏捷开发和DevSecOps方式，实现新功能的快速交付；提供了可视化的安装维修方案，以实现更精确、更高效的安装；应用了人工智能算法等先进技术预测部件的维护需求，从而在部件损坏之前部署维修工作；通过云技术，洛克希德·马丁公司从建模仿真到数据分析和边缘计算等多个方面改进作战系统。美国内利斯空军基地通过DevSecOps构建"先进作战管理系统"，向所有梯队的决策者提供信息和能力来创造决策优势。"罗马竞技场"项目是"金帐汗国"项目的下一阶段，将创建一个把多种武器的数字孪生体完全集成的虚拟环境，以在其中更快地测试、演示验证和改进，同时，应用数字工程、硬件在回路仿真和模拟器技术，加速美国空军武器向合作式自主组网技术转型，为未来作战提供支持。

**（四）持续推进网络安全评估技术应用，提升复杂电磁环境下信息装备的生存能力**

2020财年，62%的试验计划都发现了网络安全试验的局限性。且在过去几年中，网络安全缺陷一直是武器系统不能通过试验鉴定的主要原因。未来武器系统离不开网络系统给予的防御和攻击能力。与自主系统一样，如果没有建立起信任，将无法有效使用网络系统，因此必须对其进行充分试验。当前，网络系统试验鉴定所面临的难题是对所有可能的变量逐个进行全部路径或线程校验。未来，自动化试验和"白箱"试验将成为有效解决这一难题的关键技术。自动化试验将充分借助人工智能技术，确保找到最具危害性的威胁变量；"白箱"试验可将试验人员尽早纳入设计和研制阶段，确保充分运用以往的试验经验。

由于导弹防御技术极易受到可能针对其软件/雷达系统的网络攻击和其他电子攻击，从而导致其系统失效，风险较大。2021年，美国导弹防御局开始寻求新的提升网络安全的思路和措施，计划使用与飞行/地面测试相同的流程来开展网络安全运行评估测试工作，推动网络测试和功能增量提升设计工作进程。

探索网络安全的自动化试验。美国国防创新机构向For All Secure公司授予总价4500万美元的合同，由后者对国防部武器系统进行网络安全测试。该公司将主要基于Mayhem自动化网络安全平台进行相关测试。由于美军武器系统存在网络安全漏洞，且武器系统研发和后续运用期间未嵌入网络安全测试，在面临高级网络攻击时十分脆弱，而Mayhem的出现有望缓解这一情况，该平台可安装于武器系统中并自动完成相关安全测试，未来将成为提升武器系统网络安全性的常规措施。DARPA分别向Galois公司和Stealth

软件公司授予 1260 万美元和 850 万美元的"加密验证与评估信息安全保障"(SIEVE)项目合同。该项目关注网络安全和网络空间作战领域的零知识证明技术，旨在不泄露秘密信息的前提下验证军事能力；并希望提高零知识证明效率，以实现在概率和不确定分支条件下的大型复杂的证明。DARPA"欺骗逆向工程"(RED)项目旨在对信息欺骗攻击的工具链开展逆向工程，将开发能对多媒体篡改、机器学习攻击或其他信息欺骗等攻击行为背后的工具链进行自动逆向工程的技术，并寻求开发可扩展的攻击工具链数据库。项目第一阶段将开发可信赖的计算算法，以识别信息欺骗攻击背后的工具链；第二阶段将开发可扩展的攻击工具链数据库技术，以支持归因和防御。

DARPA 开展"利用自主系统对抗网络对手"(HACCS)项目，目标是开发"自主软件代理"，从而抵抗僵尸网络植入程序以及大规模恶意软件活动的针对性网络攻击，以测量识别遭僵尸网络感染的网络的准确性，识别网络中设备类型的准确性以及潜在访问媒介的稳定性。美国国泰科技公司推出"太空靶场"，为虚拟、闭环、受控的卫星指挥与控制仿真环境，通过建立的虚拟硬件复现卫星控制操作的虚拟环境，让红方在该仿真环境中实施攻击，以此发现隐藏的系统漏洞和软件缺陷，从而验证和保护太空系统的网络安全。

## 三、推进计算与分析能力在试验鉴定的应用，提高数据和资源利用效率

美军 2020 年 11 月发布的首版国防部指示 DoDI 5000.89《试验与鉴

定》，对新体制下的试验鉴定运行机制和管理程序进行了规范，要求综合利益相关方的试验规划和实施，推动数据和资源的高效利用。

### （一）推进计算能力新方法的应用，提高分析效率

2021年，美国莱斯大学的计算机科学家采取将深度神经网络训练转换为使用哈希表解决的搜索问题，开发了"次线性深度学习引擎"的商用CPU算法，经验证核实，其训练深度神经网络的速度比最顶级的图形处理器训练器快15倍；美国国防部购买了两台堪称史上最强大新型超级计算机，解决一些军事上最复杂的计算问题，问题范围从气候/天气/海洋建模仿真、空间/天体物理科学、声学到信号/图像处理、数据/决策分析以及电子、网络和$C^4I$系统；阿贡国家实验室推出基于图形处理器的超级计算机Polaris，配备22240个英伟达A100 TensorCore GPU，可提供1.4exaflops的理论人工智能性能和约44petaflops峰值双精度性能，性能比目前超级计算机Argonne快4倍。

### （二）探索新科学计算下的数据分析技术应用，最大限度地发挥数据的价值

针对新兴的科学计算技术（如高性能计算的结合、海量数据以及异构体系结构上的人工智能/机器学习技术）产生的数据如何有效分析才能发挥数据的最大价值，需要研究新的数据分析技术；当前使用那些可从大量训练数据中进行隐式学习的神经网络的频率越来越高，需要新的分析技术对其解释；要想充分挖掘现有人工智能/机器学习在科学发现上的全部潜力，同样需要研究新的分析方法。

2021年，美国能源部投入2900万美元，用于研发可靠、高效的人工智能/机器学习工具以及先进算法，来管理大量、复杂以及多模态的科学数据。目标是探索一些非常规的学习算法和具备扩展性科学的随机算法，以

解决人工智能/机器学习给科学推理与数据分析带来的诸多挑战。可行的学习算法或将具备"异步计算、混合精度算法、压缩感知、耦合框架、图形与网络算法、随机化、蒙特卡罗方法或贝叶斯方法、可微分式编程或概率规划或其他相关方面";Geospark Analytics 公司获得了美国空军为其 Hyperion 军事平台开发海量通知功能,Hyperion 平台旨在提供态势感知和人工智能驱动的全球风险预测;美国国防情报局成功发布第二个最小化可行的机器辅助分析快速存储系统(MARS)产品,该产品被设计用来吸收集报机构的大量数据,并使用云处理和机器学习对其进行分析。

美国空军研究实验室罗马研究中心向工业界征集"将最先进的人工智能和机器学习方法应用于空战管理"的解决方案,旨在利用人工智能在战时交战期间实时推理战场空间的发展,并协助制定应对的战斗规划和决策,使指挥人员快速适应高强度空战中不断变化的态势。该项目分为三个部分:复杂军事行动的机器智能支持;获取人类专业知识以增强作战人员的能力;将机器学习模型从视频游戏转移到空军作战管理和模拟。

DARPA"自动化科学知识提取和建模"(ASKEM)项目旨在创建一个知识建模仿真生态系统,赋予敏捷创建、维持和增强复杂模型及模拟器所需的人工智能方法和工具,以支持专家在不同任务与科学领域的知识和数据决策。该项目将使专家能够维护、重用和调整大量异质数据、知识和模型——具有跨知识源、模型假设和模型适应度的可追溯性。

美国北方司令部与美国国防部和北美航空航天防御司令部进行了一系列全球信息优势实验(GIDE),结合了全球传感器网络、人工智能系统和云计算程序,目标是在模拟战场上"实现信息优势"和"决策优势"。

## 四、结束语

（1）建模仿真具有将作战试验鉴定转变为更快、更强和更具成本效益事业的巨大潜力，但建模仿真的整体有效性将取决于其实施的细节。随着人工智能等新技术在装备中的应用，迫切需要加快提高自主系统的建模仿真能力，构建人工智能等装备新技术的验证与评估仿真试验环境，促使新技术更快落地。

（2）如何处理大数据以最大限度地发挥数据的价值，以及确保数据在作战试验鉴定机构的各个部分之间和关键作战领域的多个项目之间的互操作性是提高数据可用性面临的两大挑战。建议技术层面加强大数据计算能力、人工智能等新的数据分析能力研究，标准层面制定数据互操作规范。

（北京机电工程研究所　耿化品）

# 试验与训练使能体系结构发展及应用分析

## 一、概述

试验与训练使能体系结构（TENA）是美国国防部通过"基础计划工程2010"开发的，旨在促进试验与训练资源间的互操作、可重用和组合性。该体系结构也是一个高度灵活的基础设施，以进行更多符合实际的试验与训练，可根据具体的任务将分布在各靶场、设施中的试验、训练、仿真、高性能计算资源集成起来，构成多个试验与训练的"逻辑靶场"，且在每个逻辑靶场的内部实现资源互操作。TENA 体系结构如图 1 所示。

TENA 体系结构包括以下四层：

（1）TENA 应用：遵循 TENA 标准的试验资源、工具，包括设备、模拟器、数据模型、试验管理和显示工具、分析评估工具。

（2）非 TENA 应用：未遵循 TENA 标准的试验资源，包括现存设备、模拟器、高层体系结构（HLA）仿真应用和指挥控制系统。

（3）TENA 公共基础设施：包括 TENA 资源库和 TENA 中间件。

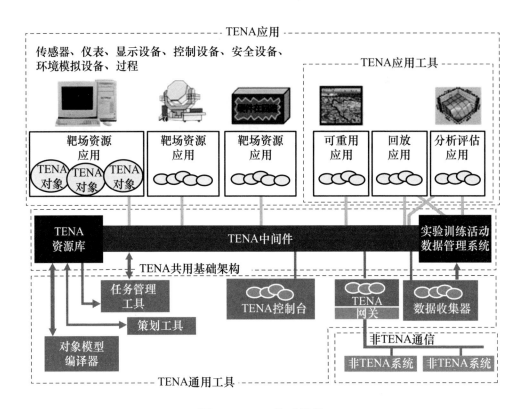

图 1 TENA 体系结构

(4) TENA 应用工具：用户构建和管理所需的工具集，包括模型对象应用、资源库应用、逻辑层规划应用、TENA 网关和数据采集工具。

## （一）TENA 应用及内容

TENA 应用支持以快速、高效益的方式来实现各逻辑靶场内部资源之间的交互操作，消除了各逻辑靶场的专有接口，试验与训练能力得到有效提升，将本地和分布式的实时、虚拟、重要设备进行整合，能够在旧设备和新设备之间具备共享、重用的能力。其内容包括按照定制的数据格式将重复的交互信息进行标准化，支持互操作性，具有自动生成代码框架的软件库，提供核心工具集用于解决试验训练中常见需求，拥有促进共享和重用的协助机制。

### （二）TENA 核心架构的独特之处

为了实现有意义的互操作性，TENA 升级了系统接口。TENA 能够为产生或使用的特定数据定义访问接口，并能够为服务、算法功能定义专用接口。虽然定义的接口在性能、互操作性和维护方面存在着高额成本支出，但这些接口往往具有出乎意料的灵活性。

TENA 能够利用代码自动生成工具来提升系统抽象程度，自动生成正确的源代码，可为常见的分布式编程提供解决方案，有效解决日常开发中分布式编程难的问题。

TENA 拥有一套解决试验与训练共同需求的核心工具集，能够让计算机尽早检测出交互操作存在的错误，许多系统错误可以在开发阶段由计算机检测出来，从而降低系统开发的整体费用。

TENA 中间件是从预防角度来设计的，以避免在使用过程中出错。因此，中间件的使用可以最大限度降低不当使用和运行时异常的概率。TENA 能够将接口和实现进行逻辑分离，以便在未来过渡到先进的技术和工艺。

### （三）TENA 中间件

TENA 中间件作为公共基础设施的核心部分，将共享内存技术、署名发布-订购技术和基于模型驱动的分布式面向对象设计模式整合在一起，形成一个强大的分布式中间件系统。其目标是为试验的参与者提供一种相互通信的手段，并为逻辑靶场实例的协同操作提供统一的管理机制。

TENA 中间件应用程序接口隐藏了对象操作的实现细节，编写的软件应用代码，适用于不同的试验或训练靶场，兼容不同的底层通信机制，如内存反射协议、IP 协议、通用对象请求代理体系结构/对象请求代理（CORBA/ORB）及高层体系结构/运行支撑平台（RTI），还可与各种武器系统及靶场设施进行接口互联。对TENA用户来说，最具吸引力的是代码自动生成。

TENA中间件由信息管理服务和托管应用组成，是试验资源的所有试验实例间信息交换的标准。信息管理服务包括分发服务组、消息服务组、连接服务组、时钟服务组和基础架构支撑对象组。托管应用包括网络管理器、资产管理器、执行管理器和初始化管理器。前三个服务组（分发、消息和连接服务）负责基于对象的服务，为系统内的信息传递提供服务，包括数据和控制信息。时钟服务组和基础架构支撑对象组，提供逻辑靶场内的时间同步能力和基础架构的内部功能运行。托管应用包含资产管理器、执行管理器、初始化管理器和网络管理器四个必需的应用，其负责计划、调度和执行。

TENA中间件具有以下的特征：包括逻辑靶场中所有实例的标准部分；部分内容可根据需要进行定制，以满足某些靶场或设备的特定需求；管理全部系统的运行，对TENA对象模型中可用的多种元素进行集成；提供的服务覆盖整个系统。

### （四）TENA应用的通信方式

TENA为应用开发者提供强大统一的应用间通信方式。支持发布/订阅的方式进行通信，每个应用程序都可以发布某些类型的信息，任何其他应用程序都可以订阅该消息，与高层体系结构、分布交互式仿真、CORBA事件服务、数据分发服务等效果类似；支持远程方法调用的通信方式，每个被发布的对象都具有被其他应用程序远程调用的方法，类似于CORBA远程方法调用或Java远程方法调用；支持分布式共享内存的方式通信，应用程序将对象的状态当作本地对象进行读写，即使是远程对象也可当作本地对象进行读写，这种易用的、易于理解的编程范式能够在多处理器机器共享的内存中将工作投射到分布式计算系统上；还支持以消息的方式通信，可以从一个应用程序向另一个应用程序发送单独的消息。

### （五）TENA 开放式架构

软件工程协会将开放系统定义为交互式软件、硬件和人类组件的集合，并确定了各组成部分的接口规格，以满足公众所需。开放系统任务小组通过达成共识来进行各项维护，其中各组成部分的实现符合接口规范。TENA 也是通过用户的一致意见进行维护的，这些用户组成了 TENA 管理团队，即现在的联合任务环境试验能力（JMETC）配置审查委员会。TENA 中间件是政府所有的无专利软件，以用于支持试验与训练活动。TENA 还可自由发布给非美国实体的用户，在英国、法国、瑞典、丹麦等已实现多项应用。目前，国际电气和电子工程师协会（IEEE）还没有将 TENA 标准化为高层体系结构/分布交互式仿真的计划，但是美国国防部正在研究创新机制，以获得与标准化版本相似的可用性和用户信任度。

### （六）TENA 网络安全活动

TENA 项目已与美国空军评估/批准的产品清单（E/APL），海军应用和数据库管理系统（DADMS），陆军风险管理框架评估程序，防务研究和工程网（SDREN），美国国防部端口、协议和服务管理（PPSM）类别保证清单，统一跨域管理办公室，研究开发试验与鉴定互利重叠联合小组等组织机构进行合作，以降低成本支出和系统延迟，同时在网络安全方面改进 TENA 应用程序。

## 二、应用情况

美国国防部试验资源管理中心为快速获取敏捷的网络安全试验与鉴定

基础设施，提出如图2所示的构想。

图2　美国国防部试验资源管理中心的构想

靶场系统和基础设施面临的发展挑战如图3所示，包括总体发展挑战和特定范围发展挑战。总体发展挑战包括：多个开发者和开发组，不同的时间表和交割日期，新的计算和通信技术等。特定范围发展挑战包括：多重赞助和资金来源，不断变化的试验与训练需求，扩大靶场内的连接性，网络安全政策和程序，靶场现代化必须循序渐进等。TENA为应对这些挑战提供了相应的解决方案。

### （一）应用于试验与训练设施

目前，TENA主要应用在数据管理、活动管理、LVC集成、共享和重用等，这些应用程序都与网络试验相关。数据管理包括试验与训练数据的通用规范，跨各种应用、平台、编程语言、网络和分类级别的数据传播，数据采集和广播等；活动管理包括本地和远程指挥、健康和状态监测等；LVC 集成包括实时仿真、传感器和装备的实时模拟，以及不可互操作的靶场内和靶场外系统的连接等；共享和重用包括消除靶场设备的专有接口，共享和重用靶场内外工具和能力，在线协作和文件共享等。TENA 的应用数据情况如图 4 所示。TENA 在全球范围内的应用情况如图 5 所示。

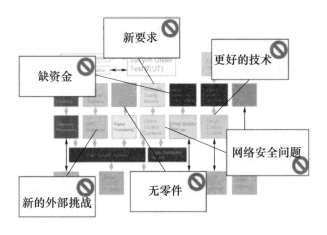

图 3　靶场系统和基础设施面临的发展挑战

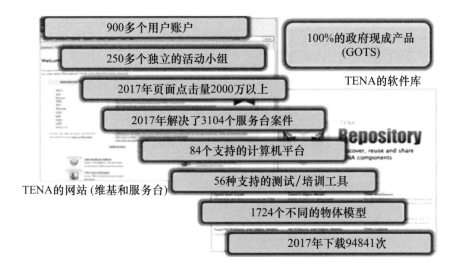

图 4　TENA 的应用数据情况

图 5　TENA 在全球范围内的应用情况

## （二）广泛应用于美军各靶场

### 1. 应用于美国国防部联合任务环境试验能力

美军联合任务环境试验能力是一种 LVC 分布式试验系统，采用 TENA 作为其基础体系结构，为分布式试验提供了一个敏捷的基础架构。该试验能力提供了分布式基础设施（网络、企业资源、集成软件、工具、重用存储库）和技术专业知识，用于集成 LVC 系统，以便在系统与网络环境的联合系统中进行测试和评估。

美军联合任务环境试验能力在靶场、设施和仿真体系结构中得到了广泛应用，以实现互操作、重用；通过将其组合以形成更加强大的功能，在重要的实装演习和许多分布式的试验事件中得以成功应用，大幅提升了美军分布式试验与训练能力。美军联合任务环境试验能力已在数个模型验证中获得成功应用：TENA 使能的互操作性试验鉴定能力（InterTEC）项目是一种基于数据链信息试验环境的空战应用实例，实现了 LVC 环境的分布式互操作试验；在联合国家训练能力（JNTC）活动中实现了试验与训练协同的技术校正，并在"红旗"阿拉斯加演习中实现了武器、战术指挥员和战术训练靶场测控一体化的协同。

**2. 应用于美军联合太平洋阿拉斯加靶场**

美军联合太平洋阿拉斯加靶场应用TENA，基于靶场系统多项集成来支持联合和联盟部队在实装、虚拟和分布式联合仿真领域的空中和地面训练，以实现实兵对抗的能力训练。正如Billy D. Smith所说："TENA是美军有史以来最伟大的成就。如果没有TENA，我们不可能实现当今的成就，也不可能聚合这么多的参与者。"

目前，美军联合太平洋阿拉斯加靶场应用的TENA子系统包括：单兵作战空勤人员汇报子系统（ICADS）、空战综合训练系统（ACMI）、战术数据融合系统（9C2）、数字综合防空系统（DIADS）、综合威胁部队（ITF）、跨域系统（SimShield）、仪器设备训练系统（MOKKITS）、多路集成激光交战系统（MILES）、初始基地站装备训练（I－HITS）、无人威胁发射器（UMTE）、适应性靶场训练系统（ARES）等。

**3. 应用于埃格林空军基地**

美国埃格林空军基地的联合试验训练作战控制中心（JTTOCC）应用TENA，正式取代了第96试验飞行中队的靶场作战控制中心和埃格林雷达控制设备的协同定位控制功能。第96试验飞行中队通过增加任务吞吐量来支撑海、陆、空靶场的协同联合试验训练任务，开发了联合试验训练作战控制中心，该中心在同步任务计划和协同调度，增强实时靶场指挥控制，任务数据的获取、分析、报告和存档等方面提高了现有试验训练指挥控制系统能力，并将TENA应用于跨域解决方案。

联合试验训练作战控制中心应用TENA为其主要功能提供接口，在跨域解决方案中TENA提供实时通用作战图，并设计了由协同调度、实时操作和任务后分析构成的闭环系统。用户根据调度系统的协同计划形成了最终正式操作请求，指挥控制中心将根据操作请求实时对当天并行计划和正在执行的试验训练任务进行关联操作。该关联与靶场数据资源同时在通用作战图中显示。靶场用户通过创建通用作战图的自定义视图来提高态势预警和任务灵活性。

TENA为埃格林试验训练靶场用户的试验训练活动提供了重要的支撑，使联合试验训练作战控制中心可以提供高效、灵活的手段实时控制所有资源，以实现海、陆、空试验与训练的全天候安全运作。

## 三、结束语

TENA是为支持逻辑靶场的试验与训练任务而开发的一套通用体系结构，目标是在试验与训练逻辑靶场中将各种地理上分布的、功能上分离的试验训练资源组合起来，形成一个综合体系环境，以逼真、经济、高效的方式完成联合试验与作战训练任务。

（北京仿真中心航天系统仿真重点实验室　夏南）

# 军事训练与体系作战仿真技术发展研究

2021年,发达国家在虚拟现实、网络信息、智能化与大数据等技术持续增量投入,各类训练、演习演练活动广泛使用体系作战仿真技术,不断取得新突破。特别是以LVC为代表的体系仿真技术,在武器装备系统层面加强对无人化、智能化等新型装备的作战试验和作战概念演示验证,在作战体系层面注重加强对多种作战力量联合参与的体系化演训和作战能力检验评估。

## 一、虚拟现实技术成为元宇宙门户,支撑专业技能模拟训练快速发展

2021年被称为"元宇宙"元年,虚拟现实技术作为"元宇宙"人机交互的技术基础,一年来虚拟/增强/混合现实(VR/AR/MR)技术迅猛发展,为各类虚拟应用带来了逼真度、沉浸感、灵活性的巨大提升。军事方面,扩展现实技术的进步直接推动了专业技能模拟训练的快速发展,新型模拟训练器材层出不穷,虚拟与现实的融合不断影响战场环境感知,扩展现实

新技术与新设备的出现进一步拓宽了应用领域。世界主要军事强国普遍重视这一发展趋势，投入大量人力物力在多军种多领域展开研究工作。

### （一）虚拟现实技术支撑模拟训练器材发展

虚拟现实技术快速发展推动各国各军种模拟训练器材改进升级，面向未来作战需求的新型模拟训练器材不断面世。2021年，萨博公司在新型"鹰狮"E/F战斗机模拟器中使用了Varjo头盔显示器，通过人眼分辨率仿生显示技术，支持使用者以高分辨率观察视野中间的内容，同时以较低的分辨率查看周边视觉中的内容，从而实现自然且流畅的虚拟现实体验。Brunner公司与瑞士国防部技术中心合作开发了NOVASIM虚拟现实全运动模拟器，使用VBS4仿真引擎、CM Labs高分辨率模型和Varjo头盔显示器，在结构紧凑的同时可实现高性价比、高沉浸感、可重复的坦克和军用车辆训练。欧洲航空安全局颁发了首个采用虚拟现实技术的飞行模拟训练装置证书，可为直升机飞行员与试飞员提供高安全性、高逼真度的模拟训练，证书的颁发进一步说明了虚拟现实技术应用于飞行员训练的可行性。

虚拟现实技术与其他技术综合使用，以适用多样化的模拟训练场景。美国海军开展"复仇者计划"，利用虚拟现实系统改善飞行员训练。与美国空军"下一代飞行员训练计划"不同，该系统将虚拟现实头盔显示器与附加摄像头等工具结合在一起，飞行员可通过虚拟现实头盔显示器看到手部对座舱的操作，这是美国海军针对初级飞行训练的第一个"新概念测试"。CAE公司与美国空军共同设计并开发首个HH-60W直升机虚拟现实/混合现实训练原型机，支持机组人员在虚拟现实、混合现实两种虚拟环境中进行沉浸式训练，原型机采用了便于运输和部署的轻量化设计以适应多样化的使用环境。

除模拟训练外，虚拟现实技术逐步应用于训练评估等其他领域。英国国防部与 VRAI 公司签订项目合同,利用虚拟现实技术与大数据技术提高英国皇家空军对飞行员的评估能力,并得到了英国国防科技实验室的支持。该项目通过创建数据驱动的虚拟现实仿真为受训人员提供高危险环境的飞行模拟,将尖端仿真技术与数据分析技术带入了飞行员训练中。

### (二)增强现实技术支撑战场感知多元化

增强现实应用逐步从模拟仿真走向实战,直接借助扩展现实技术提升军队战斗力的趋势初步显现。2021 年,美国空军与 Red 6 公司签订 7000 万美元合同开发空中战术增强现实系统(ATARS),该系统具备定制的增强现实头盔套件,可适配战斗机飞行员使用的标准 HGU-55 头盔,支持飞行员通过头盔显示器观测其他飞机的投影从而进行模拟空战。俄罗斯联合航空制造集团正在开展苏-57 战斗机飞行员头盔上的增强现实系统测试,该系统通过在头盔面罩上显示各种武器交战的目标标记、飞行信息、飞机外部图像等,辅助飞行员操控和驾驶战斗机,提高了飞行员夜间、恶劣天气和复杂机动等情况下的任务完成能力。德国宇航中心与德国联邦警察航空局合作研究飞行辅助增强现实系统,提升直升机海上任务执行能力和安全性。该系统使用了商用型增强现实眼镜,能够减轻飞行员在能见度低的情况下执行任务的压力,通过将方位标志和其他重要信息直接叠加到飞行员的视野上,为飞行员提供辅助支持并增强了态势感知能力。

增强现实技术逐步应用于无人作战领域,特别是在超视距操控中具备独特优势。英国蓝熊系统公司推出了用于无人机蜂群和超视距作战的"平视"型增强现实系统,该系统支持操作员佩戴增强现实眼镜查看蜂群中无人机的任务状态、续航能力、平台参数、有效载荷等信息,也可添加外部数据源进行增强显示。通过增强现实信息分层技术,该系统提高了操作员战场感知能力和无人机战场生存能力。

### (三) 混合现实技术支撑军事模拟仿真服务化

借助混合现实技术，多人员、多地区、多平台开展模拟仿真的可行性不断提升，随时随地展开模拟仿真逐步成为现实。2021 年，美国空军展示了首个大型虚拟指挥和控制中心，通过整合混合现实、人工智能和机器学习技术，支持地理分布的用户相互通信并访问共享虚拟空间中的远程图像和数据资源。该中心利用开放的数据架构和应用集成平台，可为作战人员和指挥员提供战场态势感知、分布式任务规划、高逼真度四维地理空间信息、人工智能威胁预警和实时数据馈送等功能，大大缩短了指挥决策过程。GridRaster 公司与美国空军合作开发超现实沉浸式模拟训练平台，通过基于云的开放架构和模块化的软件设计，可为大规模飞行员和支持人员训练提供高性能、高逼真度、可扩展的扩展现实解决方案。Indra 公司开发了一种新型多用途可互操作模拟系统 SIMCUI，可用于多种类型飞机的模拟训练。该系统支持受训人员在多个场所连接服务器进行模拟训练，并使用人工智能算法衡量飞行员表现以提出改进建议。通过使用混合现实头盔显示器、进一步精简模拟器结构，SIMCUI 将达到每二至三名受训人员拥有一台模拟器的配备密度，大大缩短了训练时间。

### (四) 扩展现实外设和渲染技术增强临境感

新型交互设备的面世使扩展现实技术的应用场景更加多元，新技术的突破带来用户体验与应用开发的巨大进步。Varjo 公司推出最新混合现实头盔显示器 XR－3，采用 1200 万像素低延迟视频直通技术、人眼分辨率仿生显示技术、像素级深度感知技术、集成式眼球追踪和内置手部追踪技术，并具有业界最高分辨率（角分辨率超过 70）和最宽的视野角（115°），用户沉浸式体验进一步加强。Varjo 公司与 MetaVR 公司、Unity 公司等展开多项合作，为开发和使用人员提供了专业级的沉浸式扩展现实体验。眼镜蛇模拟公司与 JVC 公司联合发布了具备 8K 分辨率的便携式球罩投影系统 Cobra180，是针对训练和模拟用途的专业沉浸式显示解决方案，可提供 180°水平视场角和 80°垂直视场角。Presagis 公司推出其旗舰产品虚拟引擎输出编译器 Terra Vista，该编译器可将卫星图像、高程数据和其他地理信息系统数据转换为可用于三维仿真的虚拟环境，并支持用户将三维环境导出并发布到虚拟引擎，从而为仿真内容创建者提供了更多使用推演引擎技术的途径。

## 二、网络信息技术连接虚拟与现实，支撑联合训练和指挥训练仿真发展

网络信息技术的进步可能会革命性地改变互联网，进而改变军事物联网。特别是当分布交互仿真系统加入物联网、区块链、云计算等前沿科技后，极大地提高了虚拟世界与现实战场的融合速度。在未来 10～20 年内，随着越来越多的社会结构变得数字化和网络化，创造一个沉浸式体验的作战环境，能够对未来作战的决策分析、能力评估、试验训练等方面提供有力支撑，对于军事的发展具有非常重要的作用。

### （一）LVC 仿真技术发展

企业侧重于开发新的系统和软件，构建更为融合的 LVC 集成环境和条件。2021 年，柯林斯宇航公司与莱昂纳多公司共同为美国空军开发下一代空战训练系统战术作战训练系统增量Ⅱ（TCTS Inc.Ⅱ）。该系统通过把威胁从地面模拟器输入到飞机驾驶舱显示器中，能够更好地模拟对手战术，进行 LVC 融合训练，节省人力、物力和财力。Pitch 技术公司发布了 Pitch 虚拟引擎连接器插件和开发软件，它将虚拟引擎与高层体系结构和分布交互

式仿真的仿真互操作性标准连接起来，使虚拟引擎技术能够与航空航天、国防模拟仿真以及训练系统协同工作，以提供更开放、分布式、高性能、可扩展和安全的 LVC 解决方案。美国立方公司获得美国陆军合成训练环境实兵训练系统原型开发合同，旨在与当前的合成训练环境及实兵训练基础设施集成，为推进与部署系统兼容的实兵训练能力建立路线图，促进地面训练解决方案组合的渐进式发展。

美军更关注 LVC 技术在业务训练和提高部队实战训练方面的能力。2021 年，美国海军"大规模演习"旨在验证美国海军和美国海军陆战队的新作战概念，也是对 LVC 训练框架的最大考验。美国海军成功完成了 F/A–18 战斗机和 EA–18G 战斗机虚拟训练系统的技术演示，并对 LVC 安全实况虚拟和构造先进训练环境（SLATE）进行了四次飞行测试。该环境复制了为高端战斗战备军队所需的威胁密度和能力，将真人驾驶飞机、虚拟有人驾驶模拟器和计算机生成的构造实体在一个强大的训练环境中连接起来，为作战人员提供更多的日常训练服务，帮助他们塑造战斗力、提高竞争优势。美国陆军持续更新 LVC 仿真集成架构（LVC–IA），是将不同地理位置的独立模拟器和仿真连接起来的系统体系，旨在"将特定环境中设计完成特定任务的系统整合到一个综合训练环境中"，提供实时的交互式体验，使全军指挥官通过高度逼真的系统向士兵提供模拟数据，以提高在模拟环境中的学习深度。

### （二）分布交互仿真系统发展

分布交互仿真是联合训练的基础支撑，各国都大力支持推动相关成熟仿真系统升级改造。波希米亚交互仿真公司的 VBS 是完全交互式的三维训练系统，目前已发展到 VBS4 版本，具有了新的 VBS World Server，与 VBS Blue IG 集成并具有新的工作流程，支持所有陆军训练能力，可应用于超过

100种美国陆军特定的训练用途,每年有超过50万名军事人员使用VBS软件产品进行训练。2021年春,美国陆军太空与导弹防御司令部和Teledyne Brown工程公司发布了扩展防空仿真(EADSIM)系统最新版第20版,主要是增强了LVC仿真的接入能力。美国陆军空间和导弹防御卓越中心应用EADSIM为高能激光实兵对抗建模,并为多域作战环境中使用联合全域指挥与控制捕获防空反导任务的作战影响提供军事效用评估。

### (三)物联网、区块链技术支撑互联互通

随着连接到国防网络的设备数量呈爆炸性的增长,美军将物联网技术视为管理军事信息、进行作战决策的关键。2020年12月,在多渠道资源帮助下,美军F-22和F-35两型第五代战斗机克服了长期以来的互联互通限制,首次以安全的数字式"语言"实现了作战数据多元共享,联合部队距离实现军事物联网(IoMT)的道路上又迈出了一步。美国空军驻欧空军司令部已于2021年2月底完成了先进作战管理系统新一轮"高速匝道"演示活动。它是美国空军面向未来作战需求而设计打造的一种跨域一体化的作战网络,可以连接海、陆、空、太空及网络空间等各个作战域及军种的所有任何作战装备,被视为联合全域指挥与控制的"技术引擎"。

区块链技术在实现数据管理、维护数据安全等方面发挥了极大作用。2021年,美国国防部长劳埃德·奥斯汀和参联会主席马克·米利上将签署了新的联合作战概念,这是新出现的一种概念表述,将基于区块链的技术架构和运行模式,并利用边缘计算解决区块链架构固有缺陷。区块链创新者获得美国空军快速维特办公室小型创新研究的第一阶段资助,以开发下一代关键人物技术和数字化供应链。这项解决方案旨在使美国空军能够自由使用由区块链支持和保护的高级三维打印技术,在全球前线阵地和基地制造、测试、部署复杂的飞机零件和其他武器。美国陆军$C^5ISR$中心正在利

用区块链技术实现新的战术级数据管理能力。新数据管理能力的开发是该中心信息信任计划的一部分，也是美国陆军在新泽西州麦圭尔-迪克斯-莱克赫斯特联合基地举行的地面服务网络现代化实验（NetModX）期间测试的几种样机技术之一。信息信任计划旨在为士兵提供一种数学、可验证的方式来审查"从传感器到射手，从生产者到消费者"的数据，帮助指挥官做出关键决策，并通过消除"中间人"攻击确保数据传输到最终用户，以增加对信息的信任。

**（四）云架构、云计算发展支撑算力和服务力**

在未来战场上，云架构提供的云环境将加速军队现代化数字化智能化进程。2021年，通用动力信息技术公司通过军事云2.0合同提供亚马逊网络服务，旨在使美国国防部和国防信息系统局能够通过单一合同加速云技术采用，简化采办流程，实现成本节约，提高任务效率；同时，也为美国国防部任务合作伙伴提供扩展的安全云服务组合。美国国防部宣布放弃联合企业防御基础设施（JEDI）计划项目，将重点发展联合作战人员云能力的多云项目，为美军构建一个无交付期限且不限结构、数量的企业级云环境。美国国防部对其云环境建设做出的"废旧立新"的重大改变，反映出云环境已经成为美军全球性联合作战和信息化基础建设的重要内容。

云计算所提供的各种云服务将成为美军在指挥、控制、情报以及决策等领域获取优势的重要基础和支撑。泰勒斯集团澳大利亚公司、微软公司、Myriad技术公司、archTIS公司和Fortifyedge公司合作，为澳大利亚国防军研发安全战术云计算平台——Nexium防御边缘云，可与"五眼联盟"国及各国民用应用程序兼容，满足军事指挥应用要求，在性能达标、易于部署、安全性强的同时，符合尺寸、重量和功率要求。Parsons公司向美国国防部交付了新的机载任务规划软件更新程序C2Core Air，这是基于云架构的网络客户端共享程序,可为作战行动提供云计算支撑,缩短任务规划时间,提升作战人员快速响应能力,实现美军联合全域指挥控制目标。目前,美国空军空战司令部、空军国民警卫队、美国战略司令部、第 16 空军和美国海军已部署使用 C2Core Air 系统。美国陆军正在探索将云计算和网状网络功能集成到"指挥所计算环境"系统。"指挥所计算环境"官员与陆军 $C^5ISR$ 中心正在努力评估"造雨者"(Rainmaker)网状数据结构应用,以支持"指挥所计算环境"系统的人工智能数据联网和管理能力。

## (五)网络电磁空间仿真技术发展

网络电磁空间是新的作战领域,几年来各国都十分重视。网络电磁空间以互联互通的信息技术基础设施网络为平台,通过无线电和有线电信道传递信号与信息,控制实体行为的信息活动空间,其融合于物理域、信息域、认知域和社会域。2020 年 12 月,DARPA 支持马赛克战的"任务优化动态网络自适应"(DyNAMO)计划完成收尾测试,成功演示验证先进射频网络项目。该软件可连接多个不同的无线电网络,使不兼容的战术无线电数据链之间能够进行通信,即使在有敌意干扰的情况下也能进行通信。该技术正在向美国海军航空系统司令部和美国海军陆战队迁移部署,海军陆战队计划将该软件放在一个软件可重编程的多信道无线电平台上,用于飞机和地面车辆。

2021 年第二季度,持续网络训练环境(PCTE)第三版发布,并授出网络创新挑战赛 4 的合同。5 月,美国网络司令部要求各军种相关院校须应用该平台,全面提升学员对于网络作战/防御技术的掌握能力,选定美国海军作为网络防御作战联合课程负责机构,美国陆军代表网络司令部管理 PCTE 计划。"网络旗 21-2"演习跨越 8 个时区 3 个国家/地区展开,有 17 个团队 430 多人参加,采用该平台评估不同的场景以及团队的反应情况,还为

"网络旗"演习建立了一个自定义帮助台,以支持每天数千项活动,甚至同时支持"网络旗"和"网络洋基"两项主要演习。10月,举行的"网络旗21-3"演习由美国、英国、加拿大、澳大利亚和新西兰等多个国家参与。

### 三、智能与大数据技术,支撑训练和体系作战仿真发展

虚拟兵力、深度学习、数字孪生等智能化与大数据技术对未来作战提供了重要的理论和技术支撑。随着人工智能技术在虚拟兵力建模的应用,虚拟兵力生成平台技术逐步成熟,并已广泛应用到作战试验与训练领域,使试验训练效果得到了很大提升。新一代人工智能技术和自主技术快速走向战场,必然将催生新型作战力量,颠覆传统战争模式。作战样式的转变使无人系统成为未来作战的重要组成部分,无人系统可提供额外的作战能力和规模,增强传统作战力量,支持选择承担更大的作战风险同时保持战术和战略优势。为应对未来挑战,必须创新、加速研究可信和可靠的无人系统。

#### (一)虚拟兵力平台可有效提高试验训练效果

虚拟兵力平台与仿真系统的集成,可扩展作战任务的多样化,并增强训练系统的训练能力。2021年,新加坡 ST 工程公司开发了多种用于个人和分布式训练的训练设备空中分布式任务训练器,是一个可重新配置的便携式系统,围绕灵活的仿真基础设施和通用合成环境工作,提供飞行程序和管理训练,可生成士兵对抗训练,并支持个人和团队训练。PLEXSYS 澳大利亚有限公司的虚拟兵力平台先进仿真作战训练系统(ASCOT 7)被选定为下一代仿真系统 REALMS 提供系统支持。凭借其用户界面、模块化和可扩展设计以及全面且可扩展的数据库,可用于任何建模仿真环境,通过利用

国防部更广泛的模拟仿真网络进行必要的集体训练能力，还可使作战人员能够参与其他大型分布式训练活动。

OneSAF 等典型虚拟兵力平台的研究与应用有了新突破。美国陆军计算机生成兵力（OneSAF）仿真系统用在"有人－无人"混编步兵排作战试验，无人装备的加入，使步兵排火力增加近 10 倍，通过 10 多次"人在回路"反复迭代推演，有效提高空中地面协同攻击能力，颠覆全有人情况下的制胜理论。

## （二）深度强化学习技术支撑

深度学习技术发展日趋成熟，并逐渐深入到作战仿真应用领域的各个方面。深度学习技术的发展使得计算机更好地发挥性能，直接提升武器平台作战能力，对支撑训练和体系作战仿真发展起到了重要作用。2021 年，美国莱斯大学的计算机科学家开发了"次线性深度学习引擎"的商用 CPU 算法，并通过 Intel 公司科研人员验证核实，其训练深度神经网络的速度比最顶级的图形处理器训练器快 15 倍。以色列推出了全新的"海洋破坏者"远程系列导弹，利用人工智能技术进行深度学习和基于大数据的场景匹配，实现了自动目标捕获和自动目标识别，能在卫星导航信号拒止的环境下作战，且具有抗电子干扰的能力，能够掠海飞行和地形跟踪低空飞行。

深度学习技术的发展改善指挥员的交互环境。AlphaGo 通过深度增强学习方法，构建神经元网络，就可实现决策博弈的智能化，而且可推广到作战指挥上。DeepMind 公司研究将知识图谱与深度学习结合起来，形成"图网络"。许多学者也在研究图神经网络，用深度学习方法处理图谱。DARPA 感知使能的任务指导项目目标是开发虚拟"任务指导"助手，以提供及时的视觉和音频反馈，帮助人类用户扩展技能组合并最大程度地减少错误或失误。为了开发这些技术，该项目寻求利用深度学习在视频和语音分析、任务和/或计划监控的自动推理以及人机界面增强现实方面的最新进展。美国海军信息战系统司令部为海军指挥控制引入下一代数字助手。通过使用人工智能和机器学习来理解说话的人是谁、谈话的内容是什么，谈话可被决策者当作一种获取所需信息的直接途径，帮助决策者获得及时的、合成后的资讯。

### （三）数字孪生与边缘计算技术发展

数字孪生技术显著提升了武器系统的设计/开发效率。2021年，美国空军确认首个基于"数字孪生"技术设计导弹装备已经开发完成。该导弹装备为基于24小时空中任务指令的协同编队武器系统原型——"灰狼"系统。"灰狼"系统为可消耗型低成本巡航导弹，其设计思路是通过武器开放系统体系架构方法模块化设计，快速实现与其他武器系统集成，以实现在联合全域指挥控制场景下网络化武器系统综合效能的发挥。美国"北极星"号破冰船运用数字孪生技术延寿，用数字控制系统取代"北极星"上使用30年的模拟控制系统。凯斯特普公司为海岸警卫队完成数字孪生的创建，从而使其在项目预计完成之前大约一年的时间来评估舰船的新能力。

数字孪生技术极大提升了装备维护能力，节约了武器系统使用成本。自2019年美国海军宣布拨款210亿美元用于发展数字孪生技术以来，包括"虚拟宙斯盾""数字林肯"在内的基于数字孪生和人工智能技术的项目均不断取得里程碑式进展。2021年9月的一次演习中，安装在一艘Block Ⅲ型"弗吉尼亚"级核潜艇上的虚拟孪生系统发射了两枚鱼雷，成功展示了海军快速部署和应用机器学习/人工智能技术的能力。与海军此前测试的"宙斯盾"虚拟作战系统类似，AN/BYG-1虚拟作战控制系统能够模拟真实作战控制系统的所有功能，且硬件规模仅为真实系统的1/4。美国海军利用数字孪生技术开发新型健康监测系统，旨在利用数字孪生技术提升舰队维修能力。新系统将为潜艇和航空母舰的机械及船体结构配备传感器，利用边缘计算和数据特征进行辅助数据收集，使用机器学习算法判断运行状态，同时借助数字孪生技术预测未来可能发生的故障情况。

### （四）模拟仿真技术支撑无人作战装备发展

智能化无人系统集群将改变未来战争格局。美国海军《无人作战框架》提出，无人系统是海军作战团队支持分布式海上作战的重要组成部分，阐明了海军将如何扩大无人系统的规模，开发所需的核心技术，以便成功地将无人系统集成到舰队中，未来将寻求实现所有领域有人－无人力量的无缝集成。美国陆军"多域作战"概念及相关的自主系统战略均提出了对地面无人车和空中无人机等异构无人系统混编团队的需求。为此，美国陆军发起了分布式与协作智能系统和技术（DCIST）协作研究联盟计划，旨在聚集学术界的顶尖学者和研究团队，对异构集群内各无人系统的移动、筹划和通信的核心策略进行研究，从而推动能够相互协作的异构无人作战编队的发展。

人工智能自主系统已实现了在无人装备的集成。SSCI 公司将其研发的人工智能自主软件集成到了配备光电/红外传感器的商用无人机上，从而得到无人机系统 RAPTOR，该系统可完全自主控制无人机及其传感器，在复杂环境中查找、定位、跟踪和识别目标。"信号"全俄科学研究所股份公司基于 BMP－3 步兵战车制造了"突击"机器人系统，专家测试了机器人在自主模式下运动的可能性，测试表明该系统将可在战场上自主移动，并能够与无人机协同作战。欧洲 Milrem 机器人公司和反无人机系统解决方案提供商 Marduk 技术公司合作推出移动自主反无人机系统，该系统可与动能和非动能武器系统集成，能够利用最先进的人工智能和机器学习模型，准确探测、分类和瞄准巡飞弹和其他飞行物体，可反制巡飞弹和监视无人机。

## 四、体系仿真技术综合集成应用资源，支撑虚实结合演习演练发展

技术正在推动从以传统动力学和硬件为中心的战斗转向以信息和软件为中心的战斗，这是一个巨大的转变。为了适应这种转变，训练更加需要进入高逼真度、低延迟的合成环境。当仿真训练被更多纳入部队训练计划时，可以提高部队在训练演习中的技能熟练程度，从而使部队在更宝贵的训练和演习机会中获得最大的投资回报，提升训练效益。据不完全统计，自去年年底以来，以美军为主的世界各国军队开展仿真对抗演习达 20 多次，有效促进和推动了虚实结合演习演练发展。

### （一）仿真技术在军事演习演练中作用显著

虚实结合的体系对抗仿真系统广泛应用于联合军事演习中，较大地提高了联合训练效率，提升了战役战术联合训练水平。其中，美军在体系对抗仿真技术应用方面涉足最为广泛。2021 年，美国空军继续开展"红旗"系列空战演习。美军在"红旗 21 - 1"联合演习中，聚焦大国竞争，强调联合全域作战中的太空训练，包括太空电子战能力；"红旗 21 - 2"多国联合空战演习在联合太平洋阿拉斯加联合靶场举行，重点是开展模拟真实作战环境的空战训练。美国空军与澳大利亚皇家空军"红旗阿拉斯加 21 - 3"联合军演在埃尔门多夫 - 理查森联合基地举行，是美国太平洋空军发起的多国部队演习，大规模部队通过作战训练、近空支援和联合进攻性反空袭演习提供一种模拟作战环境，旨在加强空中互操作性，展示印太地区的空中

优势。在新墨西哥州科特兰空军基地举办的"联合虚拟旗22-1"虚拟空战演习,是美国防部最大型的联合虚拟空战演习之一,由美国空军空战司令部分布式任务作战中心第705作战训练中队主办。该演习生成了动态虚拟训练环境,侧重于演练在现实战场条件下对抗同等水平的对手。参与演习的有美军各军种和4个以上联盟国,地点横跨8个时区,使用了在全球29个地点实现互联的7个网络和23个不同系统,所有单位在同一时间和同一虚拟空间进行演训,锻炼在联合环境中如何有效作战。在演习中,首次将网络规划和效应整合至演习训练场景中,进行了网络防御相关演习。

虚拟现实技术通过构建训练演习虚拟场景和沉浸式网络架构环境,有助于检验现代化新型作战概念、提升部队作战熟练度。在"机动卫士2021"演习中,美国空中机动司令部首次展示了下一代"全域指挥控制平台"的概念验证,通过演示先进作战管理系统和虚拟现实技术在安全部队训练中的应用,对技术创新在战场态势感知及指挥控制中带来的作用和影响进行了高度肯定。诺斯罗普·格鲁曼公司已成功为美国空军空中机动司令部组织并举办了首次完全分布式的国际虚拟训练演习"联合虚拟卫士-2021",来自美国、澳大利亚、新西兰和加拿大的空中机动司令部联盟合作伙伴参与了该演习。演习期间,演习人员分别在自己所属基地的模拟器上"飞行"了包括C-17运输机和C-130运输机等在内的多个虚拟武器系统。各种虚拟战斗机、轰炸机、机载指挥、控制和通信平台、情报监视侦察机、空中加油机以及塔台管制员和空降区管制员组成了一个沉浸式网络架构环境。不同的机组人员能够在分布式训练中心网络上进行互动交流。美国海军开展了自21世纪以来最大规模的军事演习——"大规模演习2021",旨在提升多舰队海上同步化作战的水平以支持联合部队。此次演习属于LVC类演习,将构建一系列场景,用于评估和完善分布式海上作战、远征前进基地作战和竞争环境下的沿海作战等现代化作战概念。美国太空军开展了"太空旗帜21-3"演习,旨在保护和捍卫美国在对抗性太空作战域的机动自由,构建了涵盖各种太空任务的训练环境,支持培养联合作战人员。美国陆军"战士22-1"演习利用网络与仿真技术,于堪萨斯州的莱利堡、佐治亚州的斯图尔特堡和德国的格拉芬沃尔进行同步模拟作战,在高压环境下测试了军事理论、知识和作战能力,并帮助美国民警卫队第34"红牛"步兵师提升了作战熟练度。

**(二)兵棋推演技术提升辅助决策和指挥训练能力**

兵棋推演作为指挥决策仿真的一种重要手段,近年发展迅猛,可以借助兵棋推演演练战略战役演变进程,可有效地对决策过程起到支撑作用,创新作战方法。2021年,美国空军与盟国完成了"北极交战"和"蓝色计划"兵棋推演,旨在对抗大国竞争,研究竞争对手如何利用北极损害美国及盟国利益。与北极战略相关的兵棋推演包括"北极交战""蓝色计划""全球交战"和"未来推演",将用于测试、验证新概念和技术,了解北极情况,探索新的作战方法,提高北极地区的态势感知和威慑能力。美军联合参谋部探索了"扩展机动"作战概念,该作战概念还不尽完善,主要是在全面聚焦分布式作战和信息共享网络的基础上建立的。

美军还创建新的兵棋推演与分析中心、兵棋推演高级研究仿真实验室,旨在加强部队战术和战略决策,并预测未来冲突趋势,以加速部队变革和装备建设,满足未来作战需求。美国海军陆战队正构建新的兵棋推演与分析中心,通过反复"虚拟演习"的方式,不断调整概念、战术和技术,来加速部队变革和装备建设。美国海军陆战队兵棋推演与分析中心包括一套复杂的建模仿真、可视化、沉浸式分析工具,可通过复杂的图形和建模技术帮助推演者清楚地看到其所面临的挑战,并认识到新概念、新战术和新武器潜在冲突的效能，以增强兵棋推演活动的效果。美国空军研究实验室耗资600万美元在新墨西哥州科特兰空军基地兴建近1000米$^2$的兵棋推演高级研究仿真实验室，用以推进定向能局和空间飞行器局的兵棋推演模拟与分析工作。新的兵棋推演与分析中心和兵棋推演高级研究模拟实验室的成立，将改变美军过去必须先交付先进技术原型再进行评估的模式，通过先交付概念原型便可进行评估，大大减少先进技术原型的研发周期和资金投入。

**（三）体系仿真有力支撑作战试验与概念验证**

美国海军作战试验与概念演示情况。2021年，美国海军信息战中心开展"先进海军技术"演习，主题为"对抗环境下的一体化海军"，对指控、通信、机动、火力和效能、舰队支持以及信息环境中操作6个能力领域的65项新技术进行了评估，验证相关技术是否可支持"分布式海上作战"和"远征前进基地作战"等作战概念；"无人系统综合战斗问题21"演习，集结大量有人、无人装备，验证作战部队如何使用无人机、无人水面艇和无人潜航器支持有人舰队。演习旨在"演练无人指控，凝练战术、技术和程序，使操作员获得作战环境下的海上无人系统使用经验"；"大规模演习2021"验证美国海军和美国海军陆战队的新作战概念。

美国空军作战试验与概念演示情况。美国空军信息化最新的演习包括"先进作战管理系统高速匝道""红旗""黑旗""橙旗"和"翠旗"以及"方格旗"演习等。其中："先进作战管理系统高速匝道"利用"星链"卫星、人工智能、云计算以及4G、5G等技术正沿着进一步提升美国多军种及与盟军的无缝连接、态势共享以及基于人工智能的指挥控制应用能力等的方向发展；"红旗"演习未来将基于LVC仿真，更加注重整合太空部队的天基攻防能力与海军的电磁作战能力、陆军的作战指挥控制能力以及海军陆战队的战术指挥控制能力等,以进一步拓展美军的全域作战能力;"黑旗"演习通过美国陆军一体化防空和导弹防御作战指挥系统在将F-35战斗机有效融合于防空系统等方面已经取得了重大进展,未来还将进一步聚焦于高威胁环境下的作战测试与战术开发,以提升美军投入严酷实战的作战能力;"橙旗"演习将聚焦于跨域传感器,进一步提升美军在挑战性环境下的信息优势;"翠旗"演习将基于多作战域平台间的信息交互能力等方面的演练,进一步提升美军的联合领域作战效能;"方格旗"演习则将继续致力于提升第四代机、第五代机与地面作战人员的互操作性等实战能力。

美国陆军作战试验与概念演示情况。美国陆军开展了"联合作战评估21"多国实验,是美国陆军年度最大的LVC研究性演习,其重点是研究多域作战,实验验证与盟友之间互操作性的方法;"会聚工程2021"作战演习,旨在找出可穿透高端对手"反介入/区域拒止"能力的技术,并为未来全域作战测试新技术、能力和作战概念。

(陆军装甲兵学院 董志明)

# 典型作战仿真系统最新进展及分析

伴随着云计算、大数据、人工智能等信息技术的快速发展,未来战争呈现出新面貌,非接触、非线式、非对称等新作战理念层出不穷,战争形态的体系化、网络化、无人化和智能化特征日益明显。仿真作为继理论研究和实验研究之后第三种认识、改造客观世界的重要手段,各军事大国认识到仿真技术在军事领域的巨大应用前景,将其视为提升作战效能的倍增器、国防安全和部队建设发展的关键技术,在仿真技术的支持下积极开展现代战争的"超前智能较量"。国外以建模仿真技术为支撑,构建了纵向贯穿战略级、战区/战役、任务/作战级、工程/交战级等技术层级,横向覆盖作战分析、军事训练和装备采办多个领域的作战仿真系统,有力支撑了作战概念开发、作战方案推演评估、武器装备作战训练与效能评估等。本文概述了美军多个层次的作战仿真系统,并给出了国外典型作战仿真系统的最新进展及应用情况,分析了未来作战仿真系统的发展趋势。

## 一、美军典型作战仿真系统概述

美军作战仿真系统研究一直处于世界领先地位,其在作战仿真系统研究过程中产生的标准已成为世界各国开发作战实验仿真系统的蓝本和基础。

美军根据不同的应用需求建立了战略级、战区/战役区、任务级、交战级和工程级等多个层次的仿真系统，每个军种都建立了相应层次的作战仿真系统，每个层次的仿真系统有自己特定的应用模板和应用领域，但可以互相连接以弥补各自的不足。美军不同层次作战仿真系统的技术图谱如图1所示。

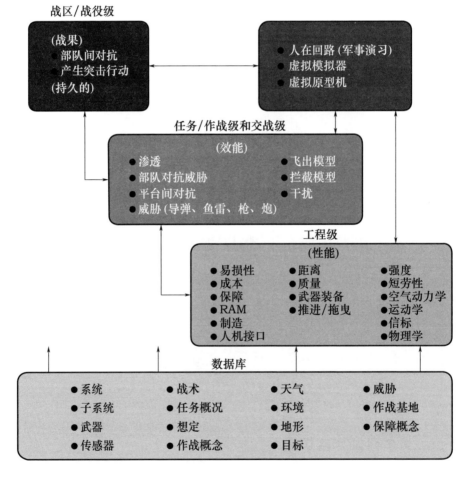

图1　美军不同层次作战仿真系统的技术图谱

美军典型作战仿真系统概述见表1。

表1 美军典型作战仿真系统概述

| 序号 | 名称 | 研制单位 | 概述 |
| --- | --- | --- | --- |
| 1 | 联合建模仿真系统（JMASS） | 美国国防部 | 一个建模仿真支撑环境，设计用来处理工程级高逼真度的、电子战环境下的武器系统交战的建模仿真，作战对象之间的交互信息量大、更新频繁，是紧耦合仿真 |
| 2 | 战术作战仿真系统（TESS） | 美国陆军 | 一个在逼真的、虚拟的交战对抗环境下，构造出双方战斗规则、战斗部署、战斗行动、战斗指挥和战斗保障等仿真模型，形成动态推演攻防作战过程、作战战术，评估其战术指挥和作战效能的仿真系统 |
| 3 | 扩展防空仿真（EADSIM）系统 | 美国空军 | 一个集分析评估、训练、作战规划于一体的系统级作战仿真系统，包括空中、导弹、空间作战中所涉及的各种参演角色的实体模型和作战模型；能够满足以 $C^4ISR$ 为中心的导弹战、空战、空间战以及电子战等作战样式，可以实现一对一到多对多作战模拟 |
| 4 | 联合半自动兵力（JSAF）系统 | DARPA，洛克希德·马丁公司 | 一个人在回路的可模拟多种战场实体（包括车辆、步兵、坦克、舰船、飞机、建筑物和声纳等传感器，以及能够表示真实世界的地形、海洋、天气条件等综合环境，乃至能模拟平民的行为细节）作战实验和训练仿真系统 |
| 5 | 联合冲突战术仿真系统（JCATS） | 美国联合部队司令部（USJFCOM）发起联合作战中心（JWFC）管理 | 美军联合作战实验系统之一，是一个实体级、可构造、交互式的训练仿真系统和训练工具，可为作战部队参谋和参战人员提供命令级训练 |

续表

| 序号 | 名称 | 研制单位 | 概述 |
|---|---|---|---|
| 6 | 联合仿真系统（JSIMS） | 美国国防部 | 采用分布交互式仿真技术，由一个公共核心基础设施和陆、海、空等各军兵种开发的仿真模型及应用系统组成，将陆战、海战、空战、太空战、电子战、地形、海洋环境、大气环境、机动/部署、计算机生成兵力、后勤运输以及其他专用模型等诸多作战元素有效地综合在一个联合作战空间内，形成一个集成的仿真环境 |
| 7 | 联合分析系统（JAS） | 美国国防部 | 由联合作战系统（JWARS）更名而来，是一个战役级的"端到端"的仿真推演系统，以联合作战为背景，综合了战争的主要领域，包括 $C^4ISR$、后勤、大规模杀伤武器、战区弹道导弹防御等。该系统能够提供三维战场空间、气象、后勤制约以及基于感知的指挥控制等功能，可应用于作战计划的制定和执行、兵力评估研究、系统采办分析、作战新概念和新条令的形成与评估 |
| 8 | 联合战区级仿真系统（JTLS） | 美军战备司令部（USREDCOM）、陆军战争学院（AWC）和陆军军事构想分析局（CAA），罗兰公司 | 一个针对陆、海、空联合作战，以及后勤、特种兵力、情报支援的交互式、多方参与的战区级作战仿真系统，包括指挥控制、地面作战、空中作战、海上作战、信息作战和后勤保障六大类模拟作战实体与作战过程的仿真模型；可用于模拟美军联合任务清单所定义的战役级常规联合作战和合成作战，可模拟联合空中、地面、海上、两栖和特种部队作战以及有限的核、化学效果、低强度冲突以及冲突前战斗 |

联合建模仿真系统主要为底层的工程级武器研发和交战级作战仿真提供全生命周期服务；联合战区级仿真系统和联合作战系统则主要应用在战区/战役级仿真中，主要基于多天、多对多的剧情对兵力结构进行研究；联合仿真系统主要应用在任务级仿真中，它基于一些高度详细的对象之间的交互系统和子系统的性能进行研究，是连接工程级作战仿真系统与战役级作战仿真系统的重要纽带。它们所支持的作战建模仿真的层次关系如图2所示。

图2　作战建模仿真的层次关系

表2从仿真想定、运行时间单位、仿真结果、应用领域等总结分析了不同层次作战仿真系统的仿真特点。

表2　美军不同层次作战仿真系统分析

| 层次 | 工程级 | 交战级 | 任务级 | 战区/战役级 | 战略级 |
| --- | --- | --- | --- | --- | --- |
| 仿真想定 | 单平台、子系统、主要部件 | 一对一、一对多、多对多 | 多平台、多兵种 | 战区作战、联合作战 | 联军作战 |
| 运行时间单位 | 秒 | 分 | 小时 | 天 | 月 |

续表

| 层次 | 工程级 | 交战级 | 任务级 | 战区/战役级 | 战略级 |
|---|---|---|---|---|---|
| 仿真结果 | 平台战技性能指标、成本、可行性 | 系统效益（杀伤概率/存活率/易损性、战斗伤亡等） | 任务效益（损失率、交战概率等） | 战役结果（作战进程、战果、战损、消耗等） | 战争结果（作战进程、结局等） |
| 应用领域 | 系统设计、分系统性能取舍、成本分析、可行性分析、装备研发等 | 成本效益分析、作战任务需求、系统效益取舍、战术评估、交战准则确定等 | 成本效益分析、作战任务需求、战术训练等 | 演练成本效益分析、作战任务需求、战役/战术训练、保障等 | 战略（政策、策略）制定与评估、战略训练等 |
| 典型系统代表 | JMASS | FLAMES、VR-FORCE、STAGE | EADSIM | JWARS、JSIM、JTLS | RSAS |

## 二、国外典型作战仿真系统最新进展及应用情况

### （一）美军不同层级作战仿真系统最新进展及应用情况

不同层级作战仿真系统面向不同需求的研发各有侧重，有的在发展中被淘汰或被其他更完善的系统替代，有的则随着需求的变更，不断地迭代改进或拓展应用领域。

**1. 战术作战仿真系统在多种武器平台中融合应用**

战术作战仿真系统（TESS）是一种可部署的装备系统，最初开发用于 AH-64D/E "长弓-阿帕奇" 攻击直升机的空中射击机组人员训练，旨在提供多梯队乘员和集体部队对部队训练，项目命名为 LBA-TESS，交付了

多个国家应用（表3）。

表3 战术作战仿真系统交付及应用情况

| 项目/变体名称 | 生产状况 | 最终用户国家 | 最终用户组织 | 首次交货 | 备注 |
|---|---|---|---|---|---|
| TESS | 在役，按需生产 | 埃及、德国、新加坡 | 武装部队 | | |
| LBA–TESS | 在役，按需生产 | 荷兰 | 空军 | | |
| LBA–TESS | 在役，按需生产 | 阿拉伯联合酋长国 | 武装部队 | 2018年 | |
| LBA–TESS | 在役，按需生产 | 卡塔尔 | 空军 | 2020年 | |
| LBA–TESS | 在役，按需生产 | 英国 | 武装部队 | | |
| LBA–TESS | 在役，按需生产 | 科威特 | 武装部队 | | |
| LBA–TESS | 在役，按需生产 | 美国 | 军队 | | 主要用于部队，在美国部队作战训练中心使用，如国家训练中心、联合战备训练中心以及联合多国战备中心 |

此外，还开发了轻型多用途直升机战术作战仿真系统（LUH–TESS），该系统有O/C模式和OPFOR模式两种操作配置。O/C模式是在指定的空中作战基础设施兼容美国部队作战训练中心位置，近乎实时地跟踪并提供1秒更新，并配备电子数据管理器以管理各飞机训练者和交战信息。模式具有额外的能力，容易受到多路集成激光交战系统（MILES）和几何配对接合

的影响。OPFOR 模式将通过飞机音频系统宣布评估状态，并通过飞机杀伤指示器在外部显示评估状态。该系统最新一次能力提升合同由 ICE 公司于 2019 年 12 月签订，旨在提供高级智能板载数据接口模块和利用战术作战仿真系统训练导弹的适航性提供新设备训练、设计、开发和认证能力。

**2. EADSIM 发布最新 20 版本及新增功能**

2021 年 6 月 21 日至 25 日举行的第 89 届军事运筹研究研讨会上指控单元和防空反导单元报道了美国陆军太空与导弹防御司令部和 Teledyne Brown 工程公司在 2021 年春末发布的扩展防空仿真（EADSIM）系统最新版（第 20 版）的新功能。该版本主要新功能包括：扩展操作员在回路能力，包括战斗机飞行和交战决策的飞行员级控制以及扩展了地对空指挥链参与者的手动控制；与机载传感器和加油机等支援飞机一起支持防御战斗机作战的附加能力；旋转雷达建模的简化方法；用于高能激光器的扩展二维回转模型；继续扩大一体化防空导弹防御能力的代表；将新的授时效应引入轨道维护、作战识别过程和火控级数据实现的各种方法。这些新功能不仅完全在内部构造仿真中运行，而且能在分布式环境中运行，这些新功能为回路中的其他联邦成员和操作员提供增强的真实感和感知深度。

研讨会上还报道，美国陆军空间和导弹防御卓越中心应用扩展防空仿真系统为高能激光实兵对抗建模，并为多域作战环境中使用联合全域指挥与控制获取防空反导任务的作战影响提供军事效用评估。

**3. 计算机生成兵力系统融合人工智能以提升部队战斗力**

计算机生成兵力系统（OneSAF）最新一次能力提升合同由 Riptide 软件公司在 2018 年 12 月签订，开发周期为 6 年，预计完成日期为 2024 年 12 月。其主要功能需求能够为战斗和非战斗作战的所有单元模拟从火力团队到连级别的单元行为，提供智能的、理论上正确的行为和一系列构造的、推演和基于虚拟的用户界面，以增加工作站操作员的控制范围。生产和支持工作包括概念建模，架构工程和软件开发支持，以增强产品线并降低生命周期维护和开发成本。

2019 年，美国陆军机动作战实验室兵棋推演仿真实验采用该仿真平台，结合人工智能与云的关键技术，使士兵能够控制机器人系统。战场上每个无人机和地面机器人都需要独立"弱人工智能"地进行导航、分析传感器采集的数据、与其他单位通信。整个兵力编组中最重要的人工智能是控制其整体行动的人工智能，与常见的固定服务器不同，该人工智能技术实现采用云部署，位置不固定，协同数据被分散在多个微型服务器上，避免被炸毁、遭到黑客攻击或者通信阻塞。这些微型服务器由机器人车辆携带或者单兵背负。如果一台服务器被破坏或失去通信，兵力编组网络上还有其他服务器可接替工作。推演结果显示，无人机和地面机器人加强给步兵单位后，其战斗力提高 10 倍。

**4. 联合分析系统基于感知的模型训练以应对网络攻击**

在 2021 年第 89 届军事运筹研究研讨会中，信息和网络行动工作组的专家演示了在联合分析系统（JAS）中引入"基于感知的运动模型以训练应对网络攻击的能力"，在联合分析系统中降低动能杀伤能力，引入一种政府所有的基于感知的战役模型，使用该模型进行系统支持的作战模拟，所有信息通过模拟网络传输，网络中断导致特定信息延迟或丢失，进而影响后续作战。每当暂停联合分析系统时，决策者都可以替换选定的模拟代理。向决策者提供与代理相匹配的计算机生成的状态报告，然后根据实际可获得的信息，而不是事后真相，做出最佳决策。该项目还建议使用目前可用的特定虚拟硬件和互联网软件快速创建低成本、全逼真度的数字孪生网络，并推广应用这些新仿真网络。这些仿真网络及其防御工具可以驻留在从小型计算机设备到攻击与防御网络团队的所有设备内，可以监测和记录系统成功防御时间长度以及被攻击后网络恢复时间长度等有效可信的数据。同时，该系统模拟的战争训练实验中提供了所有类型的动态和非动态指挥控制攻击，在报告网络攻击同时也生成了攻击造成的损失报告。但只有系统导调团队知道信息丢失的全部程度。参训人员可调查中断情况，并采取广泛的可用措施，措施的有效性取决于任务完成的程度。可靠的网络数据与"全员"结合将这些数据链接到作战仿真实验的特定网络中，此过程能够显著提高参训人员应对网络攻击的能力。

**5. JTLS‒GO 在美国海军未来舰队作战能力开发中的应用**

联合战区级仿真系统‒全球作战（JTLS‒GO）作为联合战区级仿真系统的最新版本，已被北大西洋公约组织联合作战中心等各种国内外防务组织采用；联合参谋部联合作战指挥部（J7）和太平洋作战司令部将其作为确认模型可信度的测试环境。该仿真系统的仿真引擎是作战事件程序，其指导模型内所有空军、陆军和海军部队的行动与交互。传统上，使用者与 JTLS‒GO 通过基于 Web 主机的界面程序进行交互，手动输入推演中各单位的任务集和指令。这些指令被发送到作战事件程序，通过通用作战图中的图形更新向使用者提供的反馈。

JTLS‒GO 最近的应用为 2018 年 2 月开展的"黄金眼镜蛇"军事演习，美国、日本、韩国、泰国、马来西亚、新加坡和印度尼西亚七个国家参加了此次演习。该演习主要由计算机辅助演习实现，要求军事训练受众观察并完成主场景事件列表规定的关键场景事件，敌方部队充当目标冲突对手，要求训练受众也对模拟军事威胁作出反应。JTLS‒GO 在该项目中新增并校核了无人水下航行器的系统模型，并为训练观众提供海军舰队作战场景模拟，与新开发的集成和运筹支持系统（IOSS）联合使用。其创新地使用了场景模拟、计算机仿真和实验来构建任务工程的战略分析框架，为演习提供自动化、可重用的实验环境，为美国海军研究"提高未来舰队作战效能"等问题提供高效的解决方案。

**（二）其他国家和地区作战仿真系统最新进展及应用情况**

海湾合作委员会 2018 年 5 月开始授权 CAE 公司开发联合多国仿真中心系统，将联合战区级仿真系统（JTLS）与高分辨率的实体级作战仿真系统 GESI（CAE 公司作战仿真系统的德语缩略语）结合，创建一个全面的联合体，为指挥领导提供统一的、真实的、多分辨率且完整的操作环境。

澳大利军队通过多级作战仿真系统的互联，创建更加逼真作战训练环境。其单兵训练用基于游戏的 VBS2、集体训练用联合战区级仿真系统、训练计划用联合对抗研讨裁决工具（JSWAT），将这三个系统紧密结合，使计划、指挥和单兵行动训练紧密结合，注重构建虚实结合的训练环境和条件，为其训练创设逼真的环境。

瑞典的萨博防务公司，集成运用激光交战系统、反向攻击靶标、先进通信网络、控制系统、支撑模型、底层数据，创设了虚实结合的实战化训练环境。激光交战系统通信网络集成实兵训练、二、三维一体训练场景显示、训练控制系统等，所构建的训练体系是以模型和数据为支撑的，是软件和硬件结合的体系，其训练裁决与态势均需根据实际战场环境进行裁决和修正，保证了能够真实地反映作战效能。

英国皇家海军将人工智能决策辅助作为"海上演示/强大盾牌2021"演习的一部分。在该演习中，Roke 公司与英国国防科学与研究实验室合作研发的 STARTLE 应用程序与"系统协调综合效果分配"人工智能决策均在 23 型护卫舰"兰开斯特"号和 45 型驱逐舰"飞龙"号的指挥空间上得到了采用，使得在一个极具代表性的作战环境中对人工智能与机器学习的性能以及优势进行评估，并收集实时数据以做进一步改进。"系统协调综合效果分配"人工智能决策则起到补充作用，能够向指挥团队提供威胁评估武器分配方面的建议，帮助团队确定防御设备（硬摧毁和软杀伤）的优先顺序并进行相应分配，加快"检测到交战"的过程并对其进行优化。

### 三、未来作战仿真系统发展趋势

国外典型作战仿真系统建设大都采用"边建设、边使用、边部署、边改进"的策略滚动式发展，通过对上述系统的概述、最新进展及应用情况的分析，可以看出其未来作战仿真系统发展趋势集中体现在以下几个方面。

**（一）作战仿真系统将注重"人在回路、实时干预"的软硬实力部署与设计，增强实战化战法研究和作战方案推演能力**

作战仿真重在实现人脑构思、虚拟模仿到可视认知的映射，使未来照进现实。为了适应实战化作战需求，不同层级的作战仿真系统应能构建多域复杂战场环境，充分考虑军事威胁、作战对手、作战样式、作战任务、主要战法及风险战机等因素；尤其注重"人在回路、实时干预"的软硬件实力的部署与升级，将复杂计算、综合推理、仿真推演等技术与"人在回路、实时干预"的指战员谋略相结合，以作战仿真构想落实新作战概念，同时促进武器实战化能力提升。

DARPA 为作战推演开发人工智能敌军模型，以促进美军应对实战化的战术更新和作战方案制定。项目将利用计算机生成兵力系统（OneSAF）来评估人工智能敌军模型的智能对抗能力。考虑到 OneSAF 是一个交互式、"基于回合制的人在回路"构造建模仿真工具，因此，将在 OneSAF 中重建参考场景，采用人在回路的方式对红、蓝军回合制对抗进行裁决。

**（二）人工智能、机器学习等新技术与作战仿真系统融合应用，有力支撑军事决策，加快形成透视未来战场能力**

探索利用人工智能、机器学习等新技术，增强智能化指挥与控制等仿真的决策分析辅助手段、智能态势评估工具等在作战仿真系统中的融合应用，基于最新态势预测和可动态进化的战仿真技术，在作战演习中提升不对称优势，形成透视未来战场能力。

2020 年 8 月，DARPA"必杀绝技"项目使用诺斯罗普·格鲁曼公司的一款逼真的战区作战仿真系统来模拟冷战和当前冲突，并应用人工智能，旨在发现系统中的不对称条件，并将这些条件传达给利益相关者，使得受训者可以获得比竞争对手拥有的意想不到的优势。未来，人工智能工具可以帮助人类指挥官在真实的战斗中击败对手。该项目的重点是不断训练人工智能赢得推演胜利，并利用人工智能工具进行更精确的作战推演，可能会对武器系统的设计、建模以及最终人工智能辅助人类指挥官作战都产生巨大影响。

2021 年 4 月，美国网络司令部接手的 IKE 项目，利用人工智能和机器学习技术帮助指挥官理解网络战场、支持制定网络战略、建模并评估网络作战毁伤情况。IKE 项目还将具备向美军联合作战部队指挥官提供战场级别的增强态势感知和对网络部队及作战任务的战场管理能力，并可为整个指挥链中的用户提供计划、准备、执行和评估网络安全行动的能力。其借助基于机器学习能力的自动化流程来减少作战人员的工作量，通过战场可视化功能使网络指挥官可以实时准确地了解网络。

**（三）LVC、云计算等技术创新引领作战仿真从单独系统到复杂、跨地域、跨军种、跨平台、多功能的虚实联合作战系统的跨越发展**

为解决各仿真实验环境相互独立的情况，外军期望在分布式框架和云计算技术的基础上，建立综合的仿真实验平台，提高仿真资源的可重用、可组合的能力，达到各独立仿真系统乃至实际装备之间的互联互通互操作。LVC等技术创新引领作战仿真从单独系统到复杂、跨地域、跨军种、跨平台、多功能联合作战系统的跨越发展，促进有效地利用已有的仿真资源，避免独立的"烟囱式"发展造成重复建设，提高系统的可靠性和开发效率，不断摆脱多仿真系统在互操作性能上的局限，通过发展模块化服务、数据服务代理和数据管理模式等先进技术，从而构建一个贴近实际战场、搭建方便快捷的联合作战训练环境，以大大提升各类作战任务方案拟定和各级作战人员的训练效能。

在大国竞争和未来可能发生的冲突中，美军"下一次训练革命"考虑利用现有LVC等技术将地面、海上、航空、太空和网络资产连接到一个联合通信网络（训练或现实世界），在实际或角色扮演的联合部队指挥官"人在回路"指挥下执行模拟/虚拟任务；未来还需要扩展至五代机和水面作战舰艇之外，将联合部队关键情报能力、联合火力等"杀伤链"的其他使能器包括进来，并纳入分布式"人在回路"模拟系统、移动和适应性威胁模拟器以及用于捕捉领导决策反馈和单元执行情况的系统等，构建一支世界一流的假想敌部队（红队），在全域范围内挑战联合部队。

**（四）扩展现实与人机交互技术逐渐拓展在作战仿真系统的应用，训练沉浸感和互动性不断增强，支撑训练模式转变和战斗力提升**

世界各军事大国均已认识到沉浸式技术在军事领域的巨大潜力，逐渐扩大该技术在训练与作战系统中的应用，促进训练水平和作战能力提升。以虚拟/增强/混合现实技术（VR/AR/MR）为代表的扩展现实技术（XR）和人机交互技术在构建逼真的虚拟战场环境，助力计算机生成兵力能力的提升，改善模拟训练效果，增强指挥和控制能力，将为提高作战人员战场检索、协作和决策水平等带来令人瞩目的成效。

VT MAK 公司发布 VR – Engage 1.0 多角色虚拟仿真器，可作为角色扮演站、教练辅助设施、桌面模拟游戏，甚至进行虚拟现实头盔体验，可独立运行，并通过开放标准与第三方计算机生成兵力软件和其他仿真器实现完全互操作。

（北京机电工程研究所复杂系统控制与智能协同技术重点实验室<br>张卿　刘金）

# 意大利空军大力发展仿真训练能力

意大利国防部2015年版《国际安全与国防白皮书》明确，将增加以仿真形式进行的军事训练活动数量。意大利国防部现行预算文件强调，LVC要素应与基础设施高度集成，以使创建的复杂训练场景日益现实，最大限度降低成本，减少环境影响，并确保部队战备水平。目前，意大利空军正通过新建仿真训练基础设施、发展LVC能力、构建仿真器网络体系架构，大力发展仿真训练能力。

## 一、基本情况

### （一）意大利空军飞行员典型训练流程

意大利空军训练司令部将飞行员从招募到飞行分为四个训练阶段：

第一阶段是筛选性训练。学员将在意大利拉丁空军基地开展SF–260初级教练机训练。该阶段最后，学员需要进行心理能力测试。在成功完成训练和必要测试后，学员将获得飞机飞行员执照。

第二阶段是双机型训练。首先，学员将前往意大利加拉蒂纳飞行学院

（也可前往希腊卡拉马塔），开展 MB-339A 喷气式教练机训练。随后，学员将前往美国谢泼德空军基地，开展 T-6A 得克萨斯Ⅱ型涡轮螺旋桨教练机训练。

第三阶段是分路径训练。根据能力表现，学员将被分为三条路径开展训练：①遥控飞机路径。被选为遥控飞机操作人员的学员，将前往意大利加拉蒂纳开展 MB-339CD 喷气式教练机训练。②直升机路径。直升机路径的学员将前往意大利弗洛西诺内开展 TH-500 和 AW139 直升机训练。③战斗机路径。战斗机路径的学员将前往意大利海岬空军基地，使用比亚乔 P-180 阿万提双涡轮螺旋桨飞机开展相关训练。

第四阶段是仿真器训练。战斗机路径的学员将前往意大利加拉蒂纳，开展 MB-339CD 喷气式教练机训练；还将前往意大利空军第 61 联队，使用莱昂纳多 T-346A 一体化训练系统（ITS）开展相关训练。

## （二）仿真训练在意大利空军飞行员各训练阶段的作用

意大利国防部表示，空军训练司令部的所有训练计划都将充分利用地面训练系统。仿真训练在意大利空军飞行员各训练阶段的作用如下：

第一阶段，学员使用低逼真度仿真器开展旨在熟悉新概念的初始训练，还将运用实体飞机测试飞行经验能力、判断累积训练成果。

第二阶段与第三阶段，学员获得的每一项新技能都能够在仿真器环境中进行测试，从基本检查表程序到高级紧急处理。该阶段的所有课程，都预设仿真器和实际飞行训练小时数。未能实现所需的任务目标会触发相应行动方案，在极端情况下可能导致该课程不及格。

第四阶段，将用仿真器创建极其复杂的场景。用真实资产复制相关场景非常困难且成本高。为降低成本，第四阶段的训练阶段包括 50∶50 混合的实际飞行小时数和仿真器小时数。

### (三) 意大利空军典型仿真训练装备

目前，意大利空军的典型仿真训练装备包括：

（1）复制马基 SF.260B 飞机的飞行仿真器。该仿真器位于意大利拉丁空军基地，主要用于飞行员训练的第一阶段。马基 SF.260B 飞机属于轻型飞机，主要用作教练机或特技表演飞机。

（2）莱昂纳多一体化训练系统。该训练系统拥有 T-346A 等不同逼真度水平的仿真器，以匹配连续训练任务。与该系统配套的电子教室拥有基于计算机的训练和任务管理工具，例如，教员操作站、任务规划/汇报站和训练管理信息系统，以提供信息与分析来指导训练过程。

（3）"捕食者"任务飞行训练器。该训练器由 CAE 公司和"捕食者"无人机的制造商通用原子航空系统公司联合开发。该训练器可以提供高真实感，能够在 B/MQ-9 "捕食者"上进行零飞行时间训练。意大利空军运用该训练器开展所有"捕食者"训练，而无须针对无人机本身再开展实际飞行训练。

## 二、意大利空军仿真训练的重要趋势

### (一) 新建仿真训练基础设施

（1）遥控飞机卓越中心。2009 年，意大利空军在阿门多拉空军基地设立遥控飞机卓越中心，以提供标准化且高效的训练。2019 年，CAE 公司向遥控飞机卓越中心交付"捕食者"任务飞行训练器。

（2）国际飞行训练学院（IFTS）。在 2018 年范堡罗航展上，莱昂纳多公司和意大利空军签署合作协议，成立了国际飞行训练学院。随后，莱昂纳多公司和 CAE 公司联合成立一家名为莱昂纳多 CAE 高级喷气式训练科学研究实验室的合资企业，为国际飞行训练学院提供支持服务。其中，意大利空军提供其丰富的飞行训练历史经验，莱昂纳多公司提供经过验证的 T-346 高级喷气教练机，而 CAE 公司则提供最先进的地面训练系统。国际飞行训练学院通过飞机、仿真器和虚拟部队的集成，来弥合基础训练和作战转换训练之间的差距。国际飞行训练学院重点关注基于 T-346A 一体化训练系统的模块化和多功能"引入战斗机训练"教学大纲。目前，国际飞行训练学院的训练活动集中在莱特空军基地，主要训练设施包括 22 架 T-346A 飞机以及完全集成和互连的地面训练系统，其中有两个支持 LVC 的全任务仿真器。

（3）旋翼任务训练中心。2020 年底，埃尔比特系统公司宣布获得合同，为意大利空军在维泰博的法布芮机场建立旋翼任务训练中心，并提供相关运营和支持服务。该中心将为意大利空军、陆军和海军直升机飞行员和机组人员提供训练。该中心的主要直升机平台包括 NH90（战术运输直升机和北约护卫舰直升机改型）和 HH101 战斗搜救飞机，配备具有高保真驾驶舱、后方乘员训练器、任务控制台和视觉显示系统的全任务仿真器，拥有复制和控制飞行活动的先进能力。该中心预计将于 2025 年 7 月全面投入使用。

**（二）发展 LVC 能力**

意大利空军积极运用 LVC 能力，使飞行员接触难以在实际飞机中复制的极复杂战术场景；还可使仿真器中的地面飞行员看到真实飞行飞机的飞行员，而空中的飞行员可以通过机载模拟程序看到虚拟飞机，进而支持实况和虚拟环境的飞行员进入一个共同场景训练。

例如，意大利空军的 T-346A 高级教练机采用嵌入式战术训练系统。该系统能够模拟机载传感器、武器和计算机生成部队。飞行员可以在与仿真器和构造实体集成的实际飞机中参与虚拟战术场景。意大利空军将该教练机用于支持飞行员从学习到加入战斗序列的能力转化，实现飞行员高训练效率和低训练成本之间的最佳平衡。

**（三）构建网络体系架构以促进分布式任务训练**

意大利国防部《2020—2022年计划性多年国防文件》（DPP2020—2022），确定"作战训练基础设施"（OTI）项目的计划。该项目旨在构建永久且安全的网络架构，以连接所有正在使用的仿真器，为不同军种和潜在联盟伙伴国家提供分布式任务训练。DPP2019—2021文件提到的相关仿真器示例包括T-346教练机、欧洲战斗机、"阵风"战斗机（包括攻击和电子战改型）、G550保形机载预警和控制飞机、C-27J战术运输机、C-130J中型运输机、无人机以及指挥控制系统。

该项目将专注于逼真度、复杂性和现实性，对武器系统和真实场景开展更具代表性的仿真，形成"边作战、边训练"的能力，使部队在准备部署到现实作战场景时达到理想的训练水平，就像在作战中一样。该项目的成功将依赖于高逼真度、分布式仿真系统和LVC模式的集成，能够以联合、国际和机构间的级别运行。该项目最终将通过改进与非许可环境执行的任务、实况训练难以复制的电子战场景的集成，确保联合/联盟国家、国际和机构间的实况与合成训练。

该项目计划耗资2.16亿美元，2034年完成。其中，初始作战能力阶段将侧重于虚拟和构造能力，为飞行和地面仿真器、指挥控制系统、防空靶场、雷达系统和控制室构建中央和外围互联网络体系架构；完全作战能力阶段将完成飞行仿真器以及$C^4ISR$系统的升级和翻新，采购用于联合终端攻击控制器（JTAC）训练的全圆顶仿真器，测试并部署下一代机载空战机动仪表系统。

## 三、结束语

意大利空军渐进地将仿真训练融入飞行员训练各阶段,提升训练效果的同时降低训练伤亡和训练成本。除了积极扩展训练设施、努力发展 LVC 能力外,意大利空军还试图构建连通不同训练仿真器的网络架构。尽管意大利空军仿真器网络架构的建设与成效仍待观察,但分布式训练仿真器网络架构的思想值得借鉴。

(中国航天科工集团第二研究院二〇八所　佘晓琼)

# 附　录

# 2021年军用建模仿真领域科技发展十大事件

## 一、美国推出多域作战体系试验平台

2021年8月,美国BAE系统公司推出体系级虚拟环境试验平台(图1),为突破多域作战的关键技术提供快速、安全的试验环境。该平台是一种基

图1 美国开放式架构的多域作战体系试验平台界面

于开放架构的系统集成工具，运用了标准架构规范、高逼真度建模仿真、先进指挥控制技术，并综合成本、能力和资源等要素，通过对数字工程构件、数据管理系统、杀伤链性能进行系统建模分析、评估，为决策者提供最佳方案。该平台可在新技术和系统部署前，演示新技术的应用并评估系统使用边界，提高多域作战任务完成率。这种创新的系统集成能力，提供了加速的能力交付，推进了美军系统工程和现代化能力建设。

## 二、美国陆军发布网络版模拟网络训练环境

2021年2月，美国陆军训练与条令司令部情报局发布网络版模拟网络训练环境——全球决战训练环境（DATE World），如图2所示，该环境基于全球四个地区（太平洋、欧洲、高加索和非洲）真实作战环境，模拟该地区完整的部队结构、可用的武器和装备，为训练人员提供尽可能严格、真实的对抗训练环境。该司令部计划与澳大利亚、加拿大、英国和新西兰盟友国合作，开发和完善训练环境内容、数字工具和用户辅助工具（如整合地图和可视化），以支持实况–虚拟–构造（LVC）和对抗推演（LVC–G）

图2 决战训练环境世界（DATE World）网页展示图

训练。澳大利亚陆军 3 月开展的"钻石黎明"演习就混合使用了该训练环境的核心场景。美国陆军近十年的经验成果应用于该训练环境研发与应用，以预测和训练军队应对当前和未来的挑战；提升了部队的弹性和杀伤力，以在全域作战中获得优势。

## 三、美国空军构建数字孪生武器生态系统

2021 年，美国空军基于多个在研项目演示验证成果，如"武器一号"、"灰狼"协同蜂群武器系统、"金帐汗国"网络化协同武器项目和先锋计划项目等，计划构建一种全面数字化、敏捷开放的数字孪生武器生态系统，以交付武器系统 LVC 试验和演示能力。数字孪生技术代表了数字工程学的未来，可为武器系统提供极大的灵活性和适应性。美国空军数字孪生武器（图 3）生态系统基于被称为"罗马竞技场"的数字武器生态环境，应用先进仿真集成与建模框架（AFSIM）软件作为其建模仿真引擎，定期开展实

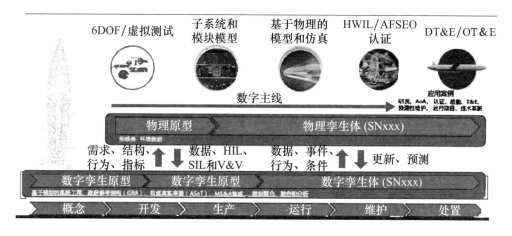

图 3　数字孪生武器的全生命周期

装/虚拟武器装备数字孪生的新技术研发、快速集成和试验，可实现武器系统之间的灵活性、模块化、可重用和一致性，为武器协同提供技术基础和标准，为未来作战部队交付转型战略能力，并为开发易用、适应性强、高效精准契合目标需求的产品提供支撑平台。

## 四、仿真互操作标准组织发布支持采办的建模仿真标准

2021 年 2 月，仿真互操作标准组织（SISO）发布《用于支持采办活动的建模仿真标准配置文件指南》《用于支持采办活动的建模仿真标准配置文件参考》两份支持采办的建模仿真标准（图 4），以支持国际采办界基于模型和仿真的应用与实践。该标准基于采办界新/新兴建模仿真标准、商业或

SIS Simulation Interoperability Standards Organization
*"Simulation Interoperobility & Reuse through Standards"*

SISO–GUIDE–005–2021

Guide for
A Standards Profile for the
Use of Modeling and Simulation in
Support of Acquition Activities

Volume 1

Version 1.0

17 February 2021

Prepared by:
Acquisition Modeling and Simulation
Standards Profile
Product Development Gronp

(a)

SIS Simulation Interoperability Standards Organization
*"Simulation Interoperobility & Reuse through Standards"*

SISO–REF–066–2021

Reference for
A Standards Profile for the
Use of Modeling and Simulation in
Support of Acquition Activities

Volume 2

Version 1.0

17 February 2021

SAC Approved: 05/12/2021 EXCOM Approved: 05/28/2021

Prepared by:
Acquisition Modeling and Simulation
Standards Profile
Product Development Gronp

(b)

图 4 仿真互操作标准组织发布的支持采办的建模仿真标准封面

政府所有的产品信息,为采办全生命周期基于模型和仿真的应用提供通用标准指导和最佳实践。该标准作为改进国际采办活动的关键工具,促进了采办全生命周期模型的一致性、可重用性、连贯性及应用效率,实现对全系列标准的持续应用指导(包括模型和仿真的互操作),有效推进最优系统和体系设计解决方案。

## 五、美军"实况-虚拟-构造"仿真集成架构升级

2021年10月,美军LVC仿真集成架构(LVC-IA)已升级到第四版(图5)。美国国防部在军用建模仿真领域的最终目标是创建统一的LVC仿真集成架构,以快速组装模型并实施仿真训练。该架构主要面向美国陆军训练需求,通过将不同地理位置、孤岛式特定任务模拟器和仿真工具组成综合系统体系,在统一、合成的训练环境中提供网络化、集成和互操作的实时交互式仿真训练。该架构为提高美国陆军训练的规模、机动性和逼真度提供全面的解决方案,以获得更强大、统一的训练能力,实现更快速、有效的作战。

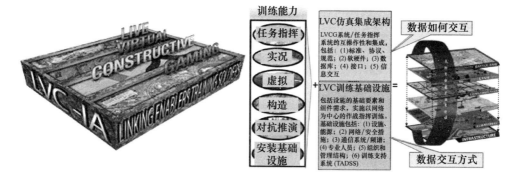

图5 美军LVC仿真集成架构(LVC-IA)图标及能力示意图

## 六、美军推进网络战训练环境平台升级与应用

2021年,美国网络司令部持续网络训练环境(PCTE)平台完成第三版的部署,并计划于2022年1月部署第四版,以全方位提升网络战的训练和战备水平。根据该司令部要求,5月开始,美国各军种院校须应用该平台来全面提升学员掌握网络作战/防御的能力。该要求促使各军种院校的训练范围呈现多样性和复杂性,训练工作实现标准化、简约化和自动化,训练内容、经验教训、最佳实践实现统一,训练周期和成本显著降低,训练效率显著提升。同时,美国网络司令部在其年度训练演习不断扩展该平台的应用。在"网络旗21-2"演习中应用该平台实现跨越8个时区3个国家/地区开展评估网络部队工作,编纂了网络部队防御的最佳实践并制定了网络战新策略。在演习期间,该平台每天支持数千项任务活动,并同时支持英国"网络洋基"演习。

## 七、美国海军演习首次大规模运用"实况-虚拟-构造"技术

2021年8月,美国海军在全球多个地区同时开展近40年来最大规模的"大规模演习2021"活动(图6)。此次演习首次大规模运用LVC仿真训练技术,实现了实战训练和合成训练能力的融合,展示了美国海军在不同时区使用精确、致命和压倒性军力的能力。此次演习构设了跨军种、跨战区、跨舰队、虚实结合的全球综合实战训练环境,实装部分由130艘水面舰艇和11个训练靶场组成,虚拟部分由70多个飞机模拟器组成,构造部分由14个模拟站点、作战实验室和计算机生成兵力组成,是迄今为止对LVC训练

环境的最大规模试验。

图 6　美国海军学会网站上"大规模演习 2021"参演舰队和部队示意图

## 八、"扩展防空仿真系统"发布最新 20 版本

2021 年 6 月，在第 89 届美国军事运筹学会研讨会上，美国陆军太空与导弹防御司令部称已发布扩展防空仿真（EADSIM）系统最新版本 20 版，新版本的新功能显著提升了在 LVC 仿真靶场内该系统的运行效能。其主要功能包括：扩展了人在回路能力，包括战机飞行、交战决策的飞行员级控制能力；扩展了地空指挥链人在回路人工控制能力；扩展了与机载传感器和加油机等支援飞机联合支持防御战机作战能力；简化了雷达建模方法；

持续拓展一体化防空导弹防御能力等。研讨会上，美国陆军空间与导弹防御卓越中心称：已应用该仿真系统为高能激光实兵对抗建模；在联合全域指挥控制效用评估中提供防空反导任务的作战影响。

## 九、美国陆军开发千人规模训练的增强/虚拟现实体系结构

2021年9月，美国陆军开发了在数据受限地形下基于增强现实和虚拟现实（AR/VR）训练的压缩并行体系结构（COMPACT，图7），以支持陆军合成训练环境（STE）项目，实现在世界任意地方按需提供使用增强现实和虚拟现实训练的能力。美国陆军认为，在数据受限地形（如偏远地区、前沿作战基地、低带宽环境等）中进行数千人规模训练是必需的。该体系

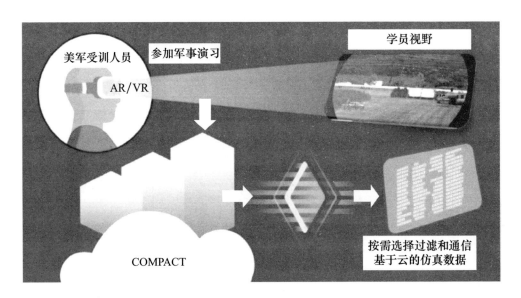

图7 在数据受限地形下基于增强现实/虚拟现实训练的压缩并行
体系结构（COMPACT）应用示意图

结构通过增加网络演练的吞吐量和带宽来提高训练真实性和系统性能,可实现在低带宽环境中进行高带宽训练。为验证该体系结构的有效性,还设计了基准试验框架,应用经过验证的 MultiMAST 建模系统(支持超过 1500 万个仿真实体)在现实规模的场景中评估了该体系结构性能。

## 十、美国海军实施"宙斯盾"系统数字化转型

2021 年,为提升导弹防御能力并应对日益普及和更加致命的高超声速武器,需对"宙斯盾"系统软/硬件进行定期更新。为此,美国海军基于"宙斯盾"生态系统的数字主线,利用人工智能技术、"开发、安全和运维一体化"(DevSecOps)的软件开发方式、基于模型的系统工程(MBSE)和虚拟化等手段来管理全生命周期的升级和网络安防,以推进了"宙斯盾"系统的数字化转型实践。"宙斯盾"系统最新升级(基线 10)是其转型实践的重要示例,基于保密的、云的生态系统,实现了远程操作和云端托管"宙斯盾"武器系统,从建模仿真到数据分析和边缘计算等多个方面改进了作战系统。还通过"宙斯盾"作战系统的虚拟训练系统进一步提高其战备状态。这些数字化转型实践,通过加速创新和技术融合,以指数级速度提高"宙斯盾"的反应速度和效能,提供更好更快的先进作战能力,以应对不断变化的全球威胁。

# 2021年军用建模仿真领域科技发展大事记

**兰德公司连续发布三份马赛克战报告** 1月5日，美国兰德公司连续发布三份马赛克战报告，分别是《可快速分散、组合且异构兵力的建模：基于主体的模型对马赛克战的启示》《布洛托上校博弈对马赛克战的启示》《分布式杀伤链：免疫系统与海军对马赛克战的启示》。三份报告均是应DARPA要求编制，分别从基于主体的模型、布洛托上校博弈、免疫系统以及"海军一体化火控防空"（NIFC－CA）等角度出发，提出推动马赛克战发展的建议。三份报告的出台，标志着美军马赛克战研究进入新阶段。

**俄罗斯空军开始应用苏－34多功能战斗机模拟器** 1月12日，俄罗斯苏－34多功能战斗机/轰炸机模拟器已交付至位于车里雅宾斯克的军事教育和科学中心，相关学员已开始在该模拟平台上进行训练。该模拟器真实模拟了苏－34驾驶舱布局，配有仪表和控制系统。通过应用该模拟器，学员可在特殊情况下制定作战计划，训练提高执行战斗任务时机组人员的协同操控能力。基于可视化系统，该模拟器可构建连续/融合式空中拟真场景，使学员获得沉浸式模拟飞行训练效果。

**美国空军联合仿真环境建设取得重要进展** 1月13日，美国空军表示，联合仿真环境（JSE）目前已实现连接四代机和五代机模拟器以进行高逼真度试验和训练。美国空军试验中心于 2020 年 11 月在内利斯空军基地启动第一个 JSE 设施建设，并于 2021 年 2 月在加利福尼亚州爱德华兹空军基地启动第二个 JSE 设施建设，预计这两个设施将于 2022 年完成建设，在 2023 年底实现初始作战能力。目前，该中心重点开展室内仿真技术改进，以实现空军飞机之间的互联互通，并为未来的联合、多域综合试验和训练环境创造一条连接通道。该项工作将是空军仿真环境的基础，以推进 JSE 2.0 研究。JSE 2.0 是一种"长期、模块化、可扩展、开放式架构"的 LVC 环境，由政府拥有的基准驱动，而不是专用的环境。该环境不仅连接空军平台，还连接跨域、联军系统，通过更强大的试验和训练能力支持国防部的联合全领域指挥和控制（JADC2）计划。

**DARPA 复杂环境中弹性机器人自主仿真项目积极寻求先进仿真技术支持** 1 月 15 日，DARPA 发布广泛机构公告为复杂环境中弹性机器人自主仿真（RACER–Sim）项目寻求技术支持解决方案。目前的虚拟模型在提高越野野战机器人能力方面的实际应用还有限，且尚不具备可论证的从仿真到真实世界的能力。当前，软件模型的巨大现实差距及其使用的复杂性阻碍了仿真优势的发挥。此次寻求技术解决方案旨在通过算法、仿真元素技术开发和模拟器内容生成等领域研究适用于越野环境的自主技术，以缩减仿真与现实的差距，同时显著降低成本。

**美国空军阐述数字工程 14 项原则** 1 月 20 日，美国空军负责采办、技术与后勤的助理部长威廉·罗珀（William Roper）博士撰文阐述了数字工程计划的 14 项原则，并强调 e 系列战斗机将成为美国空军"下一代空中优势"（NGAD）主力机型。数字工程技术不仅能完成复杂系统的设计，而且能在高性能虚拟现实环境中完成系统的总装，甚至还能完成虚拟模型的物理性能测试。利用数字线程和数字孪生技术制作出来的虚拟工程模型可以取代真实工程模型，利用实体数据还能对工程模型进行虚拟测试。例如，美国空军利用数字工程技术在短短的 36 个月内就设计、生产出第一架 eT-7A "红鹰"下一代教练机，NGAD 战斗机的设计与生产也采用这种数字工程技术，确保空军提前实现六代原型战斗机首飞计划。

**俄罗斯使用增强现实技术生产苏-57 战斗机**  1 月 20 日，俄罗斯远东地区联合飞机公司阿穆尔河畔科姆索莫尔斯克航空工厂使用增强现实（AR）技术支持苏-57 战斗机装配。在美国制造的 F-35 "闪电" Ⅱ 战斗机的生产过程中也采用了类似的方法。AR 技术通过叠加计算机生成的感知信息，提供了真实环境下的交互式体验，将虚拟对象和真实对象组合起来。尽管目前科姆索莫尔斯克航空工厂中只有很少数量的苏-57 战斗机已经确认采用该技术，不过未来俄罗斯将采用 AR 技术来制造其他飞机（军事或民用飞机）。从 AR 技术的应用趋势来看，该技术在军工产品的制造领域应用越来越深入，也反映出军工产品制造的无纸化、数字化发展方向。

**美国空军研究实验室演示"灰狼"武器系统的数字孪生功能**  1 月 21 日，美国空军研究实验室弹药管理局在虚拟弹药模拟平台上进行了"武器一号"（WeaponONE）演示验证工作，初步验证了数字工程的重要价值。在演示过程中，项目团队演示了基于 24 小时空中任务指令的协同编队武器系统原型——"灰狼"系统。演示内容主要是基于数字孪生技术快速增强"灰狼"系统的功能。美国空军研究实验室表示，数字孪生技术代表数字工程学的未来，可为武器系统提供极大的灵活性和适应性，并将进一步实施数字孪生原型，与 ABMS 平台、硬件在回路/系统集成实验室集成测试等工作，对"数据驱动作战决策"概念进一步测试、验证、评估，充分推动数字孪生技术在武器应用领域的创新发展与应用。

**法国宣布启动量子技术国家战略** 1月21日，法国总统马克龙宣布启动法国量子技术国家战略，目标是跻身量子领域的"世界前三"。法国政府计划未来5年内在量子科学领域投资18亿欧元，其中相当一部分将用于量子计算机的研究，包括3.5亿欧元投资量子仿真系统的开发，4.3亿欧元投资未来成熟量子计算机的研究。目前参与该计划的主要机构包括5所大学，其中在巴黎萨克雷大学、巴黎中央理工学院和格勒诺布尔大学分别设有3个"量子中心"。

**美国陆军采用湍流仿真新技术推动研究工作** 1月25日，美国陆军研究办公室采用由普渡大学开发的相干涡度保持的大涡仿真（CvP-LES）建模方法进行更准确的湍流仿真，对开发直升机、导弹和各种国防技术产生显著影响。该方法能够以显著降低的计算成本来整体模拟涡流碰撞事件的过程，以使开发人员通过更改设计来降低或消除其对平台的影响。CvP-LES比目前最先进的模拟技术快100倍，可用来模拟任何时间长度的涡流，以最好地模拟飞行器周围发生的真实情况。

**美国空军研究实验室举办定向能效用概念实验演习活动** 1月27日，美国空军研究实验室在新墨西哥州科特兰空军基地进行了定向能效用概念实验（DEUCE）的首次虚拟演习，通过让战斗机飞行员、武器系统官员和作战管理人员参与来评估定向能能力在未来战争中的效用。演习活动中，F-16战斗机飞行员、F-15E战斗机武器官员和机载预警控制系统空战经理在建模仿真环境中测试激光系统。此次DEUCE活动侧重于高能激光系统的能力，通过采用基于物理的红/蓝方系统模型，作战人员在虚拟环境中通过模拟界面处理威胁。美国空军研究实验室计划每年至少举办两次DEUCE活动，使用多种不同的定向能技术和作战对抗推演仿真。

**美国陆军发布"全球决战训练环境"** 2月4日，美国陆军训练与条令司令部情报局（G-2）发布网络版模拟网络训练环境——"全球决战训练环境"（DATE World）。该环境旨在帮助预测和训练军队应对当前和未来挑战；确保部队尽可能保持杀伤力和弹性，以使陆军在全域作战中保持优势。该环境将持续为陆军训练人员提供相关的训练环境。训练与条令司令部计划与澳大利亚、加拿大、英国和新西兰盟友国合作，不断开发和完善 DATE World 内容，开发和完善训练环境内容、数字工具和用户辅助工具（如整合地图和可视化），以支持实况-虚拟-构造和对抗推演（LVC-G）训练。

**美国国防科学委员会发布推演、演练、建模与仿真报告** 2月5日，美国国防科学委员会 GEMS 工作组发布了加强推演、演练、建模与仿真（GEMS）技术应用的相关报告，以确保美国国防部更好地应对在训练、系统开发、采办、训练、威慑和作战等方面的未来挑战。GEMS 技术工具和能力提供了一种低成本、高创新性的方法，可用于测试新的作战想定和概念、设计新系统、模拟军事行动、进行地缘政治分析以及提供培训，从而提高作战人员的战备状态和效能。该报告审查国防部内 GEMS 企业现状，评估 GEMS 技术和能力进步，并向国防部提出利用 GEMS 工具实现国家安全目标的建议。该工作组从数字工程、训练、实验和演练、战役建模与分析、战略博弈、使能技术和 GEMS 治理七个方面开展研究并提出相关建议，以使国防部能够充分利用这种可改变博弈规则的工具和使能技术。

**美国陆军开发分析工具简化弹药碎片数据收集** 2月9日，美国陆军作战能力发展司令部士兵中心与学术界和工业界合作开发了一种基于计算机断层扫描的碎片快速分析生成器（FRAG-CT）分析工具，可简化从间接射击场测试中收集有价值的弹药碎片数据的过程。该工具具有成熟的独立图形用户界面，使处理射击场测试包的速度比当前的手工计数方法快 200 倍。该工具具有多输入多输出的能力，支持来自不同类型碎片弹药实验的数据输入，并输出用于建模仿真代码的各种数据格式，可为先进联合效能模型（AJEM）、综合伤亡评估方法（ICEM）模型的伤亡软件等提供相关的建模和分析工作；为具有不对称爆炸模式的新型弹药提高建模和分析的逼真度；并应用于弹性塑性冲击计算（EPIC）等领域。

**CAE 公司开展国家合成环境数字孪生项目**  2月9日，CAE公司在One World 2021在线会议上发布国家合成环境（NSE）项目。该项目作为互联的数字孪生生态系统，已成为政府和军方运作并获得成功的推动者，并协助国家实现政策和安全领域的多项决策。CAE公司利用其在合成环境、人工智能、数据分析、网络和云计算方面的专业优势，实现全域数据访问以及数据和传感器的可视化，在作战过程中提供了关键的分析和决策协助。数字沉浸式生态系统支持指挥官跨越多域环境使用单一的通用作战图进行安全行动。该项目还提供相关实验推动政府以不同方式组织和运作，提高效率、增强弹性并降低成本。例如，全国范围内演练应对重大突发事件或流行病的措施。

**兰德公司发布对敌国施加影响的报告**  2月16日，兰德公司发布《影响敌国：平息完美风暴》报告，运用一种实验性"红色思维"方法来开展分析、兵棋推演和其他演习，支持在危机中制定避免攻击或升级的策略。这种"红色思维"的方法侧重于运用对手的替代模型实现，以决策者认为有利的方式影响对手的推理。影响策略可能包括通过惩罚威胁的威慑、通过拒止的威慑、多种手段的劝阻、保证和激励等手段的组合。该报告运用不确定性敏感认知建模，并通过实验将其应用于各种现实世界，以对美国有利的方式影响大国对手。这些应用可能包括抵御直接攻击、抵御通过灰色地带活动、不同程度的冲突所实现的攻击，以及预测竞争对手针对盟友和合作伙伴的行动。

**仿真互操作标准组织发布用于支持采办活动的建模仿真标准配置文件** 2月17日，仿真互操作标准组织（SISO）发布《用于支持采办活动的建模仿真标准配置文件指南》（SISO-GUIDE-005-2021）和《用于支持采办活动的建模仿真标准配置文件参考》（SISO-REF-066-2021）。SISO采办建模仿真标准（AcqMSStds）配置文件提供了通用的、公认的和基于经验的指南，支持发现、识别、选择和记录最合适的建模仿真标准工作，并推荐采办活动中的最佳实践。该文件为解决采办界生命周期及其各阶段的建模仿真问题提供了一个框架，可更好地支持各个国际采办领域和复杂应用领域的决策活动。

**Ansys公司推出下一代数字任务工程解决方案Moxie** 2月22日，Ansys公司推出能够缩短工程团队开发时间、提高生产力和加速创新的新产品Moxie。利用该产品，工程师能够在虚拟环境中运行和分析SysML行为模型，并能够根据任务级要求验证系统模型——从执行侦察的军用飞机到导航城市的自动驾驶汽车，再到捕捉森林火灾照片的卫星。Moxie可在仿真运行期间提供连续事件检测，同步执行多种仿真技术，并提供可定制的仿真逼真度级别。Moxie通过将SysML创作工具与任务建模工具集成，降低了程序化风险和成本高昂的返工风险，并可针对潜在的新用例进行虚拟评估。

**Altair公司收购GE航空公司Flow Simulator业务** 2月24日，Altair公司宣布收购GE航空公司的Flow Simulator业务。Flow Simulator是一款集成了流动、传热和燃烧设计的快速流动网络模拟器软件，可通过混合逼真度模拟来优化飞机发动机和系统设计，并已用于简化各种复杂热系统应用的建模。该软件可模拟整个飞行周期行为，包括从跑道起飞到飞行和降落。Altair公司是一家针对仿真、高性能计算和人工智能领域提供软件和云计算解决方案的技术公司。

**美国海军水面战中心开发综合战区作战研究模型**　2月25日,海军水面战中心达尔格伦分部与卡德洛克分部和海军空战系统司令部、水下战中心开展合作,利用综合战区作战研究模型(STORM)系统,在现有能力的基础上构建部队级的作战分析能力,以此满足海军未来水面作战部队研究和基于能力的评估集成流程(NCIP)项目的部队分析需求。该项目需要评估不同任务领域的能力,以实现最佳的配置、平台和最优操作方式。该分析系统需要将平台、传感器、武器系统融入STORM模型,然后构建部队交战、舰艇活动、后勤交互以及其他不同任务域事件背后的逻辑。该项目开发的量化评估能力将为决策者提供关键信息,以确定美国海军维持海洋控制权和海上力量所需投资的项目。

**美国海军使用数字孪生技术优化造船厂项目进展**　3月1日,美国海军海上系统司令部利用数字孪生技术优化四家国有造船厂的厂区配置方案,以提高生产效率。四家造船厂面临设备老化、布局不合理等现象,如:部分干船坞使用超过100年,干船坞与原材料仓库相隔数千英尺等,急需现代化改造。为此,美国海军海上系统司令部借助数字孪生技术为造船厂的焊接车间、泵管车间、材料仓库、办公空间等建立数字模型,研究最佳布局方式,以改善工作流程和减少无效工时。作为基础设施优化计划(SIOP)项目第一阶段,珍珠港海军造船厂已于2020年底完成数字孪生搭建,普吉特湾海军造船厂已建立基准模型,朴茨茅斯海军造船厂于4月完成数据收集工作。

**英国军方应用新的虚拟现实平台**　3月4日,英国国防部应用新的虚拟现实平台,以支持和加强现实训练演习计划。该平台应用SimCentric公司Saf－Tac模拟器以及虚拟引擎4来提供高逼真度视觉效果和基本的模拟仿真功能,如演练控制、场景想定编辑器和事后评估。平台在排级集体训练的各种用例进行试验,并在伞兵团和步兵军官中试验成功。这些试验聚焦对解决方案的评估、沉浸式现实概念的验证及与当前在役解决方案的比较。平台一次可供 30 多名人员同时使用,并通过"直观的手势控制"来匹配战场上真实动作。平台通过引入新的内容、功能和特定地理或典型地理地形进行作战场景想定调整,使用高清环绕声和逼真的图形显示使作战场景栩栩如生。

**英国陆军应用 SmartFacility 城市训练解决方案新功能** 3 月 8 日,英国训练仿真公司 4GD 为英国陆军第 16 空中突击旅安装了新的 2 级 SmartFacility 训练解决方案。4GD 公司 SmartFacility 城市训练解决方案结合了反应式智能目标、4GAV 特效套件和可重构 SimWall 套件,通过数据分析和集成的现实要素来扩展系统的功能,使用户能够更有效地进行培训。2 级 SmartFacility 为作战人员提供高科技非弹道近距离作战环境,包含 SmartFacility 核心功能、SimWall(1 级)和 4GAV(2 级)、特效、视频监控系统和智能设施管理系统(iFCS)。该公司新推出的 ECFECTUS(战术性能数据收集和分析系统)和 ACIES(将合成世界引入物理 SmartFacility 环境的集成现实系统)与上述功能兼容,并已集成到 SmartFacility 解决方案的近战训练环境中,可为用户提供沉浸式近距离作战训练和深度作战训练仿真,实现了在虚拟世界中采取的行动能对现实世界产生影响。

**美国伊利诺伊大学进行高超声速流动数值模拟研究** 3 月 8 日,美国伊利诺伊大学厄巴纳－香槟分校研究人员利用 NASA 兰利研究中心的马赫数 6 风洞收集的数据,通过 Frontera 超级计算机系统对高超声速飞行器翼型末端用于操纵飞行器的控制面进行了直接数值模拟,复现了压缩斜坡流的高超声速流动条件。该模拟试验获得的大量数据有助于更好地理解掌握飞行状态下高超声速飞行器的流场环境及其周围的流动现象。计算模拟和风洞试验作为武器装备研制的两大重要技术手段,也是提升高超声速飞行器科研进展的重要途径。美国高校科研机构借助风洞等试验设施,正在拓展高超声速技术理论研究,加深对高超声速流体力学的认知,以加快高超声速飞行器研制进展。

**SCALABLE 公司发布新版 EXata 7.3 并引入网络数字孪生生态系统**　3月12日,网络数字孪生解决方案的领导者 SCALABLE 公司发布新版本 EXata 7.3,增强了 5G 网络建模、网络弹性分析和基于网络的实验设计方面的功能;基于网络的实验设计器主要用于组装仿真实验。并继续加强与关键行业软件的合作伙伴(如 MAK 技术公司、AGI 公司、CACI 公司等)以及政府资助的模拟器(如下一代威胁仿真(NGTS)、美军新一代计算机生成兵力系统(OneSAF)和先进仿真集成与建模框架(AFSIM)等)之间共享信息的能力。

**美国国防部完成"低成本巡航导弹"技术演示项目成果转化**　3月16日,美国国防部宣布"低成本巡航导弹"(LCCM)联合能力技术演示项目成功将三项主要技术转化到在册项目或开发项目。"郊狼"第3批次导弹成为美国海军、空军和陆军大量后续活动和计划的基线。该项目的自主性模块转化到了美国空军研究实验室"先锋"计划中的"金帐汗国"项目,后续还将转化到美国海军陆战队的"远程无人水面艇"在册项目以及美国 MITRE 公司仿真实验,用于若干美国空军和海军的螺旋式开发计划;抗干扰数据链转化到"金帐汗国"项目及螺旋式开发计划。

**Aeralis 公司利用 j2 通用工具软件实现飞机模块化数字设计**　3月16日,英国军用喷气式飞机开发商 Aeralis 公司已选用 j2 通用工具软件作为其数字化工程流程的关键组成部分,并利用其仿真功能从项目开始就执行数字测试和评估,以实现模块化配置的快速开发迭代。j2 飞机动力有限公司开发的 j2 通用工具软件已被美国一级飞机和模拟器制造商应用,通过提供内部设计和分析功能,可支持 Aeralis 公司的设计、仿真、开发、飞行测试支持和认证等工作。当前,该公司已完成一、二期研制以及相关可行性研究,并组建了核心团队,准备研制预生产原型机,目标是 3 年内实现首飞。

**DARPA 披露自主协同空战项目成果及计划** 3 月 18 日,DARPA 披露了"空战演进"(ACE)项目第一阶段成果,包括:在视距和超视距多机场景下,使用更新的模拟武器进行了先进的虚拟人工智能(AI)空中格斗;用一架加装专用仪表设备的喷气式飞机进行了实际飞行,以测量飞行员的生理状况和对 AI 的信任;对计划在第三阶段搭载一名机载 AI "飞行员"的首架全尺寸喷气教练机进行初期改型。预计第一架由人工智能驾驶的 L-39 全尺寸喷气教练机将在 2023 年底和 2024 年与实际对手对抗。

**美国空军"提线木偶:支持强加复杂性的多域指挥控制决策演算"项目研究复杂性以备未来战争** 3 月 18 日,美国空军研究实验室启动"提线木偶:支持强加复杂性的多域指挥控制决策演算"项目,旨在建立全新数学框架以量化美军多域行动方案向对手强加的复杂性。项目重点关注开发分析框架,用于量化针对对手决策流程模型的多域行动方案。美国空军将为承研单位提供对手模型、各种行动方案以及具体场景,用于构建分析框架。承研单位需具备数学、概率论、复杂性理论、决策论及其他相关学科知识以探索建模与推理技术。项目总经费约 990 万美元,美国空军计划 2022—2024 财年开展项目评估,并于 2024 财年开展项目演示验证。

**美国空军 T-38 教练机将装备机载战术增强现实系统以实现虚实交战** 3 月 19 日,美国 Red 6 公司与美国空军签署一份小型企业创新研究第三阶段合同,为美国空军 T-38 教练机集成机载战术增强现实系统(ATARS),通过将模拟的图像叠加到现实世界,支持驾驶真实战斗机的飞行员通过头盔显示器看到其他飞机的投影。该系统具有定制的增强现实头盔显示器，可适配 F-15 和 F-16 战斗机飞行员使用的标准 HGU-55 头盔显示器，还包括负责空中跟踪飞行员头部并显示信息的软硬件，所有这些都由游戏引擎驱动。该系统支持多个 ATARS 系统联网，以便多架飞机作为一个小组进行训练，从而对抗更多的对手。

**俄罗斯使用"道尔"-M2 防空系统开展反无人机模拟演习** 3月22日，俄罗斯西部军区坦克旅使用"道尔"-M2（Tor-M2）地空导弹系统开展了反无人机模拟演习试验。试验表明，该装备可探测、识别并攻击模拟的敌方空中目标。"道尔"-M2 系统操作人员跟踪了多达四个目标，并实时观测到了一个目标被摧毁的情形。约 120 名军人和 30 个武器系统参与本次演习，采用专用软件模拟了敌方无人机发射及定位打击等工作，共摧毁了约 40 架模拟无人机和固定/旋转翼飞机。"道尔"-M2 系统是一种全天候中低空近程地空导弹系统，用以应对飞机、直升机、巡航导弹、精确制导弹药、无人机和近程弹道导弹威胁。

**俄罗斯技术动力控股公司开发配备运动系统的飞行模拟器** 3月22日，俄罗斯国家技术集团下属的技术动力控股公司开发了俄罗斯首个配备运动系统的飞行模拟器，可以提供"真实飞行"的感觉。该模拟器能够模拟真实飞行中固有的一整套加速感觉，帮助飞行员学习常规驾驶、紧急情况驾驶、空中导航、无线电通信、在正常飞行模式下协调机组人员行动等程序，也能帮助飞行员学习如何在不利的天气条件下完全或部分依赖仪器设备驾驶飞机。该公司已自主开发出战斗机、直升机飞行模拟器，现拥有 9 家海外用户。俄罗斯军方还采购了该公司生产的苏-33、苏-34、米格-31BM 战斗机，伊尔-78M 加油机，以及 L-39 轻型攻击机飞行模拟器，还有米-24P、米-28N、卡-52/52K、米-8MTV-1/8MTV-5/AMTSh、卡-27M

和卡-29直升机飞行模拟器。

**澳大利亚陆军在"钻石黎明"演习中开展模拟仿真试验** 3月22日，澳大利亚陆军第7战斗旅在为期两周的"钻石黎明"演习期间大量使用了模拟仿真技术，包括混合使用了决战训练环境（DATE）核心场景和太平洋场景，以及在"钢兽"（Steel Beast）仿真系统中使用"虎式"武装侦察直升机演练。演习指挥所位于加里波利和科科达军营的陆军作战仿真中心，190名人员参加了作战训练演习。演习期间使用的模拟仿真能力不仅在排级，而且在战斗群和编队级都显示出有效性及巨大的潜力。该演习场景也用于5月和9月开展的"钻石行走"（Diamond Walk）演习和"钻石匕首"（Diamond Dagger）演习。

**美国空军计划实现"罗马竞技场"数字武器"生态系统"** 3月22日，美国空军"金帐汗国"网络化协同武器项目第二次飞行试验中，4枚测试弹药实现相互通信，并同步成功打击多个地面目标。该项目未来发展重点转向开发和交付被称为"罗马竞技场"的LVC试验和演示能力。该"罗马竞技场""将是一个完全集成的仿真环境，具有武器数字孪生，或真实世界武器和虚拟的克隆，能够更快地测试、演示、改进和过渡到协同自主网络技术"。后续将在虚拟"罗马竞技场"中定期开展不同技术领域的竞争选型活动，以期使用竞争方式敦促开发商开展新技术研发和武器装备测试。

**Talon公司演示Strike虚拟现实飞行训练平台** 3月23日，Talon公司演示了虚拟现实飞行训练平台Strike全动态模拟器。该模拟器历经6年研发，优化了商用现货内容，集成了人工智能、商业游戏、数据分析和其他军事训练组织需求的基础技术，能够连接不同的控制装置、复制不同的地形和飞行器，通过虚拟现实显示器进行训练。该模拟器降低了全飞行模拟器的尺寸要求和成本限制，提供与D级模拟器相同水平的逼真度，但成本仅为

D级模拟器的十分之一，以弥补桌面教练机和D级模拟器之间的差距。该模拟器支持不同的武器平台类型，并将培训体验从个人扩展到整个机载人员、不同的培训平台以及基于培训设备的飞行器，还附加3-DOF、4-DOF和6-DOF功能选项。

**L3公司为美国太空军"国家太空试验与训练靶场"提供评估支持服务** 3月23日，美国空军基地太空与导弹系统中心授予L3公司一份金额为904.3264万美元的成本加固定费用合同，为未来"国家太空试验与训练靶场"（NSTTR）提供在轨测试和评估操作创建数据操作和支持基础结构。该合同内容预计于2022年3月22日完成。

**美国海军开发能源仿真与优化工具** 3月23日，美国海军研究实验室研发名为"IPOWER"仿真软件，可对能源的利用、存储、获取与共享进行模拟，协助能源优化决策，解决战场能源短缺问题。该仿真软件为用户提供一种灵活的分析工具，可对多种任务、设备、作战单元、能量管理策略进行高逼真度模拟。该工具使用复杂的设备模型和系统级能耗分析方法，通过简单的操作界面，保证用户快速分析复杂的情况，以了解设备、战术、战场环境对能源的影响。该仿真软件由评估系统和交互界面组成，评估系统利用数据库对可能出现的场景进行估算，随后利用设备模型和任务时间表计算设备的功率流动，并以此生成总耗能指标、储能系统容量配置结果、电池充电阈值、燃料消耗等关键信息。

**俄罗斯测试苏-57战斗机飞行员头盔增强现实系统** 3月24日，俄罗斯联合航空制造集团透露，该集团正在对苏-57战斗机飞行员防护头盔上安装的增强现实系统进行测试，该系统可辅助飞行员操控和驾驶战斗机。该头盔能够通过电信号和热信号在面罩上显示各种武器交战的目标标记、飞行信息、飞机外部图像等，使飞行员可在夜间、恶劣天气和复杂机动等情况下完成相应任务。

**美国能源部研发数据分析的机器学习工具** 3月26日，为更好地分析从实验中收集到的大量数据，美国能源部投入2900万美元用于研发新的机器学习工具以及先进算法。其中：2100万美元用于"数据密集型科学机器学习与分析"项目，重点研发会带来重大影响的机器学习方法。其主要目标是研发可靠、高效的人工智能/机器学习工具来管理大量、复杂以及多模态的科学数据，可行的方法可能包括异步计算、混合精度算法、压缩感知、耦合框架、图形与网络算法、随机化、蒙特卡罗方法或贝叶斯方法、可微分式编程或概率规划等。800万美元用于研发"具备扩展性科学的随机算法"项目，以实现更快地解决问题、更好地扩展算法、增强可靠性或稳健性抑或是改进科学计算性能。

**欧盟海战环境态势感知技术演示项目完成三次仿真海试** 3月29日，欧洲防务局发布消息称，该局已成功完成"海洋2020"海战环境态势感知技术演示项目第三次试验，也是最后一次仿真试验。该项目仿真验证了无人系统在受到干扰、恶劣气象条件等复杂情况下的重要作用，如使用小型无人机和/或无人艇集群协同探路，使用无人艇和无人潜航器协同进行反水雷作业，使用无人机和无人艇装备的枪炮和导弹等。"海洋2020"项目旨在演示验证协同使用无人机、无人艇、无人潜航器以增强海上态势感知的能力。

**英国国防科技实验室设立未来技术探索部门** 3月31日，英国国防科技实验室宣布设立"探索部"，专门从事识别和加速国防与安全领域变革性技术、系统、概念和战略开发等工作。探索部将应用人工智能和数据分析来扫描量子传感或量子密码术、神经形态计算等变革性技术的前景，选择其中最有希望的变革性技术进行孵化；同时借助国防科技实验室在地平线扫描、系统思维、兵棋推演、模拟仿真、社会科学和运筹学方面的专业知识，探索新的战术和战略，并推动将好创意转变为概念性的部队设计和策略，为英国武装部队和安全部队提供改变游戏规则的能力，以建立对未来对手的战略优势。

**SAIC 公司与美国陆军签署 44 亿美元的建模仿真合同**　4 月 7 日，科学应用国际公司（SAIC）与美国陆军作战能力发展司令部航空与导弹中心软件、仿真、系统工程与集成部（S3I）签署两份总额约 44 亿美元建模仿真合同。在金额为 8 亿美元的建模仿真系统工程合同中，SAIC 公司将提供 LVC 建模仿真、数据科学、系统体系建模仿真架构、系统工程、基于模型的系统工程、战场效能试验、导弹防御和多域作战系统体系，以及基于作战指挥建模仿真的演练、兵棋推演和训练。在金额为 36 亿美元半实物仿真及建模与仿真开发工程服务合同中，SAIC 公司将提供工程服务，支持半实物仿真和建模与仿真开发。

**DARPA 空战演进项目发布技术领域 2 合同以建立和校准信任**　4 月 8 日，SoarTech 公司称已获得 DARPA 空战演进（ACE）项目用户系统组合中的信任和可靠性（ACE－TRUST）开发合同，以响应该项目技术领域 2。该项目重点是飞行员对虚实交战自主权的信任。通过飞行员与系统的交互和生理数据，ACE－TRUST 将根据自主能力评估飞行员信任度，并有意识地将飞行员的信任度适当地校准空战算法。ACE 项目旨在解决和增加操作员对"马赛克战"复杂人机协作环境中作战自主性的信任。ACE 使用人机虚实交战作为入门挑战，通过为人类分配马赛克系统任务指挥官的高级认知角色，并允许无人系统参与较低级别的个人战术来扩展人类操作员能力。

**法国举行首次太空军事演习以提升国际太空地位**　4 月 9 日，法国联合德国、意大利和美国在图卢兹市举行了首次跨国太空军事演习，以提高法国太空军事力量及地位。此次演习代号为AsterX,是法国打造世界第三大太空强国战略的一部分,旨在为太空作战人员提供战术演习训练,并对法国太空指挥流程和系统进行测试。演习模拟了敌方袭击法国卫星、太空碎片威胁,以及盟军卫星通信遭受敌对干扰等不少于18项的太空威胁场景,以评估未来太空作战需求。

**Pitch技术公司发布Pitch虚拟引擎连接器** 4月13日,BAE系统公司子公司Pitch技术公司发布了Pitch虚拟引擎连接器插件和开发软件,将Epic Games虚拟引擎与高层体系结构(HLA)和分布交互式仿真(DIS)互操作标准连接起来,使虚拟引擎技术将能够使航空航天及国防仿真与训练系统协同工作,有助于提供更开放、分布式、高性能、可扩展和安全的解决方案。开发人员通过该插件能够轻松地和基于开放标准的建模与仿真生态系统集成。

**北约举行"锁定盾牌2021"演习** 4月13日至16日,北约卓越协同网络防御中心组织开展了规模最大、最复杂的国际实弹网络防御演习"锁定盾牌2021"演习。此次演习基于虚构但现实的场景,来自30个国家的2000多名参与者组成一支红队与22支蓝队对抗,蓝队扮演国家网络快速反应小组的角色,这些小组将协助虚构国家处理大规模网络事件等。演习涉及尖端技术、复杂网络和多种攻击方式,约5000个虚拟化系统受到4000多次攻击。除了保护复杂IT系统,蓝队还须有效地报告事件、制定战略决策和解决法医、法律、媒体和信息运营挑战。该演习反映了现实世界网络威胁,涉及对现代社会运作至关重要的重要服务和关键基础设施的保护,包括关键信息基础设施、电力和供水供应以及国防系统,还首次包括提供实时态势感知以促进军事决策所需的卫星任务控制系统。

**空客公司订购首套"台风"战斗机VR全动模拟器** 4月14日,空客防务与空间公司向 BRUNNER 公司订购了首套为欧洲"台风"战斗机配置的 NOVASIM VR 全动模拟器。该模拟器将部署在西班牙塞维利亚国际训练中心,用于进行喷气式战斗机飞行员训练的研发项目。VR 全动模拟器缩小了传统模拟器的物理尺寸,但保留了原有功能,可承担按作战飞行程序进行的高效重复训练。NOVASIM VR 模拟器使用 Varjo VR – 3 商业现货头盔显示设备,由空客公司 D 级图像生成器实时 360°全虚拟视景,飞行员在训练中能够戴着 VR 设备与模拟器的握杆操作(HOTAS)系统进行交互。

**澳大利亚皇家空军应用增强现实技术创建未来虚拟作战室**  4 月 23 日,澳大利亚皇家空军在其杰里科创新计划下试验增强现实技术,以创建未来的虚拟作战室。杰里科创新计划旨在为澳大利亚皇家空军快速提供颠覆性能力,其颠覆性创新团队一直致力于建立一个混合现实作战中心。该项目的第一阶段已于 2020 年完成,当前正处于第二阶段,并计划在澳大利亚每个空军基地推广。虚拟作战室接收来自传感器、三维地形图像和空域边界的数据,并使用 Microsoft 基于云的 Azure 基础设施来支持传感器、数据和用户。

**美军利用虚拟现实技术开发新型作战训练系统**  4 月 27 日,美军完成了联合终端攻击控制员虚拟训练器(JVT)和三维作战人员增强现实(3D WAR)两个新型训练系统演示。这两个系统专门用于开展美国海军陆战队火力支援队员及联合终端攻击控制员作战训练,旨在使训练更具沉浸感和吸引力。JVT 系统基于虚拟现实软件平台 VirBELA 开发,在一台商业游戏计算机中安装了视频游戏软件,并配备了头盔显示器,可提供完全沉浸式环境体验,模拟现实生活中的场景,为用户提供具有真实感的操作过程。3D WAR 系统主要由增强现实背包、头盔显示器、手持平板电脑及导航传感器组成,使受训人员能够看到真实世界中出现的虚拟目标,如车辆、飞机等。

**先进仿真技术公司为 T-7A 教练机集成 LVC 能力**  4月28日，先进仿真技术公司将其 Voisus 产品集成到波音公司为美国空军设计的 T-7A "红鹰"教练机地基训练系统（GBTS）中，解决了 LVC 环境中模拟无线电和实装无线电通信问题，标志着 T-7A 实现重要交付里程碑。GBTS 还可连接到实装 T-7A 飞机，实现 LVC 和嵌入式训练，显著缩短培养合格战斗机和轰炸机飞行员的时间。波音公司团队目前正在密苏里州圣路易斯基地组装两个武器训练系统和一个作战飞行训练系统。美国空军预计在 2023 年接收第一批 T-7A 模拟器。

**美国太空部队批准太空作战分析中心的设计计划**  4月28日，太空作战部长约翰·雷蒙德将军批准了新太空作战分析中心（SWAC）设计计划，该中心将领导新太空部队的军力设计工作，并且已确定建立新中心所需的资源和人员，但"全面建设"还需要 18 个月左右的时间。该中心将提供军事太空界前所未有的详细军力设计和分析，通过兵棋推演和建模仿真探索作战概念，并考虑新技术如何在这些概念中发挥作用。

**澳大利亚升级北部重要基地以支持拓展与美军的联合训练**  4月28日，澳大利亚北部的主要军事训练基地获得 7.47 亿澳元（5.784 亿美元）的升级经费，以支持与美国和其他盟国拓展实弹演练和模拟仿真活动。这项为期 5 年的升级计划包括达尔文市外的罗伯逊兵营和袋鼠平原野战射击场、达尔文市以东 115 千米处面积为 117000 公顷的邦迪山训练区以及达尔文市西南约 600 千米处面积为 817000 公顷的布拉德肖野战训练区。升级工作将包括提供增强的火力射击和摧毁靶场的建筑设施、增强的武器训练模拟仿真系统、保障设施以及拓展邦迪山跑道以容纳更大机型的飞机。

**美国海军水面作战中心达尔格伦分部扩展兵棋推演和仿真能力**  4月30

日，美国海军水面作战中心达尔格伦分部工程师设计了一种新的建模仿真工具并获得专利，称为通过建模进行协调仿真（OSM）的新框架，可定义与领域无关的建模仿真实用程序和接口框架，能够无缝地对想定进行建模并开发兵棋推演场景，并对重大军事演习、技术规划和兵棋推演产生积极的影响。基于OSM的建模仿真工具箱（MAST）是一种基于代理的建模仿真应用程序，利用构建块创建模型，最初是为导弹防御局构建的。这些构建块以低分辨率编码，以减少基于效果的系统体系研究所需的执行时间。MAST提供人在回路的兵棋推演能力，将对现场活动、兵棋推演和军事演习产生积极影响及评估支持。

**先进仿真作战训练系统ASCOT 7与下一代仿真系统集成** 5月1日，PLEXSYS澳大利亚有限公司先进仿真作战训练系统（ASCOT）7与达隆蒙特技术公司合作，为下一代仿真系统REALMS提供系统支持，并为位于威廉镇的澳大利亚皇家空军基地41联队提供显著增强的训练能力。ASCOT 7系统是一个动态、直观的计算机生成兵力平台，可用于任何建模与仿真环境。凭借其用户界面、模块化和可扩展设计以及全面且可扩展的数据库，ASCOT 7简化了复杂训练场景的开发。通过利用国防部更广泛的模拟仿真网络，REALMS还将使作战人员能够参与其他大型分布式训练活动。

**Top Aces公司获德国联邦国防军对抗空中训练服务合同** 5月3日，Top Aces公司获得德国联邦国防军授予的快速对抗空中训练服务合同。Top Aces公司在维特蒙达芬空军基地执行任务，在过去6年中一直为德国联邦国防军提供先进的空中训练，并计划投资超过1亿美元来推进新合同。该公司开发了专有的先进侵略者任务系统（AAMS），支持在各种机型上使用有源电子扫描阵列雷达和红外搜索与跟踪系统，包括A－4N"天鹰"和F－16"战隼"。AAMS是一项支持飞机在空战中模拟现代对手先进能力的新技术。该公司已完成 A-4N "天鹰"的 AAMS 飞行测试和认证,已向德国交付 AAMS 任务,还向北美和欧洲潜在客户展示该能力。

**美军开展"北方利刃 2021"演习** 5 月 3 日至 14 日,美国空军太平洋司令部开展了"北方利刃 2021"演习。该演习包括防御性空战、近距离空中支援和海上部队的空中威慑等内容,旨在通过高端真实的战机演练、完成针对各种冲突的战术训练,执行和推进适应性基础联合战术、技术和程序,提升 LVC 能力,发展并改善联合互操作性、增强参演部队的战备能力,并支持美印太司令部"实验倡议"。此次演习测试了 F-15EX 战斗机的主/被动预警生存系统、综合雷达系统、驾驶舱和数字头盔显示系统,评估 F-15EX 战斗机在干扰环境下的表现以及与四代/五代战斗机的互操作性;第 49 测试与评估中队 B-52 轰炸机进行了一次模拟超高声速杀伤链从传感器到射手的测试,并帮助空军解决了运输类飞机发射远程武器的问题。这是为数不多的将大国竞争级别的威胁复杂性与实际测试所需的联合互操作性相结合的演习之一。

**美军要求各军校应用持续网络训练环境平台开展培训** 5 月 5 日,根据美国网络司令部要求,各军种相关院校须应用持续网络训练环境(PCTE)平台,以全面提升学员对于网络作战/防御技术的掌握能力。司令部选定美国海军作为网络防御作战联合课程负责机构、美国陆军代表网络司令部管理 PCTE 计划。随着 PCTE 平台的引入,各军种院校的训练范围将呈现多样性、复杂性。在培训资源管理效率方面,通过引入 PCTE 平台,培训工作充分实现了标准化、简约化、自动化,培训内容/经验教训/最佳实践实现了统一,培训周期大大缩短,培训时间自由可控,培训效率大大提升,培训成本显著降低。

**美国太空军发布《美国太空军数字军种愿景》** 5 月 6 日,美国太空军发布《美国太空军数字军种愿景》。该文件阐述了太空军创建数字军种的必要性，指出了太空军数字转型应遵循的愿景，即创建一支互联、创新、数字主导的部队；明确了实现愿景需重点关注的四大领域，即数字工程、数字人才、数字总部及数字作战。太空军需结合大数据方法，利用基于模型的系统工程等技术，锚定共享建模与仿真框架，管理从作战人员到开发人员的需求和测试；开发体系架构，以获取与威胁模型和预期作战效果相关的部队优化设计；采取敏捷实践以快速创建和部署增量解决方案，同时建立 DevSecOps 工厂推动软件开发；建立"数字孪生"，实现与任务合作伙伴的协作，并无缝过渡到作战和后勤保障。利用先进的数字工程生态（DEE）系统，共享建模与仿真基础设施，使作战人员可在实战虚拟训练场景中磨练作战技能。最初的非密版本即将上线，而保密环境预计将在 2021 年夏末或初秋推出。

**美国陆军利用建模仿真软件推进定位导航与授时项目** 5 月 6 日，美国陆军 $C^5ISR$ 中心在马里兰州阿伯丁试验场演示"多域定量决策辅助"（MQDA）建模仿真软件。5 月 10 日美国政府问责局发布的《国防导航能力技术评估》报告中也介绍了该软件。在陆军继续推进定位导航与授时（PNT）传感器技术以增强和补充 GPS 的过程中，该软件帮助研究人员模拟 PNT 技术在陆、海、空复杂战场环境中的应用，测试 PNT 传感器组合以确定资源的优先次序，并帮助权衡开发和整合新技术能力的成本。

**DARPA SocialSim 项目取得新突破** 5 月 9 日，DARPA 在线社会行为计算仿真（SocialSim）项目开发了人工智能支持"讽刺"检测器，通过已演示验证的可解释深度学习模型，从输入数据如推特或在线消息中识别出表现"讽刺"关键线索的词语，利用递归神经网络和注意力机制，跟踪线索词之间的依赖关系，然后生成一个分类分数，表明是否存在"讽刺"行为。在社交媒体中发现讽刺是解开虚假信息如何在线传播的第一步。该项目专注于开发创新技术,对在线社会行为进行高逼真度计算模拟。通过对在线信息的传播和演变的模拟,有助于人们更深入、更量化地了解对手对全球信息环境的利用,还可帮助在救灾行动中向当地居民提供关键信息,或者为在线信息领域的其他关键任务作出贡献。

**Grid Raster 公司为美国空军提供 XR 基础设施** 5 月 11 日,Grid Raster 公司从美国空军小企业创新研究项目获得为飞行员和辅助人员提供大规模超现实沉浸式仿真与训练合同。该公司提供基于云的开放体系架构和模块化设计的基础软件,为高逼真度超大规模仿真与训练提供高性能、准确和可扩展的 AR/VR/MR(又称 XR)解决方案。其 XR 平台利用具有图形处理单元的分布式云计算/本地远程服务器来实现复杂三维内容的高逼真度渲染,以及在现实世界对象实时对齐和跟踪虚拟模型/场景,支持统一和共享的合成训练环境,进行多种类型的任务演练,以达到训练效果。

**美国海军水面战中心达尔格伦分部计划创建通用的综合作战系统和模拟器** 5 月 11 日,美国海军水面战中心达尔格伦分部计划创建一个通用的综合作战系统并开发通用的作战系统模拟器(CS3)。该计划在整个系统开发、测试、评估、认证和维护过程中使用相同的模拟仿真,并对所有海军士兵进行培训,以使海军水面作战系统支持使用单一模拟。目前,海军在水面战中心达尔格伦分部、综合作战系统实验室、"宙斯盾"训练和战备中心对作战系统进行认证并进行训练。该计划至少包含 5 个独立的作战系统和 2 个作战系统模拟器,还涉及一些独立的数字生态系统,包括用于驱逐舰和巡洋舰的"宙斯盾"作战系统、用于航空母舰和两栖攻击舰的船舰自卫系统以及其他用于"朱姆沃尔特"级、"自由"级和"独立"级舰艇作战系统的变体。

**美国海军陆战队新的兵棋推演中心破土动工**　5月12日，美国海军陆战队位于弗吉尼亚州匡蒂科的兵棋推演中心正式破土动工。作为美国最先进的兵棋推演中心耗资7900万美元，将有助于更快地为战场上的海军陆战队提供设备和新战术资源，计划于2023年夏季开放。随着海军陆战队在舰队中进行概念开发、实验和演习，各种正、负面反馈都将发送到兵棋推演中心以待进一步分析和研判。类似IBM Watson机器或软件系统为海军陆战队规划人员提供验证的数据和各种可能的对抗场景想定，以帮助该中心实现复杂的兵棋推演，并有助于了解获得胜利的概率、伤亡预期以及单个任务或行动所需的后勤保障等。

**波音公司完成首架T－7A教练机机身快速数字化拼接**　5月13日，首架波音－萨博T－7A"红鹰"高级教练机在不到30分钟内实现了前机身与尾段部分的对齐连接。与传统拼接流程相比，数字化拼接的完成时间减少了95%，质量也得到了显著提高。作为美国空军第一架数字化开发的e系列飞机，T－7A验证了基于模型的工程和三维设计优势。该架飞机是首个在工程和制造开发阶段被拼接的飞机，将用于静态测试。随后波音公司还将为美国空军生产5架工程和制造开发飞机，作为351架T－7A"红鹰"教练机项目的一部分。在数字化设计、工程和制造飞机过程中，整体生产质量提高了50%，钻孔缺陷减少了98%。

**美国空军研究实验室推进多域作战建模仿真与分析工具开发**　5月14日，美国空军研究实验室授予信息科学技术公司两份共享上限为2.4305亿美元的不定期交付/不确定数量的"航空航天系统技术研究与评估"（AS-TRA）合同。第一份合同研究、开发和演示变革性的航空航天能力。第二份合同是多域建模、仿真与分析（MDMSA）合同，将侧重于多域作战行动（MDO）建模、仿真与分析工具开发和多域作战行动分析。在授出这份合同时，也授出了两份初始任务订单：一份用于先进高速行动与分析研究，总金额640万美元；另一份用于基于多域技术仿真的工程，总金额1477.1892万美元。

**美国空军第一航空队举行"蓝旗21-1"本土防空演习** 5月14日，北美防空联合司令部第一航空队完成了为期一周的"蓝旗21-1"演习，重点对各项程序进行改进，以更好地应对网络、巡航导弹以及空/天/网等领域的威胁。此次演习中，北美防空联合司令部第一航空队和第601空战中心在模拟环境中利用高逼真度的构造模型和虚拟模型，在实战级别的多域指挥与控制决策环境中开展演练。"蓝旗21-1"演习针对本土防御的关键作战阶段，为对抗可能的国家威胁提供了一个整体作战场景，旨在训练北美防空联合司令部第一航空队参谋部、第601空战中心以及东西部防空部门的作战能力。

**CAE美国分公司获得美国特种作战司令部任务指挥系统合同** 5月17日，美国特种作战司令部授予CAE美国分公司一份价值超过1.35亿美元的合同，以领导特种作战部队全球态势感知计划的整合工作。CAE美国分公司曾在2020年展示了利用数字生态系统融合来自各种来源的数据以提供通用作战图的能力。在进一步评估后，CAE美国分公司将领导任务指挥系统/通用作战图（MCS/COP）项目的集成和体系架构开发工作。可扩展的下一代任务指挥系统将通过创建集成的通用作战图来统一特种作战部队企业级产品，以提供增强和改进的全球态势感知能力。该任务指挥系统将采用新解决方案（应用数据分析、人工智能和数字沉浸技术等），将任务操作集成到单一合成环境中，以创建一个功能强大的分析、规划和决策支持工具。

**ManTech公司为美国海军提供航空作战体系架构等支持服务** 5月21日，美国海军空中作战中心飞机分部授予美国ManTech先进系统国际公司一份总金额 2627.9754 万美元的修订合同，对先前授出的成本加定酬类不定期交付/不确定数量合同进行了修订。该修订增加了原合同的金额上限，以继续提供作战分析、建模与仿真、软件开发、体系架构构建和评估、采办分析与支持、分析项目支持等服务，从而为美国海军航空系统司令部、海军航空联合设施、海军作战部和对外军售的联合作战能力评估及作战分析工作提供支持。该公司将在帕图克森特河履行合同规定的工作，预计到 2022 年 6 月完成。

**Alion 公司获得改进美国海军持续训练环境合同** 5 月 21 日，Alion 公司获得一份价值 2.85 亿美元为期 48 个月的合同，为美国海军水面作战中心科罗纳分部的前沿训练提供工程、集成、建模仿真以及网络安全方面服务。该合同旨在提供新软件、技术和方法的研究、开发、试验与鉴定，以实现美国海军持续训练环境（NCTE）的改进。根据美国国防部信息分析中心的多重奖励合同，Alion 公司将为 NCTE 工程项目提供软件工程、系统集成和网络安全等支持。美国海军水面作战中心科罗纳分部训练靶场系统工程部负责管理 NCTE 和美国海军联合战术训练靶场，使海军部队能够在整个优化舰队反应计划（OFRP）中进行训练。

**美国导弹防御局授予卡明斯航空航天公司仿真和网络/电子战综合火力分析工具合同** 5 月 24 日，美国国防部导弹防御局授予卡明斯航空航天公司一份总金额 2100 万美元的修订合同，修订了先前授出的不定期交付/不确定数量合同，合同总金额从 998.2641 万美元增至 3098.2641 万美元。根据合同内容要求，该公司将继续集成和增强"仿真框架工具套件"和"协同网络/电子战综合火力工具"，使用多种传感器和武器技术执行灵活快捷的端到端、从始至终的发射分析，合同期为 2019 年 7 月 29 日至 2024 年 7 月 28 日。

**第四届年度军事虚拟仿真与训练峰会举办**　5月25日至26日，第四届年度军事虚拟仿真与训练峰会在佛罗里达州奥兰多举办。此次峰会的主题是"为作战人员应对多域战做好准备"，重点关注如何在军队中利用建模仿真技术以改进训练，并为作战人员应对当前和未来的挑战做好准备。峰会涉及的议题包括：①加速合成训练能力以满足未来训练要求；②利用建模仿真缩小杀伤力和战备差距；③改造虚拟培训基础设施，以创建逼真和相关的作战训练环境；④通过LVC增强作战人员能力；⑤开发和采办建模仿真系统，为应对势均力敌的对手做好准备；⑥使飞行员能够像在安全、高逼真度训练环境中作战一样进行训练。

**Antycip公司与CogSim公司在仿真领域建立战略合作伙伴关系**　5月25日，新科工程Antycip公司与CogSim公司建立战略合作伙伴关系，以在欧洲分销CogSim战术数据链路仿真（TDL）套件和用于VR-Forces计算机生成兵力平台TDL插件。这些工具专为作战人员训练而设计，使客户能够实现指挥控制系统训练的互操作性，并提高训练任务的有效性。CogSim公司TDL仿真套件提供软件库以及测试和分析工具，以经济高效地将TDL仿真互操作性添加到新的和现有的培训和仿真系统中。VR-Forces无缝集成简化了TDL场景生成和运行时的集成，以快速模拟真实作战场景。

**美国陆军快速集成和开发环境集成沉浸式技术**　6月1日，美国陆军快速集成和开发环境（RIDE）将商业游戏引擎固有特性与美国陆军创新技术研究所开发的多种沉浸式技术（如STE项目单一世界地形数据和工具、机器学习、语音识别、自然语言处理、人工智能角色行为和场景事件开发等）集成，支持在公共平台上重用视觉艺术、三维模型和其他仿真技术，从而减少创建不同仿真原型所需的工作量，以实现陆军随时随地提供技术生成的训练目标。RIDE是用于评估内部使用的建模仿真技术测试平台，在推进沉浸式技术、合作者和利益相关者等研究方面具有不可估量的价值,在开发单一世界地形和战术计算环境中发挥着重要作用。美国媒体称RIDE为最先进的现代仿真研究和开发框架。

**澳大利亚国防军应用移动武器训练仿真系统**  6月3日,InVeris训练解决方案公司已成功通过澳大利亚国防军的14个移动武器训练仿真系统(MWTSS)和另外73个EF88武器模拟器的现场验收测试。MWTSS具有与固定武器训练仿真系统(WTSS)相同的功能,但采用单一(4.2米×2.4米)屏幕移动配置,将部署到澳大利亚偏远地区、海外和澳大利亚皇家海军舰队部队。该仿真系统取代了2006年开始试验并于2014年作为临时解决方案投入使用的便携式WTSS。

**眼动追踪功能应用于飞行员性能训练**  6月7日,Meta VR公司和Varjo公司结合虚拟现实场景生成器(VRSG)和Varjo XR-3混合现实头盔显示功能,提供实时飞行员眼睛注视跟踪设施,以增强基于模拟器的飞行员训练的事后评估。Varjo XR-3混合现实头盔显示的内置实时200赫瞳孔跟踪功能,即使在虚拟现实和混合现实环境中训练时,它也可捕捉佩戴者最细微的眼球运动。Meta VR公司的VRSG 6.6版包含利用这种眼动追踪数据的方法。在训练任务汇报期间,教练员和飞行员可看到在整个模拟空中交战过程中飞行员头部位置和眼球运动的方向。系统中注视点渲染功能可使头盔显示佩戴者察看的区域以全逼真度渲染场景,同时降低场景外围区域的逼真度。

**萨博公司为"鹰狮"E/F战斗机模拟器加装混合现实技术头盔显示**  6月7日,瑞典萨博公司和芬兰Varjo技术公司联合将XR-3混合现实技术头盔显示集成到所有"鹰狮"E/F战斗机模拟器中。XR-3头盔显示器应用了1200万像素的低延迟视频直通技术、人眼分辨率仿生显示技术、像素级深度感知技术、集成式眼球追踪和内置 Ultraleap 手部追踪技术，具有业界最高分辨率（超过 70ppd）和最宽的视野角（115°）。萨博公司的仿生显示器通过红外 LED 将图案投射到眼睛，显示分辨率适应眼睛的运动，最大的计算能力始终集中在当前点上，投射到视野中间的图像以超高分辨率呈现，周边视觉内容以较低分辨率显示。

**美国海军水面战中心开发"拦截后碎片仿真"工具** 6月8日，美国海军水面战中心开发了"拦截后碎片仿真"（PIDS）新型建模仿真工具，在建模与仿真环境中对反导碎片进行模拟，并在真实环境中进行试验前对其进行预测和作战评估。反导拦截后的碎片会给影响作战系统及其探测、跟踪和区分威胁的能力，对雷达和传感器造成干扰，从而对海军的威胁应对能力产生重大的影响。在仿真拦截中，PIDS 能够从离线数据库中提取初始射频和红外特征。研发团队使用推理分析方法处理无法获取实弹数据的交战场景，然后将结果与收集的实弹数据进行比较，经过推论分析，从而确定 PIDS 能否得出可信数据。

**SAIC 获得美国陆军建模仿真研发合同** 6月10日，美国国防部信息分析中心授予科学应用国际公司（SAIC）一份价值 1.26 亿美元为期 5 年的合同，为美国陆军作战能力发展司令部地面车辆系统中心开展增强的建模与仿真研究和开发。根据该合同，SAIC 将在建模、仿真和软件密集型领域提供广泛的研究和开发，包括地面作战系统建模与仿真、软件在回路系统集成实验室以及实验室基于全生命周期系统体系架构的性能评估。该公司通过其领先的基于模型的系统工程和敏捷数字工程框架与经过验证的、成熟的研发专业知识，以及在建模、仿真和软件技术应用方面的丰富经验，支持美国陆军作战能力发展司令部的工程生命周期研发工作。

**ECS 公司在奥兰多开设首个触觉技术实验室** 6月14日，工程与计算机仿真（ECS）公司在奥兰多开设了首批触觉实验室，致力于将触觉产品集成到各种扩展现实（XR）仿真和培训计划中，并专注于触觉技术的评估、评估、集成和产品开发。VRgluv 公司已向 ECS 公司交付了第一套触觉手套，以支持美国陆军作战能力发展司令部士兵中心仿真训练技术中心的仿真训练项目。该手套通过触觉技术为各种虚拟现实和扩展现实平台提供强大的触觉，实现逼真的触摸、力反馈和精确的运动跟踪。通过佩戴专门的触觉手套和虚拟现实头盔显示器，受训者可在沉浸式培训环境中获得逼真的触觉和自然交互。

**美国海军陆战队通过消减传统训练系统实现能力转型**　6 月 17 日，美国海军陆战队通过削减无效且无法满足需求的传统训练系统以减少或降低成本，为能力转型尽可能提供高额预算。其中，可部署的虚拟培训系统数量从 676 套减少到 333 套，减少了 50% 以上；坦克部队的撤资导致该军种 M1A1 装甲训练系统和两栖突击车装甲炮兵训练系统在 2022 财年终止；室内模拟射击训练器库存，从 485 个系统减少到 206 个减少了 57%。未来，将继续改进和现代化虚拟和构造模拟器组合——先进小武器杀伤力训练器。首先，计划部署作战概念已验证的系统、升级资靶场训练系统，以实现始终在战斗中进行训练。

**柯林斯航空航天公司战术作战训练系统Ⅱ开始量产**　6 月 17 日，柯林斯航空航天公司开始量产下一代战术作战训练系统Ⅱ（TCTS Ⅱ）。该公司已在 4 月获得该项目里程碑 C 批准，5 月在"超级大黄蜂"战斗机上完成 TCTS Ⅱ 飞行演示。该系统计划于 2022 年初夏首次交付，预计 2022 年底具备初始作战能力。该系统通过在相同带宽下将网络容量提高 10 倍以上、加密数据传输以及使用 LVC 技术将飞机连接到地面模拟器和合成发动机，从而显著改善了现有培训基础设施，节省了汽油、时间、后勤和保障成本。

新增的能力支持 100～200 名参与者进行培训。美国 2022 财年预算中将花费 230 万美元用于采购 9 个 TCTS 远程测距装置，47 万美元采购 1 套 TCTS 地面子系统。

**Verizon 公司获得美国国防部价值 4.95 亿美元的网络研究合同**　6 月 17 日，Verizon 公司获得一份价值 4.95 亿美元的合同，通过交付连接 200 个研究实验室和超级计算机地点的网络，为美国国防部的国防研究与工程网络及其高性能计算现代化计划提供交换机、路由器、防火墙和边缘计算能力。高性能计算现代化计划旨在为美国国防部研究、开发、测试和评估团体提供先进的计算能力。该公司研发的网络将支持近乎实时的开发和测试大数据分析、人工智能、机器学习和仿真，帮助解决从气候变化和大流行病应对到下一代自主防御系统的复杂问题。国防研究与工程网络是一个高速光纤网络，支持研究人员利用超级计算机协作开展研发、试验与鉴定工作。

**土耳其航空航天工业公司新建风洞支持 TF－X 战斗机空气动力学性能测试**　6 月 18 日，土耳其航空航天工业公司启动建造欧洲第二大风洞试验场，以进行 TF－X"国家战斗机"（MMU）空气动力学性能测试。该风洞试验场设有大型、小型、开放式三种测试场景，测试样本可放置在不同环境中；还配备最先进的技术测量和传感设备，以满足各种先进测试要求。该设施是土耳其唯一能够进行气动声学测试的先进试验场所。该公司表示，基于集成的机动陆基仿真系统，TF－X"国家战斗机"的着陆和起飞测试将在新建风洞试验场进行。同时，飞机模型的生产、集成和测试也将在此试验场进行。

**萨博公司将为美国海军陆战队提供下一代实装 MCTIS 培训系统**　6 月 18 日，萨博公司获得一份价值 1.279 亿美元的美国海军陆战队训练系统项目合同，以提供下一代实兵对抗训练系统（FoFTS－Next），内容包括美国海军陆战队训练装备系统（MCTIS）设备、后勤以及训练演习支持；增量1还包括传输、处理和显示仪器数据所需的指挥控制和网络系统。FoFTS-Next是下一代装备战术作战仿真系统（I-TESS），将取代现有的装备战术作战仿真系统设备。萨博公司实装MCTIS训练系统是一个经过验证的解决方案，将提供互操作性培训，为美国海军陆战队在多域作战中的战斗力生成提供战备支持。

**Aechelon公司为美国空军F-35和F-22战斗机提供雷达与图像传感器数据生成系统** 6月18日，美国空军试验中心授予Aechelon公司一份2406.917万美元的固定价格合同，提供C型图像和雷达与图像传感器数据生成系统，以支持F-35和F-22战斗机在联合仿真环境（JSE）中飞行视觉显示系统。该合同工作将在爱德华兹空军基地和内利斯空军基地进行，预计将于2023年7月31日完成。

**发布EADSIM最新20版本及新增功能** 6月22日，第89届军事运筹研究研讨会（MORS）报道了美国陆军太空与导弹防御司令部和Teledyne Brown工程公司在2021年春末发布的扩展防空仿真（EADSIM）系统最新版20版的新功能，主要包括：扩展操作员在回路能力，如战斗机飞行和交战决策的飞行员级控制，以及扩展了地对空指挥链参与者的手动控制；与机载传感器和加油机等支援飞机一起支持防御战斗机作战的附加能力；旋转雷达建模的简化方法；用于高能激光器的扩展二维回转模型；继续扩大一体化防空导弹防御能力的代表；将新的授时效应引入轨道维护、作战识别过程和火控级数据实现的各种方法。美国陆军太空与导弹防御卓越中心应用EADSIM为高能激光实兵对抗建模，并为多域作战环境中使用JADC2执行防空反导任务的作战影响提供军事效用评估。

**DARPA"远征城市场景原型弹性作战试验台"项目移交到海军陆战队**

**作战实验室** 6月22日,DARPA将"远征城市场景原型弹性作战试验台"(PROTEUS)项目移交到弗吉尼亚州匡蒂科海军陆战队作战实验室。该项目旨在研发先进的作战管理、指挥控制软件,并为探索未来远征作战新概念研发交互式虚拟环境。该项目包含的一套可视化软件训练和试验工具支持海军陆战队从班到营级探索和发展新的多域作战概念。该项目由三个核心部分组成:①ULTRA虚拟测试合成环境,作为多域作战战术性沙箱,用于跨多个指挥层级进行试验和分析;②COMPOSER动态组合引擎,包括电磁频谱作战和后勤规划,可实时自动进行设备装载和计划生成;③参数化数据服务,旨在确保ULTRA和COMPOSER的数据模型、地图和其他元素符合实际作战。

**美国网络司令部应用PCTE平台开展网络部队评估工作** 6月22日,美国网络司令表示,在"网络旗21-2"演习中,应用持续网络训练环境(PCTE)平台实现跨越8个时区3个国家/地区开展网络部队评估工作,编纂了网络部队防御的最佳实践并制定了网络战新策略。该平台能够每天支持数千项活动,甚至在支持美国"网络旗"演习的同时支持英国"网络洋基"演习(在新英格兰开展的以国民警卫队为重点的演习)。此次演习中该平台应用范围是2020年演习应用范围的5倍,也是该平台首次支持如此大规模的演习活动。

**Varjo公司推出虚拟远程传输现实云平台** 6月24日,Varjo公司推出了Varjo虚拟现实云平台,通过使用Varjo XR-3头盔显示器对周围环境进行三维扫描,可以实现虚拟远程传输,即将另一个人传送到同一的物理现实的虚拟世界中,在逼真的视觉中连接现实世界和虚拟世界。这种实时现实共享将开创一个全球协作的新时代,并为未来元宇宙铺平道路。过去5年中,Varjo公司一直在构建和完善将Varjo虚拟现实云平台推向市场所需的基础技术，例如人眼分辨率、低延迟视频传输、集成眼动追踪和该公司混合现实头显的 LiDAR 功能，使用户能够在不影响性能或质量的情况下享受云中虚拟计算的规模和灵活性。

**美国空军研究实验室开展多域作战建模、仿真和分析框架研究**　6 月 24 日、29 日，美国空军研究实验室分别授予信息科学技术公司、星光科技有限公司各一份总金额最高 4800 万美元的不定期交付/不确定数量合同，均用于完成重定义基本分析与仿真环境（REBASE）的研发。合同涉及先进仿真集成与建模框架（AFSIM）研究、开发和扩展。AFSIM 是一个模块化、面向对象的多域作战建模、仿真和分析框架。第一份合同授出了两份初始任务订单，用于基础 I 研发金额为 657.9615 万美元，用于扩展 I 研发金额为 382.8861 万美元，预计到 2025 年 6 月 24 日完成。第二份合同授出了一份初始任务订单，用于基础 I 研发金额为 228.8253 万美元，预计到 2025 年 6 月 29 日完成。

**美国空军研究实验室推进先进武器设计建模、仿真与分析研究**　6 月 28 日，美国空军研究实验室授予光辉科技公司一份总金额 959.7653 万美元的成本加定酬类合同，用于先进武器设计的建模、仿真与分析。与传统的建模、仿真与分析工作不同，该合同提供研究和开发，以评估真实世界环境中的系统能力，从而深入了解所使用的威胁模型和仿真框架的复杂性，预计到 2026 年 7 月 1 日完成。

**CAE 公司准备完成对 L3Harris 技术公司收购**　6 月 29 日，CAE 公司已获得所有必要的监管批准，以 10.5 亿美元收购 L3Harris 技术公司的军事训练业务。此次收购增加了 CAE 公司在空域的训练和仿真领导地位多样化、补充陆地和海军训练解决方案并增强在空间和网络方面的能力，扩大在多域作战中提供训练和作战支持解决方案的能力。CAE 美国分公司将成为一系列项目的主要承包商或分包商，包括美国空军模拟器通用架构要求和标准（SCARS）项目、F-16战斗机模拟器培训计划、美国海军/海军陆战队 F/A-18 战斗机机组人员训练系统、美国空军初始飞行训练、美国空军陆基战略威慑训练和 B-2 轰炸机训练系统。

**美国战略司令部组织联合电磁频谱作战桌面演习** 6月29日至7月1日，美国战略司令部在弗吉尼亚州萨福克主办了一次联合电磁频谱作战（JEMSO）桌面演习，旨在进一步将 JEMSO 纳入作战仿真结构中，并支持联合特遣部队态势感知、欺骗行动；在2030年冲突场景下，整合多域优势以应对近对等威胁。美国多个作战司令部和机构参加了此次桌面演习。美国战略司令部先进作战单元为这次桌面演习建立了框架。参与演习的作战司令部和机构为桌面演习提供的数据，将进一步帮助美国战略司令部了解在建模和作战仿真中能够更好地反映 JEMSO 的优先事项及其基本需求。

**美国空军研究实验室举行第二次"定向能效用概念实验"** 6月21至25日，美国空军研究实验室定向能部在柯特兰空军基地举行了2021年第二次"定向能效用概念实验"（DEUCE）活动，旨在评估高功率电磁（HPEM）武器的防空效能。此次实验采取"红蓝"双方虚拟对抗的方式，支持作战人员通过虚拟界面应对威胁情况。两次 DEUCE 都使用了美国空军研究实验室开发的"武器交战优化器"（WOPR），该人工智能作战管理系统能够帮助作战人员实时分析复杂的战场数据，以增强作战人员和高级领导人的决策能力。试验中，HPEM 武器表现出反应速度快、打击精度高、持续时间长的特点，可有效弥补动能武器的短板。

**美国陆军进行空降兵一体化视觉增强系统应用测试** 6月30日，美国陆军拟推广一体化视觉增强系统（IVAS）应用范围，为空降人员提供先进视景增强技术支持。IVAS 集成了下一代态势感知、高分辨率模拟等工具，能够使作战人员有效实施感知、决策、目标截获和目标交战等作战任务，为作战人员提供集成化作战、演习和训练平台/装备。目前，美国陆军未来司令部和 IVAS 项目负责人正在扩展实施 IVAS 测试，为美国陆军"黑鹰""支奴干"等直升机空中平台空降兵提供 IVAS 先进技术支持。该系统后续研究重点是实现"空射效应"（ALE）视频反馈显示。

**RAVE/AFSIM 协作实现可重用的数字工程能力**　6月30日，SAIC 公司的弹性架构验证环境（RAVE）软件作战和其他任务仿真提供了可重用功能，并减少了编码要求，以解决建模仿真的效率和响应问题，使得复杂模型和仿真更加高效实用。先进仿真集成与建模框架（AFSIM）用于分析从地面到太空的各级任务，使得任务级系统中高级活动能够评估新的系统概念和设计，如传感器系统、电子战系统、通信网络、高级跟踪、融合算法、自动战术和作战管理软件等。RAVE 和 AFSIM 的集成可简化建模与仿真，使编码更加用户友好，从而为数字工程和其他技术提供响应式决策支持。

**Indra 公司开发飞行器新型多用途智能化训练仿真系统**　7月7日，Indra 公司开发了一种新型多用途、易部署、互操作性强的仿真系统 SIMCUI。该系统可模拟固定翼飞机、旋翼机、远程操控飞机平台环境，使军/民用平台驾驶员训练时间缩短一半。该系统具有高性能、高成本效益、易于维护/操作等特性。其设计使用思路是保证每两到三名学员拥有其个性化模拟环境，使其能够有效完成各自独占的所有训练任务；同时，系统设计采用的飞行模型能够按每名学员的需求和现实使用场景（如小型飞行机构、航空公司、空军）进行定制。SIMCUI 系统采用了人工智能算法，能够结合每名学员训练表现，分析其优势和改进空间。该系统可联网、交互、共享各虚拟场景，保证军事用户接受的训练场景和实际任务场景的一致性。

**美国北方司令部第三次全球信息主宰实验测试人工智能辅助决策能力** 7月8日至15日，美国北方司令部开展了第三次全球信息主宰实验（GIDE3），测试利用各种基于人工智能/机器学习的决策辅助工具提升指挥官的行动能力。这些工具包括雷达整合工具、可以聚合各种传感器甚至社交媒体信息的信息主宰工具、可形成虚拟三维战场的"跨指挥协同"工具。

**柯林斯航空航天公司为F-35战斗机联合仿真环境提供高逼真度视觉显示系统** 7月12日，美国空军签约理事会授予柯林斯航空航天公司一份总金额2236.9617万美元的固定价格类合同，为F-35战斗机项目的"联合仿真环境"（JSE）建设提供"高逼真度视觉显示系统"。按照合同，该公司将交付视觉显示系统，并提供安装和培训支持。该公司将在美国内华达州内利斯空军基地、爱德华兹空军基地、俄亥俄州莱特-帕特森空军基地履行合同规定的工作，预计到2023年7月31日完成。

**Draken公司和柯林斯航空航天公司合作研发下一代空战训练系统** 7月14日，Draken公司和柯林斯航空航天公司签署了一项协议，将柯林斯航空航天公司联合安全空战训练系统（JSAS）用于Draken欧洲公司"猎鹰20"机队，为英国皇家海军和皇家空军提供下一代战备训练。该训练解决方案采用机载JSAS吊舱、与Leonardo DRS公司合作开发的地面站组成，使用多波形软件定义无线电来提供高容量和多跳网状网络，支持安全LVC多域集体训练。JSAS吊舱已服役美国空军和美国海军，用于作战人员训练和分析，使其能够在安全的环境中训练和改进联合战术、技术和程序。

**微软公司与美国陆军合作应用Azure云进行极端天气建模** 7月14日，微软公司与美国陆军工程研发中心签署合作研发协议，应用微软Azure政府云对沿海地区的极端天气进行建模，旨在通过使用基于云计算的预测分析工具和人工智能服务，改善气候建模和灾后恢复的能力。美国陆军目标是利用此次合作提升内部建模与改善数据传输的能力。双方研究的重点是增强沿海风暴建模系统（CSTORM–MS）可扩展性。CSTORM–MS 是用于模拟沿海风暴的高性能和高分辨率模型的综合集成系统。这些模型提供了一种稳健、标准化的方法来确定沿海地区对未来风暴事件发生的风险以及评估减少洪水风险的措施。

**美国空军研究实验室授出第三份支持多域作战的先进仿真集成与建模框架研究合同**  7月15日，美国空军研究实验室授予光辉技术公司一份总额最高4800万美元的不定期交付/不确定数量合同，用于完成"重定义基本分析与仿真环境"（REBASE）研发。该合同涉及先进仿真集成与建模框架（AFSIM）的研究、开发和扩展。AFSIM 是一个模块化、面向对象的多域作战建模、仿真和分析框架。伴随该合同授出了一份初始任务订单，用于扩展 I 研发，金额为 106.6444 万美元，预计到 2025 年 7 月 15 日完成。

**美国军方启动 5G 增强现实试验台部署工作**  7月15日，三星电子公司和 GBL 系统公司在美国陆军基地部署新型 5G 试验平台，试验 5G 驱动 AR/VR 系统，利用中频段频谱提供高容量、低延迟的信号覆盖。两家公司将展示支持 5G AR/VR 现场军事训练演习，用户将与战区中发现的虚拟障碍物进行交互，并能在实物环境中查看数据以及相关设备覆盖图，以验证可扩展、有弹性且安全的 5G 网络部署，并进行基于 AR/VR 任务规划和培训。GBL 系统公司负责原型创建与技术集成，三星公司负责提供 5G 产品网络访问权（大规模 MIMO 无线电、云原生 5G 独立核心以及 Galaxy 5G 移动设备）以及专业技术。该系统于 2021 年 6 月在三星公司达拉斯工厂完成预组装，并进行了初步验证试验；在本月底首次部署在佛罗里达州陆军实验室，预计 2022 年初将在美国陆军训练基地开展实地测试。

**柯林斯航空航天公司选择 AdaCore 公司 QGen 代码生成器来简化基于**

**模型的工程实践** 7月20日，柯林斯航空航天公司选择 AdaCore 公司 QGen 代码生成器用于 Simulink/Stateflow 模型和新的 TQL-1 企业资格认证软件包，以支持民用和军用旋翼/固定翼飞机未来飞行控制和管理需求的 Perigon™ 计算机开发。Perigon™ 软件开发人员能节省数千小时的测试、验证和认证工作，同时为其客户提供额外的安全保证，并简化了其基于模型的工程实践。QGen 是首个适用于 Simulink/Stateflow 建模语言安全子集并认证合格的代码生成器，可直接从模型自动生成 C 语言或 Ada 语言源代码，同时精确保留其功能，无须手动验证生成的源代码。

**美国陆军研究改进飞机发动机的建模仿真解决方案** 7月21日，美国陆军作战能力发展司令部陆军研究实验室与普拉特·惠特尼公司、美国海军、马里兰大学和辛辛那提大学正式签署合作研究与开发协议，使用人工智能和机器学习来改进飞行器发动机建模与仿真方法，并开发更好的设计和应对解决方案。NASA 和航空界发布的未来路线图中"计算流体动力学全发动机仿真的发展"是重大挑战之一，将通过先进仿真能力在2030年彻底改变计算航空科学。应用人工智能/机器学习工具以及高性能 GPU 计算资源，可在较短的时间内高逼真度地完成复杂的计算密集型全尺寸燃气涡轮发动机仿真，极大地促进高逼真度数字孪生发动机模型的实时性能仿真，并能够使用实时的发动机运行控制和陆军飞行器的成本效率持续保障框架。

**Simthetiq 公司为北约用户提供大规模合成训练环境** 7月22日，Simthetiq 公司完成向欧洲国防原始设备制造商交付大规模合成训练环境。该战术训练环境开发用于传统和基于虚拟现实的仿真设备，目前部署在装甲车模拟器中，使用波希米亚交互仿真（BISim）公司虚拟战场3（VBS3），与 Unity 游戏引擎配对，以处理高性能虚拟现实渲染。该合成训练环境支持运行不同渲染技术的设备相互连接并创建联合训练解决方案，还能与多个培训和仿真目标连接，支持不同用户社区之间的联合培训。

**美国空军开展通用仿真训练环境项目**  7月22日，美国空军开展通用仿真训练环境（CSTE）项目，通过增强培训平台之间互操作性的新方法来解决模拟器和训练环境的互联互通问题，并通过操作系统升级和新功能更新来实现快速更新。美国空军计划通过合成环境数据架构联盟来建立通用仿真训练环境，并促进跨训练系统的数据共享，重点研究数字工程和基于模型的系统工程在训练中的应用。美国空军全生命周期管理中心架构和集成部发布"在复杂战场合成环境中转换数据架构和降低基础设施采购风险方面的潜在业务来源"合同；模拟器通用架构要求和标准（SCARS）与网络安全相关的标准合同，将全国模拟器站点与奥兰多核心安全运营中心连接，建立混合边缘架构以真正解决网络碎片。

**阿里罗量子公司为美国空军开发量子网络模拟与控制技术**  7月22日，美国空军创新中心授予阿里罗量子公司数份合同，研发关键软件系统，以支撑量子网络的设计和运行，推进量子网络模拟与控制技术的发展。为有效处理各层之间的数据交换、资源分配和控制同步等问题，量子网络需要独立于硬件控制的软件系统，网络量子计算机需要运行量子应用程序（如基于物理的安全通信），进行分布式量子计算也需要使用这些计算机。该公司利用现有软件控制系统与仿真技术，提供"量子纠缠即服务"，可实现百分百安全的网络，且在网络节点之间实现量子纠缠态。

**英国陆军建立全新的集体训练能力**  7月23日，英国陆军司令部战略集体训练转型（CTTP）计划SO1训练能力负责人在欧米茄联合军事和仿真会议上发言表示，英国陆军计划转变其集体训练能力，包括采用行业合作伙伴来帮助提供资源和训练。该计划是一个直到2035年以后如何在英国陆军中进行集体训练的整体计划，以应对通过动态利用训练数据、沉浸式环境和硬连线灵活性实现的冲突阈值过高或过低引起的更复杂的威胁。其两大要素是转变培训企业和转变培训体验，包括训练系统、连通性和数据开发应用。训练系统包括设计训练、理解训练目标和以灵活方式提供训练的能力；需要连贯、统一的连通愿景以协调构成培训活动的所有要素，如数据采集、观察者/控制器/指导者和仿真系统；使训练数据能更好地支持"从更丰富的事后评估到为战争发展提供信息"。

**美国海军水面作战中心达尔格伦分部开发高能激光火控决策辅助工具** 7月29日，美国海军水面作战中心达尔格伦分部开发了基于人工智能的高能激光火控决策辅助工具（HEL FCDA），旨在协助海军作战人员快速、准确地操作高能激光武器系统。美国海军目前积极推进第一代高能激光武器的应用，包括AN/SEQ–4海军光学眩目拦截器（ODIN）、集成光学致盲监视系统（HELIOS）等。ODIN旨在使安装在无人机系统上传感器眩目或拦截，高功率HELIOS旨在打击小型舰船和无人机威胁。该工具的开发关键是优化人机交互，以建立操作员对系统的信任。海军开展了一项人因实验，使用仿真决策辅助来收集有关杀伤链时间、信任度、击中率、可用性和工作量影响的数据。基于机器学习算法的仿真模拟成为该工具人因测试的基础。

**美国海军举行"大规模演习2021"** 8月3日至16日，美国海军在全球多个地区同时举行名为"大规模演习2021"（LSE 21）的军事演习活动。此次长达14天的演习将海军在全球三个海军分司令部和五个编号舰队在全球17个时区同步开展，主体力量由海军和海军陆战队组成，参加演习的装备有至少包括36艘舰船在内的航空母舰、驱逐舰、潜艇、飞机、无人舰船等，还有50多个虚拟单位，总计参演兵力约有2.5万人。美国媒体称其为近40年来最大规模的演习。演习展示了美国海军在不同时区使用精确、致命和压倒性军力的能力，融合了实战训练和合成训练能力，验证美国海军和美国海军陆战队的新作战概念，是对 LVC 训练环境的迄今为止最大试验。

**美国空军授予 CAE 美国公司联合终端控制训练演练系统模拟器合同** 8月3日，美国空军与 CAE 美国公司签订合同开发和部署新型联合终端控制训练演练系统（JTC TRS）模拟器，并将现有系统升级为美国国防部企业级通用配置。JTC TRS 是关键任务仿真系统，用于训练联合目标攻击控制器（JTAC）系统操作员应对真实世界场景。该合同将 JTC TRS 和联合战区空地仿真系统合并到单一项目中，为 JTAC 系统操作员提供全面的培训。该公司将开发一个完全沉浸式的系统，使 JTAC 系统操作员能够在模拟和受控环境中进行复杂任务培训。后续，该公司将向全球 26 个空军指定的训练地点交付 JTC TRS 并提供所需仿真系统的安装和持续维保服务。

**波音公司演示有人/无人编队协同能力** 8月3日，波音公司主导的研发团队在虚拟环境中进行了有人/无人编队（MUM－T）技术演示。MUM－T 是美国海军未来无人作战计划中的一项关键能力。基于 MUM－T 框架，海军能够集成无人系统能力，实现致命性、高可生存性和可扩展性作战效应，支撑航母作战群作战行动。本次演示由美国海军研究办公室赞助，使用诺斯罗普·格鲁曼公司便携式 E－2D 预警机模拟器、波音公司 F/A－18 战斗机和 MQ－25 无人机模拟器构建了数据链通信网络，实现了对 MQ－25 无人机运行状态的有效监督。通过使用现有作战飞行程序，E－2D 预警机可与 MQ－25 无人机协同实现有人/无人编队相关任务。基于现有数据链系统，通过最小化改进平台接口，即可实现 E－2D 预警机、F/A－18 战斗机、MQ－25 无人机平台之间初始 MUM－T 能力，并实现 MQ－25 无人机初始作战部署集成。

**4GD 公司在英国陆军作战实验室开展无人机虚拟训练演示** 8月5日，

英国培训仿真公司 4GD 和国防培训服务提供商 D3A 公司在多塞特郡举行的首次英国陆军作战实验室活动中展示了在合成环境中进行无人机战术部署和训练的概念。该演示探索了如何通过三维虚拟技术来使用数字无人机进行训练和仿真，并支持使用者学习、练习和重复战术无人机飞行操作，而不会在此过程中损坏物理资产。英国陆军作战实验室支持英国陆军和国防部直接与学术机构、国防巨头、中小企业等开展广泛合作，支持用户开发创意和开展创新合作。

**BAE 系统公司推出多域作战体系试验平台**　8 月 5 日，BAE 系统公司推出体系级虚拟环境试验平台，为突破多域作战的关键技术提供快速、安全的试验环境。该平台是一种基于开放架构的系统集成工具，运用了标准架构规范、高逼真度建模仿真、先进指挥控制技术，并综合成本、能力和资源等要素，通过对数字工程构件、数据管理系统、杀伤链性能进行系统建模分析、评估，为决策者提供最佳方案。该平台可在新技术和系统部署前，演示新技术的应用并评估系统使用边界，提高多域作战任务完成率。这种创新的系统集成能力，提供了加速的能力交付，推进了美军系统工程和现代化能力建设。

**美国空军开展机载定向能武器系统风洞测试**　8 月 6 日，美国空军对计划装配作战机上定向能武器系统进行风洞测试，以了解空气动力如何影响其性能。定向能系统测试在田纳西州阿诺德空军基地的跨声速风洞设施中进行。通过风洞测试，可评估这种定向能系统机载性能，以及其他可能存在的干扰情况。这种定向能系统使用高能激光或微波来降低或摧毁威胁和目标，主要用于对抗无人机。美国空军希望将这种系统装配到高性能战机上。

**QinetiQ 公司再次支持并主办了北约"海上演示/强大盾牌"训练演习**　8 月 9 日，来自 10 个北约国家 3300 多名人员、16 艘舰船和 31 架飞机联合参加美国第六舰队和海上战区导弹防御论坛（MTMD-F）在英国国防部赫布里底靶场开展"海上演示/强大盾牌"21（ASD/FS 21）训练演习。QinetiQ公司再次支持并主办了该演习，负责对赫布里底靶场进行现代化改造，交付了大量由美国资助的基础设施投资并翻新和升级了现有发射台，以支持新型"郊狼"超声速掠海目标的发射，这是首次从英国本土发射该目标。参演方共同测试跟踪、识别并最终摧毁来袭威胁的能力，包括测试一体化防空导弹防御（IAMD）系统，并通过在电子战攻击下同时击败弹道导弹和超声速导弹的攻击来展示其无缝互操作性。

**美法两国参加双边网络培训** 8月9日，美国网络司令部和法国网络防御部队司令部在马里兰州乔治 G·米德堡开展了"网络堡垒"Ⅲ双边键盘演习，旨在应对先进持续威胁带来的挑战，并确保网络空间的共同防御。此次演习汇集了两国的网络战士，涉及70多名参与者、400名模拟用户、450个模拟网络和子网以及1000个不同仿真系统，模拟了先进持续威胁相关战术、技术和程序。

**兰德公司开展采办模型推演以探索如何获得马赛克部队** 8月9日，兰德公司发布《获得马赛克部队：问题、选择与权衡》报告，认为美国国防部现有采办系统不能支持获得马赛克部队，提出以联合任务办公室为中心的采办模型，预测支持马赛克部队的采办系统不存在最优方案而是一组权衡选项。基于美国国防部当前采办模型和以联合任务办公室为中心的采办模型，兰德公司开展了三场"获得马赛克部队"政策推演：第一场关注当前采办模型能否满足马赛克部队单独要素和整体的需求；第二场关注在以联合任务办公室为中心的模型下，如何实现体系级采办管理；第三场关注在以联合任务办公室为中心的模型下，如何实现要素级决策。最后，兰德公司建议美国国防部应对马赛克部队形成路径进行建模，以确定可能阻止实现马赛克部队的政策杠杆与瓶颈。

**美国海军依托高性能计算机构建大规模虚拟射频试验场** 8月11日，美国海军信息战争中心太平洋分部授予佐治亚理工研究公司一份为期36个月总金额1151.0337万美元的修订合同，修订了一份先前授出的成本类合同，开发一种名为"实时高性能计算机"的新型高性能计算机。该型计算机将平衡极低的延迟和足够的计算吞吐量，以创建一个大规模的虚拟射频试验场，预计到2024年7月31日完成。

**美国陆军演示分布式虚拟试验场** 8月12日，美国陆军研究实验室开发并演示了虚拟实验设施，作为战场物联网协作研究联盟的一部分。新虚拟试验场通过提供一种体系架构来连接高度分布式试验平台网络，使其能够在全国范围内支持实验室及其合作者之间的虚拟同步、多站点实验，缩短基础研究创新从学术环境到可与军事系统交互的陆军野战实验中所需的时间。美国陆军与海军研究实验室和北约合作伙伴一起演示了虚拟实验设施的功能。在演示中，人工智能、传感和决策支持方面的个人研究创新被合并和自动化，并举例说明这些创新将如何通过赋予具有自主行为的智能代理权力来实现战场物联网，还展示了研究人员如何在复杂的挑战上进行虚拟合作。

**波希米亚交互仿真公司分包美国陆军合成训练环境项目** 8月12日，波希米亚交互仿真（BISim）公司获得科尔工程服务公司（CESI）分包的美国陆军合成训练环境（STE）项目，以提供下一代集体训练技术的重要组成部分。CESI已获得STE项目训练与仿真软件/训练管理工具（TSS/TMT）合同，并利用BISim公司的主要产品（VBS4、VBS Blue IG和VBS World Server）作为整个TSS/TMT解决方案一部分。STE项目由TSS/TMT提供中央软件功能，将支持部队和指挥人员在世界任何地方进行逼真的多梯队和多域联合兵种演习及任务指挥实时、集体训练,还将 LVC 功能融合到一个简单易用的界面中。通过 STE 项目,军事指挥人员将能够建立复杂的虚拟作战,与数以千计人工智能驱动的盟友进行协作,并以逼真的人工智能行为在战区范围内与人工智能或指导员控制的对手作战;士兵们将能够多次重复这些训练任务,更好地为实战训练做准备,提高战备状态。

**美澳两国空军在"红旗 – 阿拉斯加 21 – 3"演习中演练互操作性** 8月12日至27日,美国空军与澳大利亚皇家空军在埃尔门多夫 – 理查森联合基地开展"红旗 – 阿拉斯加 21 – 3"(RF – A)联合军演。此次军演是美国太平洋空军发起的多国部队演习,通过作战训练、近空支援和联合进攻性反空袭演习提供一种模拟作战环境,旨在加强空中互操作性,展示印太地区的空中优势。美军多个军事部队和澳大利亚皇家空军约1800名人员和来自20多个部队的80多架飞机参加了此次演习,完成了空中加油、泥泞区着陆和货物空投、空空作战以及与模拟大型敌军的空地作战等各种训练。参演的机型还包括澳大利亚皇家空军 F – 35"闪电"Ⅱ以及美国空军第五代飞机,旨在测试第五代飞机的空战战术。

**Red 6 公司为美国空军 T – 38 训练机安装增强现实训练系统** 8月16日,Red 6 公司与美国空军签订一份为期5年价值高达7000万美元的合同,为其 T – 38 训练机配备增强现实训练系统,使其能够与投射在飞行员头盔内模拟的俄罗斯和中国战机进行虚实交战。合同周期内,Red 6 公司将其机载战术增强现实系统(ATARS)与用于训练战机飞行员的诺斯罗普研制 T – 38 Talon 进行集成,然后在 F – 16 等第四代喷气式飞机上集成 ATARS。配备 ATARS 的 T – 38 可在 6~12 个月内开始在任意地点进行飞行测试。ATARS 包括一个定制全彩增强现实头盔显示器,用于 F – 15 和 F – 16 战斗机飞行员佩戴的标准 HGU – 55 头盔显示器。

**美国空军授予 DiSTI 公司 LVC 训练和大数据合同**　8 月 17 日，DiSTI 公司与美国空军签署了三个为期 5 年的基本订购协议（BOA）合同，用于 LVC 训练环境的商业和非商业研究与开发以及大数据分析，为美国空军提供定制培训解决方案。在提交提案的 38 家供应商中，DiSTI 公司是在 LVC 训练环境商业套件类别中入选的 16 家供应商之一，也是在非商业研发 LVC 训练环境中入选的 11 家供应商之一，是大数据分析类别商业套件中的 17 家供应商之一。

**诺斯罗普·格鲁曼公司建立导弹防御未来实验室**　8 月 18 日，诺斯罗普·格鲁曼公司在美国亨茨维尔建立了导弹防御未来实验室（MDFL），旨在进一步提升开发、试验与部署一体化导弹防御系统的速度与精度。导弹防御未来实验室将综合运用建模、仿真与可视化能力，促进开发人员和作战人员之间的创新和协作；将借助定制化服务器、处理与中继导弹探测卫星和地面站数据的能力，为导弹防御系统工程师提供研究、建模、仿真能力；开发跟踪软件，应对核与其他威胁。该实验室总部位于亨茨维尔，相关设施分布于科罗拉多州博尔德、亚利桑那州钱德勒、科罗拉多州斯普林斯、弗吉尼亚州麦克莱恩、北卡罗来纳州莫里斯维尔、马里兰州巴尔的摩。

**美国弗吉尼亚大学开发可扩展量子计算平台**　8 月 20 日，美国弗吉尼亚大学工程与应用科学学院研究团队开发了可扩展量子计算平台。该平台可在 1 美分大小的光子芯片上实现，降低了所需量子设备数量，是量子通信等光量子器件物理和应用领域的新成果。研究人员证实芯片上单个微谐振器可生成 40 个量子模式，并证明复用量子模式可在集成光子平台中工作。该研究为量子计算机创新铺平了道路，使批量生产量子谐振器或量子源成为可能。

**CAE 公司为澳大利亚空军"鹰"式教练机模拟器集成精确眼动技术** 8月24日,澳大利亚国防能力获取和维持小组授予澳大利亚 CAE 公司一份合同,用以升级澳大利亚皇家空军三台"鹰"式 Mk127 教练机全任务模拟器。CAE 公司将与视觉机械公司合作,在 CAE 公司研制的"鹰"式 Mk127 全任务模拟器上安装/集成采用精确眼动技术的机组人员训练系统。眼动追踪技术通过提供关于飞行员在模拟器训练场景中所看位置的详细数据,改进机组人员的训练效果。CAE 公司、视觉机械公司和澳大利亚皇家空军在系统研发、试验过程中证明了眼动技术的有效性,该项目的成功是政企合作提升军队训练效果的出色案例。根据合同,CAE 公司将对澳大利亚皇家空军威廉镇空军基地两台"鹰"式 Mk127 模拟器、皮尔斯空军基地一台"鹰"式 Mk127 模拟器进行升级,并提供"鹰"式 Mk127 教练机项目的全面训练支持服务。

**美国海军水面作战中心达尔格伦分部举办建模仿真峰会** 8月24日至25日,美国海军水面作战中心达尔格伦分部举办了完全虚拟的第三届建模仿真峰会。峰会举办了四场简报会和一场现场海报会议,重点展示了该分部正在开发和测试的多项技术、多项建模仿真项目以及四个新兴建模仿真技术的虚拟项目演示,内容涉及气动飞行器的稳健和自适应控制、威胁推进系统的预测建模和建模仿真工具、提供投资决策信息的任务分析、人工智能以及采用自动驾驶仪设计和弹道方法结合的高超声速技术、分析和设计工具以及数字工程舰船实验室的集成项目等。现场海报会议涉及火炮效能建模、测试、数据校核与验证以及建模仿真在海军数字化转型中的作用。

**DARPA 探索数字孪生技术在水下无人潜航器的应用** 8月24日,DARPA 发布一份"定义和利用数字孪生技术实现水下自主作战"(DELTA)项目的小型企业创新研究公告,旨在评估和分析在水下作战环境中将数字孪生技术应用于无人水下潜航器的可行性,确定水下通信的不可靠性和断续性对在该领域实现数字孪生的影响,并定义水下作战环境中数字孪生的用例。数字孪生是在系统全寿命周期内对系统的虚拟表示,根据实时数据进行更新,并使用仿真和建模、机器学习和推理来帮助决策。项目实施途径是通过数字孪生技术仿真解决和克服数据通信的间断性或低速率问题、评估达到作战效能所需的无人水下潜航器的数量和规模,以及所需的维护方式。该项目拓展了数字孪生技术在水下领域应用的可能性。

**俄罗斯直升机公司发布未来直升机驾驶舱概念** 8月25日,俄罗斯直升机公司在国际军事技术论坛"Army-2021"展示了一个先进驾驶舱的实物模型。该驾驶舱模型可用于多项研究工作,包括传感反馈、合成视景和增强现实功能,提升飞行安全性与机组人员的可靠性和效率,减少机组人员心理和智力负荷,并保持充分的态势感知能力。未来驾驶舱将探索最优的自动化概念,涉及"虚拟飞行员"及其与机组成员之间合理的功能分配,还将采用增强现实概念,通过各种机载传感器信息与各系统集成,利用"合成视觉"系统开展相关测试。

**Kongsberg Geospatial 公司推出新版地理空间可视化软件开发工具包** 8月25日,Kongsberg Geospatial 公司正式发布用于地理空间可视化的实时、高性能软件开发工具包的最新版本 TerraLens 9.3。TerraLens 9.3 版大视窗、多域地理空间可视化软件开发工具包是该公司利用先进图形处理器和多核处理器开发的,具有运行速度快、显示信息全、态势感知能力强等特点。TerraLens 9.3 增加了地图处理线程的数量,无需进行预处理就可顺畅加载显示矢量、栅格和高程格式,支持开放地理空间信息联盟 3D Tiles 数据规范等。TerraLens 是 Kongsberg Geospatial 公司开发的先进地理空间可视化平台,已应用的系统和平台包括"宙斯盾"作战系统、"全球鹰"无人机系统、"萨德"反导系统、北约机载报警与控制系统和联合作战指挥平台等。

**美国阿贡国家实验室测试 Polaris 高性能计算机** 8月26日,美国阿贡国家实验室宣布将建立高性能计算机 Polaris 超级计算机,为在未来百亿亿级计算机上运行的软件和应用程序做准备。该计算机将帮助美国实现从高性能计算机到百亿亿级计算机的过渡,测试和优化 Aurora 超级计算机的人工智能、医疗、工程和科学项目的软件和应用程序;为试验超级计算机和大规模实验设施的整合提供平台;测试高性能计算机与实时实验和传感器网络的整合;并定制建模、仿真和数据密集型工作流程。在初始阶段,Polaris 超级计算机将支持中央处理器和图形处理器的组合系统的扩展,以及建模、仿真、人工智能和其他数据密集型工作流程的复杂整合。

**美国空军研究实验室完成军械科学创新中心和应用计算科学与工程设施建设** 8月26日,美国空军研究实验室弹药局军械科学创新中心(OSIC)和应用计算与工程科学(ACES)设施完成建设并开始投入使用。美国空军研究实验室认为,未来作战部队需要实施空天一体作战,而军械科学创新中心和应用计算科学与工程设施正是实现这一目的的有效手段。这两个设施将以数字概念为基础开发下一代武器装备,仿真分析设计改进方案、制造缩比原型机及全尺寸原型机,利用综合测试来验证产品功能。

**美国海军利用数字孪生技术开发新型健康监测系统** 9月1日,美国海军水面战中心卡迪洛克分部、怀尼米港分部以及费城分部宣布合作设计、开发并演示验证一种自主连续监测系统,用于海军自防御试验舰船体、机械和电气系统的高效健康监测,旨在利用数字孪生技术提升舰队维修能力。新系统将为潜艇和航空母舰的机械及船体结构配备传感器,利用边缘计算和数据特征进行辅助数据收集,使用机器学习算法判断运行状态,同时借助数字孪生技术预测未来可能发生的故障情况。该系统预计于2022年1月在自防御试验舰上完成安装、测试和数据收集工作。

**Inzpire 有限公司推出三款新的训练模拟器系统演示** 9月1日，Inzpire 有限公司任务训练设备部门将在国防仿真、教育和训练会议（DSEI）2021 上推出三款全新的模拟器系统演示版：紧凑型敏捷模拟器设备（CASE）ISR/UAS，一种可部署的无人机系统模拟器；混合现实可部署联合终端攻击控制器模拟器（CASE JTAC）；由虚拟现实头盔显示器和屏幕组成的可部署的单座直升机模拟器 Vortex Helisim。Inzpire 有限公司新任务训练设备能够在作战或训练中与部队一起部署，确保在远离基地的合成环境中保持成本、能力和任务演练机会，以维持和提高受训人员的运营效率。

**美国国家安全局授予惠普公司 20 亿美元高性能计算合同** 9月1日，美国国家安全局授予惠普公司一份为期 10 年价值 20 亿美元的高性能计算合同，以满足其人工智能和数据分析需求。合同期内，美国家安全局将付费使用惠普公司的高性能计算技术。美国国家安全局要求在其数据最密集的项目中运用高性能计算能力，同时实现轻松、简单和敏捷的管理。惠普公司将提供一个安全灵活的包括阿波罗数据存储系统和 ProLiant 服务器的平台，便于更好地接收和处理大量数据，并支持深度学习和人工智能。美国国家安全局将从 2022 年开始使用该公司的服务。

**美国陆军授予立方公司合成训练环境实兵训练系统原型开发合同** 9月2日，立方公司任务和性能解决方案业务部门获得了美国陆军合成训练环境（STE）实兵训练系统（LTS）原型开发合同。该公司将与通用动力任务系统公司共同执行此合同。该合同规定了为期一年的基于里程碑的原型开发工作，以实现 2023 年初部署此系统。该原型开发工作将制定路线图，以提高与当前部署系统兼容的实兵训练能力，并与当前的实兵训练基础设施和合成训练环境集成。在软、硬件开发方面，该公司将通过模块化方法，提高系统的可维护性、易用性和易集成性，共同支持快速技术嵌入并促进地面训练解决方案组合的渐进式发展。

**DARPA 持续支持"安全高级仿真与建模框架"开发** 9月3日，DARPA 授予光辉技术公司一份总金额 1316.9089 万美元的修订合同，以行使先前授出合同（HR0011-20-C-0146）的选择权，开展"安全高级仿真与建模框架"（SAFE-SiM）项目开发。该公司将在亨茨维尔、马萨诸塞州剑桥、新墨西哥州阿尔伯克基、弗吉尼亚州尚蒂伊、加利福尼亚州圣迭戈和纽约州罗马履行合同规定的工作，预计到 2023 年 1 月完成。该修订合同使合同累计金额从 1024.1906 万美元增至 2341.0995 万美元。

**美国空军授出 460 亿美元的数字工程和敏捷流程开发合同** 9月3日，美国空军寿命周期管理中心授予博思艾伦汉密尔顿、内华达山脉、克拉托斯无人机系统、雷声、通用动力、L3 Harris 技术、通用原子、诺斯罗普·格鲁曼系统、戴内提克斯、林奎斯特、洛克希德·马丁、帕森斯政府服务、康明斯航宇、蓝色力量技术、鲍尔航宇与技术、波音、系统与技术研究、德事隆系统等 55 家企业一份总金额上限高达 460 亿美元不定期交付/不确定数量合同，为埃格林空军基地及其任务合作伙伴提供数字工程和基于模型的系统工程、敏捷流程、开放系统架构、武器和复杂组织体分析等工作。该合同将按照具体任务订单在 55 家企业各自地点履行，预计在 2032 年 9 月 6 日前完成。

**美国海军陆战队兵棋推演与分析中心加速部队变革和装备建设** 9月7日，美国海军陆战队兵棋推演与分析中心通过构建反复"虚拟演习"的方式，不断调整概念、战术和技术，以加速部队变革和装备建设。该中心应用一套复杂的建模仿真、可视化、沉浸式分析工具，通过复杂图形和建模技术协助推演者直面挑战，并认识到新概念、新战术和新武器在潜在冲突的效能，以增强兵棋推演活动效果。这些工具能协助兵棋推演参与者解决复杂的问题，制定完全知情基于数据的决策，帮助分析各军种在各种环境下取胜所需的兵力和装备规模问题，验证《部队设计2030》愿景的具体举措，甚至协助部队执行作战任务规划，以使部队能够应对不断变化的威胁。

**诺斯罗普·格鲁曼公司成功演示新型机间数据链** 9月8日，诺斯罗普·格鲁曼公司成功演示了一种依托开放式网络架构对进入高烈度空域的飞机进行远程指挥控制的新型数据链。该试验的成功是分布式多域作战管理指挥控制架构发展的一个重要里程碑。此次飞行演示了仿真的ISR任务，并通过一个新型多级安全数据交换机，将数据传至基于云的5G网络测试平台，首次实现了特定任务军事收发器、多级安全数据交换机、开放式广域网络架构的集成，并将商业技术应用于OODA循环。该数据链具有低截获概率、低探测概率、抗干扰等特性。此先进作战管理技术可帮助作战人员在陆、海、空、天之间安全地进行通信和共享关键任务数据，以缩短指挥官决策时间，使美军在数据驱动的冲突时代保持战略优势。

**美国空军研究实验室建造兵棋推演高级研究仿真实验室** 9月8日，美国空军研究实验室耗资600万美元在新墨西哥州科特兰空军基地兴建近1000米$^2$的兵棋推演高级研究仿真（WARS）实验室，以推进定向能局和航天器局的兵棋推演仿真与分析工作。新建的实验室计划2023年春投入使用，设有容纳90多个先进概念实验工作站的礼堂，供国防部各部门、空天作战人员研究定向能武器作战概念。航天器局在WARS实验室设有未来空间技术开发建模与仿真办公室，为未来的航天技术发展开展建模仿真合作。

**美国空军拟启动"怪兽"认知电子战项目** 9月9日，美国空军研究实验室发布一份信息征询书，拟启动"怪兽"（Kaiju）项目，将人工智能和机器学习用于未来的认知电子战系统，以帮助作战飞机突防依赖多频谱传感器、导弹及其他防空资产的下一代综合防空系统。该项目将使用开放系统标准、敏捷的软件算法开发和过程验证工具，开发可迁移到战场系统中人工智能和机器学习技术。该项目为期5年，计划投资高达1.5亿美元来推进9项主要任务：认知电子战大数据研究；软件定义无线电研究；多频谱威胁对抗（完善现有的多频谱模拟仿真环境）；RAPTURE实验室；电子攻击演示；实时算法开发；用于下一个飞行任务数据重编程的射频电子战演示样机；先进威胁对抗；项目管理。

**BISim公司发布VBS4主要软件版本** 9月9日，波希米亚交互仿真（BISim）公司推出全球虚拟和构造仿真软件主要版本VBS4 21.1。该版本为更加沉浸式的训练环境引入了性能改进和逼真的环境场景，包括将NVIDIA的PhysX 4升级为VBS4新物理引擎，在设置网络架构方面提供更大灵活性的新工作流，对环境视觉效果的增强（如高逼真度船舶尾流、雪、表面湿度和三维树的可视化），并实现了对性能影响最小化等。

**美国海军陆战队采购虚拟"毒刺"训练系统** 9月9日，美国海军陆战队系统司令部授予蓝晕（BlueHalo）公司一份固定价格的"毒刺"训练系统合同。该合同规定采购33套"毒刺"训练系统、人力支持、技术数据包、支持服务等，以支持美国海军陆战队陆基防空（GBAD）项目。该公司利用扩展现实软/硬件创建高度沉浸式且逼真的虚拟威胁环境，使用户能够定义场景以创建自适应仿真，从而增强美国海军陆战队"毒刺"小组和低空防空部队的整体战备状态，预计2024年6月28日完成。

**BAE系统公司为"台风"战斗机飞行员提供综合训练系统** 9月13日，英国国防部授予BAE系统公司一份价值2.2亿英镑的合同，为"台风"战斗机飞行员提供先进的综合训练系统（TFST）。根据合同，BAE系统公司将为位于林肯郡科宁斯比和马里洛西茅斯的皇家空军提供10台高仿真/沉浸式训练模拟器以及高安全性先进训练设施。新的训练平台能够为飞行员提供一种综合训练场景，使其能够在高度仿真场景中训练/使用任务软件，并进行复杂战术联合训练演习。该平台能够使来自不同地点的飞行员协同执行作战任务，并实现跨域（陆海空多个作战域）平台任务目标的综合集成效应。BAE 系统公司还将虚拟助理、数据分析、集成训练环境、人工智能等创新技术集成到下一代虚拟训练场景解决方案中，为英国皇家空军构建先进军事力量提供训练支持。

**美国导弹防御局授予 C3 AI 公司建模仿真合同** 9 月 13 日，美国导弹防御局与 C3 AI 公司签署协议，用以开展企业人工智能开发计划。C3 AI 公司之前曾展示了 C3 AI 套件为高超声速导弹轨迹生成建模应用程序的能力。此次合同重点将人工智能应用在数字工程计划中，如实验设计、场景仿真和生成建模，这些计划集成了基于人工智能数据驱动和物理驱动的验证方法，为加速实现重要建模仿真计划迈出了重要一步。C3 AI 公司的建模应用程序将使导弹防御局能够在几分钟内创建数以万计人工智能生成的逼真轨迹，这些轨迹可在多个基于物理约束的条件下进行评估，且具有快速生成大型导弹轨迹数据集的能力，为导弹防御局提供高达 100 倍模型生成能力和速度提升。

**美国国防部作战试验鉴定局评估未来靶场作战试验鉴定能力** 9 月 13 日，美国国家学院官网发布了评估报告《为确保美国国防系统作战优势，国防部所必需的靶场能力：未来作战试验》，重点集中在三个主题：未来的作战需要联合全域作战环境的关联杀伤链；数字技术正在极大地重塑试验的性质、实践和基础设施，数字孪生和高性能建模与仿真技术的出现正在促生新的试验方法，虚拟试验已成为某些武器系统应用的唯一有效方法；快速部署是当今作战相关性的衡量标准，也是一个持续发展的目标。为应对这些挑战，报告提出了五点结论和建议：发展"未来靶场"；重组靶场能力需求过程；在武器系统研制和试验全寿命周期中强调建模与仿真，构建新的靶场运营系统；创建"测试开发运维"（TestDevOps）数字基础设施；构建新响应、有效和灵活的靶场体系融资模式。

**Ansys公司和罗克韦尔自动化公司利用数字孪生技术优化工业运营** 9月14日，罗克韦尔自动化公司宣布其最新发布的Studio 5000仿真接口实现了与著名仿真软件开发商Ansys公司Twin Builder（Ansys数字孪生软件）的连接，用户可将数字孪生连接到仿真或物理控制器。两家公司的合作将数字孪生技术扩展到工业控制系统，使用户能够优化设计、部署和工业运营的性能。通过实现数字孪生，工程团队可从设计到生产的各个阶段加快创新并降低成本。

**美国空军特种部队将进行两栖MC－130J作战能力演示** 9月14日，美国空军计划17个月内对一架MC－130J"突击队"Ⅱ两栖特种任务飞机进行作战能力演示，该两栖版本将使特种任务加油机和运输机能够横跨印太地区广阔海域并不依赖于机场和跑道。美国空军特种作战司令部和私营部门通过数字设计、虚拟现实建模和计算机辅助设计在数字试验场虚拟环境中测试MC－130J"突击队"Ⅱ两栖作战能力原型，为数字化仿真、测试以及使用先进制造技术进行快速原型制作和物理原型试验铺平道路。该司令部计划在2022年下半年举行一次飞行演示，以验证建立的模型和数字工程威胁预测的数据，演示结果可用作更广泛部署能力的决策依据。

**英国国际军警防务展DSEI展会重点关注仿真与训练** 9月14日至17日，两年一度的英国国际军警防务展DSEI展示重点关注军事仿真与训练。例如：英国国防部长将发布从天网卫星到单一合成环境的一系列竞赛和项目；总参谋长强调陆军通过原型战追求合成、仿真并结合尖端防御技术以实现快速孵化；海军大臣强调皇家海军需要应对数字时代，并在军种各个层面促进数字创新；战略司令官推崇在合成环境中进行演练、兵棋推演、实验、即插即用能力等；英国皇家空军提出"合成优先"和向更加自主系统发展的趋势，如"台风"未来合成训练系统项目、"角斗士"项目等。英军认为改进数据的使用和新训练方式可能形成"仿真学习、实兵确认"理念。为此，在军事组织中的领导能力可能会具有更扁平、更灵活的层次结构以及形成360°全方位的报告。

**Cubic 公司与波音公司合作支持美国海军 LVC 训练活动** 9 月 14 日至 30 日，Cubic 公司与波音公司合作通过将合成注入实装（SITL）中持续支持在帕克斯河海军航空站开展的 LVC 训练活动。快速升级现有靶场基础设施并将实装参与者与通用合成环境集成的能力对于提供夜战（Night One）场景所需的真实感至关重要。此次活动重点试验：将伪装参与者作为所需实体显示在所有蓝方平台系统中；系留和非系留操作集成海军下一代威胁系统；通过海军持续训练环境连接 MH-60、F/A-18 模拟器、F-35 基于效果的模拟器以及"宙斯盾"作战部队战术训练系统以实现战斗机实战训练；验证了政府拥有技术数据包，此外还演示了安全实况虚拟和构造先进训练环境（SLATE）系统与 F/A-18 和 EA-18G 战斗机链路到实装（LITL）训练能力的成功集成。

**美国空军研究实验室启动"金帐汗国"项目新阶段工作** 9 月 15 日，美国空军研究实验室宣布与国防部国防创新单元、约翰·霍普金斯大学应用物理实验室合作推进"金帐汗国"先锋计划项目进入新竞争阶段。该阶段名为"原型愿景"，将采用全新 LVC 组件，使竞标方能够在"罗马竞技场"数字武器生态环境中展示各种技术，并进行角逐和比拼。"罗马竞技场"虚拟试验环境旨在快速集成、开发和试验组网、协同、自主武器能力和空中平台技术，为未来作战部队交付转型战略能力。国防部国防创新单元通过商业解决方案项目授出了六份"罗马竞技场"合同，包括 Autonodyne 公司、EpiSci 公司、L3Harris 公司、洛克希德·马丁公司、Shield AI 公司和系统与技术研究公司，而佐治亚理工学院和美国空军研究实验室政府团队则作为支撑团队。

**罗尔斯·罗伊斯公司为美国空军开发空中加油优化与规划系统** 9月16日，美国运输司令部授予罗尔斯·罗伊斯北美公司一份价值为80万美元合同，用以开发新的空中加油优化与规划系统。该系统是罗尔斯·罗伊斯公司 TwinAlytix 新数字服务套件一部分。该数字套件具有虚拟现实培训、异物碎片预防服务、资产管理保护、TP400 发动机叶片间清理、企业建模和远程 FSR 服务等功能，其中虚拟现实训练已经在美国空军部署，异物碎片预防服务在美国海军陆战队运行。罗尔斯·罗伊斯公司和应用航空系统公司创立的美国空军空中加油计划数字孪生操作流程概念已进入美国空军技术创新中心 AFWERX "重塑能源挑战"项目的第二和第三阶段。

**北约成立新探索小组并召开首次会议** 9月16日，北约成立"用于培训和教育的 XR 技术评估通用框架"探索小组，并与9个国家的代表举行了首次会议。英国作为牵头国家提出了一种确定 XR 技术用于培训和教育（XR4TE）有效性的方法，并向小组成员发布其研究成果。会议主要内容：评估该框架并确定改进措施；决定该方法是否对北约成员国适用；下一步推进措施。会议商定了向北约建模仿真小组提交实施有关该主题的扩展技术活动的提案。

**美国国防部新购两台新型超级计算机** 9月17日，美国国防部花费6800万美元采购了企鹅计算公司两台 TrueHPC 新型超级计算平台和相关技术服务。该超级计算机是有史以来最强大的超级计算机之一，是高性能计算现代化项目重要资产，部署在美国海军和美国空军研究实验室的国防部超级计算资源中心。该超级计算平台将为美国国防部提供总计超过 365000 个内核、超过 775 太字节内存和总计 47 拍字节高性能存储，包括超过 5 拍字节高性能闪存储存，以及 100 多个 NVIDIA 图形处理单元，以增强美国国防部的人工智能和机器学习能力。高性能计算现代化项目任务是使用超级计算机解决军事上最复杂的计算问题，范围从气候/天气/海洋建模仿真、太空/天体物理科学、声学到信号/图像处理、数据/决策分析以及电子、网络和 $C^4I$ 系统。

**数字化技术支持核设施安全有效退役** 9 月 21 日，第 65 届国际原子能机构大会期间强调了三维建模、可视化、虚拟现实、人工智能、机器学习等数字化技术在核设施退役规划和实施中发挥重要作用。根据该机构预测，到 2030 年，2020 年核发电装机功率的 12%～25% 将退役。有效地管理核设施退役对于核电可持续性发展至关重要。数字孪生技术支持重建核设施的技术和结构，越来越多地用于支持核设施的设计、运行和维护。使用数字化信息模型可更加便利地改进规划、模拟不同类型设备的部署以及快速改变项目参数，从而显著提高工作质量、生产效率和安全性。

**澳大利亚皇家空军应用 PLEXSYS 公司 ASCOT 7** 9 月 21 日，澳大利亚的 PLEXSYS 公司为澳大利亚皇家空军空战中心分布式训练中心交付使场景生成 LVC 构造兵力的先进仿真作战训练（ASCOT）系统 7。该训练中心为部队级训练、测试和实验提供集成，并与联合作战司令部总部联合集体训练分部联网提供训练支持，为澳大利亚和联盟训练提供演习场景开发、演习控制、蓝军增强和可信的红军注入，在合成环境中实现分布式任务训练。澳大利亚皇家空军所有的模拟器站点都与澳大利亚国防训练和实验网络联网。ASCOT 7 先进用户界面、模块化和可扩展环境生成功能是确保作战人员训练有素、战备就绪绝佳功能。

**洛克希德·马丁公司推出新型训练和仿真系统架构** 9月22日，英国的洛克希德·马丁公司在英国国际军警防务展会上展示了系统使能开放网络体系结构（SEONA）。SEONA是基于为英国陆军Ajax装甲战车模拟器开发的一种新型软件架构，为构建和交付新的仿真系统提供了一个框架。该架构剥离了所有Ajax平台特定的元素，保留一个通用的软件机箱，用以更快、更低成本地生成"任何"车辆模拟器。以SEONA作为通用架构，任何车辆的内部视觉效果都可用于创建虚拟环境，以提供乘员培训，并通过流式传输VBS Blue图像生成的输出来集成外部仿真，使受训人员可与内外部虚拟环境进行交互。

**美国空军开展首次完全分布式的国际虚拟训练演习** 9月23日，诺斯罗普·格鲁曼公司成功为美国空军空中机动司令部组织并开展了首次完全分布式的国际虚拟训练演习"联盟虚拟卫士2021"（CVG）。来自美国、澳大利亚、新西兰和加拿大的联盟合作伙伴参与了此次演习，在美国空军分布式训练中心网络上执行此次全虚拟活动。该公司为演习人员制造了众多威胁场景与装备，包括地空导弹、战机和旋翼机、电子战装备、配备轻武器和防空火炮的地面部队以及敌方海军等。该公司与联盟规划人员合作，开发了整个虚拟演习训练场景，包括威胁图、飞行和通信计划、导航图等，以满足美国空军空中机动司令部和联盟合作伙伴指定的训练目标。

**美国陆军在"战士22-1"演习中开展仿真训练** 9月27日至10月6日，美国陆军开展了"战士22-1"演习，利用网络与仿真技术在堪萨斯州的莱利堡、佐治亚州的斯图尔特堡和德国的格拉芬沃尔进行同步仿真作战，测试了在高压环境下军事理论、知识和作战能力，并帮助美国民警卫队第34"红牛"步兵师提升了作战熟练度。该演习为指挥官创建了一个清晰的通用作战图,用以辅助决策、完善和修改标准作战程序和策略,以及进行快速、真实和准确的评估,使作战人员真正形成协同作战。

**北约成立"联合仿真和集成、校核和认证服务"研究任务组** 9月28日,北约成立"北约联合仿真和集成、校核和认证服务"研究任务组,以继续开展"北约联合仿真标准的演进"方面的工作。该研究任务组将用3年时间开发北约仿真互操作性标准 AMSP-04"北约教育和培训网络(NETN)联邦体系结构和联邦对象模型(FOM)设计"、北约高层体系结构(HLA)认证流程以及集成校核和认证工具(IVCT)。该任务组将根据实时平台参考联邦对象模型(RPR-FOM)v3.0 和 HLA 4 标准、IVCT 和可执行测试用例的更新版本,交付 AMSP-04 NETN FOM 更新版本(Ed C),以支持对 HLA 和 NETN 标准合规性集成、校核和测试,并支持北约 HLA 认证过程的最新作战概念。

**美国陆军开发千人规模训练的增强/虚拟现实体系结构** 9月28日,查尔斯河分析公司为美国陆军开发了在数据受限地形下基于增强现实和虚拟现实训练的压缩并行体系结构(COMPACT),以支持陆军合成训练环境(STE)项目,实现在世界任意地方按需提供使用增强现实和虚拟现实训练的能力。美国陆军认为在数据受限地形(如偏远地区、前沿作战基地、低带宽环境等)中进行数千人规模训练是必需的。该体系结构通过增加网络演练的吞吐量和带宽来提高训练真实性和系统性能,可实现在低带宽环境中进行高带宽训练。为验证该体系结构的有效性,还设计了基准试验框架,应用经过验证的 MultiMAST 建模系统(支持超过 1500 万个仿真实体)在现实规模的场景中评估了该体系结构性能。

**印度国防部颁布加强使用军事模拟器的政策框架** 10月1日,印度国防部宣布了一项新政策框架,旨在加强印度军队和海岸警卫队使用基于仿真的训练。新政策旨在推动印度军队军事模拟器的生产、部署和维护方面的更高水平的本土化。印度国防部发布声明称:"总体愿景是在所有军事领域为作战人员、指挥人员、维护人员、管理人员、生命科学专家、采购和金融机构提供基于仿真的训练,从而实现更具成本效益、高效、安全、快节奏和智能的训练。"印度国防部将发布详细的行动计划,将责任分配给所有成员和行业合作伙伴,以探索在印度军队和海岸警卫队内部更多地使用模拟器。新政策框架将在采购过程中考虑对模拟器的综合要求,适用于目前使用或计划为印度军队采购的所有类型的模拟器。

**DARPA启动"量子启发的经典计算"项目** 10月4日,DARPA启动"量子启发的经典计算"(QuICC)项目,旨在开发量子启发(QI)求解方法,以解决一系列复杂国防优化问题,并将求解消耗的"计算能量"比现有技术减少两个数量级。DARPA希望开发的QI求解器使用经典模拟器件和数字逻辑来仿真动态系统的物理特性,其性能将超过传统计算机和量子计算机10000倍。为克服这些挑战,该项目寻求可对算法和仿真硬件进行协同设计以及应用规模基准测试技术的创新解决方案:开发QI动态系统硬件以及验证其性能的模型;开发QI求解器算法并创建用于评估其潜在性能的框架。QuICC原型系统的目标是将中等规模问题消耗的能量降低至1/50,并演示将其降低至1/500的可能性。

**史诗游戏公司发布最新XR平台** 10月6日,史诗游戏公司将其实时交互式仿真环境Project Anywhere流式传输到Microsoft公司HoloLens2,为其最新平台Project Anywhere XR提供更丰富的交互和沉浸式扩展现实(XR)体验。该平台的特点是使用Microsoft公司混合现实工具包开发的界面,使用户能够选择感兴趣的区域,在任何地方都可进行远程传输,并从太空视野自由导航到详细的地形和建筑物。导航时由Cesium for Unreal插件提供适当的细节级别会自动流式传输，从 Bing 地图数据到 OSM 建筑物再到摄影测量数据集，无须手动创建或预处理。

**北约建模与仿真组召开商业技术和游戏在线研讨会** 10 月 7 日，北约建模与仿真小组在线开展第 17 届"用于北约和各国商业技术和游戏"研讨会，并由 MSG-192 组主办 2021 年 CA2X2（计算机辅助分析、演习、试验）论坛。该研讨会寻求商业技术和游戏能用于国防领域的关键技术，确定近期最具潜力的技术并了解最能满足未来国防需求的趋势和发展，分享国家经验、探索商业技术和游戏的最佳实践，并为未来可能开展的活动制定技术路线图。研讨会重点包括：人工智能在仿真系统中的应用；增强现实和混合现实开发；游戏架构（STE、SpatialOS）和游戏引擎；MSaaS 体系结构和应用；网络意识游戏和网络效应模拟等。

**美国陆军接收首个高超声速导弹营全套地面装备** 10 月 7 日，美国陆军接收首个名为"黑鹰"的"远程高超声速武器"导弹营全套原型硬件系统，包括 1 辆营级作战中心指挥车、4 辆运输-起竖发射车以及相应改装卡车和拖车，但并未接收实弹。该导弹营在建设一开始便采用"以士兵为中心"设计方法，通过虚拟和增强现实等手段，经历近 1000 小时的体验、评估、反馈，实现快速交付。洛克希德·马丁公司与美国陆军在建的"高超声速导弹装配大楼"（MAB4）将用于陆军远程高超声速武器和海军常规快速打击导弹的系统整合工作，以及空军 AGM-183A "空射快速响应武器"生产工作。该设施将继承关键的数字化工程基础，具备系列先进能力，通过与生产设施的数字化连接，实现对健康、状态和运营优化进行全面观察。

**罗尔斯·罗伊斯公司借助数字建模技术优势赢得 B-52 轰炸机发动机替换合同** 10 月 7 日，罗尔斯·罗伊斯公司表示，为赢得 B-52 轰炸机"商用发动机更换计划"，该公司采用数字建模技术建造了 B-52 轰炸机机翼，并将发动机以数字化方式塞进发动机吊舱，集成到挂架和安装到机翼上，并对整个操作模式进行动态建模，以展示产品如何高效集成到机翼上以及更轻松地实现维护。借助数字模型，该公司为美国空军演示其发动机和换装模式将如何降低风险，并以高效经济且按时完成发动机换装。美国空军9月份授予该公司价值5亿美元的"商用发动机更换计划"合同，为所有76架B–52轰炸机建造和安装608台发动机及备件。

**瑞士苏黎世大学利用人工智能实现无人机在未知环境下自主高速飞行** 10月7日，瑞士苏黎世大学研究人员利用神经网络新方法，可使四旋翼飞行器应用人工智能技术仅凭机载传感和计算设备实现在森林、建筑物、废墟和火车等未知地图的环境中保持高达40千米/小时的速度飞行，且不会撞到树木、墙壁或其他障碍物。无人机的神经网络通过"观察"一种"仿真专家"算法来学习飞行，使计算机生成的无人机在充满复杂障碍的仿真环境中飞行，其数据可用于教会无人机的神经网络仅根据来自传感器的数据直接预测最佳飞行轨迹。人工智能利用高性能模拟器仅需很少的时间就可具备人类飞行员类似的导航能力，且这些模拟器并不需要是现实世界的精确复制。

**雷声公司将向美国陆军提供实装训练系统原型** 10月7日，美国陆军授予雷声情报与航天公司两项总额为810万美元的合同，作为合成训练环境现代化项目一部分，用于演示和测试现场训练系统原型。该公司实装训练系统将新兴技术与士兵的武器和装备相结合，为直接和间接射击场景创建逼真的现场训练，这种开放式架构解决方案代表了数字化工程在实装训练现实方面的飞跃。

**CAE公司为美国国家地理空间情报局开发Beyond 3D地理空间数据模型** 10月11日，CAE美国公司与美国陆军合同司令部签订价值3700万美元的合同，为美国国家地理空间情报局开发 Beyond 3D 地理空间数据模型。该项目旨在加快美国国家地理空间情报局数据处理、利用、分发能力，实现快速生成实时分析、任务规划和战术行动的三维地理空间数据。该项目将充分利用美国特种作战司令部的自动快速生成三维地理空间数据（RAPID 3D）模型，提高美国国家地理空间情报局实时提供具体地理位置和自然环境数据的能力，为终端用户判断情况、制定计划和最后决策提供有力支持。

**美国陆军"会聚工程 2021"通过七大场景测试新型作战技术** 10 月 12 日至 11 月 10 日，美国陆军开展"会聚工程 2021"作战实验，通过七大场景验证挫败对手"反介入/区域拒止"能力、推动联合全域作战概念发展的新型作战技术，重点仿真在印度—太平洋地区的第一岛链和第二岛链执行任务的场景，并关注美军联合部队如何在未来战争中对抗敌方的先进能力以击败高端对手。这七种场景试验包括：使用低地球轨道的太空传感器等保持联合部队的全域态势感知能力；在敌人发动导弹袭击后进行联合防空反导作战；在冲突中进行联合火力打击；半自动化补给；使用人工智能和自主系统执行侦察任务；使用一体化视觉增强系统支持空中突击任务；使用人工智能进行攻击。

**LVC 仿真集成架构升级到第四版** 10 月 12 日，美军 LVC 仿真集成架构（LVC – IA）已升级到第四版。美国国防部在军用建模仿真领域的最终目标是创建统一的 LVC 仿真集成架构，以快速组装模型并实施仿真训练。该架构主要面向美国陆军训练需求，通过将不同地理位置、孤岛式特定任务模拟器和仿真工具组成综合系统，在统一、合成的训练环境中提供网络化、集成和互操作的实时交互式仿真训练。该架构为提高美国陆军训练的规模、机动性和逼真度提供全面的解决方案，以获得更强大统一的训练能力，实现更快速有效的作战。

**美国陆军采用数字工程替代布拉德利步兵战车** 10月12日，美国陆军计划在基于模型的环境中使用数字工程开发其下一代地面战车，包括可选载人战车（OMFV）以取代布拉德利步兵战车。在最简单的迭代中，数字工程将设计过程从二维图转化为三维虚拟模型，然后将其嵌入到现实仿真中以测试性能，并通过仿真反馈改进需求。美国陆军还寻求虚拟环境来测试和更改机器人系统以确保其工作满足陆军需求。美国陆军当前持续研究如何实施数字工程及其应用云环境，其模型由承包商或陆军托管及相关采办合同等问题。

**美国空军发布先进战术教练机信息征询书** 10月12日，美国空军向工业界发布信息征询书，寻求一种训练战机飞行员的先进战术飞机，支持战机飞行员的初始战术训练，为其提供（模拟）敌方空中支援，并作为"现有和未来美国空军前线战机的战术战机替代品"。美国空军积极寻求有关交付至少100架飞机以及随后的50架飞机的成本计划和可行性的反馈。战机需要通过提供训练环境和相关经验来仿真和/或复制当前和未来的战机系统，以建立武器系统使用行动所需的可转移战术技能、系统管理技能和决策技能。

**韩国陆军应用建模与仿真技术支持军队未来发展** 10月13日，韩国陆军分析与仿真中心发文介绍了韩国陆军应用建模仿真技术构建高科技武装部队，重点是实现韩国陆军2030年愿景。韩国陆军通过应用人工智能、无人机作战系统、"勇士"平台和陆军"老虎4.0"实现未来战备状态，并提高步兵部队的机动、智能化和网络化。建模仿真技术融合人工智能、大数据、虚拟现实、物联网等前沿技术，能够对未来作战的决策分析、能力评估、试验训练等方面提供有力支撑，对于军事的发展具有非常重要的作用。

韩国陆军充分认识到建模仿真的重要性，并在 2021—2035 年愿景中再一次强调了其重要性；发布了 2021—2035 陆军建模仿真发展指南。

**美国陆军一体化防空反导作战指挥系统开始初始作战试验鉴定**　10 月 15 日，美国陆军试验鉴定司令部开始对一体化防空反导作战指挥系统（IBCS）进行初始作战试验鉴定，为全速生产决策奠定基础。初始作战试验鉴定在主要生产决策之前进行，以测试系统作战有效性、适用性和生存能力，发现作战缺陷并评估是否需要更改生产配置。IBCS 的初始作战试验鉴定分为三个阶段：第一阶段为分布式硬件在回路测试阶段，使用政府开发和管理的建模仿真工具评估 IBCS，包括仿真各种威胁目标。这是初始作战试验鉴定最重要且最具挑战的阶段。第二阶段是实战环境仿真试验，通过发射巡航导弹靶弹，测试 IBCS 在实战环境跟踪目标和仿真交战的能力。第三阶段是拦截飞行试验，包括 IBCS 拦截弹道导弹和巡航导弹靶弹的飞行试验。

**Improbable 公司赢得英国国防部数字孪生合同**　10 月 18 日，英国国防部选定 Improbable 公司为其全球数字和 IT 基础设施创建下一代通信网络（NGCN）数字孪生产品。该数字孪生产品将应用单一合成环境（SSE）平台，并帮助国防数字部运营、规划、管理和优化其复杂的技术基础设施。该合同是英国国防部数字化转型计划的一部分，由战略司令部下属国防数字部领导，负责确保军队和企业能够使用最有效的数字化和 IT 技术与产品。单一合成环境是一种为任何潜在作战环境提供一系列真实虚拟再现的能力，支持国防用户在现实的虚拟世界中进行训练、规划、试验，甚至可能编排未来作战，然后将这些应用到真实作战中。

**美国和英国开展军事自主与人工智能合作**　10 月 18 日，美国空军研究实验室与英国国防科学与技术实验室合作演示人工智能作战支持能力。此次演示模拟了两国军事力量合作的作战场景，双方士兵使用一个通用平台，通过分享数据和机器学习算法，支持多域态势感知，为旅级单位提供更优决策信息。演示还涉及15种先进机器学习算法、12个数据集以及5种基于任务需求的自动化机器学习工作流程，展示了美英整合人工智能技术的方法，创建了首个端到端机器学习研究、开发和部署生态系统，实现快速数据共享、算法开发、评估和部署的能力。此次演示为美英签署《自主和人工智能合作（AAIC）合作伙伴协议》以来的首次演示活动。

**洛克希德·马丁公司和美国海军联合实施"宙斯盾"系统数字化转型** 10月19日，洛克希德·马丁公司与美国海军合作，通过"开发、安全和运维一体化"（DevSecOps）的软件开发方式、基于模型的系统工程（MBSE）和虚拟化以及第三方合作伙伴等手段推进"宙斯盾"系统的数字化转型实践。"宙斯盾"系统2021年的最新升级（基线10）是其数字化转型的重要例子，创建了包含整个"宙斯盾"生态系统的数字主线，利用人工智能、DevSecOps软件开发方式以及基于模型的系统工程和虚拟化等手段来管理全生命周期的升级和网络安防，能够更快地构建并交付新产品。通过云技术实现从建模仿真到数据分析和边缘计算等多个方面改进作战系统。

**Varjo公司发布最新虚拟现实头盔显示器** 10月21日，Varjo公司推出最新虚拟现实设备Varjo Aero，其应用范围从传统的企业客户群扩展到飞行模拟器爱好者等高级虚拟现实用户。该设备在115°视野范围内具有逼真的边缘到边缘清晰度；分辨率为35像素/（°），可为专业人士和高端虚拟现实爱好者提供沉浸式体验；其先进的人体工程学设计和显著减轻的重量使其成为Varjo迄今为止最轻的头盔显示器；其内置的眼动追踪不仅支持交互和分析，还支持注视点渲染，进一步降低计算要求并实现清晰的分辨率；还集成了Varjo Reality Cloud服务以全面支持虚拟协作。

**美国空军开展"联合虚拟夺旗"演习** 10月24日至11月5日，美国空军在新墨西哥州科特兰空军基地开展了"联合虚拟旗22–1"（CVF 22–1）虚拟空战演习。该演习是美国国防部最大型的联合虚拟空战演习之一，由美国空军空战司令部分布式任务作战中心的第705作战训练中队主办，旨在通过规划、执行和汇报分布于空域、太空域、地面域和网络域的大量任务集，建立和维护美国、英国、澳大利亚和加拿大之间的联盟伙伴关系。演习地点横跨8个时区，所有单位在同一时间和同一虚拟空间进行演训，演练在联合环境中如何有效作战以提高战斗力，共有超过344名人员、200名联合作战人员和144名联盟作战人员参与，还使用了在全球29个地点实现互联的7个网络和23个不同系统，共有67个部队完成了超过6461个联合训练任务。

**以色列新型"天蝎座"电子战模拟系统首次在"蓝旗21"演习中亮相** 10月25日，以色列航空航天工业公司推出了"天蝎座"T型（训练）模拟系统，并首次在以色列举办的"蓝旗21"多国空军演习中应用。"天蝎座"T型有源电子扫描阵列（AESA）电子战威胁模拟器可模拟现代战争密集信号环境下的多威胁场景，并可测试电子战功能，还能够模拟多个可移动战斗单元。"天蝎座"T型是首个将AESA技术和电子战相结合的系统，可在训练演习中模拟多种陆基威胁，生成任何系统、版本或模式的精确射频信息，模拟完整的交战周期。该系统能够更新威胁数据库，支持使用多个模拟光束模拟敌方地空导弹和射频系统，生成的威胁数量可达两位数甚至三位数，还可与其他模拟器、ADMI或指挥控制中心同步，并具备包含任务完成情况汇报功能。

**美国空军开发应用人工智能对抗的飞行员训练系统** 10月25日，APTIMA公司与美国空军研究实验室作战人员互动，与战备分部飞行员训练系统局签订为期4年金额520多万美元的自动化训练管理软件开发合同，利用人工智能系统开发飞行员训练系统，并将开发的训练管理程序配置在飞行员训练系统局对抗研究综合学习实验室（GRILL）。该公司将领导七家人工智能体开发公司开发能够与飞行学员进行对抗的"假想敌飞行员"智能体。这种人工智能对手更为灵活，更加适用于飞行学员的对抗性训练，可进一步提高模拟训练质量。GRILL 提供独特的训练环境，既能测试新型技术装备的性能，又能评估新装备在各种战场环境（从教室到现场作战环境）的应用。

**美国海军水面作战中心应用建模仿真推进高超声速武器研发**　10月27日，美国海军水面作战中心达尔格伦分部投资400万美元启动22个高超声速创新科学工程项目，包括开发高超声速武器使用的先进制造材料、高超声速武器建模与仿真、闭环火控回路杀伤效能分析、高超声速武器测试评估与控制改进以及高超声速武器面临的威胁分析。该中心已经开始使用系统级工具对高超声速武器弹道进行任务级建模和杀伤效能建模，确保新型武器具备预期作战效用，并对高超声速飞行器周围气流进行精确建模。在采用专用建模、仿真和地面测试设备评估高超声速武器的杀伤威力的同时，还在利用一种系统级建模仿真综合工具箱开发拦截高超声速导弹的技术方案。

**Indra 公司发布基于虚拟现实的 Víctrix 模拟器**　11月3日，Indra 公司发布基于虚拟现实的新型 Víctrix 模拟器，将军事训练提升到一个新的水平。应用该模拟器，受训人员沉浸在虚拟的城市环境中，以大量的细节和准确度来战备任务，直至完美执行任务。该模拟器支持远距离分布式协作训练，可共享虚拟场景，同时保持相互交流，消除了地理障碍。该模拟器结合三维渲染和光学定位技术，以毫米级精度和低延迟定位来跟踪对象，支持按需多次重复操作。通过受训人员佩戴的传感器，教导员可检测其位置并复现几乎所有的动作，能衡量每个受训者的表现。

**美国空军要求工业界为空战规划提供人工智能和机器学习技术** 11月3日，美国空军研究实验室罗马研究中心发布了一份广泛机构公告，为"将最先进的人工智能和机器学习方法应用于空战管理"（Stratagem）项目的开发寻求业界帮助。该项目利用人工智能在交战期间实时推理战场空间发展，并协助制定应对的作战规划和决策，使指挥人员快速适应高强度空战中不断变化的态势。此次公告主要聚焦机器智能，探索新的和现有的算法、学习方法及智能体的模型架构，确定在复杂环境中设计推理代理时必须包含的内容。模型应基于计算博弈论和机器学习，最终实现在高级兵棋推演中匹敌并超越专家级人类推演方法，生成的红/蓝智能体可实时协助和对抗规划者，并同时运行多个推演来为作战人员制定计划选项。

**佐治亚理工学院获得新型雷达威胁系统开发合同** 11月4日，美国空军生命周期管理中心与佐治亚理工学院签订一份价值7.7亿美元的合同，用于研制生产先进雷达威胁系统ARTS–V1，旨在帮助战斗机飞行员学习训练如何在列装先进雷达制导型地空导弹的敌方防区内安全作战。2021年10月下旬，美国空军还曾授予洛克希德·马丁公司导弹和火控部门一份8070万美元合同，用于生产并交付5套先进雷达威胁系统ARTS–V2。ARTS–V2用于模拟雷达制导的地空导弹威胁。ARTS–V1和ARTS–V2都是先进雷达威胁系统（ARTS）项目的一部分，该项目旨在开发和部署高逼真度威胁相控阵雷达，用于"反介入/区域拒止"环境下LVC空勤人员培训。

**查尔斯河分析公司与美国陆军合作为任务规划创建三维会议室** 11月4日，查尔斯河分析公司获得美国陆军的资助，创建用于战备状态的虚拟环境协作工具（VECTOR）增强/虚拟现实（XR）系统的先进研究原型。该系统使用同步虚拟协作环境，使部署分散的任务指挥人员能够协作规划、演练和执行任务。该公司与美国任务指挥作战实验室合作演示和评估了VECTOR。指挥官和士兵可通过XR、移动和桌面应用程序加入VECTOR虚拟环境，可访问以三维地理空间战场通用作战图为中心的一套协作工具。该系统促进了对混合现实中虚拟协作和数据可视化的深入理解，并增强了指挥官对态势的理解，以支持跨网络和协同定位的任务指挥。

**北约建模与仿真卓越中心交付兵棋推演交互场景数字叠加模型** 11月5日，北约建模与仿真卓越中心成功交付其决策和兵棋推演平台——兵棋推演交互场景数字叠加模型（WISDOM），以支持从欧洲到美国的分布式兵棋推演。该模型可以定制、改进、重用和调整，以支持从战术到战略层面的兵棋推演、规划和决策制定等活动。北约军事委员会指示系统分析和研究工作组（SAS-151）和最高盟军指挥官转型司令部总部于11月1日至4日以虚拟方式设计和执行中级部队能力兵棋推演，以使通用框架平台能够设计、开发和执行中级部队能力的联合兵棋推演能力。

**Simloc公司展示"台风"战斗机混合现实模拟器样机** 11月5日，Simloc飞行仿真公司在西班牙国防部装备和实验后勤中心展示"台风"战斗机虚拟试验台的混合现实驾驶舱。飞行员使用虚拟现实眼镜不仅看到飞行环境，还看到自己的身体以及驾驶舱中所有屏幕和真实控件。该项目旨在扩大在虚拟装备中测试开发"台风"战斗机应用软件的能力，提供类似于飞机的人机界面。应用该混合现实驾驶舱，试飞员能够在早期阶段真实地评估新设计，消除了许多重复设计，避免了在实际飞行中等待测试来进行评估，从而节省了时间和费用。

**BAE系统公司助力美军数字工程实施** 11月7日，BAE系统公司提出的"用于卓越敏捷制造、集成和持续保障的先进集成数据环境"（ADAMS）

架构，在美国海军"宙斯盾"项目、海军"ANTX-19"演习、洲际弹道导弹跨域数字模型、"民兵"Ⅲ型洲际弹道导弹飞行后分析、改进完善六自由度模型以及虚拟工厂专用制造执行系统等应用得到了成功验证。BAE系统公司利用数字工程工具开发、集成和维护复杂平台及IT系统，为客户提供全生命周期的项目决策。该架构是企业级的集成数字工程环境，其核心是实施基于模型的工程技术路线图。在全系统生命周期中，该架构连接了五个关键领域的系统数据，还构建了虚拟协同数字工程工具和基础设施。

**BAE公司发布PIONEER军事演习方案** 11月10日，BAE系统公司发布了PIONEER军事演习方案，包含基于语言几何的可解释人工智能、机器学习、大数据算法、分析和仿真的综合方案，可为军事决策者的提供有洞见性的决策支撑。该演习方案集成了先进的人工智能赋能的构造仿真引擎，以支持军事演习计划、智能作战、场景分析、自动或用户决策、写作、演习后报告和作战分析。该工具具有强大的建模能力，可以进行战略、作战和战术上的跨域/多域作战演习。基于开放的模块化系统架构，非专有API集成框架，以及创新的可解释人工智能和人工智能/机器学习分析引擎，该演习方案可提供设计、采集、分类、存储、可视化和分析军事演习中产生的复杂大数据环境。

**美国空军提议成立工业界联盟以推进数字工程和制造** 11月15日，美国空军研究实验室提议成立一个工业界联盟"数字转型技术和流程"，以支持美国空军装备司令部的数字工程和制造工作，并推进美国空军装备司令部数字战役。数字战役的最终目标是加速美国空军和太空部队通过数字环境提高战斗力的能力。数字工程是一种现代设计方法，使用模拟仿真、三维模型和数字孪生等工具，实现对真实世界对象的数字表达。该联盟侧重于联合政府、学术界和私营部门的资源，以实现美国空军采办和持续保障活动的系统转型，重点领域包括向无纸化评审过渡、采用现代化的系统建模技术以及使用基于模型的能力来支持已部署系统的维护。

**北约开展 JTLS–GO 分析课程** 11 月 15 日至 19 日，罗兰公司开展了"JTLS–GO 6.1 支持目标过程"课程，以支持北约建模与仿真卓越中心人员培训。本课程的目的是介绍联合战区级仿真系统–全球作战（JTLS–GO）构造仿真系统支持演习中交互和瞄准过程，以及支持作战规划评估、兵棋推演和决策支持。JTLS–GO 构造仿真系统是北约在作战战略层面进行演习的工具。

**Improbable 公司在 I/ITSEC 上展示合成环境能力** 11 月 18 日，Improbable 公司在 I/ITSEC 上展示由旗舰合成环境开发平台提供支持的一系列军事仿真技术演示：合成环境开发平台如何转变合成功能并在软件开发中实现更大的敏捷性，包括战略和作战决策分析，以及在军事模拟中实现大规模多用户并发。该平台解决了多人游戏中的延迟、带宽和计算问题，具备了创建包含可大规模交付的离散与智能实体的深度和复杂环境模型的能力；更强的分布式计算能力实现了大规模复杂性。该公司还参与了国会建模仿真核心小组的领导层研讨；"搭建未来：竞争激烈的复杂战场"和"新的美国训练方式"；国防部如何使用合成人口生成、"不断增长的人口：生成现实的人口和可解释的目标导向行为"和"设计培训的未来"的研讨。

**BAE 系统公司成为美国国家网络空间靶场综合体计划第一阶段主承包商** 11 月 22 日，美国陆军与 BAE 系统公司签订不定期交付/不确定数量多项奖合同，成为美国国家网络空间靶场综合体计划规划、运营和支持合同（该合同为期 10 年，价值 24 亿美元）第一阶段主承包商。根据合同，BAE 系统公司将开展网络安全集成、靶场支持服务、系统测试和培训等方面的工作。为了在高度互联/协同的作战场景中进一步增强作战人员响应/应对威胁的能力，BAE 系统公司规划采用基于模型的系统工程方法，进行大规模、复杂、多区域网络测试、评估和培训活动，以帮助美国陆军作战人员能够快速识别/降低网络风险。

**美军举行阿门图姆挑战赛以创新军事训练** 11 月 23 日，美军在佛罗里达州奥兰多举行了为期 4 天的"阿门图姆挑战赛"活动，以创新军事训练。该活动基于 Unity 游戏引擎，可以快速制作模拟三维世界的原型，并可实时测试解决方案或解决方案的一部分。挑战赛获胜者结合计算机视觉识别、机器学习训练和合成数据创建了游戏场景。其他获奖概念包括基于 VR 的小型武器协同训练环境（SACTE）ASquare 游戏和仿真、用于深空建设项目的训练模拟器（NavStrat），以及基于音频提示、面部表情和性能提供事后评估的类似战舰的游戏。此次挑战赛充分体现了游戏和科技行业与国防部合作的必要性。

**瑞安航空航天公司获得美国空军飞行训练模拟器合同** 11 月 23 日，瑞安航空航天公司（澳大利亚）已获得一系列合同，向美国空军提供近 300 台喷气式战斗机和直升机训练模拟器，作为飞行员培训转型计划一部分。该公司开发了一种模块化和可重构飞行训练模拟器，通过修改代表许多不同的固定翼和旋翼飞机。结合学习管理系统，该模拟器支持将教学从"以教师为中心"的模式转变为更多的"以学习者为中心"培训模式。此前，该公司已提前交付和安装大约 180 套系统，并支持美国空军飞行员训练，预计将在 2022 年初完成合同工作。

**2021 I/ITSEC 展示多种虚拟引擎仿真应用** 11 月 24 日，2021 年跨军种/行业训练、仿真与教育会议（I/ITSEC）会展上，30 多家参展商展示了最新的由虚拟引擎驱动的仿真应用程序，主要应用于快节奏的内容创建和制作管道领域，使用高逼真度、动态内容填充虚拟世界，为训练和现实世界操作提供大量越来越准确的地形。涉及的主要使能技术包括摄影测量、数字孪生和人工智能协助内容重建/增强的能力。其中有 10 多家正在构建当今最终用户可用的建模仿真交钥匙解决方案，十几种不同的模拟器以虚拟引擎为核心来解决当今的用例和培训挑战，同时提供无缝部署解决方案，以确保系统互操作性并将实时培训的力量带到更多地点或媒介。

**Unity 仿真软件自动处理地形数据以更快的速度模拟现实世界** 11 月 24 日，Unity 技术公司认识到，使用最新的地形数据快速更新模拟仿真和作战系统对于多域作战至关重要，这是客户的需求和技术发展趋势所驱动的。该公司为跨行业的客户提供地理空间解决方案，成立了地理空间小组，便捷地实现基于任何类型的地理空间数据自动生成、流式传输和渲染大型复杂的合成环境。南加州大学创新技术研究所快速集成和开发环境（RIDE）以 Unity 仿真软件作为其仿真核心，支持美国国防部仿真计划（包括美国陆军单一世界地形项目），对各种想定和技术应用全自动地形数据管道概念和自动分类地形数据等工具实现快速原型化设计。

**美国海军空战中心训练系统分部展示在仿真与训练方面进展** 11 月 26 日，美国海军空战中心训练系统分部为广泛的军事项目提供训练系统开发，是 LVC 能力的重要开发机构。该分部持续开发平台模拟器、支持技术和多域 LVC 基础设施，以使合成训练环境能够提供综合任务能力。重点关注的能力包括先进人类绩效测量和评估、高级分析工具、用于大规模演习的数据驱动技术、经济实惠的自适应培训机制、支持 LVC 能力和数据传输（包括跨域解决方案）等。该分部已成功利用 Unreal 和 Unity3D 等 AAA 游戏引擎来制作不同级别的交互式课件、部分任务培训师，甚至完整的模拟系统。

**CAE 公司推出 Prodigy 战斗机训练系统图像生成器** 11 月 29 日，CAE 加拿大公司在 2021 I/ITSEC 上推出专供快速喷气式战斗机综合训练系统使用的 Prodigy 图像生成器。该图像生成器采用 Epic Games 公司虚拟引擎驱动，可增减虚拟环境中的实体和生命体数量，利用人工智技术将画面逼真程度提高上千倍。该图像生成器采用现有商货软、硬件生产，使得产品价格较低，同时支持 Windows 10 操作系统、OpenGL 程序接口、Open Flight 格式和开放地理空间联盟公共数据库。该公司还展示了 Prodigy 图像生成器与投影仪、穹顶显示器组成的综合视觉系统在飞行训练中的应用。

**美国空军研究实验室推进武器交战先进仿真技术开发** 11 月 29 日，美国空军研究实验室授予科学应用国际公司（SAIC）一份总金额 9900 万美元的不定期交付不确定数量合同，以促进"用于先进研究的武器交战仿真技术"（WESTAR）项目发展，目的是开发多光谱和多模态现象学建模能力，用于美国空军弹药的研究、发展和转化，以支持美国空军武器系统的建模能力，协助空军评估与武器系统相关的下一代概念开发，推进美国空军"空军 2030 年愿景"战略。合同工作预计在 2026 年 11 月 30 日前完成。

**DARPA 空战演进项目开展人类对人工智能的信任度测试** 11 月 29 日，DARPA 选定 SoarTech 公司开展人类对人工智能信任度测试工作。该公司用于数据收集、自主系统、语音识别和意图解释以及建模仿真的 TrustMATE 技术应用于 DARPA 空战演进项目的第一阶段工作。该公司在技术领域 2（TA2）中空战演进 – 用户系统协作中的信任和可靠性（ACE – TRUST）实施了一种实验方法，用于建模和测试飞行员对空战自主性的信任度，并测试了一种新颖人机界面与人工智能交互的可信度，目标是建立飞行员对空战自主权的信任，探索如何通过可视或音频的人机界面向人类传达人工智能状态和意图。目前，该公司基于飞行员与系统的交互中结合生理数据，对飞行员信任度进行测量和建模。下一步是根据自主能力评估和空战算法的能力适当校准飞行员的信任度。

**洛克希德·马丁公司推出简版 F-35 战斗机训练器**　11 月 30 日，洛克希德·马丁公司开发了一种硬件更少的 F-35 战斗机训练器，可使美国及其盟国以更低的成本扩大该机的训练能力。在 2021 I/ITSEC 上，该公司公布了 F-35 战斗机任务演练训练器——闪电集成训练环境（MRT-LITE）模拟器。该模拟器硬件占用空间减少了 90%，8 台 MRT-LITE 可安装在一台全任务模拟器的分配空间内。该训练器覆盖了 F-35 战斗机任务集的 75%，包括该第五代战斗机任务中心的所有超视距任务。训练器占地面积小和模块化配置为按需培训提供了灵活性；分布式任务训练技术将飞行员跨军事平台连接起来并支持联合域环境中的训练，从而节省了生命周期和维持成本。

**TREALITY SVS 公司圆顶投影提供飞行员逼真的训练体验**　11 月 30 日，TREALITY SVS 公司获得了两项新合同，针对两种不同的飞机类型开发了 8 套用于快速喷气全任务模拟器的 TREALITY RP-X 圆顶，交付时间定于 2023 年和 2024 年。TREALITY RP-X 圆顶是 TREALITY SVS 公司背投视觉显示系统产品组合的最新发展，非球面圆顶屏幕与现代投影仪的纵横比相匹配，优化了每台投影仪的像素输出，可与 4K 和 8K 投影技术有效匹配。该圆顶屏幕形状经过人体工程学优化，可为快速喷气式飞行员提供逼真的训练体验。

**3D 感知公司签署为萨博公司模拟器交付 Atlas 显示系统合同**　11 月 30 日，3D 感知公司与瑞典国防装备管理局模拟器设施签订合同，为萨博公司交付 Atlas 沉浸式视觉显示系统。Atlas 沉浸式视觉显示系统由该公司最新一代显示处理器、模块化球幕屏幕和 8 台具有夜间场景功能 CompactView 4K40 高分辨率 4K 投影仪组成，并作为 Gripen C/D 系列未来版本的试验台以满足飞行员培训的严格标准。该系统具有快速和准确的嵌入式自动校准系统和高逼真度图像显示，加快和简化了维护程序。

**荷兰国防部选定 Simthetiq 公司为其提供三维仿真实体模型** 11 月 30 日，荷兰国防部与 Simthetiq 公司签署 5 年期协议，为其交付高质量和可互操作（符合 DIS/HLA 标准）的三维仿真实体模型，以支持其建模、仿真和视觉内容需求。该模型将供北约成员在其整个国防仿真企业内在国家和多国仿真演习中进行部署。Simthetiq 公司通过提供 3000 多个三维模型库、强大的工具和专家支持，为荷兰国防部提供"即插即用"的视觉内容，用于传统、当前和下一代图像生成器以及严肃游戏引擎，实现仿真和培训目标并促进不同用户社区之间的联合培训。

**LuxCarta 公司 BrightEarth 平台推出新功能** 11 月 30 日，LuxCarta 公司 BrightEarth 平台推出新功能，即从亚米级图像中准确、高分辨率实时提取建筑物足迹和树木多边形功能，实现了一种在世界任何地方获取一致数据的方法。该平台基于机器学习算法，利用经过验证的 LuxCarta 数据集区分世界各地的建筑类型。该平台实现了 93% 以上的捕获率，能够为任何地形提供地理特定的准确性，以实现下一代训练模拟器为其合成环境提供按需的地理空间输入。

**MVR 仿真公司部分任务训练器与 Varjo 公司 XR-3 集成** 11 月 30 日，MVR 仿真公司部分任务训练器（PTMT）提供极低成本、快速部署的驾驶舱训练解决方案，以填补当前在用的军事固定翼飞行员任务战术训练系统的空白。与 Varjo 公司 XR-3 头戴式显示器集成后，飞行员完全沉浸在虚拟现实场景生成器高分辨率、特定地理地形和三维模型创建的实时 360°虚拟世界中，同时仍然能够与现实世界中的物理设备进行交互，最大限度地消除受训飞行员在联合网络环境中演练任务战术和协调时的不信任。计算机生成/半自动兵力通过与作战空间仿真公司现代空战环境（MACE）集成进行管理，支持单独或联网的受训人员在对等/近对等的复杂训练场景中演练任务战术。

**四家公司合作演示 5G 实时协同虚拟作战仿真解决方案** 11 月 30 日，RAVE 计算公司、Kratos 防御与安全解决方案公司、Varjo 公司和实时创新公司合作在 I/ITSEC 2021 上采用 RAVE 公司 RenderBEAST 计算、Varjo 公司 XR–3 头戴式显示器、Kratos 公司沉浸式作战仿真内容以及实时创新公司 5G 通信技术合作演示 5G 实时协同虚拟作战仿真解决方案，支持所有操作人员在一个虚拟环境中共同参与模拟仿真训练，为分散部署的受训人员提供多人协作式培训。Kratos 公司通用通信体系结构是一种可扩展的、与平台无关的、以数据为中心的体系结构，采用开放标准和数据分发服务，能够跨多个网络提供低延迟、超可靠的安全通信，支持多域联合部队训练，实现关键训练任务和作战人员的战备状态。

**英国国防部发布下一代作战训练项目** 11 月 30 日，英国国防部发布下一代作战训练（NGOT）项目，旨在创建一个联合的作战训练生态系统，其中包含两个最初独立的实兵和合成活动支柱，支柱间可实现互补能力。最终目标是在 2030 年将两者融合在实时、综合和混合作战训练能力中。该项目将提供新的解决方案以填补已确定的能力差距，使用创新技术和敏捷交付方法构建适合下一代空军的作战训练生态系统，以确保具有成本效益的尖端能力。实兵支柱被称为 MUSTANG 项目（英国下一代空中训练基础设施的现代化），包括由于操作和现实世界的安全需求而不能在合成领域内进行的活动。在合成支柱中进行的培训代表了必要活动的平衡。

**美国陆军开发应用于合成训练环境的无线电接入网络标准** 12 月 1 日，在 2021 I/ITSEC 上，蒂滕公司和中佛罗里达大学模拟仿真训练所表示正与美国陆军作战能力发展司令部、美国陆军仿真、训练和装备项目执行办公室以及美国陆军训练和条令司令部合作，开发称为合成环境无线电接入网络（SE RAN）标准的新概念，用于美国陆军合成训练环境（STE）。该标准不同于传统的仿真和训练协议，将计算、存储、延迟、安全等方面的需求以及协议和云微服务管理作为创新方法的一部分，以提供高效、低延迟的网络和微服务。该标准基于模块化开放式系统架构并通过建模工作验证了该标准的优势，包括降低带宽需求并减少延迟、提高安全性。同时，两家单位还阐述了合成训练环境开发人员如何使用该标准构建未来训练环境模拟仿真解决方案。

**诺斯罗普·格鲁曼澳大利亚公司建立系统集成与软件开发测试实验室** 12月1日，诺斯罗普·格鲁曼澳大利亚公司投资2000万澳元（1400万美元）在堪培拉建立名为"视差"（Parallax）的分布式系统集成与软件开发、集成、测试实验室。该实验室配有大屏幕显示器和组合式技术设备，可为用户修改、测试技术方案提供完全沉浸式的操作环境。该实验室采用分布式管理方式，可通过云链接轻松实现资源升级，提供模型化系统工程（MBSE）设计、模拟系统集成和自动生成测试结果等支持服务。

**3D感知公司获得美国空军模拟器视觉显示系统合同** 12月1日，3D感知公司获得一份美国空军装备司令部下属的美国空军试验中心合同，为该军种第四代和第五代飞机（如F-16和F-35）提供快速喷气机Draco迷你穹顶模拟器显示系统。该显示系统是一种高逼真度、可重构的系统，可快速交付、安装和搬迁。3D感知公司将为爱德华兹空军基地的第412空军联队电子战小组提供4~6套沉浸式视觉显示系统，以支持威胁和友好/虚拟空中威胁（TAF/VAT）联合仿真环境。

**InVeris培训解决方案公司推出SRCE武器训练模拟器** 12月2日，InVeris培训解决方案公司发布了基于增强现实的无约束武器训练模拟器SRCE（察看、演练、集体体验或称为"来源"）。该模拟器以一种完全逼真、无缝、可定制且经济的方式提供最佳的虚拟和现实世界。通过整合外部内容，扫描和增强物理训练设施，使其成为即时射击场；通过对每个参与者、武器甚至弹药的高精度实时位置跟踪来比较和衡量个人和团队的表现；通过即时创建虚拟射击场，有助于开展主动射击和任务预演训练。

**美国陆军授出训练仿真软件/训练管理工具合同** 12月3日，美国陆军仿真、训练和装备项目执行办公室宣布授出训练仿真软件/训练管理工具有关的合同。Cole 工程公司获得了一份价值1.92亿美元的项目合同。4C 战略公司 Exonaut 软件被合成训练环境（STE）项目选定为训练管理工具，并被美国海军陆战队选为其位于匡提科的新作战仿真中心（计划于2024年启用）的规划工具。基于 Exonaut 软件，4C 公司将创建一个在线网关，旨在实现用户训练目标的可视化，并使其能够构建场景的同时结合一系列变量（如环境和敌对势力）以产生必要的能力。然后，系统将根据训练目标跟踪并记录个人和集体的绩效。波希米亚交互仿真公司 VBS4 软件将成为整个软件包的一部分。

**美国空军研究实验室在 EOS–DEW 项目下寻求多光谱威胁警告技术** 12月3日，美国空军研究实验室发布光电传感防御电子战（EOS–DEW）项目，寻求开发和演示先进集成威胁预警系统原型，同时推进多光谱测试和开发风险降低方法，包括探索多光谱仿真、多威胁仿真和传感技术评估的新技术，以及支持研发的增强测试和评估技术。该项目将专注于五个技术领域/目标：多光谱威胁传感器开发，包括组件硬件、算法开发/评估和新兴技术的评估；多光谱威胁仿真开发，以支持硬件在回路（HITL）实验室和现场环境中评估传感器/系统；建模仿真支持 HITL 实验室和现场环境中的传感器开发/评估和多光谱威胁仿真；实验、表征和作战基础设施以支持使用 HITL 技术的威胁预警系统的风险降低实验；作为多光谱威胁传感器开发和评估的一部分的测试和演示活动。

**持续网络训练环境计划部署第 4 版**　12 月 5 日，美国陆军计划在 2022 年 1 月部署持续网络训练环境（PCTE）平台第四版。最新版本增强了更加用户友好的引擎，将内容快速组合到 Netflix 类型的库中，用于发现可供部队使用的训练事件、演练或模块，旨在减少冗余并实现更好的个人和团队训练；还将为部队提供改进的教员与学员互动与基于实验室的培训。美国陆军将为网络训练、战备、集成、交付和企业技术（Cyber TRIDENT）项目授出合同，PCTE 作为该合同工具的主要组成部分，价值高达 9.57 亿美元，该合同预计在 2022 年第一季度授予。

**DARPA 启动"自动化科学知识提取和建模"项目**　12 月 6 日，DARPA 将启动"自动化科学知识提取和建模"（ASKEM）项目，旨在创建一个知识建模模拟生态系统，赋予敏捷创建、维持和增强复杂模型和模拟器所需的人工智能方法和工具，以支持专家在不同任务和科学领域的知识与数据决策。该项目将支持专家能够维护、重用和调整大量异质数据、知识和模型，并具有跨知识源、模型假设和模型适应度的可追溯性。ASKEM 项目是基于 DARPA 人工智能探索计划下"自动化科学知识提取"（ASKE）项目的研究成果，开发的工具将在多个科学领域进行演示。ASKE 项目旨在研发能够实现科学知识的发现、管理和应用过程自动化的人工智能技术，以加速科学建模过程。

**美国导弹防御局"下一代拦截器"项目建立数字软件工厂**　12 月 6 日，美国导弹防御局批准诺斯罗普·格鲁曼公司与雷声技术公司研发的用于"下一代拦截器"（NGI）的通用软件工厂解决方案及其相关数字测试成功后的基础设施。通过搭建已认证的数字生态系统，该软件工厂将实现无缝集成、做出关键决策并加速"下一代拦截器"软件的设计和开发，为美国导弹防御局提供审查和协作代码开发和发布的能力。该软件工厂配备了一组工具、流程工作流、脚本和环境，通过这些配置旨在实现以最少的人工干预生成软件可部署的工件。

**美国太空军开展第 13 次"太空旗"演习**　12 月 6 日至 17 日，美国太空训练与战备司令部开展第 13 次"太空旗"演习。该演习是由空军部主办、太空作战部长雷蒙德指导、第 1 德尔塔部队第 392 战斗训练中队承办的战术级太空红蓝对抗演习，为太空部队提供规划、执行、评估和批判性思考未来太空作战的 LVC 环境。演习目标为慑止对手太空行动，培养联合作战人员并应用作战概念，包括在紧急情况下做出合理的战术决策。参演部队包括太空军 9 支德尔塔部队，提供太空态势感知、预警和监视、情报、轨道战等系列能力，以及来自澳大利亚、加拿大和英国的代表。该演习首次在施里弗太空军基地举办，是第二次邀请盟国参与，但首次向盟国太空作战人员开放了基于建模仿真能力的模拟作战环境，旨在向太空军灌输作战和互操作性文化。

**MASA 公司 SWORD 仿真软件新增海事和后勤保障功能**　12 月 8 日，MASA 公司战备与条令仿真作战对抗推演（SWORD）仿真软件新增海事和后勤保障功能。该软件已在全球拥有 20 多家用户，新增的海面作战仿真功能将成为联合指挥与参谋训练的有效工具。海事平台作为单独的仿真平台，可提供三方模拟（友方、敌方和中立方）。MASA 公司还根据法国陆军的特定要求扩展了其后勤仿真能力，将在法国陆军后勤学校使用。SWORD 与 BISim 公司 VBS4 集成生成概念验证演示器，并实现两个仿真软件之间的交互；还与 Systematic 公司 SitaWare 战斗管理系统集成，以实现在 SitaWare 制定的计划在 SWORD 模拟运行，实现优、劣势的识别，并生成替代行动方案。

**约翰·霍普金斯大学应用物理实验室基于"罗马竞技场"开展"原型愿景"竞赛** 12月8日至9日,约翰·霍普金斯大学应用物理实验室为美国空军研究实验室"金帐汗国"项目开展了第一场"原型愿景"竞赛。基于DARPA"阿尔法空中格斗"试验建造的虚拟竞争环境,该实验室为武器领域构建了称为"罗马竞技场"的模拟仿真环境,在近似现实世界的虚拟空间中各参赛者能够测试、评估和开发组网、协同、自主系统的算法。该实验室开发了"罗马竞技场"软件架构,优化了其运行效率,并实现了该环境的可扩展性,使其成为一种新的LVC武器研发能力。此次竞赛以巡航导弹为目标,应用AFSIM构建代表性的空对地打击场景,应用机器学习技术实现动态目标分配和动态路径规划。后续三场比赛计划在2022年开展,将通过逐步提高场景的逼真度和复杂性来继续挑战竞争对手及其算法。

**以色列勇士战备训练中心升级交战技能训练系统** 12月9日,以色列公司Bagira公司开发的Bagira步兵武器技能训练模拟器已部署在以色列国防军勇士战备训练中心,该模拟器是对现有以色列交战技能训练系统的升级。该模拟器由一栋建筑物组成,可模拟不同虚拟环境中的战斗训练,供排级单位测试和验证其武器技能、单位内协调和战术意识的训练。虚拟环境基于Bagira公司B-One基础设施,与数字尘埃计划使用的其他站点建立了互联互通,如联合火力、战术和观察训练。该设施将提供密集的培训体验,并具有高度自动化和中央多站控制系统,实现了教员与学员的极低配比,特别适用于义务兵和预备役部队的训练。

**DARPA进攻性蜂群使能战术项目完成最终实地测试** 12月9日,DARPA进攻性蜂群战术项目(OFFSET)顺利完成第6次测试,也是最终的实地测试。测试平台由商用小型无人系统组成,包括背包大小的探测器以及多个旋翼和固定翼飞机。本次测试取得了以下显著进展:使用两家系统集成商（诺斯罗普·格鲁曼任务系统公司和雷声BBN技术公司）的300多个测试平台开展联合协同作战；使用"虚拟"蜂群代理和物理代理协助完成现实任务；利用沉浸式蜂群界面来指挥控制蜂群。此次测试中，哨兵机器人公司、约翰·霍普金斯大学应用物理实验室和密歇根理工大学三家"蜂群冲刺者"共同演示了与该项目相关的生态系统整合技术。

**波音公司和澳大利亚皇家空军验证"空中力量编组系统"作战能力** 12月14日，波音澳大利亚公司和澳大利亚皇家空军提高了"空中力量编组系统"（ATS）的作战能力，成功展示了数字环境中的多有效载荷、半自主行为和有人-无人协同能力。澳大利亚空军操作人员操控数字孪生平台以开发和测试作战场景中的自主行为，并应对威胁。"空中力量编组系统"的任务系统和有效载荷测试内容包括陆基硬件/软件在回路测试，以及机载系统替代飞行测试，用以支持数字模型的验证。该数字孪生平台已经在不同的战场效果下"飞行"了数千次来测试飞机性能，以最大化其独立作战能力。

**美国空军研究实验室应用人工智能与游戏交互技术加快空战决策** 12月14日，美国空军研究实验室启动"临战"项目，寻求结合人工智能与游戏交互技术以提高指挥官决策速度，将制定战区级进攻计划的时间从36小时缩短至4小时。该项目将人工智能与游戏交互技术整合至单一用户界面，该界面可连接空中作战中心任务规划人员使用的数据源。人工智能技术可大幅缩短制定进攻计划的时间，游戏交互技术可用于生成、评估各种替代性计划方案。项目第一阶段将在两年半内研制技术原型，第二阶段计划在两年内进行试验与集成，随后部署于空中作战中心。

**Tpgroup公司为英国国防部开发关键任务系统模拟平台** 12月15日，Tpgroup公司获得英国国防部开发软件模拟器的合同，旨在降低海上防御项目的设备集成风险。该公司采用数字孪生技术模拟真实场景，以验证单一设备和多个系统协同运行的完整性、安全性。该公司开发的模拟仿真平台采用新型模拟技术，能够快速建立模拟场景，在整个系统生命周期内前置运行，减少军民机构对高成本试验的依赖性，支撑各组织机构为挑战性任务/环境（空天领域）开发复杂装备，使多个关键任务系统的测试/应用更加安全、快速和高效。

**DARPA 和雷声技术公司演示"跨域海上监视与瞄准"海上作战概念** 12 月 16 日，DARPA 和雷声技术公司演示了"跨域海上监视与瞄准"（CD-MaST）作战概念，旨在帮助美国海军开展分布式海上作战，并改变美国海军的力量编成。在为期三周的演示期间，雷声导弹与防御公司将其软件和硬件系统与海军信息战中心开发的虚拟试验台相结合，展示了分布式战斗群利用建模仿真能力应对对手的大范围攻击。作为试验台的一部分，虚拟资产和实装、有人–无人平台通过一系列反水面和反潜作战场景进行集成。演示结果证明，部队能够灵活、快速地应对激烈竞争环境中不断变化的形势，并推进国防部建立先进、综合海上作战能力。

**DARPA 投资可将说明手册翻译成增强现实的人工智能技术** 12 月 20 日，DARPA 授予施乐帕克公司与加州大学圣巴巴拉分校、德国罗斯托克大学和修补现实公司一份价值 580 万美元的联合合同，将纸质和视频手册进行自动转换以用于增强现实系统。该项目将通过利用现有的教学材料来创建新的增强现实指导，按需提供实时任务指导和反馈，最终交付两个不同但相关的系统。第一个系统是人工智能系统，能够从文本、插图和视频中提取任务信息。第二个系统将获取该信息并创建增强现实指南，可根据用户的技能和情绪状态以个性化的方式交付任务和信息。

**美国空军研究实验室开展高功率电磁建模与仿真项目** 12 月 22 日，美国空军研究实验室发布了为期 5 年的高功率电磁建模与仿真项目广泛机构公告，征求高功率电磁建模仿真效果提案。该项目是通过开发和运行有效性工具来生成漏洞数据，从而为开发潜在的高功率电磁武器系统提供支持。该项目内容包含：经验效果测试；高功率电磁武器效能建模；基础高功率电磁效应研究；战斗损伤评估和恢复时间；高功率电磁源/诊断和传感器技术；效果数据库评估工具开发；数值模拟程序；高功率电磁系统和部件建模仿真代码的开发；系统和组件开发和优化；高性能计算和分析工具开发；系统和组件数字工程多尺度材料建模；交战级别代码的开发；交战和任务级建模；所有软件的校核与验证等。

**Visimo 公司使用机器学习技术为美国空军开发训练模型**　12 月 22 日，Visimo 公司与科罗拉多州立大学合作获得美国空军第二阶段小企业技术转移计划合同，为美国空军研究实验室信息局提供训练数据等多种技术解决方案。联合团队将设计一个可在几分钟内建立合成注释图像数据集的生成器平台——条件生成对抗网络（CGAN），以解决目前机器学习模型在缺乏专用/大规模数据集情况下运行效率慢的难题。在第一阶段工作中，联合团队完成了概念验证，成功实现了在 15 分钟内生成定制数据集的目标。根据第二阶段合同，联合团队将着重研究条件生成对抗网络创建的专用输出参数的扩展方法。目前，人工智能领域发展的趋势之一是将网络安全/网络物理安全领域红军/蓝军概念引入生成对抗网络，而该项目成果有助于蓝军在数字化军备对抗中保持领先优势。

**DARPA GARD 项目实现对抗性人工智能攻击的防御手段评估**　12 月 25 日，DARPA "确保人工智能对抗欺骗的强健性"（GARD）项目旨在通过开发新一代的防御措施来应对机器学习模型的对抗性攻击，开发新一代防御方法应对安全挑战。该项目资源库的核心是 Armory 虚拟平台，大量利用对抗性强健性工具箱（ART）库组件进行攻击和模型集成以及 MITRE 生成的数据集和场景，能够应对对抗性防御的可重复、可扩展和评估。该试验台为研究人员提供了一种方法，使其防御措施与已知的攻击和相关场景相对抗，并提供改变场景和进行修改的能力，确保防御系统能够在一系列攻击中提供可重复的结果。

# 2021年军用建模仿真领域重要战略政策汇编

| 文件名称 | 推演、演练、建模仿真最终报告 | | |
|---|---|---|---|
| 发布时间 | 2021年2月 | 发布机构 | 美国国防科学委员会 |
| 内容概要 | 美国国防科学委员会审查国防部内推演、演练、建模仿真(GEMS)企业现状,评估推演、演练、建模仿真技术和能力进步,从7个方面(数字工程、训练、实验和演练、战役建模与分析、战略推演、使能技术和管理)开展研究并提出相关建议,以使国防部能够充分利用该改变博弈规则的工具和使能技术,实现美国的国家安全目标 | | |

| 文件名称 | 作战试验鉴定局2020财年报告 | | |
|---|---|---|---|
| 发布时间 | 2021年1月 | 发布机构 | 美国国防部作战试验鉴定局 |
| 内容概要 | 在2020财年,美军展开了试验鉴定领域的变革,推进研制与作战试验鉴定的一体化,加速联合仿真环境设施应用;着手为未来实弹射击和作战试验鉴定工作进行预测分析;分析了远程作战试验鉴定的可行性。作战试验鉴定领域还需重新评估国防部试验训练靶场是否能够适用于技术进步和战争性质变化,从而确保未来国防部靶场建设和升级改造的投资渠道 | | |

| 文件名称 | 《用于支持采办活动的建模仿真标准配置文件指南》《用于支持采办活动的建模仿真标准配置文件参考》 | | |
|---|---|---|---|
| 发布时间 | 2021年2月 | 发布机构 | 仿真互操作标准组织（SISO） |
| 内容概要 | 两份支持采办的建模仿真标准，基于采办界新/新兴建模仿真标准、商业或政府所有的产品信息，为采办全生命周期基于模型和仿真的应用提供通用标准指导和最佳实践，以支持国际采办界基于模型和仿真的应用与实践。该标准作为改进国际采办活动的关键工具，促进了采办全生命周期模型的一致性、可重用、连贯性及应用效率，实现对全系列标准的持续应用指导（包括模型和仿真的互操作），有效推进最优系统和体系设计解决方案 | | |

| 文件名称 | 美国太空军数字军种愿景 | | |
|---|---|---|---|
| 发布时间 | 2021年5月 | 发布机构 | 美国太空军 |
| 内容概要 | 该文件阐述了太空军创建数字军种的必要性，指出了太空军数字转型应遵循的三大原则，创建一支互联、创新、数字主导的部队，明确了实现愿景需重点关注的四大领域，即数字工程、数字人才、数字总部和数字作战。美国太空军需通过大数据、基于模型的系统工程等技术支持建模仿真框架，基于建模仿真基础设施建立数字孪生和先进的数字工程生态系统，使作战人员在实战虚拟训练场景中磨练作战技能 | | |

| | |
|---|---|
| 文件名称 | 为确保美国国防系统作战优势，国防部所必需的靶场能力：未来作战试验（2021） |
| 发布时间 | 2021年9月13日　　发布机构　　美国国家科学、工程和医学研究院 |
| 内容概要 | 该报告集中在三个主题：未来的作战需要联合全域作战环境的关联杀伤链；数字技术正在极大地重塑试验的性质、实践和基础设施，数字孪生和高性能建模仿真技术的出现正在促生新的试验方法，虚拟试验已成为某些武器系统应用的唯一有效方法；快速部署是当今作战相关性的衡量标准，也是一个持续发展的目标。为应对这些挑战，报告提出了五点结论和建议：发展"未来靶场"；重组靶场能力需求过程；在武器系统研制和试验全生命周期中强调建模仿真，构建新的靶场运营系统；创建"测试开发运维"（TestDevOps）数字基础设施；构建新响应、有效和灵活的靶场体系融资模式 |

# 2021 年军用建模仿真领域重大演习

| 序号 | 演习名称 | 演习时间 | 演习目标 | 参演力量 | 实施过程 |
| --- | --- | --- | --- | --- | --- |
| 1 | 美国空军研究实验室开展两次定向能效用概念实验演习活动 | 2021年1月27日；2021年6月21至25日 | 评估定向能效用 | 新墨西哥州科特兰空军基地飞行员、武器官员和机载预警控制系统空战经理等 | 第一次活动在建模仿真环境中测试激光系统，侧重于高能激光系统的能力；第二次活动旨在评估高功率电磁武器的防空效能。两次演示均采取"红蓝"双方虚拟对抗的方式，作战人员通过虚拟界面应对威胁情况；都使用"武器交战优化器"（WOPR）人工智能作战管理系统能够帮助作战人员实时分析复杂的战场数据，以增强作战人员和高级领导人的决策能力 |

续表

| 序号 | 演习名称 | 演习时间 | 演习目标 | 参演力量 | 实施过程 |
|---|---|---|---|---|---|
| 2 | 澳大利亚陆军"钻石黎明"演习 | 2021年2月开展为期两周演习 | 陆军野战作战训练演习 | 澳大利亚陆军、陆军作战仿真中心 | 演习期间大量使用了模拟仿真技术；混合使用了决战训练环境（DATE）核心场景和太平洋场景；测试了作战破甲能力，并在钢兽仿真系统中驾驶"虎式"武装侦察直升机演练 |
| 3 | 法国首次太空军事演习 | 2021年4月开展 | 太空作战人员战术演习训练，提高法国太空军事力量及地位，应对未来太空威胁 | 法国、德国、意大利和美国 | 演习代号为AsterX，对法国太空指挥流程和系统进行测试。模拟了敌方袭击法国卫星、太空碎片威胁，以及盟军卫星通信遭受敌对干扰等不少于18个种类太空威胁场景，以评估未来太空作战需求。此次军演是法国打造世界第三大太空强国战略的一部分 |

续表

| 序号 | 演习名称 | 演习时间 | 演习目标 | 参演力量 | 实施过程 |
|---|---|---|---|---|---|
| 4 | 北约"锁定盾牌2021"演习 | 2021年4月13日至16日 | 规模最大、最复杂的国际实弹网络防御演习 | 北约卓越协同网络防御中心组织来自30个国家的2000多名参与者 | 此次演习基于虚构但现实的场景，参与者扮演国家网络快速反应小组的角色，以协助虚构国家处理大规模网络事件等。演习涉及尖端技术、复杂网络和多种攻击方式，约5000个虚拟化系统受到4000多次攻击。该演习反映了现实世界网络威胁，涉及对现代社会运作至关重要的重要服务和关键基础设施的保护，包括关键信息基础设施、电力和供水供应以及国防系统；还首次包括提供实时态势感知以促进军事决策所需的卫星任务控制系统 |

续表

| 序号 | 演习名称 | 演习时间 | 演习目标 | 参演力量 | 实施过程 |
|---|---|---|---|---|---|
| 5 | 美军"北方利刃 2021"演习 | 2021年5月3日至14日 | 高端战斗机 LVC 演练；完成针对各种冲突的战术训练；发展并改善联合互操作性、增强参演部队的战备能力 | 由美国空军太平洋司令部承办 | 该演习包括防御性空战、近距离空中支援和海上部队的空中威慑等内容，测试了 F-15EX 战斗机的主/被动预警生存系统、综合雷达系统、驾驶舱和数字头盔显示系统，评估 F-15EX 战斗机在干扰环境下的表现和与第四代/第五代战斗机的互操作性；第49测试与评估中队 B-52 轰炸机进行了一次模拟超高声速杀伤链从传感器到射手的测试等。这是为数不多的将大国竞争级别的威胁复杂性与实际测试数据所需的联合互操作性相结合的演习之一 |

续表

| 序号 | 演习名称 | 演习时间 | 演习目标 | 参演力量 | 实施过程 |
|---|---|---|---|---|---|
| 6 | "蓝旗21-1"本土防空演习 | 2021年5月为期一周 | 专门用于训练防空部门作战能力，重点对各项程序进行改进，以更好地应对全域威胁 | 北美防空联合司令部第一航空队和第601空战中心及东西部防空部门 | 此次演习中，在模拟环境中利用高逼真度的构造模型和虚拟模型，在实战级别的多域指挥与控制决策环境中开展演练。针对本土防御的关键作战阶段，为对抗可能的国家威胁，"蓝旗"演习提供了一个整体作战场景，专门用于训练北美防空联合司令部第一航空队参谋部、第601空战中心以及东西部防空部门的作战能力 |

附录

续表

| 序号 | 演习名称 | 演习时间 | 演习目标 | 参演力量 | 实施过程 |
|---|---|---|---|---|---|
| 7 | "网络旗21-2"演习 | 2021年6月 | 编纂防御性网络部队最佳实践并重新评估网络部队,以制定应对威胁的新策略 | 美国网络司令部主办,跨越8个时区3个国家/地区展开,17个团队430多人参加 | 应用持续网络训练环境(PCTE)来评估不同的场景以及团队的反应情况。美国网络司令部显著增加了PCTE在演习中的使用。PCTE团队为"网络旗"演习建立了一个自定义帮助台,能够每天支持数千项活动,并同时支持"网络旗"和"网络洋基"两项主要演习 |

续表

| 序号 | 演习名称 | 演习时间 | 演习目标 | 参演力量 | 实施过程 |
|---|---|---|---|---|---|
| 8 | 美国海军"大规模演习2021" | 2021年8月3日至16日 | 更好地复制现实规模的海军和海军陆战队团队未来可能面临的情况 | 在全球三个海军分司令部和五个编号舰队在17个时区同步开展，主体力量由海军和海军陆战队组成，参演装备至少包括36艘舰船在内的航空母舰、驱逐舰、潜艇、飞机、无人舰船等，还有50多个虚拟单位，总计参演兵力约2.5万人 | 美国媒体称此次演习为近40年来最大规模的演习。演习融合了实战训练和合成训练能力，是对LVC训练环境的迄今为止最大的试验 |

续表

| 序号 | 演习名称 | 演习时间 | 演习目标 | 参演力量 | 实施过程 |
|---|---|---|---|---|---|
| 9 | 北约"海上演示/强大盾牌"训练演习 | 2021年5月15日至6月3日 | 海上防空导弹训练演习及北约各国实现互操作 | 来自10个北约国家3300多名人员、16艘舰船和31架飞机联合参加 | 支持新型"郊狼"超声速掠海目标的发射,这是首次从英国本土发射该目标。参演者共同测试跟踪、识别并最终摧毁来袭威胁的能力,包括测试一体化防空导弹防御系统(IAMD),并通过在电子战攻击下同时击败弹道导弹和超声速导弹的攻击来展示其无缝互操作性;并实现了多国海上特遣队远程进攻反水面战与防御性防空战的结合 |

续表

| 序号 | 演习名称 | 演习时间 | 演习目标 | 参演力量 | 实施过程 |
|---|---|---|---|---|---|
| 10 | 美国陆军"战士22-1"演习 | 2021年9月27日至10月6日 | 同步仿真作战,在高压环境下测试了军事理论、知识和作战能力,并提升作战熟练度 | 堪萨斯州的莱利堡、佐治亚州的斯图尔特堡和德国的格拉芬沃尔同步仿真作战 | 美国陆军利用网络与仿真技术,于堪萨斯州的莱利堡、佐治亚州的斯图尔特堡和德国的格拉芬沃尔进行同步仿真作战。该演习为指挥官创建了一个清晰的通用作战图以辅助决策,且有助于完善和修改标准作战程序和策略,进行快速、诚实和准确的评估,使作战人员真正形成协同作战 |

续表

| 序号 | 演习名称 | 演习时间 | 演习目标 | 参演力量 | 实施过程 |
|---|---|---|---|---|---|
| 11 | 美国空军"联合虚拟旗"演习 | 2021年10月24日至11月5日 | 通过规划、执行和汇报分布于空域、太空域、地面域和网络域的大量任务集，建立和维护美国、英国、澳大利亚和加拿大之间的联盟伙伴关系 | 由美国空军空战司令部分布式任务作战中心主办 | 美国空军在新墨西哥州科特兰空军基地举办了"联合虚拟旗"22-1虚拟空战演习，是美国国防部最大型的联合虚拟空战演习之一。演习地点横跨8个时区，所有单位在同一时间和同一虚拟空间进行演训，演练在联合环境中如何有效作战以提高战斗力；还使用了在全球29个地点实现互联的7个网络和23个不同系统，共有67个部队完成了超过6461个联合训练任务 |

续表

| 序号 | 演习名称 | 演习时间 | 演习目标 | 参演力量 | 实施过程 |
|---|---|---|---|---|---|
| 12 | 美国太空军开展第13次"太空旗"演习 | 2021年12月6日至17日 | 为太空部队提供规划、执行、评估和批判性思考未来太空作战的LVC环境。演习目标为慑止对手太空行动，培养联合作战人员并应用作战概念 | 由空军部主办、太空作战部长雷蒙德指导、第1德尔塔部队第392战斗训练中队承办的战术级太空红蓝对抗演习，参演部队包括太空军9支德尔塔部队，以及来自澳大利亚、加拿大和英国的代表 | 美国太空训练与战备司令部开展第13次"太空旗"演习，提供太空态势感知、预警和监视、情报、轨道战等系列能力。该次演习首次在施里弗太空军基地举办，是第二次邀请盟国参与，但是首次向盟国太空作战人员开放了基于建模仿真能力的模拟作战环境，旨在向太空军开展作战训练和互操作性文化 |

# 2021 年军用建模仿真领域重大科研项目

| 序号 | 项目名称 | 主管机构 | 项目基本情况 | 研究进展 | 军事影响 |
|---|---|---|---|---|---|
| 1 | 空战演进（ACE） | DARPA | 随着现代战争逐渐融入更多的人机合作，DARPA寻求实现空战的自动化，使反应速度达到机器的速度，让飞行员能够集中精力进行更大规模的空战。通过解决人机协作的空中格斗问题，增强人们对战斗自主性的信任 | 2021年3月18日，在第一阶段成果基础上计划第三阶段工作。2021年4月8日，SoarTech公司获得用户系统组合信任和可靠性开发合同，以响应技术领域2。2021年11月29日，SoarTech公司已开展飞行员信任度测量和建模工作，下一步计划校准飞行员的信任度 | 通过训练人工智能来处理视距内的空中格斗，飞行员能够将动态空战任务委托给驾驶舱内的无人、半自主系统，进而是飞行员能够集中精力指挥多架无人机 |

续表

| 序号 | 项目名称 | 主管机构 | 项目基本情况 | 研究进展 | 军事影响 |
|---|---|---|---|---|---|
| 2 | 社交仿真（SocialSim） | DARPA | 全球信息环境正在从根本上改变信息传播和进化的方式和速度，各国作战人员都将信息传播集成到其作战行动中。该项目寻求开发创新技术，实现在线社交行为的高保证计算仿真，并能更深入、更量化地了解对手的信息活动及其可能的结果和潜在的反应 | 2021年5月9日，DARPA研究人员在社交媒体中发现讽刺是解开虚假信息如何在线传播的第一步。中佛罗里达大学研究团队开发的深度学习模型，能够准确分类文本通信中的讽刺内容，解决在线情绪分析的障碍 | 更深入、更定量地理解对手使用全球信息资源的情况；协助判断虚假信息；为救灾等行动向当地民众提供关键信息；并支撑在线信息领域的其他关键任务 |

续表

| 序号 | 项目名称 | 主管机构 | 项目基本情况 | 研究进展 | 军事影响 |
|---|---|---|---|---|---|
| 3 | 自适应跨域杀伤网（ACK） | DARPA | 旨在辅助军事决策者跨组织边界快速识别和选定任务分派和重新分派，重点为战术决策提供支持。该项目将辅助用户在全作战域（海、陆、空、天、网）的动态变化环境中，选择合适的资产（传感器、效应器和支撑平台）自适应构建跨域杀伤网 | 2021年8月31日，英国BAE系统公司获得项目二期工程开发合同 | 为马赛克战提供决策支持工具，实现动态、自适应地构建和重组杀伤网 |

421

续表

| 序号 | 项目名称 | 主管机构 | 项目基本情况 | 研究进展 | 军事影响 |
|---|---|---|---|---|---|
| 4 | 进攻性蜂群使能战术（OFFSET） | DARPA | 项目将开发一个活跃的蜂群战术开发生态系统和开放的系统架构，包括：一个先进的人-蜂群界面，是用户能够同时实时监控和指挥数百个无人平台；一个实时的、网络化的虚拟环境，将支持基于物理学的蜂群战术游戏；一个社区驱动的蜂群战术交流平台 | 2021年12月9日，项目顺利完成第六次，也是最终实地测试 | 未来小单位步兵部队将使用由多达250个小型无人机和/或小型无人车组成的蜂群，在复杂的城市环境中完成收集情报、监视、提供保护、使用武器等各种任务 |

附录

续表

| 序号 | 项目名称 | 主管机构 | 项目基本情况 | 研究进展 | 军事影响 |
| --- | --- | --- | --- | --- | --- |
| 5 | 数字射频战场模拟器（DRBE） | DARPA | 旨在创建能够有效平衡计算吞吐量与极低延迟的新型实时高性能计算机，构建世界首个大规模虚拟射频试验场。该项目开发的系统，将计算大带宽射频波形与物理环境仿真物体的相互作用，能够仿真众多射频系统在全闭环射频环境中的相互作用 | 2021年8月11日，美国海军信息战争中心太平洋分部授予佐治亚理工研究公司合同修订，以开发"实时高性能计算机"的新型高性能计算机 | 在虚拟环境中利用雷达及通信等复杂传感系统的高逼真度模型，创造全天候测试和训练先进射频技术的能力，以实现电磁频谱战需求 |

423

续表

| 序号 | 项目名称 | 主管机构 | 项目基本情况 | 研究进展 | 军事影响 |
|---|---|---|---|---|---|
| 6 | 合成训练环境（STE） | 美国陆军 | 美国陆军聚焦未来战场，运用前沿科技构建LVC和推演架构（LVC-G）逼真环境，为部队提供全球地形、敌对威胁和多级建制的训练手段。合成训练环境建成后，将是一个高分辨率、足够逼真的虚拟世界，用于改善士兵和单位的战备状态，有助于快速建立全面的演习事后审查和智能导师能力，帮助美军为未来全球作战做准备 | 2021年8月12日，波希米亚交互仿真公司分包科尔工程服务公司STE训练仿真软件/训练管理工具项目合同。2021年9月2日，美国陆军授予立方公司合成训练环境实兵训练系统（LTS）原型开发合同。2021年9月28日，美国陆军开发在数据受限地形下增强现实/虚拟现实训练压缩并行体系结构（COMPACT）。2021年12月1日，美国陆军开发合成环境无线电接入网络（SERAN）标准。2021年12月3日，美国陆军授予Cole工程公司、4C战略公司关于训练仿真软件/训练管理工具项目部分合同 | 美国陆军实现部队现代化的最新训练进展，支持部队和领导者在世界任何地方进行逼真的多梯队和多域联合兵种演习和任务指挥实时、联合训练。着眼美军当前和未来训练战备需求，大幅度降低了美军军事训练中各系统的地形数据量、软/硬件消耗、系统开发成本、训练场地建设需求，以及缩短了训练计划、准备、实施和评估时间 |

续表

| 序号 | 项目名称 | 主管机构 | 项目基本情况 | 研究进展 | 军事影响 |
|---|---|---|---|---|---|
| 7 | 战术作战训练系统增量Ⅱ（TCTS Ⅱ） | DARPA | 旨在利用安全空对空和空对地数据链进行空战训练提供训练环境，并为前线部署的海军部队提供无距离作战能力 | 2021年6月17日，柯林斯航空航天公司称已开始量产下一代TCTS Ⅱ。该系统在4月获得项目里程碑C批准，5月在"超级大黄蜂"战斗机上完成飞行演示。该系统首次交付计划定于2022年初夏，预计明年底具备初始作战能力 | 将提供加密和增强的威胁环境，以及用于多个固定翼和旋翼平台的机载仪器 |
| 8 | 安全高级仿真与建模框架（SAFE-SiM） | DARPA | 旨在发展安全可控的超实时建模仿真能力，以开展全战区任务级建模仿真，为作战概念开发、兵力结构组合、资源调配等高层决策提供快速分析结果 | 2021年9月3日，DARPA授予光辉技术公司选择权合同，开展SAFE-SiM项目研究 | 使军事指挥官能够从海底到太空进行全战区、多域、任务级的建模仿真，包括网络和电磁频谱能力 |

# 2021 年军用建模仿真领域重大科研试验活动

| 序号 | 名称 | 国家 | 事件 | 验证的关键能力 | 时间 |
|---|---|---|---|---|---|
| 1 | "海洋 2020"海战环境态势感知技术演示项目 | 欧盟 | 欧洲防务局称,已成功完成"海洋 2020"海战环境态势感知技术演示项目第三次试验,也是最后一次仿真试验 | 仿真验证了无人系统在受到干扰、恶劣气象条件等复杂情形下的重要作用,如使用小型无人机和/或无人艇集群协同探路,使用无人艇和无人潜航器协同进行反水雷作业,使用无人机和无人艇装备的枪炮和导弹等 | 2021 年 3 月 |

续表

| 序号 | 名称 | 国家 | 事件 | 验证的关键能力 | 时间 |
|---|---|---|---|---|---|
| 2 | 美国陆军定位导航与授时项目 | 美国 | 美国陆军 $C^5$ISR 中心在马里兰州阿伯丁试验场演示"多域定量决策辅助"（MQ-DA）建模仿真软件，在 PNT 传感器技术以增强和补充 GPS 的过程中，模拟 PNT 在陆、海、空复杂战场环境中的应用 | 验证 PNT 技术在陆、海、空复杂战场环境中的应用，测试 PNT 传感器组合以确定资源的优先次序，并帮助权衡开发和整合新技术能力的成本 | 2021 年 5 月 |
| 3 | 美国海军"拦截后碎片仿真"项目 | 美国 | 美国海军水面战中心开发了"拦截后碎片仿真"（PIDS）新型建模仿真工具，在建模仿真环境中对反导碎片进行模拟，并在真实环境中进行试验前对其进行预测和作战评估 | 验证在仿真拦截中"拦截后碎片仿真"能否得出可信数据 | 2021 年 6 月 |

续表

| 序号 | 名称 | 国家 | 事件 | 验证的关键能力 | 时间 |
|---|---|---|---|---|---|
| 4 | DARPA"远征城市场景原型弹性作战试验台"项目 | 美国 | 旨在研发先进的作战管理、指挥控制软件，并为探索未来远征作战新概念研发交互式虚拟环境，使海军陆战队从班到营级探索和发展新的多域作战概念 | 验证：①虚拟测试合成环境（ULTRA）；②COMPOSER动态组合引擎；③参数化数据服务（PDS）确保ULTRA和COMPOSER的数据模型、地图和其他元素符合实际作战 | 2021年6月 |
| 5 | 美国空军开展两次"定向能效用概念实验" | 美国 | 两次演示均采取"红蓝"双方虚拟对抗的方式，作战人员通过虚拟界面应对威胁情况；都使用"武器交战优化器"（WOPR）人工智能作战管理系统，以实时分析复杂的战场数据，增强作战人员和高级领导人的决策能力 | 第一次活动在建模仿真环境中测试激光系统，侧重于高能激光系统的能力；第二次活动旨在评估高功率电磁武器的防空效能 | 2021年1月；2021年6月 |

续表

| 序号 | 名称 | 国家 | 事件 | 验证的关键能力 | 时间 |
|---|---|---|---|---|---|
| 6 | 美军启动5G增强现实试验台部署工作 | 美国 | 在美国陆军基地部署新型5G试验平台，试验5G驱动的虚拟现实/增强现实系统，利用中频段频谱提供高容量、低延迟的信号覆盖 | 支持5G的虚拟现实/增强现实现场军事训练演习，以验证可扩展、有弹性且安全的5G网络部署，并进行基于虚拟现实/增强现实任务的规划和训练 | 2021年6月 |
| 7 | 美国海军"大规模演习2021" | 美国 | 美国海军在全球多个地区同时开展近40年来最大规模的LVC训练活动。此次演习构设了跨军种、跨战区、跨舰队、虚实结合的全球综合实战训练环境 | 演习融合了实战训练和合成训练能力，是对LVC训练环境的迄今为止最大试验 | 2021年8月 |

续表

| 序号 | 名称 | 国家 | 事件 | 验证的关键能力 | 时间 |
|---|---|---|---|---|---|
| 8 | 美国陆军演示分布式虚拟试验场 | 美国 | 作为战场物联网协作研究联盟一部分，通过连接高度分布式试验平台网络，使其能够在全国范围内支持实验室及其合作者之间的虚拟同步、多站点实验，缩短基础研究创新从学术环境到可与军事系统交互的陆军野战实验中所需的时间 | 在演示中，人工智能、传感和决策支持方面的个人研究创新被合并和自动化，并举例说明这些创新将如何通过赋予具有自主行为的智能代理权力来实现战场物联网；还展示了研究人员如何在复杂的挑战上进行虚拟合作 | 2021年8月 |
| 9 | 诺斯罗普·格鲁曼公司成功演示新型机间数据链 | 美国 | 此次飞行演示中，演示了仿真的ISR任务，并通过一个新型多级安全数据交换机，将数据传至基于云的5G网络测试平台，首次实现了特定任务军事收发器、多级安全数据交换机、开放式广域网络架构的集成，并将商业技术应用于OODA循环 | 验证了特定任务军事收发器、多级安全数据交换机、开放式广域网络架构的集成。该试验的成功是分布式多域作战管理指挥控制架构发展过程中一个重要里程碑 | 2021年9月 |

续表

| 序号 | 名称 | 国家 | 事件 | 验证的关键能力 | 时间 |
|---|---|---|---|---|---|
| 10 | 美国海军 LVC 训练活动 | 美国 | 美国海军持续开展 LVC 训练活动，重点试验实装、虚拟、构造仿真的应用，如仿真平台系统、集成下一代威胁系统、海军持续训练环境、各种模拟器、宙斯盾及其虚拟作战训练系统等 | 快速升级现有靶场基础设施并验证将实装与通用合成环境集成能力；将合成要素注入到实装中；展示了安全 LVC 先进训练环境（SLATE）系统与四代机的链路到实装训练能力的集成 | 2021 年 9 月 14 日至 30 日 |
| 11 | 美国陆军一体化防空反导作战指挥系统开始初始作战试验鉴定 | 美国 | 美国陆军试验鉴定司令部开始对一体化防空反导作战指挥系统（IBCS）进行高风险评估和初始作战试验鉴定，为全速生产决策奠定基础 | IBCS 的初始作战试验鉴定分为分布式硬件回路测试、实战环境仿真试验和拦截飞行试验三个阶段 | 2021 年 10 月 |

续表

| 序号 | 名称 | 国家 | 事件 | 验证的关键能力 | 时间 |
|---|---|---|---|---|---|
| 12 | DARPA和雷声公司演示"跨域海上监视与瞄准"海上作战概念 | 美国 | 雷声导弹与防御公司将其软件和硬件系统与海军信息战中心开发的虚拟试验台相结合，展示了分布式战斗群利用建模仿真能力使对手遭受大范围攻击 | 验证分布式战斗群利用建模仿真能力使对手遭受大范围攻击；将虚拟资产和现场、有人－无人平台通过一系列反水面和反潜作战场景进行集成到试验台 | 2021年12月 |

# 2021年美军及联盟国家应用仿真工具进行兵棋推演简介

## 1. 海军研究生院兵棋推演工具和方法

| 工具或方法 | 说明 | 用法 |
| --- | --- | --- |
| 联合对抗研讨裁决工具（Joint Seminar Wargaming Adjudication Tool，JSWAT） | 用于研讨会兵推环境的基于计算机的工具，其中包括规划环境以帮助创建同步矩阵以及用于裁定机动、后勤、作战和情报搜集 | 美国海军研究生院根据谅解备忘录将JSWAT部署在实验室中 |
| 地图感知非均匀自动机（Map Aware Non-Uniform Automata，MANA） | MANA是基于代理的模型，它支持在最短的设置时间内探索各种问题 | 这种基于代理的建模仿真工具对于高级概念开发的早期阶段的探索性分析非常有用 |
| 基于互联网的大型多人在线兵棋推演（Massive Multiplayer Online Wargame Leveraging the Internet） | 在线集思广益的平台，用于以严格的格式进行讨论。用户可以玩140个字符"理想卡"，然后其他用户可以做出回应。平台包括博客和其他将兵棋推演更新推送给参与者的方法 | 用于海军作战兵推支援 |

续表

| 工具或方法 | 说明 | 用法 |
|---|---|---|
| 改进商业棋盘推演（Modified Commercial Board Games） | 将市售推演用于教育或分析用途。对于除最简单推演以外的所有推演，通常需要进行修改以使规则集更易于访问，并创建可玩推演以解决教育需求 | 用于培训和教育 |
| 美国海军研究生院分析兵推课程（Naval Postgraduate School Analytic Wargaming course） | 美国海军研究生院提供了为期11周的课程，教授发起、设计、开发、执行和分析兵棋推演所需的基本技能 | 用于教育 |

## 2. 海军海战中心兵推工具和方法

| 工具或方法 | 说明 | 用法 |
|---|---|---|
| 矩阵推演（Matrix Games） | 构造多个团队之间的推演玩法的方法，使用户可权衡其他团队的行动可能产生的结果 | 用作研讨会式推演的替代品，尤其是当推演新兴主题与有限专业知识为裁决提供信息时 |
| 叙事推演（Narrative Games） | 举办研讨会的方法旨在开发创新概念的风格推演 | 用于作战设计、裁决和数据收集 |
| 虚拟世界（Virtual Worlds） | 基于开源软件 OpenSimulator 的政府现货供应（GOTS）虚拟现实工具 | 用于海军训练和兵推支援中的分析、数据收集和可视化 |

## 3. 海军作战学院兵推工具和方法

| 工具或方法 | 说明 | 用法 |
|---|---|---|
| ACH | 基于所有可用证据的系统分析过程，可系统地枚举和评估一组完整的假设 | 用于演绎、假设驱动的推演中的海军兵推赛后分析 |

续表

| 工具或方法 | 说明 | 用法 |
|---|---|---|
| ATLAS.ti | 工具集可以灵活、系统地从大量数据中管理、提取、比较、探索和重组有意义的片段 | 海军作战学院基础理论和其他定性分析的主要工具 |
| 可配置推演空间（Configurable Gaming Space） | 大型可配置推演空间 | 用作各种兵棋推演的场所 |
| FacilitatePro | 软件可提供集思广益，进行优先级排序、评估、调查和行动计划工具，以帮助创造力和解决复杂问题 | 用于定性分析中的体内编码 |
| 谷歌地球（Google Earth） | 虚拟地球仪和地图工具，支持查看卫星图像、地图和地形 | 用于增强用户的沉浸感和态势感知 |
| Google 云端硬盘和 Google 协作平台（Google Drive and Google Sites） | 支持创建作为存储、组织、共享和访问信息的安全场所的网站 | 用于兵棋推演中的信息共享和知识管理 |
| JSAF | 计算机生成系统，提供陆军、空军和海军的实体级仿真 | 用于兵棋推演的裁决、可视化和计划 |
| 海军作战学院 Web 应用程序（Naval War College Web applications） | 用于自定义构建的应用程序图形用户界面和模块，以支持推演执行和数据收集任务 | 用于海军兵推支援 |
| 电子表格工具（Spreadsheet tools） | Excel 电子表格和宏 | 用于兵推数据分析 |

## 4. 海军情报办公室兵推工具和方法

| 工具或方法 | 说明 | 用法 |
| --- | --- | --- |
| SimBAT | 海军情报办公室内部程序，可同时满足培训和分析目标 | 通过为初级分析师提供多维的"全感官"培训模型，使初级分析师熟悉参谋规划过程和战略决策，从而用于初级分析师培训 |
| SimBAT 设备：改进的商业棋盘推演（SimBAT materials：Modified Commercial Board Games） | 将市售推演用于教育或分析用途；通常需要进行修改以使规则集更易于访问并创建可玩的推演来满足教育需求 | 用于有关主题（包括行动方案开发）的教育和体验式学习 |

## 5. 陆军司令部参谋学院兵推工具和方法

| 工具或方法 | 说明 | 用法 |
| --- | --- | --- |
| 定制 PC 推演（Custom PC games） | 在诸如第一次世界大战这样的冲突中建立战术决策模型的计算机工具 | 用于说明教室环境中一系列相对特定的军事选择，而不是提供详细的或历史上准确的分析 |
| 推演参考库（Gaming Reference library） | 商业棋盘推演和推演设计书籍库，以供参考 | 在创建其他推演时用作参考和灵感 |
| 改进商业棋盘推演（Modified Commercial Board Games） | 将市售推演用于教育或分析用途。除了最简单的推演外，所有其他推演都必须进行修改，通常需要使规则集更易于访问，并创建可玩的推演来满足教育需求 | 用于以下主题的教育和体验式学习：行动方案开发、反叛乱（COIN）以及道德与决策 |

## 6. 陆军作战学院兵推工具和方法

| 工具或方法 | 说明 | 用法 |
| --- | --- | --- |
| 应用批判性思维手册（以前称为"红色团队合作手册"）（The Applied Critical Thinking Handbook（Formerly the Red Teaming Handbook）） | 构造小组方法手册，旨在减少偏见、减轻小组思考和鼓励批判性思维 | 用于框架问题、生成方法和评估潜在方法 |
| 矩阵推演（Matrix Games） | 一种在多个团队之间构建推演的方法，使用户能够权衡其他团队行动的可能结果 | 用作研讨会式推演的替代品，尤其是当推演新兴的主题与有限的专业知识为裁决提供信息时 |
| 改进商业棋盘推演（Modified Commercial Board Games） | 将市售推演用于教育或分析用途 | 用于主题的教育和体验式学习 |
| 研讨会（Seminar） | 利用主题专业知识，针对特定场景或问题集进行构造讨论 | 用于探索特定场景的战略和作战影响，以及在作战/战略级别探索新的思想、概念和/或无形资产 |

## 7. 陆军分析中心兵推工具和方法

| 工具或方法 | 说明 | 用法 |
| --- | --- | --- |
| 谷歌地球（Google Earth） | 虚拟地球仪和地图工具以查看卫星图像、地图和地形 | 可以集成到兵推中心通用作战图（COP）中供用户使用，在演示过程中用作视觉辅助，如可用作推演板或其他视觉辅助的可打印的高分辨率卫星图像来源 |
| 联合兵推分析模型（Joint Wargame Analysis Model, JWAM） | 美国陆军分析中心历时10年开发的计算机辅助、人在环的实兵对抗仿真方法 | 用于评估和比较行动方案，以支持各作战司令部作战计划和国防规划方案开发 |

## 8. 陆军研究与分析中心兵推工具和方法

| 工具或方法 | 说明 | 用法 |
|---|---|---|
| 研讨会/主题专家圆桌会议（Workshop/SME roundtable） | 关于系统应用程序、作战概念等的构造讨论，由技术或对手主题专家提供专业知识，以告知和挑战应用程序和作战概念 | 通常用作更正式的 MAPEX 的基础。提供论坛，以更好地描述研究中要解决的问题、这些问题存在的条件以及潜在解决方案的属性 |
| MAPEX（Map Exercise） | 作为军事决策过程的一部分，部队的计划或机动计划、同步矩阵的开发，和/或行动方案开发 | 用于探索特定场景的战术影响。美国陆军条令与训练司令部分析中心在场景想定开发和研究期间广泛使用 MAPEX |
| 研讨会（Seminar） | 利用主题专业知识，针对特定场景想定或问题集进行的构造讨论 | 用于探索特定场景的战略和作战影响，以及在作战/战略级别探索新的想法、概念、和/或无形资产（在美国陆军条令与训练司令部分析中心中很少使用） |
| 桌游 - SSR：棉兰老岛（Boardgame - SSR：Mindanao） | 一个合作的、多面性的领导棋盘推演，涵盖了当今菲律宾的地形和威慑行动 | 用于告知学生和参谋与第 0 阶段和第 1 阶段作战相关的复杂性，并用于实践陆军条令中概述的领导力属性和能力 |
| 棋盘推演 - 商业（Board game - Commercial） | 与 MAPEX 相似，但使用不同的介质 | 用于教育和职业发展，通过研究历史战役、教材或教义的实际应用 |

续表

| 工具或方法 | 说明 | 用法 |
|---|---|---|
| 仿真支持的通用评估仿真工具（Simulation – Supported VAST） | 使用智能板技术的基于 PC 的软件工具。基于回合的模型（Turn – based model） | 用作 MAPEX 的可视化和裁决支持工具。数字记录单元的运动和单元状态 |
| 计算机生成兵力系统（One Semi – Automated Forces, One-SAF） | 交互式、基于回合、人在环的构造、随机、模拟仿真 | 主要用于裁决、可视化和数据收集（目前比美国陆军条令与训练司令部分析中心的其他方法使用频率更低） |

### 9. 外国军事与文化研究大学兵推工具和方法

| 工具或方法 | 说明 | 用法 |
|---|---|---|
| 应用批判性思维手册（The Applied Critical Thinking Handbook） | 构造小组方法手册旨在减少偏见、减轻小组思考和鼓励批判性思维 | 用于框架问题、生成方法和评估潜在方法 |

### 10. 空军装备司令部兵推工具和方法

| 工具或方法 | 说明 | 用法 |
|---|---|---|
| 美国空军装备司令部作战课程（AFMC Wargaming Course） | 美国空军装备司令部开发的仅供官方使用的兵推课程，用于教授如何进行兵棋推演 | 美国空军装备司令部学生用来进行兵棋推演 |
| 美国空军研究实验室 FAST 推演（AFRL FAST Games） | 根据 10 个场景想定目标集裁决未来技术概念 | FAST 推演结果可用于其他美国空军装备司令部兵棋推演裁决 |
| 卡弗雷三角（Caffrey Triangle） | 在推演中考虑红队目的的框架 | 用于协助讨论适合于兵棋推演的对手类型 |

## 11. 空军研究实验室兵推工具和方法

| 工具或方法 | 说明 | 用法 |
|---|---|---|
| 未来分析科学与技术（Future Analytical Science and Technology，FAST） | 根据10个推演场景想定和目标集一系列场景，使用户能够在开发的概念验证阶段利用广泛的技术，更好地了解对战场的潜在影响 | 完善概念：测试新技术是否以及如何在解决战术和作战问题（特别是定性输出）方面有用。FAST支持快速审查可行技术，再进行认真的可行性研究和更广泛的认可，这是作为10个场景（Title 10）流程的一部分 |
| 豹推演游戏人工智能引擎（Panther Games Artificial intelligence Engine） | 商业开发的人工智能引擎，用于指挥控制仿真 | |
| 统一交战技术支持（Unified Engagement Technical Support） | 美国空军研究实验室为Title 10统一交战推演提供了代表新兴技术和能力的支持。这些工具主要是Excel宏 | 裁决和赛后分析 |

## 12. 空军大学勒梅（LeMay）理论发展与教育中心兵推工具和方法

| 工具或方法 | 说明 | 用法 |
|---|---|---|
| 未来分析科学与技术（Future Analytical Science and Technology，FAST） | 根据10个推演场景想定和目标集一系列场景，使用户能够在开发的概念验证阶段利用广泛的技术，更好地了解对战场的潜在影响 | 完善概念：测试新技术是否以及如何在解决战术和作战问题（特别是定性输出）方面有用。FAST支持快速审查可行技术，再进行认真的可行性研究和更广泛的认可，这是作为10个场景（Title 10）流程的一部分 |

| 工具或方法 | 说明 | 用法 |
|---|---|---|
| 豹推演游戏人工智能引擎（Panther Games Artificial Intelligence Engine） | 商业开发的人工智能引擎，用于指挥控制仿真 | |
| 统一交战技术支持（Unified Engagement Technical Support） | 美国空军研究实验室为 Title 10 统一交战推演提供了代表新兴技术和能力的支持。这些工具主要是 Excel 宏 | 裁决和赛后分析 |

## 13. 成本评估和计划评估办公室成本评估与项目评估兵推工具和方法

| 工具或方法 | 说明 | 用法 |
|---|---|---|
| 改进商业棋盘推演（Modified Commercial Board Games） | 用于教育或分析目的的商业推演 | 用于从反叛乱到常规冲突的各种兵棋推演主题 |
| 标准兵棋集成简化工具包 | 用于获取推演玩法、裁决、数据分析和构建通用作战图的平台 | 用于双边和多边战争、后勤、人员恢复、网络作战以及探索与俄罗斯未来的冲突 |

## 14. J-8 研究、分析和推演部门兵推工具和方法

| 工具或方法 | 说明 | 用法 |
|---|---|---|
| 卡弗雷三角（Caffrey Triangle） | 在推演中考虑红队目的的框架 | 在与兵棋推演赞助商讨论如何在推演中对付对手时使用 |
| 决策镜头（Decision Lens） | 一种端到端软件解决方案和过程，用于确定、优先次序、分析和衡量哪些投资、项目或资源将带来最高回报；并支持组织立即查看他们做出的选择的影响和权衡 | 用于通过促进协作来降低风险并改善结果。它使利益相关者可以通过基于场景的计划更轻松地讨论关键的权衡和分配决策 |

续表

| 工具或方法 | 说明 | 用法 |
|---|---|---|
| ThinkTank | 集体决策支持软件，用于集思广益、创新、决策和虚拟互动会议 | 帮助推演参与者进行更好、更丰富的讨论。团队可以匿名地进行捐献，然后集体审查所有可能性。最后，团队可以评估其输入结果并确定其优先级 |

## 15. 应用战略学习中心兵推工具和方法

| 工具或方法 | 说明 | 用法 |
|---|---|---|
| 棋牌推演（Board and Card Games） | 旨在引入威慑与合作等抽象概念的推演。更复杂推演已用于交流战略和作战概念 | 应用战略学习中心将基于反叛乱的棋盘推演用于教育目的 |
| 改进商业棋盘推演（Modified Commercial Board Games） | 将商业推演用于教育或分析目的。对于除最简单推演以外的所有推演，通常需要进行修改，以使规则集更易于访问并创建可玩推演以满足教育需求 | 用于各种主题的教育和体验式学习，包括国际人道主义救济 |
| 国家安全政策分析论坛研讨式推演（National Security Policy Analysis Forum Seminar Game） | 单室三步研讨式推演（Single-cell, three-move seminar game）。在每一步中，都会提出一个场景想定，并为参与者提供一系列讨论问题列表。步之间没有裁决 | 用于机构间推演或其他领域的信息共享和建立关系，对于将来解决问题很重要的领域 |

## 16. 美国特种作战司令部兵推工具和方法

| 工具或方法 | 说明 | 用法 |
| --- | --- | --- |
| 推演礼堂（Gaming Auditorium） | 大型礼堂式推演设施，由大礼堂式座位环绕的大地图组成。由广泛的影音设备支持，可进行演示和视频电话会议连接 | 用于高级领导者研讨会和地图演练风格的推演 |
| 软系统方法论（Soft Systems Methodology，SSM） | 当对问题的定义有相互冲突的观点时，通常用于企业中的查询、学习和分析方法 | 提供一种结构化的方法，使主题专家聚集在一起，系统地思考一系列问题，该方法是提供一个可以确定的一系列的解释、明确其假设并检查各种权衡的场所 |
| 主动优势（Active Advantage） | 软件工具可用于可视化的大型和复杂数据集，可以转换为大型兵棋推演中心地图 | 用作可视化计划工作区，以计划器产品流式处理（stream planner products）为情节提要的可视化 |
| 应用批判性思维手册（The Applied Critical Hinking Handbook） | 构造小组方法手册旨在减少偏见、减轻小组思考和鼓励批判性思维 | 用于框架问题、生成方法和评估潜在方法 |
| ArcGIS | 应用程序提供了一套独特的功能，可以将基于位置的分析应用于业务实践。它可以使用上下文工具来分析和可视化数据，并提供协作和共享功能，从而获得更深刻的见解 | 通过让分析人员快速查看发生的事情以及信息是如何相互联系的，从而加深理解 |
| 设计思维（Design Thinking） | 以人为本的方法论，专注于对问题创造同理心，并产生面向创新的原型解决方案 | 用作推演设计的方法。支持主持人制定技术和过程，以获取新颖和有用的想法 |

续表

| 工具或方法 | 说明 | 用法 |
|---|---|---|
| 系统思维（Systems Thinking） | 系统"分析影响一种情况的各种因素之间的相互作用，了解影响我们干预改变局势能力的影响周期" | 用于将复杂的问题分解为可管理的视觉效果，以了解参与者如何相互作用，系统中的优点和缺点，以及一个因素对另一个因素的影响 |

## 17. 海军分析中心兵推工具和方法

| 工具或方法 | 说明 | 用法 |
|---|---|---|
| 棋牌推演（Board and Card Games） | 推演旨在引入威慑与合作等抽象概念 | 用于各种兵棋推演设计目的 |
| 可配置的物理推演空间（Configurable Physical Gaming Space） | 大型可配置推演空间。理想情况下，可以将空间细分为不同大小的空间，拥有可以轻松移动的家具，并支持自定义 AV 和 IT 配置 | 用于各种推演，包括计算机辅助推演、手动棋盘推演以及矩阵和研讨会风格的推演 |
| 鱼叉（Harpoon） | 一种可供 2~8 名用户使用的推演，涵盖海上作战各个方面，包括水面、水下和空中交战 | 与其他文档结合使用以获取最新的武器和平台等级，可以对场景进行相对现实的评估 |
| 联合兵推分析模型 | 在美国陆军分析中心用 10 年时间开发的人工、计算机辅助、循序渐进、人在环、实兵对抗的仿真方法 | 用于评估和比较行动方案以支持各作战司令部作战计划，以及用于国防计划场景开发 |
| 矩阵推演（Matrix Games） | 一种在多个团队之间构造推演的方法，使用户能够权衡其他团队行动的可能结果 | 主要用于裁决、可视化和数据收集（在美国陆军条令与训练司令部分析中心不经常使用） |

续表

| 工具或方法 | 说明 | 用法 |
|---|---|---|
| 改进商业棋盘推演（Modified Commercial Board Games） | 用于教育或分析目的的商业推演。对于除最简单推演以外的所有推演，通常需要进行修改，以使规则集更易于访问并创建可玩推演以满足教育需求 | 用于教育和体验式学习，涉及主题包括行动方案开发、反叛乱原则以及道德和决策 |
| 运筹学与搜索筛选方法（Methods of Operations Research and Search and Screening） | 提供基本的OR方法和各种军事应用的通用教科书 | 用于兵棋推演的研究和设计，并提供用于衡量某些战术有效性的方法 |
| 标准兵棋集成简化工具包（Standard Wargame Integration Facilitation Toolkit，SWIFT） | 一个用于获取推演玩法、裁决、数据分析和构建通用作战图的平台 | 用于双边和多边兵棋推演、后勤、人员恢复、网络作战以及探索与俄罗斯的未来冲突 |

## 18. 兰德公司兵推工具和方法

| 工具或方法 | 说明 | 用法 |
|---|---|---|
| 棋牌推演（Board and Card Games） | 旨在说明核心思想或过程的推演 | 兰德用于教育目的的伊拉克"伊斯兰国"和黎凡特地区（ISIL）推演 |
| 拒止环境下的作战行动（Combat Operations in Denied Environments） | 由四个模型组成的套件，详细列出了可识别的各种基础姿势和场景的作战保障需求、战备物资的最佳位置、国防资源的投资以及其对空军在拒止环境中作战行动能力的影响 | 用于为空军确定各种基础战略所需的资源提供决策支持 |

续表

| 工具或方法 | 说明 | 用法 |
|---|---|---|
| 日后方法论（Day After Methodology） | 一系列多阶段的案例研究演练，旨在使专家和决策者集中于特定政策困境的具体问题 | 目前用于国土安全部的关键基础设施和灾难场景，地方和州政府的公共卫生紧急事件，并正在探索新技术的实用性 |
| 矩阵推演（Matrix Games） | 一种在多个团队之间构造推演的方法，使用户能够权衡其他团队行动的可能结果 | 研讨会式推演构造变体，在博弈新兴领域且专业知识有限的主题时，尤其有用 |
| 兰德公司实兵演练框架（RAND Framework for Live Exercises，RFLEX） | 基于十六进制推演的"实战兵棋推演"方法，通常由蓝队和红队组成（但并非总是如此），并且通常围绕一个具有典型透明裁决过程的公共地图工作 | 用于揭示决策点、广泛的策略以及参与者如何思考和处理意外结果。通常用于检查作战级别的问题，例如与近邻和地区大国的冲突 |
| 结构化分析技术（Structured Analytic Techniques，SAT） | 情报界用来改善情报分析的技术 | 用于支持海军陆战队的情报和兵推 |

## 19. 英国国防部国防科学技术实验室兵推工具和方法

| 工具或方法 | 说明 | 用法 |
|---|---|---|
| 近距离交战环境（Close Action Environment，CAEn） | 一种多方面的、计算机化的兵棋推演和仿真，可以模拟从单兵或平台到连级的全武器（all-arms）近距离作战。CAEn可以在各种天气和光照条件下对高度详细的农村和城市地形进行建模。CAEn主要用于调查演习方案、能力和部队结构的变化对Coy及其以下部队完成任务能力的影响 | CAEn最常以人在回路的封闭式兵棋推演的形式运行，而指挥官仅知道其部队已经侦察到的情况 |

续表

| 工具或方法 | 说明 | 用法 |
|---|---|---|
| 可配置的物理推演空间（Configurable Physical Gaming Space） | 大型可配置推演空间 | 用作各种推演场所，包括计算机辅助、手动棋盘推演以及矩阵式和研讨会式推演 |
| 困境分析（也称为构象分析）（Dilemma Analysis（Also Called Conformation Analysis）） | 通过收集有关优先级的信息、参与者关于其偏好的声明、未解决争端的潜在结果以及参与者之间存在不信任感的信息来构造多方冲突（包括谈判和更活跃的冲突）的一种软件方法 | 目前正在尝试塑造推演设计 |
| 矩阵推演（Matrix Games） | 一种在多个团队之间构造推演的方法，使用户能够权衡其他团队行动的可能结果 | 用作研讨会式推演的替代品，尤其是当推演中新兴主题的专业知识有限时，无法为裁决提供信息 |
| MaGCK 矩阵推演构建套件（MaGCK Matrix Game Construction Kit） | 由英国国防科学技术实验室共同开发的市售矩阵推演设计套件 | 用于创建矩阵推演 |
| 和平支援行动模型（Peace Support Operations Model, PSOM） | 一种计算机辅助的兵棋推演，设计用于在一种稳定的想定中表现所有平民和军事活动。兵棋推演提供了一种在更广泛的跨政府反应背景下分析稳定问题空间的方法 | 决策支持工具，用于检查与稳定、反叛乱和非正规作战行动有关的问题 |

续表

| 工具或方法 | 说明 | 用法 |
| --- | --- | --- |
| 快速战役分析工具集（Rapid Campaign Analysis Toolset，RCAT） | 用于支持兵棋推演的手动仿真。RCAT可以满足一系列需求，从促进主题研讨会上见解到使用量身定制的复杂性对战役进行兵棋推演分析。该工具集由一组基线机制和规则以及某些主题（如网络战）中的一些扩展和增强机制组成 | 多种用途，包括用于部队结构、部队发展和训练 |
| 研讨式推演（Seminar Games） | 使专家之间能够进行开放式的基于论据的讨论，以得出观点和判断。用户沉浸在情景中，要求做出决定，然后面对那些决定的后果。裁决可以是半刚性的，但倾向于自由裁决。研讨式推演通常以小组形式进行，由此得名 | |
| 技术决策支持兵棋推演（Technical Decision Support Wargame） | 基于纸牌的推演，用于通过构造技术包的选择来确定未来的能力，以形成能力并探索在不同的情景下使用的能力 | 主要用于推演设计、通用作战图和裁决 |
| 兵棋基础设施和仿真环境：编队兵棋（Wargame Infrastructure and Simulation Environment：Formation Wargame） | 基于计算机的、人在回路兵棋推演，以及针对战斗群到师级的战术行动构造仿真，包括空中和海上支援。这是一场完全封闭的兵棋推演，指挥官只知道其部队向他们报告的情况 | 测试机动方案、能力和部队结构变化对部队完成任务能力的影响 |

## 20. 加拿大作战研究和分析中心兵推工具和方法

| 工具或方法 | 说明 | 用法 |
| --- | --- | --- |
| 矩阵推演（Matrix Games） | 一种在多个团队之间构造推演方法，使用户能够权衡其他团队行动的可能结果 | 用作研讨会风格推演的替代品，尤其是在推演中出现新兴主题、计划场景想定和政策问题时 |
| 研讨会（Seminar） | 利用主题专业知识，针对特定场景想定或问题集进行构造讨论 | 用于探索特定场景的战略、作战或政策影响，以及在作战/战略层面探索新想法、概念和/或无形资产 |

## 21. 澳大利亚国防科学技术兵推工具和方法

| 工具或方法 | 说明 | 用法 |
| --- | --- | --- |
| 动态形态探索（DME）树（Dynamic Morphological Exploration（DME）Tree） | 澳大利亚国防科技集团开发的用于通用形态分析（general morphological analysis，GMA）的附加方法，通过形态空间创建最佳搜索路径的树形映射 | 用于检查战车的变化 |
| 联合对抗研讨裁决工具（JS-WAT）2 | 用于研讨会兵推环境的基于计算机的工具，其中包括规划环境以帮助创建同步矩阵，以及用于裁定机动、后勤、作战和情报收集的模拟仿真 | 用于探索澳大利亚陆军实验框架，"空中力量" |
| Zing便携式团队会议系统（Zing Portable Team Meeting System） | 专为实时协作而设计的软件和硬件程序包，用户可以匿名在屏幕上投影评论，这样就不会知道是谁发表的 | 在兵棋推演中使用，以支持成员平等贡献 |

# 2021年美国国防部仿真与训练领域预算分析图表[①]

2022财年仿真与训练概要
2022财年重大仿真与训练计划集合的总预算请求：33.85亿美元

| 部队 | 重大仿真总预算（单位：百万美元） | | |
|---|---|---|---|
| | 2021财年 | 2022财年 | 同比变化幅度 |
| 空军 | 1173.71 | 1097.81 | −6.5% |
| 陆军 | 796.74 | 909.78 | +14.2% |
| 海军/海军陆战队 | 1371.46 | 1377.47 | +0.4% |
| 合计 | 3341.91 | 3385.06 | +1.3% |

出于成本和训练有效性的考虑，为了实现将更多训练转移到合成环境的长期目标，需要继续开发更具沉浸感和现实感的下一代训练系统。例如，专注于混合实况、虚拟、构造训练域的训练一直在发展中，许多更广泛的仿真与训练计划包含用于建立LVC体系结构并为LVC奠定基础的元素。最近，增强现实和虚拟现实的发展与应用持续增长。其他重点领域包括用于训练改进的数据分析、标准化和开放式体系结构，以及推动贴近按需的

---

[①] 美国国防部仿真与训练领域预算分析图表来自简氏建模仿真情报简报。

训练。

重点是技术进步带来的能力改进以及现有训练设备的现代化升级。

从训练角度来看,陆军的一个投资重点是合成训练环境(STE)的开发,该环境将以真实合成战场环境的形式提供下一代训练能力,两种环境相互关联并适用于各种训练需求和地点。

| 2022财年投资概览 陆军仿真计划(单位:百万美元) | | | | |
|---|---|---|---|---|
| 项目 | 2021财年 | 2022财年 | 占2022财年总预算比重 | 同比变化幅度 |
| 平台特定项目 | 155.70 | 121.98 | 13% | −21.7% |
| 仿真技术 | 641.04 | 787.81 | 87% | +22.9% |
| 合计 | 796.74 | 909.79 | 100% | +14.2% |

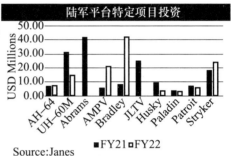

随着一些正在进行的现代化工作的完成,作战训练中心预算将持续减少。

海军专注于继续建设基础设施以支持未来的高端训练。平台相关训练和整体训练之间的资金分配支持这一方向,61%用于仿真技术项目,而平台特定训练系统的投资比例为39%。

海军陆战队训练设备计划的投资请求减少了55%,降至3700万美元。该计划为提供无缝训练环境的系统的升级和改进提供资金。减少的主要原因是完成了作战车辆系列训练系统的重大技术更新,海军陆战队远程学习计划正在转入持续性保障阶段。

尽管从长期看模拟器通用体系结构要求和标准(SCARS)计划有望降低升级和现代化的成本,但这一领域始终需要大量资金。在多数情况下,对于平台特定项目,其部分投资请求用于执行SCARS要求。平台投资请求的最主要贡献因素(考虑到采办和RDT&E的组合)包括F-35、C-130、

HH-60W（战斗救援直升机）、COMPASS CALL 和 F-15 等平台训练系统。

| 2022财年投资概览<br>海军/海军陆战队仿真计划（单位：百万美元） | | | | |
|---|---|---|---|---|
| 项目 | 2021财年 | 2022财年 | 占2022财年总预算比重 | 同比变化幅度 |
| 平台特定项目 | 445.84 | 539.98 | 39% | +21.1% |
| 仿真技术 | 925.62 | 834.49 | 61% | -9.5% |
| 合计 | 1371.46 | 1377.47 | 100% | +0.4% |

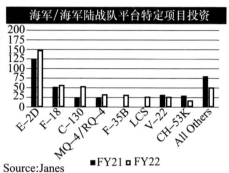

| 2022财年投资概览<br>空军仿真计划（单位：百万美元） | | | | |
|---|---|---|---|---|
| 项目 | 2021财年 | 2022财年 | 占2022财年总预算比重 | 同比变化幅度 |
| 平台特定项目 | 507.53 | 490.98 | 45% | -3.3% |
| 仿真技术 | 666.18 | 606.83 | 55% | -8.9% |
| 合计 | 1173.71 | 1097.81 | 100% | -6.5% |

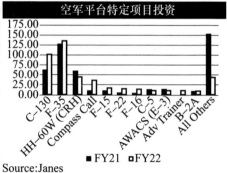

在非平台特定项目方面，2.61亿美元的作战训练靶场计划（分布在采办和RDT&E中）是所有计划中最重要的投资；之后是高级飞行员训练和威胁模拟器开发计划。

# 2021年建模仿真在武器试验中应用图例[①]

2021年9月,受美国防部作战试验鉴定局委托,美国国家科学、工程和医学研究院(NASEM)牵头组成了"国防部试验鉴定靶场及基础设施物理和技术适用性评估委员会"(2020年12月组建)并发布了《为确保美国国防系统作战优势,国防部所必需的靶场能力:未来作战试验(2021)》评估报告,评估国防部试验鉴定靶场、基础设施和工具的物理和技术适用性,

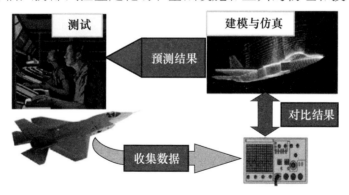

图1 建模仿真在系统级试验中的经典应用表述

---

① 选自《为确保美国国防系统作战优势,国防部所必需的靶场能力:未来作战试验》评估报告

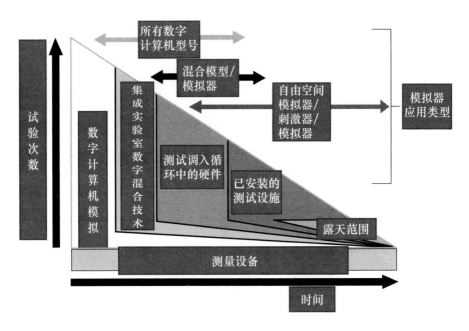

图 2　建模仿真在开发全生命周期中的经典应用表述

确定了军事系统的作战效能、适用性、生存性和致命性。

该评估报告重点集中在三个主题上：①未来的作战需要联合全域作战环境的关联杀伤链；②数字技术正在极大地重塑试验的性质、实践和基础设施，数字孪生和高性能建模仿真技术的出现正在促生新的试验方法，虚拟试验已成为某些武器系统应用的唯一有效方法；③快速部署是当今作战相关性的衡量标准，也是一个持续发展的目标。

为应对这些挑战，报告提出了五点结论和建议：①发展"未来靶场"；②重组靶场能力需求过程；③在武器系统研制和试验全生命周期中强调建模仿真，构建新的靶场运营系统；④创建"测试开发运维一体化"（TestDevOps）数字基础设施；⑤构建新响应、有效和灵活的靶场体系融资模式。

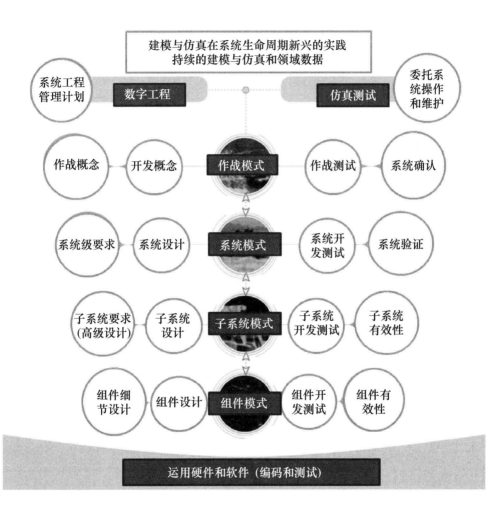

图 3 集成试验与仿真的新范式

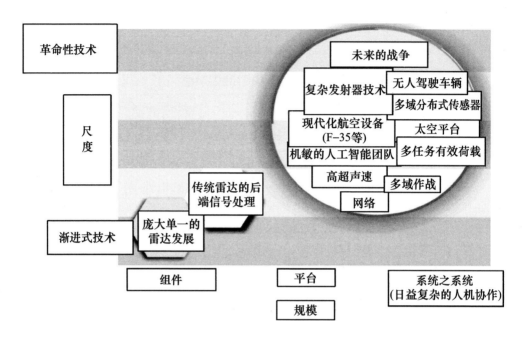

图 4 拟议的试验鉴定系统框架

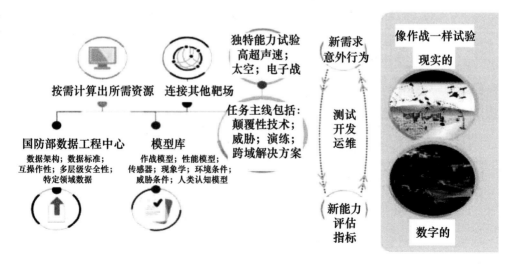

图 5 未来军事试验靶场的概念图